十三經注疏

傳 公羊壽 解詁 何休 疏 徐彦
책임번역 宋基采
공동번역 李聖敏 郭成龍

譯註 春秋公羊傳注疏 1

춘추공양전주소

전통문화연구회

飜譯委員

企劃編輯　東洋古典飜譯編輯委員會
飜譯硏究管理　南賢熙
責任飜譯　宋基采
共同飜譯　李聖敏 郭成龍
潤　文　朴勝珠
校　訂　郭成龍
編輯出版　白俊哲
裝　幀　김진디자인

圖書管理

事業管理　李鍾奭
弘報管理　李和春
普　及　申洋先
古典情報化　安成守

東洋古典飜譯編輯委員會

委 員 長　宋載卲
委　員　金慶浩 柳浚弼 李東哲 張元泰 田好根 河元洙

任　員

常任顧問　趙富英
顧　問　琴章泰 宋載卲 沈在箕 安炳周 李龍兌 李澤徽 鄭愚相 鄭太鉉 崔大權
理 事 長　李啓晃
會　長　郭成文
副 會 長　金千式 李戊澈 金　炫
理　事　金東柱 金炳愛 金昌辰 朴錫興 朴勝珠 白漢基 徐形來 宋基采 沈慶昊 安秉杰 吳圭根 李建一 李光虎 李英姬 李仁皓 李忠九 張元泰 全廣鎭 田好根 趙源喆 河元洙 韓熙喆 咸明淑 許敬震 許鎬九
監　事　崔鐘文 元周用

東洋古典現代化와 十三經注疏 譯註

본회가 東洋古典의 飜譯과 教育, 情報化 등 古典現代化 사업을 시작한 지 어느덧 25년이 되었다. 그간 우리나라의 고전국역 상황을 보면, 東洋古典에 대한 번역문제는 1960년 중반에 한국고전번역을 정부에서 추진하면서 우선 四書五經 등 기본고전을 모범 번역하자는 논의가 있었지만 우리 고전이 아니라고 무산되었다.

1980년대에 韓國學 연구와 한국고전번역의 先決課題는 물론, 國際政治 관계나 經濟상의 이유로도 필요하다는 논의가 제기되었다. 그 후 1988년 본회가 발족하면서 東洋古典 번역을 착수하여, 1990년대 말경 본회에서 소위 '新注'의 四書三經을 註까지 懸吐完譯함으로써 東洋學과 韓國學徒들의 袖珍本이 되고 教育界와 文化界까지 파급되었다.

그 후 본회 창립 20주년이 되면서 다시 동양고전현대화의 과제와 목표를 논의하면서, 단순한 韓國學의 선결과제를 넘어 東洋文化에 대한 源泉的이며 體系的인 檢討의 필요성이 대두되었으니, 이제 우리는 東洋文化의 先導的 역할을 담당할 준비를 갖추고 21세기에 先進文化强國 건설로 새 歷史를 이루자는 것이었다.

일반적으로 十三經은 核心的 儒家經典의 總稱이지만, 이는 東洋文化의 뿌리라 하겠다. 우리 역사상으로 十三經은 저 멀리 삼국시대에 이미 高句麗의 太學에서 기본 교과로 채택하였고, 百濟에서는 五經博士 制度를 두었고, 新羅 薛聰은 九經을 方言으로 읽었고, 高麗에서는 國子監이나 九齋學堂에서 교육하였으며, 朝鮮朝 成均館과 鄕校, 書堂과 書院에서는 四書五經 등을 교육하여 人材 등용과 국가정책에 절대적 영향을 끼쳤다.

이 十三經의 代表的 註釋書는 漢 ·唐時期의 '古注'라 일컬어지는 十三經注疏와, 그 후 宋代의 朱子的 世界觀이 반영된 '集註'와 '集傳' 등의 '新注'가 두 개의 軸이라 할 수 있다.

그런데 우리는 조선조에서부터 朱子學 일변도의 學風으로 경도되어, 그 偏向性이 오늘에까지 이르렀음은 심히 不幸이라 하겠다. 中國에서는 明·淸 시기에 訓詁學, 考證學이라는 學風이 일어 十三經注疏가 經學研究의 標準이 되었고, 日本에서는 反朱子的 見解와 陽明學의 영향을 받아 明治維新 때 이미 漢文大系 등의 古典整理 사업으로 '古注' 연구가 一般

化된 사실을 간과해서는 안 되겠다.

이에 東洋文化의 核心이라 할 수 있는 十三經注疏를 譯註하고, 이를 통해 우리 文化의 傳統에 대해 體系的으로 이해하고 復元함으로써, 그간 편협했던 학술 風土를 넘어 多樣性과 客觀性을 모색하고, 아울러 古典現代化의 水準을 높이고 融合的이고 自生的인 韓國學을 진작시켜야 할 것이다.

오늘날 중국과 일본에서 번역하지 못한 십삼경주소를 본회에서 130여 책으로 10년 안에 完譯하고, 이와 아울러 韓中日 三國의 東洋古典語彙 情報網을 구축함으로써, 우리의 東洋學과 韓國學 연구에 礎石과 架橋가 되어 우리나라가 先進文化强國으로 昇華되고 世界文化 발전에까지 기여하기를 기대한다.

이 十三經注疏의 번역은 三經과 三禮와 春秋三傳과 《論語》, 《孟子》, 《孝經》, 《爾雅》 등의 十三經을 經은 물론이요 注와 疏까지 譯註하는 것으로, 原典의 傳統性과 번역의 現代性을 기본으로 하여 漢學元老와 新進學者의 協同硏究飜譯으로 추진하고자 한다.

또한 註釋은 宋代의 소위 '新注'와 비교하고, 明淸代의 注와 韓國 先賢의 注와 見解, 그리고 日本의 注를 가급적 반영하며, 深度 있는 硏究解題를 하기로 하였다. 한편 古典의 우리식 讀解文法인 懸吐를 經과 注에 달고 방대한 疏에는 편의상 構文을 이해할 수 있는 標點을 달며, 經·注·疏 전체에 대한 內容索引을 할 계획이다.

끝으로 오랫동안 飜譯과 校閱에 종사하여 오신 元老漢學者와 10여 년 이상 漢學을 연수한 新進學者로서, 이 십삼경주소의 연구번역에 참여하여 難解한 注疏의 譯註에 헌신하시는 모든 분들께 무한한 감사를 드린다.

또한 고전현대화에 대한 政府의 지대한 關心과 支援에 감사를 드리며, 그간 직간접으로 지도편달하여 주신 학계와 교육계 및 문화계 인사 여러분께 심심한 謝意를 표하며, 앞으로도 따뜻한 관심과 엄정한 叱正을 부탁드리며 내내 평강과 행복을 기원한다.

社團法人 傳統文化硏究會 理事長 李啓晃

凡 例

1. 본서는 十三經注疏 중 ≪譯註 春秋公羊傳注疏≫의 제1책이다.

2. 본서는 원전의 傳統性과 번역의 現代性을 구현하기 위해 노력하였다.

3. 본서의 底本은 阮元 校刻本 ≪春秋公羊傳注疏≫(淸 嘉慶 21년(1816) 阮元 校刻 十三經注疏, 中華書局, 2009, 이하 '阮刻本'으로 약칭)로 하되, 北京大 整理本 ≪春秋公羊傳注疏≫(十三經注疏整理委員會 整理, 北京大學出版社, 2000, 이하 '北京大本'으로 약칭)를 참고하였다.

4. 原文의 經・傳・注는 우리나라 전통 방식으로 懸吐하고, 疏는 經・傳・注에 대한 字句 해석이 중심이므로 간략하게 標點만 하였다.

5. 原文은 저본의 체제에 따라 經・傳・注・疏를 구분하였고, 經을 제외한 傳・注・疏의 문단 시작에 '【 】'를 사용하여 표기하였다. 또한 ≪春秋≫의 서지 특성상 傳을 經처럼 취급하였기 때문에, 經과 傳을 함께 大字로 표기하였다.

6. 原文의 分節은, 經・傳・注는 저본의 분절을 따르고 疏는 단락이 길 경우에 의미 단락에 따라 역자 재량으로 분절하였다.

7. 독자의 편의를 위해 매년 첫 經文이 시작하는 곳에 재위 연도를 '○公 ○년(B.C. ○○○)' 등으로 표기하였다.

   예 隱公 원년(B.C. 722), 隱公 2년(B.C. 721)

8. 글자의 음에 대한 저본의 反切 注는 생략하되, 문맥의 이해를 위해 필요한 경우는 譯註에서 설명하였다. 讀音이 특수하거나 僻字인 경우에는 원문의 해당 글자 뒤의 ( ) 속에 한글로 音을 달았다.

9. 疏에서 설명 대상으로 인용한 經・傳・注의 구절은 번역문에서 원문 그대로 쓰되, 뜻을 풀이하는 부분을 '　'로 묶어주었다.

   예 '理人倫'은 군신간의 서열을 엄격하게 정리하여 각자의 본분을 다할 수 있게 한다는 뜻이다.

10. 飜譯은 原義에 충실하게 하되, 이해가 어려운 부분은 意譯 또는 補充譯을 하였다.

11. 飜譯文은 한글과 漢字를 혼용하였으며, 맞춤법과 띄어쓰기는 한글 맞춤법과 표준어규정을 따르는 것을 원칙으로 하였다.

12. '解詁'는 何休가 저술한 ≪春秋公羊經傳解詁≫에서 따온 말로 '옛글을 쉽게 풀이하다'는 뜻이다. 본서에서는 注疏의 체제에 따라 본문에 【注】로 표기하였다.

13. 譯註는 校勘, 異說, 인용문의 出典, 故事, 역사적 사건, 전문용어, 難解語, 難解文, 人物, 制度, 官職 등에 관한 사항을 밝혔다.

14. 校勘은 원문의 誤字, 脫字, 衍字, 倒文 등을 대상으로 하고, 간략히 譯註하였다. 그 외에도 北京大 整理本 및 上海古籍 整理本을 비롯한 여러 原典 자료를 참고하였으며 이를 譯註에 밝혔다. 단 己·已·巳는 별도의 역주 없이 문맥에 맞게 곧바로 수정하였다.

15. 본서의 校勘에 사용된 符號는 다음과 같다.

( )〔 〕: (저본의 誤字)〔교감한 正字〕

〔 〕: 저본의 脫字 보충

( ): 저본의 衍字 표시

16. 본서에 사용된 주요 부호는 다음과 같다.

“ ”: 對話, 각종 引用

‘ ’: “ ” 안의 再引用, 强調

「 」: ‘ ’ 안의 再引用, 强調

( ): 原文에서의 讀音이 특수한 글자나 僻字의 音
번역문에서의 간단한 역주

〔 〕: 번역문과 뜻은 같으나 音이 다른 漢字나 句節
疏에서 설명 대상으로 제시한 經이나 注의 단어나 구절
역주에서 인용한 原文

≪ ≫: 書名, 典據

< >: 篇章名, 作品名 표기, 補充譯

【 】: 傳, 注, 疏의 표시

○ : 저본에 사용된 단락 구분 표시 準用

17. 본서에서 사용된 標點符號는 다음과 같다.

. : 문장의 종결

, : 한 문장 안에서 句나 節의 구분이 필요한 곳

· : 대등한 명사나 구절의 병렬

“ ”: 인용

‘ ’: “ ” 안의 재인용, 疏에서 설명 대상으로 제시한 經·注의 단어나 구절

「 」: ‘ ’ 안의 재인용

: : 疏 내용을 포괄하는 ‘正義曰’ 뒤에서 사용

目 次

解 題

郭成龍*)

1. 머리말

≪春秋≫는 春秋時代 魯나라의 史書로, 魯 隱公에서 哀公까지 12公 242년간의 역사를 기록하고 있다. 본래 한 해의 사계절인 春夏秋冬에서 '春秋' 두 글자를 따서 일 년간의 사건을 기록한 史書의 별칭으로 삼았던 것인데, 이를 孔子가 春秋筆法[1)]에 따라 역사적 사건에 대한 褒貶을 드러냄으로써 儒家 經傳으로서의 지위를 확보하였다.

≪춘추≫는 역사상 최초의 編年體 저술이며, 각 公의 기사가 연도별로 나열되어 있다. 그러나 조리 있게 나열된 형식과는 달리 문장이 簡約한 데에서 오는 난해함 때문에 해석의 이견이 잦았으므로, 경문의 이해를 돕기 위한 傳 즉 經解書가 등장하였다. ≪漢書≫ 〈藝文志 六藝略〉에 의하면 ≪춘추≫와 관련된 경해서는 당시 총 23家 948篇이 전하였다고 한다.[2)]

현전하는 ≪춘추≫의 대표 경해서는 ≪春秋公羊傳≫, ≪春秋左氏傳≫, ≪春秋穀梁傳≫[3)] 등 3종이며 이를 '春秋三傳'이라 부른다.[4)] 三傳은 저마다 서술 방식의 차이가 있는데, 宋나라 胡安國은 ≪春秋胡氏傳≫에서 "事實은 ≪左氏傳≫보다 갖추어진 것이 없고, 書例

---

*) 전통문화연구회 동양고전번역연구소 선임연구원

1) 孔子가 ≪春秋≫를 저술하면서 사용한 修辭 방식으로, 겉으로 드러나지 않은 은미한 말 속에 엄정한 잣대로 亂臣賊子를 비판하는 微言大義를 포함하고 있는 것을 이른다.

2) ≪漢書≫ 〈藝文志 六藝略〉. "春秋古經十二篇, 經十一卷. 左氏傳三十卷. 公羊傳十一卷. 穀梁傳十一卷. 鄒氏傳十一卷. 夾氏傳十一卷.……凡春秋二十三家, 九百四十八篇."

3) 書名이 처음 보이는 곳을 제외하고, 서술상의 편의를 위해 이후 '≪春秋○○傳≫'으로 나오는 서명은 모두 '春秋'를 생략하고 '≪○○傳≫'으로만 표기하였다.

4) 宋나라 胡安國의 ≪春秋胡氏傳≫은 春秋三傳을 바탕으로 후대에 작성한 것이므로 언급하지 않았다. 다만 ≪호씨전≫이 永樂大全本 五經大全에 삽입되어 널리 읽히면서 '春秋四傳'으로 불린 점에서 그 영향력이 상당하였음을 짐작할 수 있다.

는 ≪公羊傳≫보다 분명한 것이 없고, 義理는 ≪穀梁傳≫보다 정밀한 것이 없다."[5]고 評하였다. 실제로 ≪좌씨전≫의 기사가 사건의 사실 관계와 스토리를 중심으로 기술된 반면, ≪공양전≫・≪곡량전≫은 ≪춘추≫ 원문의 글자를 분석하거나 문자 배열 및 그 속에 담긴 의미를 해석하는 데 중점을 두었다. 그러므로 예로부터 ≪좌씨전≫은 史學으로, ≪공양전≫・≪곡량전≫은 經學 또는 訓詁學으로 여기는 인식이 많았다.

한편 ≪공양전≫에 대한 기존 연구 성과는 주로 철학과 언어학 분야에서 이루어졌다. ≪공양전≫에서 다루는 내용 자체를 분석하거나, ≪공양전≫의 내용과 언어, 서법에 담긴 춘추의리를 분석하고 이를 통해 공양학 사상을 연구하거나, 또는 공양학을 포함한 춘추학 자체의 전개 과정에 주목하여 학문방법론의 의미를 파악하는 방향으로 진행되어 왔다.[6] 그러나 우리나라 학자들의 관심은 朱子學을 위시한 四書三經을 중심으로 진행되어 왔고, 현전하는 국내 선현들의 春秋經學 관련 성과물 또한 다른 경전에 비해 미진한 것이 사실이다.

일례로 성균관대학교 대동문화연구원에서 정리한 경학자료집 ≪韓國經學資料集成≫(春秋) 12책을 기준으로 현전하는 ≪춘추≫ 경학 저술을 살펴보면, 우선 분량 면에서 四書五經 중 ≪禮記≫(10책) 다음으로 가장 적은 것을 알 수 있다. 내용 면에서도 모두 73명이나 되는 학자들의 저술이 있으나 그 범위가 ≪춘추≫에서 자주 인용되거나 논란이 되는 특정 기사만을 다루는 소논문 형식으로 작성된 글이 대부분이고,[7] 그중에서도 ≪공양전≫ 전반을 다루는 저술은 서너 개 정도의 短篇에 지나지 않는다.

본고는 ≪春秋公羊傳注疏≫의 解題이다. ≪춘추공양전주소≫는 孔子의 ≪春秋≫・公羊壽의 ≪春秋公羊傳≫・何休의 ≪春秋公羊經傳解詁≫・徐彦의 ≪春秋公羊疏≫ 등 총 4종의 저술을 동일한 章節마다 묶어 편집함으로써 한 눈에 볼 수 있게 완성한 책이다. 이에 본고에서는 章을 나누어 ≪춘추공양전≫, ≪춘추공양경전해고≫, ≪춘추공양소≫를 차례대로 살펴보고자 한다. 저자와 편집 구성, 저술 특징 등을 위주로 서술하였으며, 선행 연구자들의 연구 성과를 가독성 있게 종합하는 데 집중하였다. 다만 기존 국내의 ≪공양전≫ 연구 및 번역 성과가 미비한 점, 또 본서가 ≪춘추공양전주소≫의 세계 최초 완역 시도라는 점, 무엇보다 필자의 역량 부족으로 인한 연구 깊이의 한계는 독자의 양해를 바란다.

---

5) ≪春秋胡氏傳≫ 序. "事莫備于左氏, 例莫明于公羊, 義莫精于穀梁."
6) 김동민, ≪춘추논쟁≫, 인간사랑, 2014, 38~39쪽 참조.
7) 가장 빈번하게 다룬 ≪春秋≫ 기사는 '春王正月'・'西狩獲麟'・'災異와 日蝕' 등이다.

2. ≪春秋公羊傳≫의 成書와 特徵

1) 成書와 傳受

≪공양전≫은 춘추삼전 가운데 가장 먼저 출현하였다. 그 기록이 처음 보이는 곳은 ≪荀子≫ 〈大略〉이다.[8] 戰國時代 齊나라 학자이자 子夏의 제자인 公羊高가 口頭로 풀이한 ≪春秋≫ 해설이 학자들에게 전수되다가, 漢 景帝 때에 이르러 그의 玄孫인 公羊壽가 제자 胡毋生과 함께 책으로 완성하였다. 공양고나 공양수에 대한 자세한 행적은 보이지 않지만, ≪공양전≫의 전수 과정은 徐彦의 疏에서 漢나라 戴宏의 ≪解議論≫ 序를 인용하여 다음과 같이 밝혀놓았다.

> 〈孔子의 제자〉 子夏가 公羊高에게 전해주고, 공양고가 그의 아들 公羊平에게 전해주고, 공양평이 그의 아들 公羊地에게 전해주고, 공양지가 그의 아들 公羊敢에게 전해주고, 공양감이 그의 아들 公羊壽에게 전해주었다. 漢 景帝 때에 이르러 공양수가 마침내 齊 지방 사람 胡毋子都(胡毋生)와 함께 그 학설을 竹帛에 기록하였다.[9]

이를 통해 알 수 있는 ≪공양전≫ 전수에 관한 두 가지 사실은, 첫째 ≪공양전≫의 최초 전수가 子夏에게서 이루어졌다는 점이고, 둘째 漢나라 公羊壽에 이르기까지의 그 전수 방법이 바로 口傳이었다는 점이다.

公羊高

실제 자하가 ≪공양전≫의 전수에 관여했는지는 확인할 수 없으나, 자하는 공자의 수제자 중 한 명이었으므로 공자에게 직접 ≪춘추≫를 전수 받았을 것임은 분명하다. 일례로 古典에서 확인되는 자하와 ≪춘추≫의 연관된 내용을 살펴보면 다음과 같다.

---

8) ≪荀子≫ 〈大略〉에 "貨財曰賻, 輿馬曰賵, 衣服曰襚."라는 내용이 보이는데, 바로 ≪公羊傳≫ 隱公 원년의 글을 인용한 것이다. ≪순자≫와 ≪공양전≫의 내용을 비교한 연구는 日原利國, ≪漢代思想史の研究≫, 研文出版, 1986, 28~29쪽 참조(김동민, 앞의 책, 382쪽 재인용).

9) ≪春秋公羊傳注疏≫ 序. "子夏傳與公羊高, 高傳與其子平, 平傳與其子地, 地傳與其子敢, 敢傳與其子壽. 至漢景帝時, 壽乃與齊人胡毋子都著於竹帛."

① ≪孝經注疏≫ 〈御製序幷注〉 : ≪鉤命決≫에 말하였다. "공자가 ≪춘추≫는 商(子夏)에게 맡기고, ≪孝經≫은 參(曾子)에게 맡겼다."[10]

② ≪春秋繁露≫ 〈兪序〉 : 衛나라 자하가 말하였다. "나라를 소유한 자는 ≪춘추≫를 배우지 않아서는 안 된다. ≪춘추≫를 배우지 않으면 전후좌우의 위험을 알아차릴 수 없으니, 나라를 다스리는 큰 權柄과 임금의 중요한 責任을 알지 못한다."[11]

③ ≪史記≫ 〈孔子世家〉 : 공자가 ≪춘추≫를 지을 때 기록할 것은 기록하고 삭제할 것은 삭제하니, 자하와 같은 제자들조차 한마디도 참여할 수 없었다."[12]

≪춘추≫는 孔門十哲 가운데 文學으로 일컬어졌던 자하조차 참여할 수 없을 만큼 공자가 심혈을 기울인 저술인데, ≪구명결≫의 말처럼 그 大義를 자하가 전수 받았다면 제자인 공양고에게 ≪공양전≫을 전수한 것도 설득력이 있다.

한편 口傳에 대한 증명은 ≪공양전≫ 곳곳에서 보이는 "無聞焉爾(들은 것이 없다)"라는 문장에서 알 수 있다. 스승에게 전수 받을 때 해당 부분에 대해서는 전해 들은 것이 없다는 의미인데, 또한 ≪공양전≫ 본문에 '子公羊子曰'·'子沈子曰'·'子司馬子曰'·'子女子曰'·'子北宮子曰' 등이 나오는 것을 보면, ≪공양전≫이 구전되는 와중에 여러 학자들의 견해도 섞여 들어간 것으로 보인다.

그렇다면 5代에 걸친 세월 동안 구전을 통해서만 ≪공양전≫을 전승한 까닭은 무엇일까? ≪공양전≫의 입장에서 隱公 2년 何休가 남긴 注에 따르면, 공자가 장차 닥쳐올 환란에 詩書처럼 서적이 불타 없어질 것을 대비했기 때문이라고 하였다.[13] 하휴가 後漢 시기를 살았으니 ≪공양전≫의 成書 시기와 아주 멀지 않아서 별도로 들은 바가 있었는지는 모르겠지만, 아마 당시 宦官의 전횡으로 儒者들이 黨錮의 禍를 겪던 상황에서 焚書坑儒를 경험한 사실에 비추어 임의로 작성한 것이라 보는 것이 타당할 듯하다.

한편 漢代에 춘추를 전공하여 一家를 이룬 인물은 前漢의 董仲舒, 後漢의 하휴가 대표적이다. 동중서에 대해서는 ≪漢書≫ 〈五行志〉에 "한나라가 흥기하자 秦나라 때 끊어진

---

10) ≪孝經注疏≫ 〈御製序幷注〉. "鉤命決云, '孔子曰 : 「春秋屬商, 孝經屬參.」'"

11) ≪春秋繁露≫ 〈兪序〉. "衛子夏言 : '有國家者, 不可不學春秋. 不學春秋, 則無以見前後旁側之危, 則不知國之大柄, 君之重任也.'"

12) ≪史記≫ 〈孔子世家〉. "至於爲春秋, 筆則筆, 削則削, 子夏之徒不能贊一辭."

13) ≪春秋公羊傳注疏≫ 隱公 2년 注. "春秋有改周受命之制, 孔子畏時遠害, 又知秦將燔詩書, 其說口授相傳. 至漢公羊氏及弟子胡毋生等, 乃始記於竹帛, 故有所失也."

학문이 이어졌고, 경제와 무제의 시대에 동중서가 ≪公羊春秋≫를 전공하여 처음으로 陰陽의 이치를 규명하여 儒者의 존경을 받았다."[14]라는 내용이 보인다. 이를 통해 그가 ≪공양전≫을 전수하는 데 큰 공로가 있었음을 확인할 수 있다.

동중서는 漢 景帝 시기 五經博士가 되었고, ≪공양전≫의 사상을 정치이론과 연결하여 황제의 권력 강화에 사용하도록 권하였는데, 武帝가 즉위하고 나서 그의 견해를 적극 수용함으로써 春秋三傳 가운데 가장 먼저 ≪공양전≫의 學官을 설립하였다.[15] 그의 사상에 대한 자세한 내용은 ≪공양전≫의 설을 漢代에 적합하게 재해석한 ≪春秋繁露≫를 통해 확인할 수 있다. 다만 그가 남긴 저술은 주로 정치나 도덕, 災異와 관련된 내용이었기 때문에 경전 해석학의 측면에서 접근한 본서와는 다소 거리가 있다.

2) 구성과 특징

≪漢書≫ 〈藝文志〉에 따르면 ≪공양전≫은 모두 11권으로 구성되어 있는데, 이는 ≪좌씨전≫ 30권에 비하면 3분의 1 수준의 분량이다. 經文과 傳文은 모두 隱公 元年에서 시작하여 哀公 14년에 마쳤다. 이는 ≪곡량전≫과 동일한 구성이며, ≪좌씨전≫과는 차이가 있다.[16] ≪공양전≫은 前漢 시기에 公羊學의 발달과 함께 가장 먼저 학관을 설립하며 興盛했다가, ≪곡량전≫과 ≪좌씨전≫의 학문적 공격을 받고 후퇴하였다.

앞서 언급했던 것처럼 ≪공양전≫은 춘추삼전 가운데 義理를 밝히는 데 특화되었다. ≪춘추≫는 글자를 놓는 위치, 사용하는 글자, 사건에 따라 달리 표기하는 방식 등을 통해 微言大義를 표방하고 있으므로, ≪공양전≫에서는 그 속에 담긴 隱微한 뜻을 찾아내 학자들의 이해를 돕고자 한 것이다. 아래에서는 ≪공양전≫의 특징을 대표할 만한 기사를 간략히 살펴보겠다.

(1) 大一統과 春王正月

'大一統'은 ≪춘추≫ 隱公 원년의 첫 번째 기사인 "春王正月"에 대한 ≪공양전≫의 해석에서 사용된 용어이자 ≪공양전≫이 지향하는 理想이다. 그 의미는 '周나라를 정통으

---

14) ≪漢書≫ 권27上 〈五行志 7〉. "漢興, 承秦滅學之後, 景武之世, 董仲舒治公羊春秋, 始推陰陽, 爲儒者宗."

15) 김동민, 앞의 책, 2014 참조.

16) ≪左氏傳≫은 두 傳과 달리 經文이 哀公 16년, 傳文이 애공 27년에 마친다.

로 삼아 천하를 하나로 통일시키고, 이를 다스리는 天子를 높여서 통치자로 받든다.'는 것이다. 출전 기사를 살펴보면 다음과 같다.

【經】 元年이다. 봄 周나라 왕의 정월이다.17)

【傳】 元年이란 무엇인가? 군주가 세상을 다스리는 첫해이다. 春이란 무엇인가? 한 해의 시작이다. 王이란 누구를 말한 것인가? 文王을 말한 것이다. 왜 먼저 王을 말하고 뒤에 正月을 말했는가? 周나라 왕의 正月이기 때문이다. 왜 주나라 왕의 正月이라 말했는가? 一統을 중시하기 때문이다.18)

≪공양전≫은 기본적으로 ≪춘추≫가 孔子의 저술이자 微言大義를 담고 있는 글이라는 확신을 갖고 있다. 그러므로 대일통 또한 ≪춘추≫가 저술된 당시 사회적 분위기 속에서 공자가 지향했던 이상을 감안하여 해석해야 한다. 周나라 말기에 해당하는 춘추시기는, 전 왕조인 殷나라를 멸망시킨 周 武王이 天子가 되어 여러 제후들을 거느린 봉건제도의 시대였다. 그러나 親族과 功臣 위주로 봉건한 제후국도 세월이 흐르고 東遷을 거치면서 그 유대와 결속력이 약해졌고, 결국엔 周 천자의 권위를 무시하고 제후들이 저마다 부국강병을 지향하기 시작했다. 이 때문에 ≪공양전≫에서는 亂世를 바로잡고 올바른 도리로 돌아가고자 하는 이른바 撥亂反正19)의 정신을 바탕으로, 여러 갈래로 나뉜 천하를 하나로 통일하고자 대일통 사상을 강조한 것이다.

같은 맥락에서 오랫동안 秦나라・楚나라와 전쟁하던 漢나라가 중원을 통일한 초기에도 시대가 안정되지 못했기 때문에, 황제의 권력을 강화하고 나라의 안정을 유지하고자 동중서가 건의한 ≪공양전≫의 대일통 사상이 수용되었다. 일 년의 시작은 봄이고, 당시 여러 제후가 王이란 칭호를 참람되이 사용했지만 진정한 천자는 오직 周王뿐이며, 그 왕이 정한 曆法에 따라 이루어진 正月이기 때문에 ≪춘추≫의 첫 기사가 "春王正月"로 기록되었던 것이다.20)

---

17) ≪春秋≫ 隱公 원년. "元年. 春王正月."

18) ≪公羊傳≫ 은공 원년. "元年者何. 君之始年也. 春者何. 歲之始也. 王者孰謂. 謂文王也. 曷爲先言王而後言正月. 王正月也. 何言乎王正月. 大一統也."

19) ≪공양전≫ 哀公 14년 마지막 傳에서 孔子가 ≪춘추≫를 지은 까닭과 이를 통해 이루고자 한 목표를 언급하면서 "어지러운 세상을 다스리고 올바름으로 되돌아가는 것은 춘추보다 나은 것이 없다.〔撥亂世 反諸正 莫近諸春秋〕"라고 말한 글이 보인다.

20) ≪春秋≫의 첫 경문인 '春王正月'에 대한 해석은 중국과 한국의 역대 학자들에게도 가장

한편 인용한 원문을 통해 확인할 수 있는 ≪공양전≫의 기본 서술 방식은 바로 의문사 '何'를 통해 풀어나가는 問答體라는 것이다. 위에서 인용한 예문에도 경문의 '元年'·'春'·'王'·'正月' 등을 하나하나 분석하며 순서대로 풀이한다. 이를 逐字式 해석이라 한다. '무엇 때문인가?'라는 질문을 시작으로 축자 해석을 시도한 뒤 종합적인 결론에 이르는 ≪공양전≫의 서술 방식은 미언대의를 풀이하는 데 용이하므로, 사건의 顚末을 파악하여 그 흐름을 치밀하게 서술하는 ≪좌씨전≫의 서술 방식과는 구별되는 특징이 있다.

(2) 尊王攘夷

尊王攘夷는 中原과 夷狄을 구분하여 인식하는 것으로, 중원 천하를 소유한 天王을 높이고 四海 밖의 오랑캐를 물리친다는 뜻이다. 앞서 살펴본 大一統의 의리와 일맥상통하며, ≪공양전≫에서 표방하는 이상 중 하나이다. 그러므로 ≪공양전≫에서는 존왕양이의 목표를 달성하여, 당시의 대표적인 이적인 楚나라를 굴복시킨 齊 桓公을 높이고 있다. ≪공양전≫ 僖公 4년의 기사를 살펴보면 다음과 같다.

> **【經】** 楚나라 屈完이 제후들의 군대가 있는 召陵에 와서 맹약하였다.[21]
>
> **【傳】** 굴완은 누구인가? 초나라 大夫이다.……왜 초나라를 굴복시킨 것을 기뻐했는가? 초나라는 중국에 王者가 있을 때는 가장 늦게 복종하고, 왕자가 없을 때는 가장 먼저 배반했다. 초나라는 오랑캐로서 자주 중국을 침범하였다. 남쪽 오랑캐와 북쪽 오랑캐가 번갈아 중국을 침략하니 중원의 제후들은 실낱같이 매우 위태로웠다. 환공은 중국을 구원하고 오랑캐를 물리쳐 마침내 초나라를 굴복시켰으니, 왕을 대신해 임무를 완수한 것이다.[22]

기사의 요지는 초나라가 자주 중국을 침범했기 때문에 중국이 마치 실낱처럼 매우 위태로웠는데, 환공이 중국을 구원하고 이적을 물리쳤으므로 ≪춘추≫에서 이 일을 王者

많이 논의되어 온 難題이다. 자세한 내용은 김민구, 〈조선시대 '春王正月' 이해의 흐름〉, ≪韓國漢文學研究≫85, 2022 참조.

21) ≪春秋≫ 僖公 4년. "楚屈完來盟于師, 盟于召陵."

22) ≪公羊傳≫ 僖公 4년. "屈完者何. 楚大夫也.……何言乎喜服楚. 楚有王者則後服. 無王者則先叛. 夷狄也, 而亟病中國. 南夷與北狄交, 中國不絶若線. 桓公救中國, 而攘夷狄, 卒怗荊, 以此爲王者之事也."

의 일로 여겼다는 것이다. 또 ≪공양전≫은 다른 사건에서도 諸侯에 불과한 환공이 天子의 역할을 수행한 것에 대하여 아래와 같이 변호한다.

【經】 楚丘에 城을 쌓았다.[23]

【傳】 왜 환공이 성을 쌓았다고 말하지 않았는가? 제후가 자기 마음대로 땅을 나누어 봉해준 일을 허락하지 않은 것이다. 왜 허락하지 않았는가? 실제로는 허락하였지만 글로는 허락한다고 할 수가 없었다. 왜 글로는 허락할 수 없는가? 제후의 의리는 자기 마음대로 땅을 나누어 봉해줄 수가 없기 때문이다.……위로는 天子가 없고 아래로는 方伯이 없어서 천하 제후들이 서로 멸망시키는 상황이었으니, 힘이 구원해줄 수 있다면 구원해주는 것이 옳았기 때문이다.[24]

당시 衛나라가 이적에게 멸망당했는데, 환공이 위나라를 위해 대신 城을 쌓아주었다. 그러나 성을 쌓아 그곳에 거주하게 하는 것은 天子가 諸侯를 임명할 때나 할 수 있는 일인데, 환공은 일개 제후로서 천자의 명을 받지 않고 독단적으로 이를 행하였다. 그러나 ≪공양전≫에서는 환공을 대신해서 "위로 현명한 천자가 없었고, 아래로 제후를 이끄는 方伯이 없었다."고 변명하며, 환공이 霸者로서 부득이해서 한 일이라고 하였다. 본래대로라면 천자의 권위에 도전한 참람한 행위로 치부되었을 일이지만 ≪공양전≫이 지향하는 존왕양이의 입장에서는 칭찬할 만한 일이었던 것이다.

같은 맥락에서 ≪論語≫ 〈憲問〉에 孔子가 "제 환공은 정당한 방법을 쓰고 속이지 않았다."[25]고 평가하였고, 환공을 패자로 이끈 管仲을 칭찬하는 글도 보인다.[26] 上述한 것처럼 ≪공양전≫ 내용은 공자의 의도를 반영한 것이기 때문에 서로 일치하는 모습을 보이는 것을 알 수 있다.

---

23) ≪春秋≫ 僖公 2년. "春王正月, 城楚丘."

24) ≪公羊傳≫ 僖公 2년. "曷爲不言桓公城之. 不與諸侯專封也. 曷爲不與. 實與而文不與. 文曷爲不與. 諸侯之義, 不得專封也.……上無天子, 下無方伯, 天下諸侯有相滅亡者, 力能救之, 則救之可也."

25) ≪論語≫ 〈憲問〉. "子曰 : 晉文公, 譎而不正, 齊桓公, 正而不譎."

26) ≪論語≫ 〈憲問〉. "子曰 : 管仲相桓公霸諸侯, 一匡天下, 民到于今, 受其賜. 微管仲, 吾其被髮左衽矣."

(3) 復讐 중시

≪공양전≫은 義理를 밝히는 데 주목하였기 때문에, 개인 또는 국가 간에 복수도 중시하였다. 이는 ≪좌씨전≫ 隱公 3~4년에서 국가의 大義를 위해 父子간의 사사로움을 포기했던 大義滅親과는 정반대라고 할 수 있다.[27] 一例로 은공 11년에 桓公이 은공을 시해하고 즉위하였는데, 신하들의 처신에 대하여 ≪공양전≫에서 언급한 내용을 살펴보면 다음과 같다.

【經】 겨울 11월 임진일에 은공이 薨하였다.[28]

【傳】 ≪春秋≫에서는 군주를 시해한 역적을 토벌하지 않으면 장사 지낸 일을 쓰지 않으니, 臣子가 없는 것으로 여기기 때문이다. 子沈子가 말했다. "군주가 시해 당했는데 신하가 그 역적을 토벌하지 않으면 신하가 아니고, 자식이 부모를 위하여 원수를 갚지 않으면 자식이 아니다. 장사 지내는 일은 살아 있는 사람의 일이다. ≪춘추≫에서 군주가 시해 당했는데도 역적을 토벌하지 않으면 장사 지낸 일을 기록하지 않는 것은 臣子 관계가 존재하지 않는다고 여기기 때문이다."[29]

≪春秋≫는 魯나라의 史書이며 임금의 죽음에 대해서는 경우에 따라 국외의 임금도 기록하는데, 자기 나라 임금을 장사 지낸 일은 기록하지 않을 수 없다. 그런데 은공 11년에 은공을 장사 지낸 일을 기록하지 않았으니, 이는 은공의 신하들이 임금을 시해한 역적을 토벌하여 복수하지 않은 일을 비판한 것이다.

≪공양전≫의 입장에서는 임금이 죽으면 신하가 장사 지내는 것이 당연하지만, 만약 임금이 시해 당했는데 신하가 임금을 위해 복수하지 않으면 군신간의 의리가 더 이상 성립하지 않기 때문에 신하라고 여길 수가 없다고 보았다. 그러므로 장사 지내는 일이 그들과 관련이 없기 때문에 기록하지 않았다고 풀이한 것이다.

반면 ≪공양전≫이 복수를 중시한다고 하지만 합당한 선을 정해놓았음을 알 수 있는 대목이 있다. ≪공양전≫ 定公 4년을 보면 伍子胥가 자신의 아버지를 죽인 楚나라에 복

27) 大義를 위해 親族 간의 情을 끊는다는 뜻이다. 衛나라 大夫 石碏의 아들인 石厚가 公子州吁와 함께 衛 桓公을 시해하고 주우를 군주로 세우자, 석작이 위나라를 위해 계책을 써서 두 사람을 죽인 일을 두고 ≪좌씨전≫에서 君子가 평가한 내용이다.

28) ≪春秋≫ 隱公 11년. "冬十有一月壬辰, 公薨."

29) ≪公羊傳≫ 은공 11년. "春秋君弑賊不討, 不書葬, 以爲無臣子也. 子沈子曰 : '君弑, 臣不討賊, 非臣也, 不復讐, 非子也. 葬生者之事也. 春秋君弑賊不討, 不書葬, 以爲不繫乎臣子也.'"

수하는 내용이 나온다.

【經】 蔡侯가 吳子의 힘을 빌려 楚人과 伯莒에서 전쟁했는데, 楚나라 군대가 크게 패배했다.[30]

【傳】 吳나라를 왜 '吳子'라고 했는가? 오나라가 오랑캐이지만 중국을 걱정했기 때문이다.……伍子胥가 다시 말했다. "諸侯가 필부를 위해 전쟁을 일으켜서는 안 됩니다. 게다가 제가 들으니 임금을 섬기는 것은 어버이를 섬기는 것과 같다고 하니, 임금의 도리를 저버리면서 부친의 원수를 갚는 일을 臣은 할 수 없습니다."……〈公羊子가 말하였다.〉 "부친이 억울하게 죽었다면 자식이 복수하는 것은 옳은 일이다. 그러나 부친이 죄를 지어 죽었는데 자식이 복수한다면 복수가 복수를 부르는 악순환이 끝이 없을 것이니, 복수는 원한이 있는 당사자에게 국한되어야 하며, 〈원수의 자식이 자기에게 복수할까 두려워 그 자식까지〉 해치지는 않는다."[31]

여기서는 개인의 복수를 위해 제후의 군대를 동원하는 것은 불가하며, 억울하게 죽은 경우가 아니면 복수는 원한이 있는 당사자에게만 국한되어야 함을 말하고 있다. 복수가 복수를 부르는 악순환이 반복될까 우려하여, 사회가 용인하고 의리에 합당한 범위 내에서만 정당하게 복수할 것을 권장하는 것이다.

이상으로 ≪공양전≫의 실제 기사를 통해 그 지향하는 바와 내포된 의미를 살펴보았다. 여러 선행 연구에서는 上述한 것보다 더 많은 분류와 세세한 풀이를 하였으나,[32] 본고가 ≪춘추공양전주소≫의 해제인 점을 감안하여 대표적인 例만 선별하여 수록하였다.

정리하자면 ≪공양전≫은 나머지 두 傳과는 달리 ≪춘추≫의 문자를 분석·비교하는 데 집중함으로써 그 의리를 밝히는 과정에 힘을 쏟았다. 이 때문에 역사적 사실을 전달하는 면에서는 ≪좌씨전≫과 비교될 수 없을 정도로 소홀하였다. 그러나 ≪공양전≫이 ≪논어≫에 보이는 공자의 理想을 대일통으로 실현하고 尊王攘夷를 제시함으로써, 일맥

---

30) ≪春秋≫ 定公 4년. "蔡侯以吳子及楚人戰于伯莒, 楚師敗績."

31) ≪公羊傳≫ 定公 4년. "吳何以稱子. 夷狄也而憂中國.……伍子胥復曰 : '諸侯不爲匹夫興師. 且臣聞之, 事君猶事父也, 虧君之義, 復父之讐, 臣不爲也.'……曰 : '父不受誅. 子復讐可也. 父受誅, 子復讐, 推刃之道也. 復讐不除害.'"

32) 김동민, 앞의 책, 2014 / 曾亦·郭曉東 지음, 김동민 옮김, ≪춘추공양학사≫(전2책), 예문서원, 2022 / 박성진, ≪춘추공양전≫, 지식을만드는지식, 2018 등 참조.

상통하게 撥亂反正의 기치를 내세웠다는 점에서 높게 칭할 만하다. 또 그 사상이 漢代에 꾸준히 정치적으로 재해석되어 활용된 면을 보더라도 실제 정치와 밀접한 관련이 있는 經書임을 알 수 있다.

3. 何休와 ≪春秋公羊經傳解詁≫

≪春秋公羊經傳解詁≫의 저자인 何休(129~182)는 後漢 말기 任城 樊縣 사람으로 字는 邵公이다. 羊弼에게 ≪公羊傳≫을 배워서 董仲舒의 四傳弟子가 되었다. 당시 공양학은 후한 말기의 정치적 혼란과 ≪좌씨전≫·≪곡량전≫의 학문적 공격으로 인하여 그 흐름이 다소 쇠퇴한 상황이었는데, 공양학자들은 이를 만회하기 위해 잘못된 경전 해석을 시도하거나 현실과 맞지 않는 讖緯를 인용함으로써 그 한계에 직면하였다.

何休

한편 漢 桓帝 시기에 宦官의 모략으로 儒者들이 禁錮를 당하면서 하휴 역시 17년 동안이나 금고에 처해졌는데, 이때 두문불출하며 공양학의 내실화와 종합화에 힘써 ≪春秋公羊經傳解詁≫를 완성함으로써 당시까지 전하던 공양학 연구를 정리하였다. 앞서 하휴가 동중서의 사전제자가 되었다고 하였으나 당시 학관에 세워진 공양학은 이전의 폐단을 답습한 嚴彭祖과 顔安樂 계열이었기 때문에, 하휴의 입장에서 공양학을 바로잡기 위해서는 前漢 시기 또 다른 대학자인 胡毋生의 공양학을 계승하지 않을 수 없었다.

또한 ≪後漢書≫ 〈儒林傳 何休〉에 "기존의 글이나 이론을 그대로 따르거나 고수하지 않았다."[33]고 언급한 것과 唐나라 徐彦의 疏에 "호무생이 지은 ≪條例≫에 의거하여 ≪공양전≫에 注를 달았다."고 한 것을 보면 하휴는 호무생의 학문을 전수한 것이 분명하다.[34] 이밖에도 하휴는 ≪公羊墨守≫, ≪左氏膏肓≫, ≪穀梁廢疾≫ 등을 저술하여 공양학의 위상을 회복하고, 좌씨학과 곡량학의 폐단을 지적하는 데 힘썼다.

하휴의 공양학 이론은 三科九旨로 대변할 수 있다. 科는 단락, 旨는 취지라는 뜻으로,

33) ≪後漢書≫ 〈儒林傳 何休〉. "不與守文同說."

34) 증역·곽효동 著, 김동민 譯, ≪春秋公羊學史≫上, 예문서원, 2022, 268쪽 참조.

세 개의 단락 속에 아홉 가지의 취지가 있는 것을 말한다. 하휴는 ≪文謚例≫를 지어 "삼과구지란 〈다음과 같다.〉 周나라를 가까운 과거의 王으로 여기고 宋나라를 먼 과거의 왕으로 여기며 ≪春秋≫를 새 왕에 해당시켰으니, 이것이 一科三旨이다."라 하고, 또 "보아서 안 시대의 일이 書法이 다르고, 들어서 안 시대의 일이 서법이 다르고, 전해 들어 안 시대의 일이 서법이 다르니, 이것이 二科六旨이다."라 하고, 또 "자기의 국가를 내부로 여기고 中原의 제후국을 외부로 여기며, 중원의 제후국을 내부로 여기고 夷狄을 외부로 여겼으니, 이것이 三科九旨이다."라고 하였다.[35)]

본 장에서는 ≪춘추공양경전해고≫에 보이는 三科를 중심으로 하휴의 ≪공양전≫ 이해를 살펴보겠다. ≪춘추공양전주소≫의 疏를 지은 徐彦은 그 저술 동기가 하휴의 注를 疏通시키기 위한 것이었고, 이후로도 ≪춘추공양경전해고≫가 ≪공양전≫과 공양학을 익히는 데 第一의 서적으로 자리 잡은 것을 보면, 하휴의 연구가 달성하고자 했던 공양학의 내실화와 종합화는 소기의 목적을 달성한 것으로 볼 수 있다. 비록 그의 견해에 당시의 학문적 흐름으로 인해 讖緯와 관련된 내용이 다소 섞여 있으나, 공양학 이론을 밝히기 위한 그의 체계적 서술이 주류를 이루기 때문에 여기에 초점을 맞추어 분석해보도록 하겠다.

1) 存三統

三統의 '三'은 역대 왕조인 夏·殷·周 3代를 가리킨다. '三統'에 대한 언급은 ≪尙書大傳≫에서 "하·은·주 세 나라의 역법이 서로 순환하듯이 王者가 전대의 두 왕의 후예를 존치하여 자신과 함께 셋으로 삼은 것은 삼통을 소통시키기 위한 것이다."[36)]라고 한 내용에서 처음 보인다.

이 이론을 공양학에 처음 접목시킨 것은 동중서인데, 그는 ≪춘추번로≫에서 하·은·주라는 역사순환론의 기본 구조를 改制의 원리와 방법으로 차용하고, 나아가 이것을 확대 해석하여 삼통에 의한 왕조의 순환과 교체라는 공양학의 역사철학적 관점을 확립했다. 하휴도 동중서의 이론을 일부 수용하였고, 莊公 27년 經文 "杞伯來朝"에 注를 달아 "周나라를 가까운 과거의 王으로 여기고 宋나라를 먼 과거의 왕으로 여기며, ≪춘추≫를 새 왕에 해당시킨다."[37)]라고 하였다.[38)] 이는 하휴가 ≪춘추≫의 첫 기사

35) 자세한 내용은 본서 92쪽 참조.

36) ≪尙書大傳≫ 〈夏傳〉. "王者存二王之後, 與已爲三, 所以通三統."

37) ≪春秋公羊傳注疏≫ 莊公 27년 何休 注. "新周而故宋, 以春秋當新王."

인 "春王正月" 해석에 대하여 '正月'을 周나라 왕의 正朔이라 여긴 것과 같은 맥락이며, 나아가 춘추에서 제기한 '처음 천명을 받은〔始受命〕' 王者를 魯 隱公에게 假託하는 근거가 된다.39)

바로 '新周'와 '故宋'의 의미가 이것인데, 하휴는 ≪춘추≫가 魯나라를 새로운 천자에 가탁하고자 했던 王魯 이론을 담고 있다고 보았다. 이미 周나라가 천자의 위엄을 상실하였으므로 孔子가 ≪춘추≫를 저술하는 과정에서 이러한 의도가 삽입되었다는 것이다. 하휴가 살았던 後漢의 혼란 상황은, 改制의 논리로 새 왕조의 정통성을 확립하고자 했던 前漢과 달랐다. 이미 환관의 專橫으로 정치가 혼란하였고, 국가가 안정기를 지나서 왕조 교체의 정당성을 굳이 주장할 필요도 없었다. 그러므로 주나라를 중심에 두고 선대 두 왕조의 후손을 보존하고자 했던 동중서와 달리, 하휴는 주나라까지도 축출의 대상으로 보면서 ≪춘추≫를 새 왕에 해당시킨 것으로 해석한 것이다. 아래는 이러한 하휴의 관점을 확인할 수 있는 ≪공양전≫ 宣公 16년의 내용이다.

【傳】成周의 宣謝에 화재가 발생한 것을 왜 기록하였는가? 災害였기 때문에 기록한 것이다. 외국의 재해는 기록하지 않는 법인데, 여기에서 왜 기록하였는가? 周나라를 새로운 왕으로 여겼기 때문이다.40)

【注】周나라를 새로운 왕으로 여겼기 때문에, 재해가 있었던 장소를 분별하여 宋나라와 동일시하지 않은 것이다. 孔子가 ≪春秋≫를 새로운 王에 해당시키고, 위로는 杞나라를 축출하고 아래로는 周나라를 가까운 과거의 왕으로 여기며, 宋나라를 먼 과거의 왕으로 여겼다. 하늘이 중흥을 상징하는 악기에 재해를 내려 주나라가 다시는 흥성하지 않을 것임을 보인 것이다. 그러므로 〈악기를 보관하는〉 宣謝를 成周와 관련지어서, 마치 일반 제후국을 기록하는 문장처럼 기록해서 주나라를 축출하고 노나라를 새 왕으로 가탁하였으니, 〈주나라의 재해를 기록하면서〉 王者의 후예를 위해 재해를 기록하는 방식을 따른 것이다.41)

---

38) 김동민, 앞의 책, 2014, 355쪽 참조. 하휴의 注 번역은 본서에 맞게 재구성하였다.

39) 권정안, 〈春秋公羊傳의 三科九旨論 考察〉, ≪儒教思想研究≫7, 1994, 5~7쪽 참조.

40) ≪公羊傳≫ 宣公 16년. "成周宣謝災, 何以書. 記災也. 外災不書, 此何以書. 新周也."

41) ≪春秋公羊傳注疏≫ 宣公 16년 何休 注. "新周. 故分別有災, 不與宋同也. 孔子以春秋當新王, 上黜杞, 下新周而故宋, 因天災中興之樂器, 示周不復興. 故繫宣謝於成周, 使若國文, 黜而新之, 從爲王者後記災也."

결국 하휴는 '新周와 故宋'을 통해 周나라를 축출하여 殷나라의 후예인 宋나라처럼 대우해야 하며, 孔子도 이러한 뜻을 내포하여 ≪춘추≫를 지음으로써 노나라로 새 왕을 가탁하였다는 뜻을 드러냈다. 이처럼 하휴는 혼란한 후한의 정치 상황에서 새로운 질서를 건설하고자 하는 기대를 ≪공양전≫과 存三統에 가탁함으로써 현실의 왕조를 이상적인 왕으로 대체하려는 의도를 담았던 것이다. 바로 여기에서 하휴의 이론이 지닌 시대성을 발견할 수 있다.[42]

2) 張三世

張三世는 存三統에 근거하여 역사의 전개 과정을 단계별로 구분한 것으로, 三世異辭라는 춘추필법으로 알려져 있다. 바로 역사 구분의 기준을 ≪춘추≫ 기록자인 孔子의 개인적인 경험에서 찾는 것이다. 아래는 ≪공양전≫ 隱公 원년의 내용이다.

【經】 公子 益師가 卒하였다.[43]

【傳】 왜 날짜를 말하지 않았는가? 〈시대가〉 멀기 때문이다. 보아서 안 시대의 일이 書法이 다르고, 들어서 안 시대의 일이 書法이 다르고, 전해 들어 안 시대의 일이 書法이 다르다.[44]

【注】 '보았다〔所見〕'는 것은 昭公·定公·哀公 시기로 孔子 자신과 아버지 때의 일을 이른다. '들었다〔所聞〕'는 것은 文公·宣公·成公·襄公 시기로 조부 때의 일을 이른다. '전해 들었다〔所傳聞〕'는 것은 隱公·桓公·莊公·閔公·僖公 시기로 고조부와 증조부 때의 일을 이른다. '書法이 다르다〔異辭〕'는 것은 〈시대의 원근에 따라〉 부자간 은정의 厚薄과 군신간 의리의 淺深의 차이를 〈서법으로〉 나타내는 것이다. 이 당시 은정은 쇠퇴하고 의리는 훼손되어 있었다. 〈이 때문에 공자가〉 장차 군신간의 서열을 정리하고 부자간의 관계를 정돈하여 난세를 다스리는 법을 제정하려고 하였다.[45]

---

42) 김동민, 앞의 책, 2014, 357~359쪽 참조.

43) ≪春秋≫ 隱公 원년. "公子益師卒."

44) ≪公羊傳≫ 隱公 원년. "何以不日. 遠也. 所見異辭, 所聞異辭, 所傳聞異辭."

45) ≪春秋公羊傳注疏≫ 隱公 원년 何休 注. "所見者. 謂昭定哀, 己與父時事也. 所聞者, 謂文宣成襄, 王父時事也. 所傳聞者, 謂隱桓莊閔僖, 高祖曾祖時事也. 異辭者, 見恩有厚薄, 義有淺深, 時恩衰義缺. 將以理人倫, 序人類, 因制治亂之法."

하휴는 ≪춘추≫에서 다룬 12公 242년간의 역사를 세 시대로 구분하고, 시대별로 구사한 필법이 다르다고 보았다. 공자 자신과 아버지가 직접 보거나 들어서 안 시대, 조부에게 들어서 안 시대, 고조부와 증조부에게 전해 들어서 안 시대 등으로 구분한 것이다. 이와 같은 구분법은 漢字의 가감이나 문장 속 놓는 위치에 따라 의미가 다르다고 주장하는 ≪공양전≫의 ≪춘추≫ 해석 방식만의 차별성을 도출하였다. 실제로 ≪춘추≫가 동일한 사건을 기록함에 있어서도 앞과 뒤의 방식이 다른 것 때문에 수많은 학자들에게 논란거리를 제공해왔다.

물론 이는 하휴의 독창적인 견해가 아니라 동중서의 이론을 발전시킨 것이다. 다만 동중서가 '三世異辭'를 인간관계의 질서와 도리를 확립하는 원칙으로 삼아 역사 발전의 흐름으로 이해했던 것에서 한 단계 더 나아가, 하휴는 사건의 기술 대상이 어느 시대에 속하는 지에 따라 그 대상에 대한 ≪춘추≫ 기록자의 은혜와 의리 또한 차등적으로 적용된다는 독특한 견해를 제시했다. 또한 동중서가 구분해놓은 세 단계의 시대를 객관화하여 정치가 혼란한 시대, 안정된 시대, 태평한 시대로 점진적인 발전을 이루어 나간다는 도식을 완성하기도 하였다.[46] 비록 실제 노 은공에서 애공까지의 현실 정치가 혼란-안정-태평의 시대라고 도식화할 수 있을 정도로 이상적인 시기는 아니었지만, 하휴가 제시한 역사 발전의 단계는 ≪공양전≫의 독특한 해석면에 있어서도 유의미한 결과라 할 수 있다.

3) 異內外

禮義의 준수 여부, 敎化의 가능 여부에 따라 中國과 夷狄을 구분하는 논리는 다수의 儒家 經典에서 확인된다. 우선 ≪춘추≫에서 일반적으로 '內'는 魯나라를 가리키며, '外'는 그 밖의 中原 국가를 가리킨다. 그러나 앞서 말한 張三世 이론처럼 혼란한 시대, 안정된 시대, 태평한 시대로 발전하면서 점차 '內'의 의미가 노나라를 비롯하여 노나라가 친근히 여기는 諸夏의 나라로까지 확장되고, '外'는 그와 반대인 이적으로 확대되었다.

≪춘추≫가 노나라의 史書이기 때문에 당연히 노나라의 입장을 중심으로 내외를 구별하여 서술하였으니, 經文에 '來'라고 쓴 표현은 바로 외부에서 우리나라(노나라)로 왔다는 의미를 서술한 例이다. ≪공양전≫에서는 일반적으로 內國의 일을 자세하게 기록하고 外國의 일은 간략하게 기록하였으니, 이를 '錄內略外'라고 표현하였다.[47]

---

46) 김동민, 앞의 책, 2014, 361~364쪽 참조.

특기할 만한 것은 ≪공양전≫이 魯나라가 아닌 齊 桓公과 晉 文公의 霸業에 대해서도 그 공로를 인정하고 있는 점이다. 당시에는 天子가 위엄이 없고 무력한 상황이었기 때문에, 그들이 천자를 존중하고 이적(楚나라)을 물리쳐서 王者의 일을 행한 것을 인정하였다. 하휴 또한 隱公 원년에서 같은 맥락의 논지를 전개하였다.

【經】 戎이 楚丘에서 凡伯을 공격하여 데리고 돌아갔다.[48]

【傳】 凡伯은 누구인가? 天子의 大夫이다. 이것은 범백이 빙문하고 〈돌아가는 중이었는데〉 그를 '伐'했다고 말한 것은 무엇 때문인가? 체포하였기 때문이다. 체포하였는데 그를 '伐'했다고 말한 것은 무슨 까닭인가? 이 일을 중대하게 여긴 것이다. 어째서 이 일을 중대하게 여겼는가? 夷狄이 中國(중원) 사람을 체포한 일을 인정할 수 없기 때문이다.[49]

【注】 '中國'은 예의를 갖춘 나라이고, '執'은 다스린다는 뜻의 글자이다. 군자는 예의가 없는 〈夷狄으로〉 하여금 예의가 있는 〈中國을〉 통치하게 해서는 안 되기 때문에, 결코 '執'이라 말하지 않고 이를 바로잡아 '伐'이라 말한 것이다. 天子의 大夫를 체포했는데 중국 사람이라고 바로잡은 것은, 중국 사람을 체포하는 것도 오히려 불가한데 하물며 천자의 대부를 체포하는 경우이겠느냐는 뜻이다. 이 때문에 이적을 낮추고 천자를 높여서 이치에 맞는 말이 되었다.[50]

하휴의 설은 오직 禮義가 있는 중원 국가라야 예의가 없는 夷狄을 다스릴 수 있기 때문에, 감히 이적으로 하여금 중원 국가의 大夫를 체포하였다는 표현을 쓸 수 없게 하였다는 의미이다. 이처럼 ≪춘추≫의 일반적인 서법은 魯나라를 안〔內〕으로 여기지만, 이적과 상대되는 의미로 쓸 때에는 諸夏를 끌어다 노나라와 똑같이 안으로 여겨 '중국'이라 말하였음을 알 수 있다.[51]

---

47) ≪公羊傳≫ 隱公 10년. "內大惡諱, 此其言甚之何. 春秋錄內而略外, 於外大惡書, 小惡不書, 於內大惡諱, 小惡書."

48) ≪春秋≫ 隱公 원년. "戎伐凡伯于楚丘以歸."

49) ≪公羊傳≫ 隱公 원년. "凡伯者何. 天子之大夫也. 此聘也, 其言伐之何. 執之也. 執之則其言伐之何. 大之也. 曷爲大之. 不與夷狄之執中國也."

50) ≪春秋公羊傳注疏≫ 隱公 원년 何休 注. "中國者, 禮義之國也, 執者, 治文也. 君子不使無禮義制治有禮義. 故絶不言執, 正之言伐也. 執天子大夫, 而以中國正之者, 執中國尙不可, 況執天子之大夫乎. 所以降夷狄尊天子, 爲順辭."

이상으로 하휴의 ≪춘추공양경전해고≫에서 주목할 만한 점을 三科를 중심으로 살펴보았다. 하휴가 동중서의 학문을 전수받고 호무생의 ≪조례≫를 바탕으로 자신만의 학술을 정리하여 올바른 ≪공양전≫ 해석을 위해 일생을 매진한 결과물이 바로 ≪춘추공양경전해고≫이다. 본 해제에서는 선행 연구 성과를 간략하게 정리하는 정도에 그쳤으나, 하휴의 학문을 보다 정밀하게 연구하기 위해서는 하휴와 鄭玄의 今古文 논쟁부터 시작하여, 그 외 하휴가 저술한 ≪公羊墨守≫, ≪左氏膏肓≫, ≪穀梁廢疾≫ 등을 비교 검토해야 할 것이다.

한편 하휴는 삼과를 통해 이상적인 정치 모델을 제시하였지만, 태평 시대에 도달할 수 있는 방법이나 그 세계의 모습을 구체적으로 묘사하지 못한 한계가 있었다.[52] 또한 경전을 해석함에 있어 참위를 많이 인용하여 후학에게 비판을 받았으며,[53] 후한 말 경학계가 經世指向的 정치 담론보다 訓詁學的 연구에 치중되어 그의 학문이 絶學되어 버리는 등 후세로 온전히 전해지지 못하게 되었다. 그럼에도 불구하고 唐나라의 徐彦이 그의 학문을 소통시키기 위해 ≪춘추공양소≫를 완성하여 후대에 전한 것은 ≪공양전≫ 전승에 빼놓을 수 없는 성과라 할 것이다.

4. 徐彦과 ≪春秋公羊疏≫

≪春秋公羊傳注疏≫에서 '疏'에 해당하는 부분이 바로 徐彦의 ≪春秋公羊疏≫이다. 다만 宋나라 王堯臣 등이 편찬한 書目인 ≪崇文總目≫에 "≪춘추공양소≫ 30권은 인용한 원글(≪文獻通考≫)에는 편찬자의 人名氏가 기록되어 있지 않다. 끌어다 증명한 논거가 얕고 좁으니 근세에 나온 것으로 보인다. 혹자는 서언이 편찬했다고 한다."[54]라고 되어 있는 것처럼 저자에 대한 의혹이 남아 있다.

---

51) 증역・곽효동 著, 김동민 譯, 앞의 책, 2022, 338쪽 참조.

52) 김동민, 앞의 책, 2014, 370쪽.

53) ≪춘추공양학사≫에 의하면, 하휴가 저술 가운데 참위를 인용한 내용은 ≪書緯≫ 1조목, ≪禮緯≫ 1조목, ≪樂緯≫ 2조목, ≪易緯≫ 2조목, ≪春秋緯≫ 44조목, ≪孝經緯≫ 4조목 등 모두 54조목이라 하였다. 특히 哀公 14년의 '西狩獲麟' 조목을 풀이하면서 참위를 가장 많이 인용하였다고 하였다. 자세한 내용은 ≪춘추공양학사≫上 270쪽 참조.

54) ≪崇文總目≫ 권1 〈春秋類〉. "春秋公羊疏三十卷, 原釋不著撰人名氏, 援證淺局, 出於近世, 或云徐彦撰."

서언이라는 인물에 대해서도 명확하게 밝혀진 이력이 없는데, ≪四庫全書總目提要≫ 〈春秋公羊傳注疏〉에 의하면 아마도 唐나라 사람으로 추정된다. 宣公 12년 晉나라 荀林父와 楚子가 邲에서 전쟁한 조목의 疏에서 孫炎의 ≪爾雅注≫ 完本을 언급하는 것으로 보아 宋代 이전임을 알 수 있고, 莊公 3년 魯 桓公을 장사 지낸 조목에서 楊士勛의 ≪穀梁傳≫ 疏를 그대로 답습하고 있는 것으로 보아 貞觀 이후임을 알 수 있기 때문이다.[55]

최근까지의 연구 성과에 따르면 ≪춘추공양소≫의 저자가 서언 또는 南北朝時代의 어떤 인물이라 하였으나, 그 밖에는 사실을 밝힐 추가 자료가 없기 때문에 결국 정론을 정하지는 못했다.[56] 이에 본고에서는 기존의 견해를 따라 서언으로 저자를 상정하고 서술하도록 하겠다.

≪춘추공양소≫의 목적은 何休의 注를 소통시키는 데 있기 때문에 하휴의 논조를 따라 미진하게 해석한 부분을 부연하거나, 하휴가 제시한 미진한 근거를 보완하는 등 이론의 완성과 고증을 위해 노력하였다. 이는 여타 十三經注疏의 주석 흐름과 大同小異하다. 물론 하휴의 설에 반박하는 내용도 일정 부분 확인되지만, 서언은 아마도 하휴의 義例를 체계화하여 후대에 전하는 데 힘쓴 듯하다. 아래에서 몇 가지 사례를 통해 해당 내용을 살펴보도록 하겠다.

1) 例에 대한 증명과 해석

≪춘추공양전주소≫ 서언의 序에서 "〈하휴는〉 胡毋生이 지은 ≪條例≫에 의거하여 ≪공양전≫에 注를 달았다."라고 하였는데, 이는 하휴가 ≪춘추≫ 解讀의 例學을 세운 의의가 있음을 드러낸 것이다. ≪춘추≫에서 例란 역사를 기재하는 일종의 書法으로 표현되는데, ≪禮記≫ 〈經解〉에서 말한 '屬辭比事'와 같은 부류이다. 또한 程伊川은 "≪춘추≫의 대체적인 기록은 일이 같으면 말이 같기 때문에 후대 사람들이 그것을 例라고 말했다."라고 하였다. 그러므로 하휴가 세운 例는 대부분 屬辭比事와 事同辭同의 각도에서 추론하여 구한 것으로 볼 수 있다.[57]

---

55) ≪四庫全書總目提要≫ 〈春秋公羊傳注疏〉. "董逌≪廣川藏書志≫亦稱'世傳徐彦, 不知時代, 意其在貞元長慶之后.' 考≪疏≫中'邲之戰'一條, 猶及見孫炎≪爾雅注≫完本, 知在宋以前. 又'葬桓王'一條, 全襲用楊士勛≪穀梁傳≫疏, 知在貞觀以后. 中多自設問答, 文繁語複, 與邱光庭≪兼明書≫相近, 亦唐末之文體. 董逌所云, 不爲無理, 故今從逌之說, 定爲唐人焉."

56) ≪춘추공양소≫의 저자 논란에 대해서는 ≪춘추공양학사≫上, 491~494쪽 참조.

그러므로 ≪춘추공양소≫에서는 모든 경문을 관통하는 기초 위에서 속사비사의 원칙에 근거하여 하휴의 例를 설명하고, 그에 맞는 例示를 제공함으로써 통일성 있는 서법을 증명하였다.[58] 대개 하휴의 例가 옳다는 것을 가정해두고 귀납적으로 정리하는 방식을 택했는데, 다음의 隱公 4년 기사를 참조할 수 있다.

【經】겨울 12월에 衛人이 晉을 임금으로 세웠다.[59]

【注】달을 기록한 것은, 大國의 찬탈에 대해서는 원칙적으로 달을 기록하고, 小國의 〈찬탈에 대해서는〉 계절을 기록한다. 立·納·入〈이라고 기록한 것〉은 모두 찬탈한 것이고, 卒한 것에 대해 날짜를 기록하고 葬事 지낸 것에 대해서 달을 기록한 것은 ≪春秋≫에 두루 통용하는 大國에 대한 원칙이다.[60]

【疏】'大國의 찬탈에 대해서는 원칙으로 달을 기록한다.'는 것은 곧 이곳에 "겨울 12월에 衛人이 晉을 임금으로 세웠다."라고 한 것, 莊公 6년에 "여름 6월에 衛侯 朔이 衛나라로 들어갔다."라고 한 것, 哀公 6년 7월에 "齊나라 陽生이 齊나라로 들어갔다."라고 한 것 등이 이런 예이다. 장공 9년 여름에 "齊나라 小白이 齊나라로 들어갔다."라고 한 데서 달을 기록하지 않은 것은, 그 注에서 "달을 기록하지 않은 것은 惡을 魯나라로 옮긴 것이다."라고 풀이하였다.[61]

이밖에도 ≪춘추공양전주소≫에는 빈번하게 經·傳·注·疏의 내용을 그 순서에 맞게 제시한다. 특히 서언의 疏는 하휴의 注를 중심으로 經·傳까지도 아우르며 하휴의 例를 귀납적으로 설명하고 있는 것이 특징이다. 서언의 서술 방향은 보통 하휴가 설정한 例에 대한 증명이 주를 이루었다고 봐도 과언이 아니다.

한편 서언은 하휴가 例를 통해 드러낸 의미를 해석하기도 하였는데, 微言大義를 해석하는 것과 같은 이 방식은 이미 하휴의 서술에도 많이 드러나 있다. 그러나 서언은 하휴

---

57) ≪춘추공양학사≫上, 498쪽 참조.

58) ≪춘추공양학사≫上, 498쪽 참조.

59) ≪春秋≫ 隱公 4년. "冬十有二月, 衛人立晉."

60) ≪春秋公羊傳注疏≫ 隱公 4년 何休 注. "月者, 大國篡例月, 小國時. 立·納·入, 皆爲篡, 卒日, 葬月, 達於春秋, 爲大國例."

61) ≪春秋公羊傳注疏≫ 隱公 4년 徐彦 疏. "大國篡例月者, 卽此文'冬十二月, 衛人立晉', 莊六年'夏六月, 衛侯朔入于衛', 哀六年秋七月, '齊陽生入于齊'之屬, 是也. 而莊九年夏, '齊小白入于齊'不月者, 彼注云'不月者, 移惡于魯也'."

가 미처 해석하지 못한 뜻을 한 단계 더 나아가 드러냈는데, 宣公 15년의 疏에서 "≪춘추≫의 經과 傳 수만 자는 가리키는 뜻이 무궁하지만, 진실된 事情은 ≪춘추≫ 위아래 편의 經例와 意義가 서로 의지하며 기다리고 나서야 드러난다.[62]"라고 한 내용을 보면, 經과 傳 상호간의 서법을 정리・종합하여 例式의 체계화를 공고히 하고자 한 면모를 확인할 수 있다. 隱公 11년에서 예시를 확인할 수 있다.

【經】 겨울 11월 임진일에 隱公이 薨하였다.[63]

【傳】 왜 〈은공을〉 장사 지낸 일을 쓰지 않았는가? 숨긴 것이다. 왜 숨겼는가? 시해 당했기 때문이다. 시해 당한 경우에는 왜 장사 지낸 일을 기록하지 않는가? ≪春秋≫에서는 군주를 시해한 역적을 토벌하지 않으면 장사 지낸 일을 쓰지 않으니, 臣子가 없는 것으로 여기기 때문이다.[64]

【注】 ≪春秋≫의 일반적인 원칙으로 말하자면 文王, 武王 때와는 다르다.[65]

【疏】 文王, 武王 때에는 周나라의 성대한 德으로 제후들이 서로를 범하는 일이 없었으니, 어찌 臣子가 君父를 시해하는 일이 있었겠느냐고 말한 것이다. 이 때문에 옛 典籍에는 臣子에게 역적을 토벌하는 도리로써 책망한 경우가 없다. ≪춘추≫는 亂世의 역사를 기반으로 지었으니, 당시에는 〈신자가 군부를 시해하는 일이〉 있어서 이로 인해 그 법을 세웠다. 그러므로 문왕, 무왕 때와는 다르다고 말한 것이다.[66]

서언은 문왕・무왕의 시대에는 周나라의 道가 성대하여 신하가 임금을 시해하는 일 자체가 없었고, 그러므로 신하에게 역적을 토벌하는 의리를 요구할 필요도 없었다고 보았다. 그러나 孔子의 시대에는 이미 주나라의 도가 무너져서, '임금을 시해한 역적을 토벌하지 않으면 장사 지낸 일을 기록하지 않는다.'는 서법이 생겨나게 되었다고 말한 것이다. 이는 하휴가 미처 설명하지 못한 내용을 서언이 증명하고 정리한 사례로 볼 수 있다.

---

62) ≪春秋公羊傳注疏≫ 宣公 15년 徐彦 疏. "春秋經傳數萬, 指意無窮, 狀相須而擧, 相待而成."

63) ≪春秋≫ 隱公 11년. "冬十有一月壬辰, 公薨."

64) ≪公羊傳≫ 隱公 11년. "何以不書葬. 隱之也. 何隱爾. 弑也. 弑則何以不書葬. 春秋君弑賊不討, 不書葬, 以爲無臣子也."

65) ≪春秋公羊傳注疏≫ 隱公 11년 何休 注. "道春秋通例, 與文武異."

66) ≪春秋公羊傳注疏≫ 隱公 11년 徐彦 疏. "言文武之時, 周之盛德, 旣無諸侯相犯, 寧有臣子弑君父者. 是以古典無責臣子討賊之義. 春秋據亂而作, 時則有之, 因設其法, 故言與文武異."

2) 하휴의 논리 확장 및 보완

하휴의 注를 소통시키고자 한 ≪춘추공양소≫의 또 다른 서술법은, 바로 注의 내용을 확장하고 부연・보충하는 것이다. 은공 원년 經에 "3월에 隱公이 邾婁의 儀父와 眜에서 會盟하였다."[67]라고 한 것에 대하여, 傳에서 "儀父가 누구인가? 邾婁國의 임금이다."[68]라고 하였다. 또 하휴는 注에서 "'公及'이라 말하여 〈'公'을〉 諱하지 않은 것으로 인해 그가 군주임을 안 것이다."[69]라고 하였는데, 이에 대해 서언은 다음과 같이 말했다.

【疏】 일반적으로 ≪春秋≫의 全篇에서 〈魯나라의〉 公이 다른 나라의 大夫와 會盟할 때는 모두 諱하여 '公'을 말하지 않는다. 그러므로 莊公 22년에 "가을 7월 병신일에 齊나라 高傒와 防에서 會盟하였다."라 한 곳의 傳에 "公이라면 왜 '公'을 말하지 않았는가? 대부와 회맹한 것을 諱했기 때문이다."라고 한 것들이 그 예이다. 지금 여기서는 '公'을 삭제하지 않았으므로 〈儀父가〉 군주임을 알았다는 것이다. 장공 9년에 "公이 齊나라 대부와 暨에서 회맹하였다."라고 한 것들에서 '公'을 삭제하지 않은 것은 모두 그 傳과 注에 이유가 분명하게 적혀 있으므로 여기서 미리 설명할 필요가 없어서이다.[70]

≪공양전≫은 儀父가 邾婁國의 임금인 것은 알았지만 근거를 제시하지 않았고, 하휴는 '公及'이라 말한 書法에 의거하여 그가 군주임을 알았으나 자세히 설명하지 않았다. 그러므로 서언이 '노나라 임금이 다른 나라의 大夫와 會盟할 때는 그 임금의 존귀함이 손상될까 우려하여 「公」자를 숨기고 말하지 않는다.'고 말하고, 이는 ≪춘추≫ 全篇에 모두 통용되는 例라고 말한 것이다. 이처럼 ≪춘추공양소≫에는 하휴가 글로 드러내지 못한 부분을 확장, 부연함으로써 그의 서법을 공고히 하려는 의도를 나타낸다.[71]

한편 하휴의 논지를 비평・수정한 부분도 있는데, 첫째로 ≪공양전≫의 오류를 다른 두 傳인 ≪좌씨전≫과 ≪곡량전≫을 인용해 밝힌 것이다. 하휴는 ≪좌씨전≫을 신뢰하

---

67) ≪春秋≫ 隱公 원년. "三月, 公及邾婁儀父盟于眜."

68) ≪公羊傳≫ 隱公 원년. "儀父者何, 邾婁之君也."

69) ≪春秋公羊傳注疏≫ 隱公 원년 何休 注. "以言公及不諱, 知爲君也."

70) ≪春秋公羊傳注疏≫ 隱公 원년 徐彦 疏. "凡春秋上下, 公與外大夫盟, 皆諱不言公, 故莊二十二年'秋七月丙申, 及齊高傒盟于防', 傳云'公則曷爲不言公. 諱與大夫盟也'之屬, 是也. 今此不沒公, 故知是君矣. 其莊九年'公及齊大夫盟于暨'之屬, 不沒公者, 皆傳注分明, 不煩逆說."

71) ≪춘추공양학사≫上, 505~507쪽 참조.

지 않았기 때문에 자신의 注에 이를 인용하지 않았다. 그러나 서언은 文公 12년 經文 "秦伯使遂來聘"의 '遂'를 ≪좌씨전≫과 ≪곡량전≫에 의거해 '術'로 보아야 한다고 말하였다. 반드시 ≪공양전≫만을 墨守하지 않고 필요한 경우에 있어서는 다른 두 傳도 적절하게 반영한 것이다.

둘째로 하휴가 증거로 삼은 내용의 오류를 바로잡은 것이다. 襄公 16년의 기사를 보면 다음과 같다.

【經】 3월에 襄公이 晉侯・宋公・衛侯・鄭伯・曹伯・莒子・邾子・薛伯・杞伯・小邾子와 溴梁에서 회합하였다. 戊寅日에 각 나라의 대부들이 맹약하였다.72)

【傳】 각 나라의 제후들이 그곳에 모두 있었는데, 왜 대부들이 맹약했다고 하였는가?73)

【注】 葵丘에서 맹약할 때 제후들이 모두 있었고 대부들도 있었는데, 대부들이 맹약했다고 말하지 않은 일에 의거한 것이다.74)

【疏】 〈葵丘에서 맹약한〉 일은 僖公 9년에 있다. 그 경문에 "여름에 僖公이 천자의 宰周公・齊侯・宋子…등과 葵丘에서 맹약하였다."라고 하고, "9월 戊辰日에 제후들이 규구에서 맹약하였다."라고 하였다. 살펴보건대 저곳(희공 9년)의 經傳에, 하휴가 말한 '대부들이 맹약하였다.'는 내용은 보이지 않는다. 오직 희공 15년에 "3월에 희공이 齊侯・宋公…등과 牡丘에서 맹약하고, 마침내 匡에 주둔하였다. 公孫敖가 군대를 이끌고 와서 제후의 대부들과 함께 徐나라를 구원하였다."라는 내용이 있으니, 그렇다면 모구의 맹약에 대부들이 있었음을 알 수 있다. 이곳의 注에서 '葵丘之盟'이라고 한 것은 잘못된 것이니, 〈葵丘之盟의 葵丘는〉 마땅히 '牡丘'가 되어야 한다.75)

---

72) ≪春秋≫ 襄公 16년. "三月, 公會晉侯宋公衛侯鄭伯曹伯莒子邾子薛伯杞伯小邾子于溴梁. 戊寅, 大夫盟."

73) ≪公羊傳≫ 襄公 16년. "諸侯皆在是, 其言大夫盟何."

74) ≪春秋公羊傳注疏≫ 襄公 16년 何休 注. "據葵丘之盟諸侯皆在, 有大夫, 不言大夫盟."

75) ≪春秋公羊傳注疏≫ 襄公 16년 徐彦 疏. "在僖九年. 其經云'夏, 公會宰周公齊侯宋子'以下'於葵丘', '九月戊辰, 諸侯盟於葵丘', 案彼經傳云, 不見有大夫之盟文, 唯有僖十五年'三月, 公會齊侯宋公'以下'盟於牡丘, 遂次於匡. 公孫敖率師及諸侯之大夫救徐'. 然則牡丘之盟, 卽有大夫可知. 此注云'葵丘之盟'者, 誤也, 宜爲'牡丘'字矣."

서언은 僖公 9년에 葵丘의 맹약에서 대부가 맹약한 일이 보이지 않는다는 사실에 의거하여 하휴의 注가 사실과 부합하지 않는다고 여겼다. 또한 희공 15년 牡丘의 맹약에 대부가 맹약한 일이 있다는 것을 인용하여, 마침내 하휴가 말한 맹약이 '葵丘'가 아닌 '牡丘'가 되어야 함을 밝혔다.[76)]

3) 逸失된 공양학 이론의 전수

≪춘추공양소≫의 마지막 특징 중 하나는, 바로 현재는 일실된 公羊學者들의 이론을 담고 있다는 것이다. 唐나라 이전의 기록으로 현재까지 온전하게 전하는 ≪공양전≫ 주석은 董仲舒와 何休의 說 뿐이고 그 이후 학자들의 기록은 거의 남아 있지 않기 때문이다. 이를 간략하게 살펴보면 다음과 같다.

먼저 동중서의 공양학 계보를 이은 嚴彭祖와 顔安樂의 설이 확인된다. 한나라 시기에 공양학이 三傳 가운데 처음으로 학관을 세운 뒤로 최전성기를 누렸던 것을 감안하면 그 이론의 발전이 상당하였을 것으로 추측되지만, 현재로선 두 학자가 남긴 글을 살펴볼 수 없고 서언의 언급을 통해 단편적으로 확인할 수 있을 뿐이다.

일례로 ≪춘추공양전주소≫ 序의 "수없이 스승의 말을 강독하였음에도 오히려 해명되지 못한 부분이 있었으므로 〈이것을 사람들이 잘못 이해하고서〉 어떤 때는 책망과 조소하는 말을 가하기도 하고,……〈≪공양전≫에〉 없는 내용을 있다고까지 하였다.[77)]"에 보이는 徐彦의 疏에 "公羊의 經傳에는 본래 周나라 왕을 天囚라고 한 뜻이 없는데도 ≪公羊說≫ 및 莊彭祖·顔安樂의 무리는 주나라 왕을 천수라고 하였기 때문에 '없는 것을 있다고 하였다.'라고 말한 것이다."[78)]라는 내용이 보인다. 여기서 '天囚'란 하늘에 죄를 얻은 죄수라는 뜻으로, 春秋 말기에 세력이 약해져 천하를 제대로 다스리지 못한 주나라 왕을 비하하는 말인데 엄팽조와 안안락도 공통된 견해를 갖고 있음이 확인된다.

또한 안안락은 ≪공양전≫ 三世 이론에 대해 독특한 해석을 제기하였다. '삼세'란 앞서 설명한 것처럼 ≪공양전≫만의 ≪춘추≫ 시대 구분법이다. 일반적으로는 魯나라 12公 가운데 昭公·定公·哀公은 孔子가 직접 본 시대, 文公·宣公·成公·襄公은 직접 들은 시대, 隱公·桓公·莊公·閔公·僖公은 전해 들은 시대로 본다. 그런데 안안락은 이중

76) 증역·곽효동 著, 김동민 譯, 앞의 책, 2022, 519~520쪽 인용.

77) ≪春秋公羊傳注疏≫ 序. "講誦師言, 至於百萬, 猶有不解, 時加讓嘲辭,……以無爲有."

78) ≪春秋公羊傳注疏≫ 序 "以無爲有"에 대한 徐彦의 疏. "公羊經傳本無以周王爲天囚之義, 而公羊說及莊·顔之徒以周王爲天囚, 故曰'以無爲有'也."

襄公에 대해 다른 견해를 제시한다.

【疏】顏安樂은 "襄公 23년의 經에 '邾婁나라의 鼻我가 魯나라로 도망왔다.'라 한 곳의 傳에 '주루나라에는 大夫가 없는데 이곳에 왜 〈大夫의 이름을〉 기록했는가? 가까운 이웃이므로 기록한 것이다.'라 하고, 또 昭公 27년의 경문에 '주루나라의 快가 魯나라로 도망왔다.'라 한 곳의 傳에 '주루나라에는 대부가 없는데 이곳에 왜 〈대부의 이름을〉 기록했는가? 가까운 이웃이므로 기록한 것이다.'라고 하여, 두 傳의 글이 다르지 않으므로 〈양공 23년과 소공 27년은〉 당연히 같은 시대에 속해야 할 것이다. 만약 이것을 나누어 양쪽에 붙인다면 이치상 온당치 않을 듯하다. 그리고 孔子는 양공 21년에 태어났는데 태어난 이후는 이치상 '귀로 들은 시대〔所聞之世〕'라고 말할 수 없다."라고 하였다. 顏氏가 주장하는 이유는 이 두 가지에 다 들어 있다.79)

정리하자면 안안락은 昭公과 襄公의 시대의 일이 같아서 기록하는 서법이 같은 점, 공자의 출생 연도가 양공 21년인 점 등 이상 두 가지 내용에 근거해서, 양공 21년 이후부터는 공자가 '직접 본 시대'에 해당하므로 '양공'에 한해서 두 개의 시대(직접 본 시대, 직접 들은 시대)가 겹친다고 주장하였다.

또한 서언은 "春秋三傳의 이론은 서로 다른 경우가 많다. 그러나 일반적으로 經傳의 뜻을 해설할 때는 그 경전에 따라 당연히 합치되게 해야 하는데, 안안락의 무리는 이미 ≪公羊傳≫을 해석한 뒤에 마침내 다른 경전의 내용을 취해 자기의 주장으로 삼기를 마치 도둑들이 문 안으로 침입하여 주인이 정신을 차리지 못하는 것과 같이 하였다."80)라고 말함으로써, 안안락의 학문이 ≪공양전≫만을 위주로 한 것이 아니라는 점도 드러냈다.

그밖에도 '三科九旨'에 대한 何休와 宋均의 상반된 해석을 싣거나, 현전하지 않는 戴宏의 ≪解疑論≫ 序를 인용해 子夏에서 董仲舒로 이어지는 ≪공양전≫의 전수 이력을 밝히는 등 漢代 공양학의 이론을 보존하는 데 큰 역할을 하였다.

---

79) ≪春秋公羊傳注疏≫ 隱公 원년 앞에 수록된 徐彦 疏. "顏氏以爲'襄公二十三年「邾婁鼻我來奔」, 傳云「邾婁無大夫, 此何以書, 以近書也」, 又昭公二十七年「邾婁快來奔」, 傳云「邾婁無大夫, 此何以書, 以近書也」, 二文不異, 同宜一世. 若分兩屬, 理似不便. 又孔子在襄二十一年生, 從生以後, 理不得謂之所聞也.' 顏氏之意, 盡於此矣."

80) ≪春秋公羊傳注疏≫ 序 "援引他經, 失其句讀."에 대한 徐彦의 疏. "三傳之理不同多矣, 群經之義隨經自合, 而顏氏之徒, 既解公羊, 乃取他經爲義, 猶賊黨入門, 主人錯亂."

이상으로 서언의 ≪춘추공양소≫ 전개 방식을 중점으로 ≪춘추공양전주소≫를 간략하게 살펴보았다. ≪춘추공양전주소≫는 經-傳-注-疏 순서로 그 내용을 확장하고 부연함으로써 ≪春秋≫의 本意를 보다 심층적으로 전달하고자 한 것이 큰 특징이다. 특히 서언은 하휴가 수립한 例에 대해 증거를 제시하고, 귀납적인 방식으로 논리를 종합함으로써 하휴의 注를 더욱 원활히 소통시킬 수 있도록 하였다.

무엇보다 ≪춘추공양소≫의 가장 큰 업적은 ≪춘추공양전주소≫의 완성을 통해 ≪공양전≫의 연구 성과가 전후로 계속될 수 있는 架橋 역할을 했다는 것이다. 상술했던 것처럼 漢代 이후 공양학의 쇠퇴로 인해 ≪공양전≫은 실낱같은 명맥을 간신히 잇는 위태로운 상황이었고, 당나라 중엽에는 이미 "≪공양전≫과 ≪곡량전≫은 거의 끊어졌다."고 말하는 사람도 있었다. 그럼에도 불구하고 공양학이 후대에 전승될 수 있었던 것은 서언의 영향이 크다고 할 수 있다.[81)]

5. ≪춘추공양전주소≫ 연구와 영향

현전하는 ≪춘추공양전주소≫ 정리본은 네 종을 들 수 있다. 첫 번째는 1815년 阮元이 校刻한 ≪春秋公羊傳注疏 附校勘記≫ 28권이다. 현재 中華書局에서 간행한 本이 전하는데, 이를 본 번역서의 저본으로 삼았다. 두 번째는 1983년에 商務印書館에서 文淵閣四庫全書本 ≪春秋公羊傳注疏≫ 28권을 바탕으로 간행한 본이며, 세 번째는 2000년에 北京大學出版社에서 간행한 李學勤 主編의 十三經注疏 ≪春秋公羊傳注疏≫이고, 네 번째는 上海古籍出版社에서 2014년에 간행된 十三經注疏 ≪春秋公羊傳注疏≫이다.

번역 성과는 주로 ≪공양전≫을 중심으로 진행되며 하휴의 注와 서언의 疏를 필요한 부분만 인용하는 형태로 이루어졌다. 그밖에 일본에서 유일하게 하휴의 ≪春秋公羊經傳解詁≫를 완역하였으며,[82)] ≪춘추공양전주소≫ 번역은 현재 동아시아 및 영미권에서 진행된 이력이 없다. 다만 우리나라에서는 ≪공양전≫ 연구가 오랫동안 활발하지 못했던 까닭에, 2018년이 되어서야 춘추학 전공자에 의해 번역서가 간행되었다.[83)]

81) 증역・곽효동 著, 김동민 譯, ≪春秋公羊學史≫上, 2022, 532쪽 참조.

82) 岩本憲司, ≪春秋公羊傳何休解詁≫, 汲古書院, 1993.

83) 박성진, ≪春秋公羊傳≫, 지식을만드는지식, 2018. 춘추학 전공자에 의한 번역서로는 해당 도서가 최초이다. 이보다 앞서 두 종의 ≪公羊傳≫ 번역서가 간행되기는 하였으나 결역과 오역 등이 많았다.

한편 우리나라 사료에 ≪공양전≫이 언급된 기록을 살펴보면 다음과 같다. ≪공양전≫은 고려시대 교육기관인 國子監의 이수과목 중 하나였다. ≪論語≫와 ≪孝經≫을 선수과목으로 1년 동안 먼저 이수하고, 그 다음 ≪尙書≫·≪公羊傳≫·≪穀梁傳≫ 등 3개 영역으로 나누어 각 영역에서 1년 반씩 1개의 경전을 학습하게 하였다. 고려 靖宗 때에는 국자감 학생으로서 3년 이상을 수학해야 監試[84]에 응시할 수 있도록 하였으므로, 고려시대 때부터 학자들 다수가 ≪공양전≫을 수학했음을 알 수 있다.

監本附音春秋公羊注疏隱公卷第一 起元年盡元年

春秋公羊經傳解詁隱公第一 ○陸曰解詁佳買反下音古訓也○

疏 春秋至第一○解云案舊題云春秋隱公經傳解詁第一公羊何氏則云春秋者一部之揔名隱公者魯侯之諡號經傳者雜縟之稱解詁者何所自目第一者無先之辭公羊者傳之別名何氏者何部公之姓也今定本則升公羊字在經傳上退隱公字在解詁之下未知自誰始也又云何休學今案傳物志曰何休注公羊云何休學有不解者或荅曰休謙辭受學於師乃宣此義不出於巳此言爲允是其義也○問曰左氏以爲魯哀十一年夫子自衛反魯十二年告老遂作春秋至十四年經成不審公羊之義孔子早晚作春秋乎○荅曰公羊以爲哀公十四年獲麟之後得端門之命乃作春秋至九月而止筆春秋說具有其文○問曰若公羊之義以獲麟之後乃作春秋何故大史公遭李陵之禍幽于縲紲乃喟然而歎曰是余罪也夫昔西伯拘羑里演易孔子厄陳蔡作春秋屈原放逐著離騷左丘明失明厥有國語孫子臏脚而論兵法此人皆意有所鬱結不得通其道也故自黃帝始作其文也案家語孔子厄於陳蔡之時當哀公六年何

公羊注疏卷一 一

≪春秋公羊傳注疏≫ 저본

한편 고려 말 性理學이 유입되면서 정통론적 문명론이 수용되기 시작했는데, 당시 李齊賢과 李穀은 義理와 名分, 仁義를 중심으로 역사를 바라보고 이를 윤리적 원칙으로 이끌어내고자 하였다. 또한 元나라를 정통 왕조로 보고 원나라의 동아시아 지배를 합리화했는데, 이는 權道를 인정한 원나라의 公羊學을 수용한 결과였다.[85]

≪朝鮮王朝實錄≫에 보이는 최초의 ≪공양전≫ 언급은, 太祖 4년에 鄭摠에게 내린 교서에 "'≪公羊傳≫의 三世'의 일과 사마천의 編年體의 규범을 따라 ≪高麗史≫를 완성하여 후세에 전하게 하였다."[86]고 기록된 내용이 보인다. 조선시대에는 朱子性理學의 영향으로 ≪좌씨전≫이 주류를 이뤘고, 朱熹가 호평한 胡安國의 ≪春秋胡氏傳≫도 학자들 사이에 유행하였다. 그러나 ≪공양전≫·≪곡량전≫에 대한 언급도 ≪조선왕조실록≫

84) 監試는 고려시대에 國子監에서 進士를 뽑던 시험으로, 최종 고시인 禮部試를 보조하는 예비 고시이다. 조선시대의 小科, 즉 生員進士試와 같다. 3년마다 정기적으로 실시하는 式年試와 국가에 慶事가 있을 때 실시하는 增廣試가 있었다.(≪한국민족문화대백과사전≫, 한국학중앙연구원)

85) 서영수, ≪春秋公羊傳≫ 解題, 동양고전종합DB 참조.

86) ≪太祖實錄≫ 권7, 太祖 4년 1월 25일 庚申.

을 비롯해 조선시대 학자들의 문집에 수없이 보이며,[87] 특히 成宗 시기에 春秋四傳을 하나로 묶어 ≪春秋集傳大全≫을 간행한 기사도 확인되는 것을 보면 ≪공양전≫에 대한 관심이 지속된 것을 알 수 있다.[88]

6. 맺음말

본고에서는 ≪春秋公羊傳注疏≫를 구성하는 ≪春秋公羊傳≫, ≪春秋公羊經傳解詁≫, ≪春秋公羊疏≫ 등 3책에 대해 간략하게 살펴보았다. 魯나라 242년간의 역사를 기록한 ≪춘추≫는 겨우 16,500여 字로 구성된 최초의 編年體 史書이지만, 지나치게 단편적으로 구성되어 있어 해설서 없이는 이해하기 어려웠다. 그러므로 三傳이 출현하고, 또 삼전의 이해를 심화하고 오류를 바로잡기 위해 학자들의 注·疏가 등장하게 된 것이다.

≪공양전≫은 비록 漢나라 초기 정치제도와 결합하여 삼전 가운데 가장 먼저 부흥하였으나, 그 뒤 ≪곡량전≫과 ≪좌씨전≫에게 차례로 자리를 내어주고 점차 비주류 학문으로 자리 잡게 되었다. 이는 물론 시대적 흐름과 필요성에 의해 결정된 것이 크지만, ≪춘추≫의 義理 해석에만 몰두한 ≪공양전≫ 자체의 특성에 기인한 면도 있다. 그러나 삼전은 서로의 장점이 명확한 만큼 올바른 ≪춘추≫ 이해를 위해서는 서로 교차하여 종합·보완해야 할 것이다.

본 해제는 기존 선학들의 연구 성과를 요약·제시하는 것을 위주로 하였다. 비록 필자의 역량이 부족하여 연구 깊이의 한계가 명확하지만, 본 번역서를 통해 公羊學과 ≪춘추공양전주소≫에 입문하고자 하는 학자들에게 일말의 도움이 될 수 있기를 기대한다. 끝으로 본 해제를 작성하는데 도움을 주신 선행 연구자 선생님들께 감사드린다.

---

87) ≪春秋≫가 조선시대에 국가 주도로 간행된 것은 世宗, 成宗, 正祖 재위 기간인 총 3차례였다. 세종 대에는 永樂大全本 ≪春秋大全≫과 晉나라 杜預의 ≪春秋左氏經傳集解≫가 간행되었고, 성종 대에는 춘추사전을 묶은 ≪春秋集傳大全≫이 간행되었다. 끝으로 정조는 定本化 사업을 거쳐 ≪春秋左氏傳≫을 간행·배포하였다. 자세한 내용은 김동민, 〈조선조 간행본 ≪春秋≫ 註解書의 특징 - 규장각 소장 ≪춘추≫ 자료를 중심으로〉, ≪한국문화≫73, 2016 참조.

88) 成宗 시기 간행된 ≪春秋集傳大全≫은 中國本과 書名은 동일하지만 편집 체제가 다르다. 중국본이 ≪胡氏傳≫을 本傳으로 삼고 나머지 三傳을 小注로 기록한 반면, 조선본은 따로 本傳을 정하지 않고 ≪좌씨전≫-≪공양전≫-≪곡량전≫-≪호씨전≫ 순서로 小注化하지 않은 채 나열해놓았기 때문이다.(곽성용, 〈광해군代 春秋논쟁과 李恒福의 ≪魯史零言≫〉, 성균관대학교 석사학위논문, 2017 참조)

참고문헌

◇ 단행본

• 김동민 著, ≪춘추논쟁≫, 인간사랑, 2014.
• 박성진 譯, ≪춘추공양전≫, 지식을만드는지식, 2018.
• 曾亦・郭曉東 著, 김동민 譯, ≪춘추공양학사≫(전2책), 예문서원, 2022.
• 岩本憲司 譯註, ≪春秋公羊傳何休解詁≫, 汲古書院, 1993.
• 정태현 譯註, ≪역주 춘추좌씨전≫(전8책), 전통문화연구회, 2001~2009.
• 허호구 外 4인 譯註, ≪오서오경독본 춘추좌씨전≫(전3책), 전통문화연구회, 2021.

• ≪公羊義疏≫, 中華書局, 2017.
• ≪春秋公羊經傳解詁≫, 何休 著, 四部叢刊 初編, 商務印書館, 1922.
• ≪春秋公羊傳注疏 附校勘記≫, 阮元 校刻, 中華書局, 1815.
• ≪春秋公羊傳注疏≫, 文淵閣 四庫全書本, 商務印書館, 1983.
• ≪十三經注疏 整理本 春秋公羊傳注疏≫, 北京大學出版社, 2000.
• ≪十三經注疏 春秋公羊傳注疏≫, 上海古籍出版社, 2014.

◇ 논문

• 권정안, 〈春秋公羊傳의 三科九旨論 考察〉, ≪儒教思想研究≫7, 1994.
• 곽성용, 〈광해군代 春秋논쟁과 李恒福의 ≪魯史零言≫〉, 성균관대 석사학위논문, 2018.
• 김동민, 〈公羊傳 華夷觀의 이중적 구조와 그 특징〉, ≪儒教思想研究≫87, 2022.
• 김동민, 〈조선조 간행본 ≪春秋≫ 註解書의 특징〉, ≪한국문화≫73, 규장각한국학연구소, 2016.
• 박대성, 〈漢代 春秋學 成立 이전의 春秋觀에 대한 고찰 -諸子百家와 孟子, ≪公羊傳≫과의 비교-〉, ≪儒教思想文化研究≫64, 2016.
• 박성진, 〈≪春秋≫에 대한 ≪公羊傳≫ 해석의 경향성〉, ≪중국학보≫77, 2016.
• 안영호, 〈≪春秋公羊傳≫ 解釋體例 研究〉, 한양대 박사학위논문, 2002.
• 이연승, 〈漢代 公羊學의 西狩獲麟 이해에 대한 연구 -董仲舒와 何休를 중심으로-〉, ≪退溪學報≫123, 2008.
• 이상의, 〈의미 작용의 관점에서 본 ≪공양전≫과 ≪좌전≫의 해석 체계〉, ≪중국문학≫ 41, 2004.
• 정일동, 〈≪春秋公羊傳≫의 政治思想研究〉, ≪水原大學校 論文集≫11, 1993.

十三經注疏

譯註 春秋公羊傳注疏 1

춘추공양전주소

欽定四庫全書總目 春秋公羊傳注疏二十八卷

漢公羊壽[1)]傳하고 何休[2)]解詁하고 唐徐彦[3)]疏라 案漢書藝文志에 公羊傳은 十一卷이라하고 班固[4)]自注曰 公羊子는 齊人[5)]이라하고 顔師古[6)]注曰 名高[7)]라하니라 徐彦疏에 引戴宏序[8)]曰 子夏傳與公羊高하고 高傳與其子平하고 平傳與其子地하고 地傳與其子敢하고 敢傳與其子壽라 至漢景帝時하여 壽乃與齊人胡毋(무)子都[9)]著於竹帛[10)]이라하여늘 何休之注亦同[11)]이라

1) 公羊壽 : 漢나라 사람으로, 公羊高의 玄孫이다. 생몰년은 알 수 없다. 입으로만 전해 오던 公羊高의 학설을 漢 景帝(B.C. 159~B.C. 141) 때 그의 제자 胡毋子都와 함께 문자로 기록하여 ≪春秋公羊傳≫ 11권을 편찬하였다.

2) 何休 : 129~182. 後漢 때 任城 樊縣(지금의 山東 兗州市 서남지역) 사람으로, 자는 邵公이다. 관직은 議郎과 諫議大夫를 지냈다. 六經과 曆算에 정통하고, 특히 ≪公羊春秋≫를 좋아하여 ≪春秋公羊傳解詁≫를 저술하였다. 그밖에 ≪公羊墨守≫·≪左氏膏肓≫·≪穀梁廢疾≫을 저술하고, ≪孝經≫과 ≪論語≫를 주석하였다.

3) 徐彦 : 생몰년이나 생애에 관해서는 밝혀진 것이 없고 唐代 貞元과 長慶 연간에 활동했다는 것만 알 수 있다. ≪春秋公羊傳注疏≫ 28권을 저술하였다.

4) 班固 : 32~92. 後漢 때 扶風 安陵(지금의 陝西 咸陽 동북지역) 사람으로, 자는 孟堅이며 班彪의 아들이다. 아버지의 유지를 받아 章帝(76~88) 때 ≪漢書≫를 완성하였다.

5) 〔原注〕 案漢藝文志에 不題顔師古名者는 皆固之自注라
살펴보건대 ≪漢書≫ 〈藝文志〉에 顔師古의 이름을 기재하지 않은 부분은 모두 班固의 自注이다.

6) 顔師古 : 581~645. 唐나라 京兆 萬年(지금의 陝西 西安市) 사람으로, 이름은 籀이고 師古는 그의 자이다. 관직은 中書舍人·祕書監·弘文館學士를 역임하였다. 顔之推의 손자로, 訓詁에 정통하고 문장에 뛰어났다. ≪五經正義≫의 편찬에 참여하였으며 ≪漢書≫를 주석하였다.

7) 〔原注〕 案此據春秋說題詞[*)]之文이니 見徐彦疏所引이라
살펴보건대 이것은 ≪春秋說題詞≫의 글에 의거한 것으로서 徐彦의 疏에 인용된 곳에도 보인다.

*) 春秋說題詞 : ≪春秋緯≫ 14종 가운데 하나로, ≪春秋緯說題辭≫라 하기도 한다. 六經의 意義와 요지를 논한 것으로, 작자 미상의 漢나라 때 작품이며 漢 光武帝 때 宋均(?~76)이 주석하였다. 宋나라 이후에 없어졌는데, 淸나라 黃奭(1809~1853)이 ≪春秋公羊注疏≫ 속에서 50조, ≪開元占經≫ 속에서 121조, 기타 전적에서 5조 등 도합 176조를 수집하여 ≪漢學堂叢書≫ 〈通緯春秋類〉와 ≪黃氏逸書考≫ 〈通緯〉 속에 삽입하였다.

8) 戴宏序 : 戴宏(124~?)은 後漢 때 濟北 剛縣(지금의 山東 寧陽縣 동북지역) 사람으로, 자는 元襄이며 酒泉太守를 지냈다. 학문을 좋아하여 儒學의 종장으로 불렸는데, 그의 거주지와 何休의 고향인 任城이 모두 兗州에 속해 있어 거리가 멀지 않고 생존한 시대도 같아 하휴가 그를 스승으로 받들었다고 한다. 序는 그의 저서인 ≪解疑論≫의 서문으로 사료된다.

9) 胡毋(무)子都 : 公羊高의 제자로, 胡毋生이라 하기도 한다. 胡毋는 複姓이고 子都는 자이다.

10) 竹帛 : 竹簡과 흰 비단을 말한다. 옛날 종이가 발명되기 전에는 대나무와 비단을 이용하여 문자를 기록하였다.

11) 〔原注〕 休說見隱公二年紀子伯莒子盟於密條下라
何休의 설은 "隱公二年紀子伯莒子盟於密(隱公 2년에 紀나라의 子伯과 莒나라의 군주가 密 지방에서 會盟하였다.)"이라는 조목 밑에 보인다.

漢나라 公羊壽가 傳을 짓고 何休가 解詁를 지었으며 唐나라 徐彦이 疏를 지었다. 살펴보건대 ≪漢書≫ 〈藝文志〉에 "≪公羊傳≫은 11권이다."라 하고, 班固의 自注에 "公羊子는 齊나라 사람이다."라 하고, 顔師古의 注에 "이름은 高이다."라 하였다. 徐彦의 疏에 戴宏의 서문을 인용하기를 "子夏(卜商)는 公羊高에게 전해주고, 高는 그의 아들 平에게 전해주고, 平은 그의 아들 地에게 전해주고, 地는 그의 아들 敢에게 전해주고, 敢은 그의 아들 壽에게 전해주었다. 漢 景帝 때에 이르러 壽가 마침내 齊 지방 사람인 胡毋子都와 함께 〈구두로 전해오던〉 그 학설을 竹帛에 기록하였다."라 하였는데, 何休의 注도 이와 같다.

子夏

今觀傳中에 有子沈子曰 子司馬子曰 子女子曰 子北宮子曰하고 又有高子曰 魯子曰라 蓋皆傳授之經師[1)]니 不盡出於公羊子라 定公元年傳의 正棺於兩楹之間二句를 穀梁傳引之하되 直稱沈子하고 不稱公羊하니 是併其不著姓氏者亦不盡出公羊子라 且併有子公羊子曰하니 尤不出於高之明證으로 知傳確爲壽撰하고 而胡毋子都助成之라 舊本首署高名은 蓋未審也라

1) 經師 : 經學에 통달한 학자, 혹은 經書를 가르치는 스승이란 뜻이데, 여기서는 春秋學에 정통한 스승이란 뜻이다.

지금 살펴보건대 傳 속에 '子沈子가 말하기를', '子司馬子가 말하기를', '子女子가 말하기를', '子北宮子가 말하기를'이라 한 곳이 있고, 또 '高子가 말하기를', '魯子가 말하기를'이라 한 곳도 있다. 이들은 아마도 모두 〈春秋 학설을〉 전수한 經師들이니 〈그 학설이〉 온전히 公羊子에게서 나온 것은 아니라 할 수 있다. 定公 원년 傳의 "正棺於兩楹之間 然後 卽位也(昭公의 관을 대청의 두 기둥 중간에 똑바로 〈안치한 뒤에야 즉위하였다.〉)"라는 두 문구를 ≪春秋穀梁傳≫에서 인용하되 곧바로 '沈子'라 칭하고 '公羊'이라 칭하지 않았으니, 이것은 그 姓氏를 드러내지 않은 부분을 포함하여 그 또한 公羊子의 입에서 모두 다 나온 것이 아님을 〈알 수 있다.〉 게다가 또 '子公羊子가 말하기를'이란 것도 있으니, 이것은 公羊高의 입에서 나오지 않았다는 분명한 증거로서 傳은 분명히 公羊壽가 편찬하고 胡毋子都가 그를 도와 완성하였다는 것을 알 수 있다. 舊本 첫머리에 공양고의 이름을 드러내어 기록한 것은 아마도 잘 살펴보지 못해서일 것이다.

又羅璧[1)]識(지)遺稱 公羊穀梁은 自高赤作傳外엔 更不見有此姓이라 萬見春[2)]謂皆姜字切韻脚[3)]으로 疑爲姜姓假託이라하니라 案鄒爲邾婁하고 披爲勃鞮하고 木爲彌牟하고 殖爲舌職은 記載音訛라 經典原有是事나 至弟子記其先師어나 子孫述其祖父는 必不至竟迷本字하여 別用合聲[4)]이라 璧之所言은 殊爲好異라 至程端學[5)]春秋本義하여는 竟指高爲漢初人하니 則講學家臆斷之詞는 更不足與辨矣라

1) 羅璧 : 北宋末 南宋初 新安(지금의 安徽 歙縣) 사람으로, 자는 子蒼이고 호는 默耕이다. 그의 생몰년과 사적은 알 수 없다. ≪識遺≫는 北宋이 멸망한 뒤에 완성한 筆記類의 저술로, 經史를 考訂하고 간혹 詩文을 평론한 내용으로 되어 있다. ≪羅氏識遺≫로 불리기도 하며 모두 10권이다.

2) 萬見春 : 이름은 鎭이고 見春은 그의 자로 보인다. 羅璧의 동향 선배라는 것 이외의 사적은 알 수 없다.

3) 姜字切韻脚 : 切韻脚은 反切과 같다. 反切은 글자의 음을 나타낼 때 서로 다른 두 자의 음을 반씩 따서 합치는 방법으로, 첫 자의 초성과 다음 글자의 중성 및 종성을 합치는 것이다. 여기서는 '公羊'과 '穀梁'이 모두 '姜'의 反切이라는 말이다.

4) 合聲 : 두 자를 합쳐 한 자의 음을 이룬다는 뜻으로, 反切의 방법을 말한 것이다.

5) 程端學 : 1280~1336. 元나라 慶元路 鄞縣(지금의 浙江 奉化市 동북지역) 사람으로, 자는 時叔이고 호는 積齋이다. 國子助教를 거쳐 翰林國史院編修官을 지냈는데, ≪春秋≫에 능통하다고 이름났다. ≪春秋本義≫는 그가 國子助教로 재임하던 기간에 쓴 것으로, 三傳부터 그 이하 176명의 春秋學에 관한 저작물과 논술을 采錄하고 그에 관해 매우 광범위하게 고증하였다. 모두 30권이다.

또 羅璧의 ≪識遺≫에 "公羊과 穀梁은 高와 赤이 傳을 지었다는 것 말고는 어디에서도 이런 姓이 있는 것을 보지 못했다. 萬見春이 '모두 姜자의 反切로서 아마도 성씨인 姜을 가탁한 것으로 보인다.'라 했다."라고 하였다. 살펴보건대 鄒의 反切은 邾와 婁가 되고, 披의 반절은 勃과 鞮가 되고, 木의 반절은 彌와 牟가 되고, 殖의 반절은 舌과 職이 된다고 하는 것들은 기재한 음이 잘못된 것이다. 經典 속에 본디 이와 같은 사례가 있기는 하지만 제자가 자기 先師(죽은 스승)를 기록하거나 자손이 자기 祖父(할아버지와 아버지)를 기록하는 경우에 있어서는 분명히 본 글자를 잘 몰라서 별도로 合聲을 사용하는 데까지는 이르지 않을 것이다. 나벽이 말한 것은 특히 유별난 것을 좋아하여 한 말이다. 程端學의 ≪春秋本義≫에 이르러서는 마침내 公羊高를 漢나라 초기의 인물로 가리키기까지 하였으니, 자기의 학술이론을 말하는 자들이 억측하여 단정하는 말은 더 이상 시비를 가릴 가치도 없다.

三傳與經文은 **漢志皆各爲卷帙**이라 **以左傳附經**은 **始於杜預**[1)]하고 **公羊傳附經**은 **則不知始自何人**이라 **觀何休解詁**면 **但釋傳而不釋經**하여 **與杜異例**하니

知漢末猶自別行이라 **今所傳蔡邕石經殘字**[2)]**公羊傳**도 **亦無經文**하니 **足以互證**이라 **今本**에 **以傳附經**은 **或徐彥作疏之時**에 **所合併歟**아 **彥疏文獻通考作三十卷**이나 **今本**은 **乃止二十八卷**이라 **或彥本以經文併爲二卷**하여 **別冠於前**하여늘 **後人又散入傳中**이라 **故少此二卷 亦未可知也**라

1) 杜預：222~284. 西晉 때 京兆 杜陵(지금의 陝西 長安縣 동북지역) 사람으로, 자는 元凱이다. 관직은 度支尙書·鎭南大將軍·都督荊州諸軍事·司隷校尉를 역임하고 陽縣侯에 봉해졌다. 박학하고 막힘이 없어 杜武庫라 불렸으며, 用兵에도 뛰어났다. 또 ≪春秋左氏傳≫을 좋아하여 스스로 左傳癖이 있다고 하였다. ≪春秋左氏經傳集解≫ 30권을 편찬하였다.

2) 蔡邕石經殘字：蔡邕(132~192)은 後漢 때 陳留 圉縣(지금의 河南 杞縣 서남지역) 사람으로, 자는 伯喈이다. 石經은 돌에 새긴 儒家의 經傳으로, 漢 平帝 때 王莽에 의해 조성된 것을 위시하여 시대별로 모두 7종이 있는데, 여기서는 漢 靈帝 熹平 4년(175)에 조성된 熹平石經을 말한다. ≪周易≫·≪尙書≫·≪魯詩≫·≪儀禮≫·≪春秋≫·≪公羊傳≫·≪論語≫ 등 七經을 蔡邕의 隷書體로 46개의 돌에 새겨 洛陽城 開陽門 밖 太學 앞에 세웠다. 殘字는 남아 있는 글자라는 뜻인데, 宋代 이후에 출토된 殘石의 글자이다. 근대 사람인 馬衡(1881~1955)이 편집한 ≪漢石經集存≫에 8천여 자가 남아 있다.

春秋三傳과 經文은 ≪漢書≫ 〈藝文志〉에 그 卷帙이 모두 각각 〈따로 표기되어 있다.〉 ≪左氏傳≫을 經에 첨부한 것은 杜預에게서 시작되었고 ≪公羊傳≫을 經에 첨부한 것은 누구로부터 시작되었는지 알 수 없다. 何休의 ≪春秋公羊傳解詁≫를 살펴보면 傳만 풀이하고 經에 대해서는 풀이하지 않아 두예의 경우와는 그 형식이 다르니, 漢나라 말기까지도 여전히 각기 따로 세상에 유포되었다는 것을 알 수 있다. 오늘날 전해오는 蔡邕의 石經 殘字에 보이는 ≪공양전≫ 또한 經文이 없으니, 그 사실을 충분히 서로 증명할 수 있다. 今本에 傳이 經에 첨부된 것은 혹시

杜預

徐彦이 疏를 저술할 때 통합했던 것이 아닐까? 서언의 疏가 ≪文獻通考≫에는 30권으로 되어 있으나 今本은 28卷으로 되어 있다. 혹시 서언이 본디 經文을 모두 두 권으로 만들어 앞부분에 따로 올려두었는데 후세사람이 또 이것을 傳 속에 분산하여 끼워 넣었기 때문에 이 두 권이 줄어들었는지 또한 알 수가 없다.

彦疏는 **唐志不載**하고 **崇文總目**에 **始著錄**이라 **稱不著撰人名氏**하되 **或云徐彦**이라하고 **董逌**(유)[1]**廣川藏書志**에도 **亦稱世傳徐彦**하되 **不知時代**라 **意其在貞元長慶**[2]**之後**라하니라 **考疏中邲之戰一條**컨대 **猶及見孫炎**[3]**爾雅注完本**하니 **知在宋以前**이라 **又葬桓王一條**는 **全襲用楊士勛**[4]**穀梁傳疏**하니 **知在貞觀以後**라 **中多自設問答**하며 **文繁語複**하여 **與邱光庭**[5]**兼明書相近**하니 **亦唐末之文體**라 **董逌所云**은 **不爲無理**라 **故今從逌之說**하여 **定爲唐人焉**하니라

1) 董逌(유) : 北宋 때 東平(지금의 山東 東平縣) 사람으로, 장서가이자 서화 감정가이다. 자는 彦遠이다. 관직은 司業을 거쳐 徽猷閣待制를 지냈다. 자기의 장서를 이용하여 ≪廣川藏書志≫ 26권을 편찬하였다.

2) 貞元長慶 : 貞元(785~804)은 唐 德宗의 연호이고, 長慶(627~649)은 唐 太宗의 연호이다.

3) 孫炎 : 자는 叔然이고, 三國 魏의 樂安(지금의 山東 廣饒縣) 사람이다. 鄭玄의 제자이며, 經學家이자 訓詁學家로 이름이 났다. ≪毛詩≫·≪禮記≫·≪春秋三傳≫·≪國語≫·≪爾雅≫ 및 ≪尙書≫ 등을 주석하였다.

4) 楊士勛 : 唐나라 초기 사람이다. 四門博士와 國子助教를 지냈다. 唐 太宗 때 孔穎達 등과 勅命을 받들어 ≪春秋正義≫를 편찬하고 또 ≪春秋穀梁傳疏≫ 12권을 편찬하였다.

5) 邱光庭 : 唐 五代 때 烏程(지금의 浙江 吳興縣) 사람으로, 관직은 太學博士를 지냈고 유명한 시인 羅隱과 교분이 두터웠다. ≪兼明書≫ 5권을 편찬하였다.

徐彦의 疏는 ≪新唐書≫ 〈藝文志〉에 실려 있지 않고 ≪崇文總目≫에 처음으로 기록되어 있다. 거기에 "편찬한 사람의 성명은 알려지지 않았는데, 혹자는 서언이라 말하기도 한다."라 하고, 董逌의 ≪廣川藏書志≫에도 "세간에는 서언으로 전해오는데 그 시대는 알 수 없다. 아마도 그가 貞元, 혹은 長慶 이후에 존재했을 것으로 생각된다."라고 하였다.

疏 속의 '邲之戰(邲邑의 전투)'이라는 한 조목을 살펴보면 그가 또한 孫炎이 편찬한 ≪爾雅注≫의 완전한 책을 접해보았던 것이니 그가 宋나라 이전에 존재하였다는 것을 알 수 있고, 또 '葬桓王(周 桓王의 장례를 행하였다)'이라는 한 조목은 楊士勛의 ≪春秋穀梁傳疏≫를 온전히 따라 인용하였으니 그가 貞觀 이후에 존재하였다는 것을 알 수 있다. 그리고 〈서언의 疏〉 속에 스스로 질문하고 대답하는 내용을 많이 설정하였으며, 글이 번잡하고 말이 중복되어 邱光庭의 ≪兼明書≫와 서로 비슷하니, 이 또한 唐나라 말기의 文體이다. 동유가 말한 것은 무리하지 않으므로 지금 동유의 설에 따라 그를 당나라 사람으로 확정짓는다.

春秋公羊傳注疏序[1)]

漢司空掾 任城樊 何休序

漢司空掾 任城郡 樊縣 何休 序

【疏】'漢司空掾'〔○〕[2)]解云：漢者，巴漢[3)]之間，地名也. 於秦二世元年，諸侯叛秦，沛人共立劉季以爲沛公. (二)〔三〕[4)]年八月，沛公入秦，秦相趙高殺二世，立二世兄子子嬰. 冬十月[5)]，爲漢元年，子嬰降. (○)〔其〕[6)]年春正月，項羽尊楚懷王以爲義帝. 其年(二)〔三〕月，項羽自立爲西楚霸王，分天下爲十八國，更立沛公爲漢王. 王巴漢之間四十一縣，都於南鄭[7)]. 至漢王五年冬十二月，乃破項羽軍斬之. (六年正月)〔其年二月〕[8)]，乃稱皇帝，遂取漢爲天下號，若夏・殷・周既克天下，乃取本受命[9)]之地爲天下號. 云'司空'者，漢三公[10)]官名也. '掾'者，卽其下屬官也，若今之三府掾[11)]，是也.

1) 春秋公羊傳注疏序 : 저본에는 '監本附音春秋公羊注疏序'로 되어 있으나, 北京大 整理本에 의거하여 '監本附音' 4자를 삭제하고 '公羊' 밑에 '傳'자를 보충하였다. 이하 모든 제목을 이에 준하여 처리하였으며, 이에 관한 校勘記는 더 이상 붙이지 않았다.
2) 〔○〕 : 저본에는 '○'이 없으나, 저본의 체제에 의거하여 보충하였다.
3) 巴漢 : 巴郡과 漢中을 말한다. 모두 전국시대 秦惠王이 설치한 郡 이름이다. 파군은 지금의 四川省 동부지역이고, 한중은 陝西省 남서쪽 漢江 北岸의 땅으로, 四川과 湖北 두 성에 이르는 요충지이다.
4) (二)〔三〕 : 저본에는 '二'로 되어 있으나, 阮元의 〈校勘記〉에 의거하여 '三'으로 바로잡았다. 아래도 같다.
5) 冬十月 : 秦나라 때는 '冬十月'을 한 해의 첫 달로 삼았는데, 漢나라 초기에 진나라의 曆法을 그대로 따랐다. 여기서는 한나라 4년(B.C. 203)이 시작되는 첫 달을 가리킨다.
6) (○)〔其〕 : 저본에는 '○'으로 되어 있으나, 毛本에 의거하여 '其'로 바로잡았다.(阮元의 〈校勘記〉 참조)
7) 南鄭 : 전국시대 秦나라 邑으로, 지금의 陝西 漢中市 동쪽 2리 지점에 있다.
8) (六年正月)〔其年二月〕 : 저본에는 '六年正月'로 되어 있으나, 阮元의 〈校勘記〉에 의거하

여 '其年二月'로 바로잡았다. 앞의 '漢王五年冬十二月'은 漢王 5년 겨울 세 번째 달이란 뜻이고 '其年二月'은 그해, 곧 5년 봄 2월을 말한다. ≪通鑑紀事本末≫ 권2上에 "봄 정월에 각국 侯王들이 모두 상소하여 漢王의 지위를 높혀 皇帝로 하자고 청해 2월 甲午日에 왕이 氾水 북쪽에서 황제로 즉위하였다.〔春正月 諸侯王皆上疏請尊漢王爲皇帝 二月甲午 王卽皇帝位于氾水之陽〕"라고 하였다.

9) 受命 : 命은 天命으로, 천명을 받았다는 뜻이다. 천명은 천자가 되라는 하늘의 뜻을 말한다.

10) 漢三公 : 三公은 고대 중앙의 가장 높은 세 관직의 합칭이다. 周代의 三公은 太師·太傅·太保이고, 西漢 때는 丞相(大司徒)·太尉(大司馬)·御史大夫(大司空)였다. 여기서는 東漢의 太尉·司徒·司空을 말한다.

11) 三府掾 : 관직명으로, 三公府에 딸린 관리라는 뜻이다. 隋 文帝 이후에 폐지되었다.

漢 高祖(劉邦)

〔漢司空掾〕

○ 解云 : '漢'은 巴郡과 漢中을 포함한 지역이니, 지명이다. 秦 二世(胡亥) 원년(B.C. 209)에 諸侯가 秦나라를 배반하였고, 沛縣 사람들이 함께 劉季(劉邦)를 옹립하여 沛公으로 삼았다. 3년 8월에 패공이 진나라에 진입하였으며, 진나라 승상 趙高가 이세를 죽이고 이세의 형(扶蘇)의 아들 子嬰을 세웠다. 겨울 10월에 漢나라 원년이 되었고, 子嬰이 투항하였다. 그해 봄 정월에 項羽가 楚懷王을 높여 義帝로 삼았다. 그해 3월에는 항우가 스스로 西楚의 霸王이 되어 천하를 나누어 18개국으로 만들었고, 또 패공을 세워 漢王으로 봉하였다. 〈유방은〉 파군과 漢中 지역 41개 縣을 통솔하는 왕이 되어 南

項羽

鄭에 도읍을 정하였다. 한왕 5년 겨울 12월에 이르러 마침내 항우의 군대를 격파하고 그를 참수하였다. 그해 2월에 마침내 皇帝라 칭하고 결국 '漢'을 취하여 천하의 호칭으로 삼았으니, 이는 夏·殷·周가 천하를 평정한 뒤에 곧 처음에 天命을 받은 지방의 이름을 취해 천하의 호칭으로 삼은 것과 같다. '司空'은 한나라 三公의 관직명이다. '掾'은 곧 그 밑에 딸린 관리이니, 오늘날 三府掾과 같은 것이 그것이다.

【疏】 ○ '任城樊 何休序' ○ 解云：任城者, 郡名, 樊者, 縣名. 姓何, 名休, 字(邵)〔卲〕[1]公. 其本傳[2]云"休爲人質樸訥口, 而雅有心思. 精硏六經, 世儒無及者. 大(태)傅陳蕃[3]辟之, 與參政事. 蕃敗, 休坐廢錮. 乃作春秋公羊解詁, 覃思不闚門十有七年", 是也. 序者, 舒也, 敍也. 舒展已意, 以次敍經傳之義, 述已作注之意, 故謂之序也.

1) (邵)〔卲〕：저본에는 '邵'로 되어 있으나, 阮元의 〈校勘記〉에 의거하여 '卲'로 바로잡았다.

2) 本傳：≪後漢書≫ 〈儒林列傳〉 第69下에 보이는 〈何休傳〉을 말한다.

3) 大(태)傅陳蕃：大傅는 太傅와 같다. 군왕을 보필하는 大臣으로, 三公 가운데 하나이다. 陳蕃(?~168)은 後漢 때 汝南 平輿(지금의 河南 平輿縣 서북쪽 古城村) 사람으로, 자는 仲擧이다. 靈帝 때 太傅와 錄尙書事를 역임하고 高陽侯에 봉해졌다. 70여 세 때 大將軍 竇武와 모의하여 宦官 曹節과 王甫 등을 죽이려고 계획한 일이 누설되어 두무가 피살되자, 관리와 諸生 80여 명을 인솔하여 칼을 빼들고 宮門으로 쳐들어갔다가 마침내 살해되었다.

○ 〔任城樊 何休序〕

○ 解云：任城은 郡 이름이고, 樊은 縣 이름이다. 姓은 何이고, 이름은 休이며, 자는 卲公이다. 그의 本傳에 "何休는 사람됨이 소박하고 어눌하지만 매우 사고력이 좋았다. 六經을 정밀하게 연구하여 당대의 儒者들 중에 그의 수준을 따라갈 사람이 없었다. 太傅 陳蕃은 그를 막하로 불러들여 함께 정사에 참여하였다. 진번이 피해를 당한 뒤 하휴는 그 일에 연좌되어 공직에서 추방되는 처벌을 받았다. 마침내 ≪春秋公羊傳解詁≫를 저술하였는데, 사색에 깊이 잠겨 문밖을 기웃거리지 않은 기간이 17년이나 이어졌다."라고 한 것이 그 예이다. 序는 '舒(펼치다)'의 뜻이며 '敍(차례로 서술하다)'의 뜻이다. 자기의 의견을 펼쳐서 經傳의 뜻을 차례로 서술하고 자기가 注를 저술한 의도를 기술하였기 때문에 이것을 '序'라고 한 것이다.

昔者에 孔子有云

옛날에 孔子가 말하기를

【疏】‘昔者孔子有云’ ○ 解云：昔者，古也，前也. 故孝經云“昔者明王”，鄭注云“昔，古也.” 檀弓上篇云“予疇昔夜夢”，注云“昔，猶前也.” 然則若對後言之，卽言前，若對今言之，卽言古，何氏言前古孔子有云. 云，言也.

〔昔者孔子有云〕

○ 解云：昔은 ‘古(옛날)’의 뜻이며 ‘前(이전)’의 뜻이다. 그러므로 ≪孝經≫ 〈孝治章〉에 “昔者明王(옛날에 명철한 임금)”이라 한 곳의 鄭玄의 注에 “昔은 ‘古(옛날)’의 뜻이다.”라 하고, ≪禮記≫ 〈檀弓〉 上篇에 “予疇昔夜夢(내가 지난밤의 꿈에)”이라 한 곳의 注에 “昔은 ‘前’과 같은 뜻이다.”라고 하였다. 그렇다면 ‘後’를 대응해 말할 때는 ‘前’이라 하고 ‘今’을 대응해 말할 때는 ‘古’라 하는 것이니, 何休가 “前古에 孔子가 이런 말을 하였다.”라고 말한 것이다. 云은 ‘言(말하다)’의 뜻이다.

孔子

吾志在春秋하고 行在孝經이라하니

“내가 뜻은 ≪春秋≫에 있고 행하는 것은 ≪孝經≫에 있다.”라고 하였으니,

【疏】‘吾志在’至‘孝經’ ○ 解云：案孝經鉤命(決)〔決〕[1]云“孔子在庶，德無所施，功無所就，志在春秋，行在孝經”，是也. 所以春秋言志在，孝經言行在〔何〕[2]. 春秋者，賞善罰惡之書，見善能賞，見惡能罰，乃是王侯之事，非孔子所能行，故但言志在而已，孝經者，尊祖愛親，勸子事父，勸臣事君，理關貴賤，臣子所宜行，故曰行在孝經也.

孝經傳曾

1) 孝經鉤命(決)〔決〕: 讖緯類 서적으로, 漢代 ≪孝經緯≫ 두 종 가운데 하나이다. ≪孝經緯鉤命訣≫이라고도 한다. 鉤는 '勾'와 같고 決은 訣과 통용한다. 決이 저본에는 '決'로 되어 있으나, 阮元의 〈校勘記〉에 의거하여 바로잡았다.

2) 〔何〕: 저본에는 '何'가 없으나, 淸나라 沈廷芳의 ≪十三經注疏正字≫에 의거하여 보충하였다.

〔吾志在〕에서 〔孝經〕까지

○ 解云 : 살펴보건대 ≪孝經鉤命決≫에 "孔子는 일반 백성의 신분이라 덕을 베풀 길이 없고 공을 이룰 길이 없으므로 뜻은 ≪春秋≫에 있고 행하는 것은 ≪孝經≫에 있다."라고 한 것이 그 예이다. ≪春秋≫에 대해 '志在'라 말하고 ≪孝經≫에 대해 '行在'라 말한 것은 무엇 때문인가? ≪춘추≫는 선을 포상하고 악을 징벌하는 글이다. 선행을 보면 포상하고 악행을 보면 징벌을 가하는 것은 곧 王과 제후의 일이고 孔子가 행할 수 있는 것이 아니기 때문에 다만 "뜻은 거기에 있다."라고 말했을 뿐이고, ≪효경≫은 선조를 높이고 친족을 사랑하며 자식에게 아비를 섬길 것을 권하고 신하에게 임금을 섬길 것을 권하는 것으로, 그 도리가 신분의 貴賤에 모두 관계되어 신하와 자식이 당연히 행해야 할 것이기 때문에 "행하는 것은 ≪효경≫에 있다."라고 말한 것이다.

此二學者는 聖人之極致요

이 두 學은 聖人의 최고의 경지이고

【疏】'此二'至'極致' ○ 解云：二學者, 春秋・孝經也. 極者, 盡也. 致之言, 至也. 言聖人作此二經之時, 盡已至誠而作之, 故曰聖人之極致也.

〔此二〕에서 〔極致〕까지

○ 解云：二學은 ≪春秋≫와 ≪孝經≫이다. 極은 '盡(다하다)'의 뜻이다. 致라는 말은 '至(지극하다)'의 뜻이다. 聖人이 이 두 經傳을 저술할 때 자기의 지극한 정성을 다해 지었기 때문에 "聖人의 최고의 경지이다."라고 말한 것이다.

治世之要務也라

태평한 시대의 중요한 일이다.

【疏】'治世'至'務也' ○ 解云：凡諸經藝, 等皆治世所須, 但此經, 或是懲惡勸善, 或是尊祖愛親, 有國家者最所急行, 故云"治世之要務也", 言治世之精要急務矣. 祭統云"凡治人之道, 莫急於禮." 禮者, 謂三王[1]以來也, 若大道之時, 禮於忠信爲薄.[2] 正以孔子修春秋, 祖述堯舜, 故言此. 考諸舊本皆作也字, 又且於理亦宜然. 若作世字者, 俗誤已行.

1) 三王：夏의 禹王, 殷의 湯王, 周의 文王을 말한다.
2) 大道之時 禮於忠信爲薄：堯舜시대에는 禮의 비중이 忠信보다 가벼웠다는 뜻으로 충신이 더 중시되었다는 것이다. 이 충신은 ≪春秋≫와 ≪孝經≫이 지닌 개념이라는 것을 염두에 두고 하는 말이다. 大道之時는 큰 도가 행해진 시대라는 뜻으로, 三王 이전 요순시대를 말한다. 禮는 도덕규범과 각종 예절을 말하는 것으로 외적인 행동양식에 관한 것이고, 충신은 충성스럽고 성실한 마음가짐으로 내적인 윤리의식에 관한 것이다.

〔治世〕에서 〔務也〕까지

○ 解云：대체로 여러 經書에 관한 학술은 똑같이 모두 태평한 시대에서 필요로 하는 것이다. 다만 이 두 經은, 한편은 악한 일을 징계하고 착한 일을 권장하는가 하면, 다른 한편은 조상을 높이고 친족을 사랑하는 〈가르침을 표방하여〉 국가를 소유하는

사람이 가장 우선적으로 시행할 부분이기 때문에 "태평한 시대의 중요한 일이다."라고 하였으니, 이는 태평한 시대의 긴요한 요점이자 시급한 일임을 말한 것이다.

≪禮記≫ 〈祭統〉에 "대체로 백성을 다스리는 방법으로는 禮보다 더 중요한 것이 없다."라 하였다. 예는 三王 이후 〈크게 중시되었으나〉 큰 도가 행해진 시대에는 예가 忠信보다 가벼웠다. 그래서 바로 孔子가 ≪春秋≫를 저술하여 저 멀리 堯舜의 도를 천명하였기 때문에 이 말을 한 것이다. 〈'要務也'의 '也'는〉 舊本을 살펴보면 모두 '也'자로 되어 있고, 또 게다가 문맥상으로도 당연하다. '世'자로 되어 있는 경우는 식견이 얕은 儒者가 잘못 읽은 것이 〈그대로 이전에〉 이미 통행하였던 것이다.

傳春秋者非一이라

≪春秋≫를 전한 사람은 하나가 아니다.

【疏】'傳春秋者非一' ○ 解云：孔子至聖, 却觀無窮, 知秦無道, 將必燔書, 故春秋之說口授子夏. 度秦至漢, 乃著竹帛, 故說題辭云"傳我書者, 公羊高也." 戴宏序云"子夏傳與公羊高, 高傳與其子平, 平傳與其子地, 地傳與其子敢, 敢傳與其子壽. 至漢景帝時, 壽乃(其)〔共〕[1]弟子齊人胡毋子都著於竹帛, 與董仲舒[2]. 皆見於圖讖", 是也. 故大(태)史公云[3]"董仲舒, 廣川人也. 以治春秋, 孝景時爲博士. 下帷講誦, 弟子傳以久次相受業, 或莫見其面. 董生相膠西王[4], 疾免歸家, 以修學著書爲事, 終不治產業", 是也.

1) (其)〔共〕: 저본에는 '其'로 되어 있으나, 趙汸의 ≪春秋師說≫, 王應麟의 ≪漢藝文志考證≫에 의거하여 '共'으로 바로잡았다.
2) 董仲舒 : B.C. 179~B.C. 104. 西漢의 經學家이며 호는 桂巖子이다. 저서에 ≪春秋繁露≫・≪董子文集≫ 등이 있다.
3) 大(태)史公云 : 太史公은 漢나라 司馬遷을 가리킨다. 여기서는 그가 편찬한 ≪史記≫ 〈儒林列傳〉의 내용을 인용한 것이다.
4) 膠西王 : ?~B.C. 104. 漢 景帝의 일곱째 아들 劉端의 봉호이다. 성품이 잔학하여 郡太守를 많이 살상하고 국법을 자주 어겨 대신들이 그를 죽일 것을 청하기도 하였다.

〔傳春秋者非一〕

○ 解云 : 孔子는 智德이 지극히 높아 원래 아직 돌아오지 않은 먼 미래를 보는 사람으로서 秦나라가 도리를 벗어난 국가라 장차 반드시 詩書 六經을 불태울 것을 알았기 때문에 ≪春秋≫에 관한 학설을 구두로 子夏에게 넘겨주었던 것이다. 그래서 진나라

시대를 넘어 漢나라 때에 이르러서야 마침내 竹帛에 기록하였으므로 ≪說題辭≫에 "나의 글을 전할 사는 公羊高이다."라고 한 것과 戴宏의 서문에 "자하는 공양고에게 전해주고, 高는 그의 아들 平에게 전해주고, 平은 그의 아들 地에게 전해주고, 地는 그의 아들 敢에게 전해주고, 敢은 그의 아들 壽에게 전해주었다. 漢 景帝 때에 이르러 壽가 마침내 齊 지방 사람인 胡毋子都와 함께 〈구두로 전해오던〉 그 학설을 죽백에 기록하였고, 이것을 董仲舒에게 넘겨주었다. 이 내용들은 모두 圖讖書에 보인다."라고 한 것이 그 예이다. 그러므로 太史公이 "동중서는 廣川縣 사람이다. ≪춘추≫를 연구한 것으로 인해 孝景帝 때 博士가 되었다. 장막을 내려 〈바깥 세상과의 인연을 끊고〉 經典을 강의하였는데, 제자들은 입학한 시기의 순서에 따라 차례로 돌아가며 글을 배웠으므로 그들 중에는 동중서의 얼굴을 보지 못하는 사람도 있었다. 동중서는 膠西王의 相國이 되었다가 질병을 이유로 사직하고 집으로 돌아온 뒤에 학문과 저술에만 전념하고 끝내 생업을 돌보지 않았다."라고 한 것이 그 예이다.

董仲舒

【疏】 又六藝論[1]云"治公羊者, 胡毋生·董仲舒, 董仲舒弟子嬴公[2], 嬴公弟子眭(휴)孟[3], 眭孟弟子莊彭祖[4]及顔安樂[5], 安樂弟子(陰)〔泠〕豐[6]·劉向[7]·王彦[8]." 故曰'傳春秋者非一'. 舊云"'傳春秋者非一'者, 謂本出孔子而傳五家[9], 故曰非一."

1) 六藝論 : 後漢 鄭玄이 편찬한 것으로 1권이다. ≪易≫·≪詩≫·≪書≫·≪禮≫·≪樂≫·≪春秋≫ 등 六經의 기원과 발전을 개괄적으로 논하고 그 전수 과정을 서술하였다. 후대에 없어졌는데, 淸나라 孔廣森(1752~1786)과 馬國翰(1794~1857) 등이 여러 전적에서 수십 단락을 수집하여 편집하였고, 皮錫瑞(1850~1908)가 ≪六藝論疏證≫을 편찬하여 ≪師伏堂叢書≫와 ≪皮氏經學叢書≫에 집어넣었다.

2) 嬴公 : 西漢 東平 사람이다. 벼슬길로 나가 영달을 누린 董仲舒의 여러 제자들과는 달리 스승에게서 전수 받은 학문을 철저히 지켰다. 昭帝 때 諫大夫가 되었다.

3) 眭(휴)孟 : ?~B.C. 78. 본명은 眭弘이며, 孟은 그의 자이다. 西漢 魯나라 蕃縣(지금의 山東 滕州市) 사람이다. 어릴 적에 닭싸움과 말달리기를 좋아하다가 嬴公과 함께 ≪春秋公羊傳≫을 배웠다. 經學에 능통한 것으로 인해 議郎을 지내고 符節令까지 올라갔다. 그에게 배운 제자가 백여 명이나 되었다고 한다.

4) 莊彭祖 : 西漢 東海 下邳(지금의 江蘇 邳縣) 사람으로, 자는 公子이다. 顔安樂과 함께 眭孟에게 公羊春秋를 배웠다. 宣帝 때 博士를 거쳐 太傅까지 지냈다. ≪漢書≫에는 後漢 明帝의 諱를 피해 嚴彭祖로 되어 있다.

5) 顔安樂 : 西漢 魯나라 薛(지금의 山東 滕縣 동남쪽) 사람으로, 자는 公孫이다. 그의 스승 眭孟은 그의 외숙이다. 관직은 齊郡太守丞을 지냈다.

6) (陰)〔泠〕豐 : 저본에는 '陰'으로 되어 있으나, ≪漢書≫ 〈儒林列傳〉에 "安樂授淮陽泠豐次君淄川任公(安樂이 〈그의 公羊學을〉 淮陽의 泠豐次君과 淄川의 任公에게 전수하였다.)"이라 한 것에 의거하여 '泠'으로 바로잡았다. 泠豐은 西漢 淮陽(지금의 河南 淮陽縣) 사람으로, 자는 次君이다. 宣帝 때 淄川太守가 되었다.

7) 劉向 : B.C. 77?~B.C. 6. 西漢 沛郡(지금의 安徽 淮北市 서북지역) 사람이다. 본명은 更生이며 자는 子政이다. 楚 元王(劉交)의 4세손이며 劉歆의 아버지이다. 經學과 天文에 정통하였다. 中壘校尉를 지냈다.

8) 王彦 : 劉向과 같은 시대의 인물이라는 점 이외의 인적사항은 알 수 없다.

9) 本出孔子而傳五家 : ≪漢書≫ 〈藝文志〉에 "孔子가 죽자 오묘한 말 또한 끊기었고, 70인의 제자가 죽자 경전의 중요한 뜻에 대한 해석 또한 갈라졌다. 그러므로 ≪春秋≫를 해석한 것이 갈라져 五家가 되었다."라고 하였는데, 五家에 대한 韋昭의 注에 "≪左氏傳≫ · ≪公羊傳≫ · ≪穀梁傳≫ · ≪鄒氏傳≫ · ≪夾氏傳≫을 이른다."라고 하였다.

또 ≪六藝論≫에 "公羊學을 전공한 자는 胡母生 · 董仲舒와 동중서의 제자 嬴公과 영공의 제자 眭孟과 휴맹의 제자 莊彭祖 및 顔安樂과 안안락의 제자 泠豐 · 劉向 · 王彦이다."라고 하였으므로 '≪春秋≫를 전한 사람은 하나가 아니다.'라고 말한 것이다. 이전에 전해오는 말에 "'≪춘추≫를 전한 사람은 하나가 아니다.'라고 한 것은 본디 孔子로부터 출발하였으나 〈이것이 갈라져〉 五家에게 전해진 것을 말한 것이므로 하나가 아니라고 한 것이다."라고 하였다.

本據亂而作하여

본래 난세의 역사를 기반으로 ≪春秋≫를 저술하여

【疏】'本據亂而作' ○ 解云 : 孔子本獲麟[1]之後, 得(瑞)〔端〕門之命[2], 乃作春秋, 公取十二, 則天之數[3)]. 是以不得取周公・成王之史, 而取隱公以下, 故曰'據亂而作', 謂據亂世之史而爲春秋也.

1) 獲麟 : 魯 哀公 14년(B.C. 481) 봄에 叔孫氏의 馬夫 子鉏商이 숙손씨를 따라가 도성(曲阜)의 서쪽 大野(지금의 山東 臣野縣 동쪽)에서 사냥하다가 기린을 잡은 일을 말한다. 이 일을 두고 孔子가 ≪春秋≫에 '西狩獲麟'이라 기록하고 ≪춘추≫를 마무리하였다.

2) 得(瑞)〔端〕門之命 : 端門은 궁전의 남문을 말하고, 命은 符命의 약어로서 미래의 일을 암시하는 부적이나 隱語를 뜻한다. 魯나라에서 기린이 잡힌 뒤, 하늘에서 노나라 단문에 피가 떨어져 글자를 형성하였는데, 그 내용은 "趣(촉)作法 孔聖沒 周姬亡 彗東出 秦政起 胡破術 書紀散 孔不絶(서둘러 王者 법을 제정하거라. 孔氏 聖人 머잖아 죽을 것이다. 周나라 왕 姬氏가 망할 때에는 彗星이 동방에서 나타나리라. 진 시황제 嬴政이 일어난 다음 胡亥가 先王의 법 파괴할 적에 문자며 기강 모두 흐트러져도 공씨의 ≪春秋≫만은 아니 끊기리.)"이라고 되어 있었다. 孔子가 그 소문을 듣고 子夏에게 가서 그 血書를 살펴보게 하였더니, 피는 허공으로 날아올라 붉은 새가 되고 남아 있던 글자는 변해 흰 글자가 되었다고 한다.(≪春秋公羊傳注疏≫ 권28 何休 注)
저본에는 '端'이 '瑞'로 잘못되어 있어 바로잡았다.(阮元의 〈校勘記〉 참조)

3) 公取十二 則天之數 : 열두 명의 공은 魯나라의 隱公・桓公・莊公・閔公・僖公・文公・宣公・成公・襄公・昭公・定公・哀公을 말하고, 하늘의 수는 자연계의 순환하는 수로서 하루는 12시, 한 해는 12개월, 木星이 천체를 한 바퀴 도는 햇수는 12년 등인 것을 말한다.

〔本據亂而作〕

○ 解云 : 본래 孔子는 기린을 잡은 뒤에 端門의 符命을 얻고는 마침내 ≪春秋≫를 저술하였다. 魯나라의 열두 公을 취한 것은 하늘의 數를 따른 것이다. 이리하여 周公과 成王의 역사를 취하지 않고 隱公 이하 〈열두 공의 역사를〉 취했기 때문에 '據亂而作'이라 말했으니, 이는 난세의 역사를 기반으로 ≪춘추≫를 저술한 것을 이른다.

其中多非常異義可怪之論이라

그 속에는 일반적이지 않은 다른 원칙을 적용한다거나 이해할 수 없는 의론이 많다.

【疏】 '其中'至'之論' ○ 解云 : 由亂世之史, 故有非常異義可怪之事也. '非常異義'者, 卽莊四年, 齊襄復九世之讐而滅紀, 僖(元缺)〔二〕[1]年, 實與齊桓專封, 是也. 此卽是非常之異義, 言異於文・武時. 何者, 若其常義, 則諸侯不得擅滅諸侯, 不得專封, 故曰非常異義也. 其'可怪之論'者, 卽昭三十一年, 邾婁叔術妻嫂而春秋善之, 是也.

1) (元缺)〔二〕: 저본에는 '元缺'로 되어 있으나, 閩本・監本・毛本에 의거하여 '二'로 바로잡았다.

〔其中〕에서 〔之論〕까지

○ 解云 : 난세의 역사를 기반으로 하였기 때문에 일반적이지 않은 다른 원칙을 적용한다거나 이해할 수 없는 의론이 있다는 것이다. '일반적이지 않은 다른 원칙'이란 곧 莊公 4년에 齊 襄公이 9대 조상의 원수를 갚아 紀나라를 멸망시켰다는 것과 僖公 2년에 齊 桓公이 〈천자의 명도 없이 다른 제후에게〉 독단적으로 토지를 봉해준 것을 사실상 인정해준 것이 그것이다. 이것이 곧 일반적이지 않은 다른 원칙으로서 文王・武王 때의 일과 다른 것을 말한다. 이 말은 무슨 뜻인가? 일반적인 원칙으로는 제후가 〈천자의 명이 없이〉 독단적으로 다른 제후를 멸망시킬 수 없고 또 독단적으로 토지를 봉해줄 수 없기 때문에 '일반적이지 않은 다른 원칙'이라고 말한 것이다. 그 '이해할 수 없는 의론'이란 곧 昭公 31년에 邾婁나라의 叔術이 형수를 아내로 삼았는데도 ≪春秋≫에서 좋게 여긴 것이 그것이다.

說者疑惑하여

〈그래서 ≪春秋≫를〉 해설하는 자들이 의혹을 품어

【疏】'說者疑惑' ○ 解云 : 此'說者', 謂胡毋子都・董仲舒之後, 莊彭祖・顔安樂之徒. 見經傳與奪異於常理, 故致疑惑.

〔說者疑惑〕

○ 解云 : 이곳의 '해설하는 자들'이란 胡毋子都와 董仲舒 이후의 莊彭祖・顔安樂 등을 이른다. 이들이 經과 傳에서 동의하고 배척하는 것이 일반적인 원칙과 달랐기 때문에 의혹을 품었다는 것이다.

至有倍經任意하거나 反傳違戾者라

經의 뜻에 위배되거나 제멋대로 단정하거나 傳의 뜻에 반하여 본의를 거스르는 등의 일이 일어나기까지 하였다.

【疏】'至有'至'戾者' ○ 解云 : 此倍讀如反背之背, 非倍半[1]之倍也. 言由疑惑之故, 雖解經之理而反背於經. 卽成二年, 逢丑父代齊侯當左, 以免其主, 春秋不非而說者非之[2], 是背經也.

1) 倍半 : 갑절과 절반이란 뜻으로, 분량의 단위로 사용하는 글자들이다.

2) 卽成二年……春秋不非而說者非之 : 逢丑父(방추보)는 齊나라 사람이고, 齊侯는 齊 頃公을 말한다. 當左의 左는 여기서는 전차에서 사람이 올라타는 왼쪽 자리를 말한다. 전차 1대에 세 사람이 올라타는데, 중앙은 전차를 끄는 네 마리 말을 모는 馬夫의 자리이고, 왼쪽은 명을 내리는 윗사람의 자리이고, 오른쪽은 활을 쏘며 교전하는 弓手의 자리이다. 위의 魯 成公 2년(B.C. 589) 6월 16일에 齊나라와 晉나라의 군대가 鞍(지금의 山東 濟南市 서쪽)에서 교전하던 중 제나라 군대가 수세에 몰려 진나라 司馬 韓厥이 頃公을 추격하였다. 경공의 전차 오른쪽에서 싸우던 방추보가 자기의 외모와 의복이 경공과 비슷하므로 경공을 보호하기 위해 자리를 서로 바꾸었는데, 한궐이 그를 경공으로 알고 사로잡았다. 이때 방추보가 경공에게 물을 떠오라고 심부름을 보내어 도망가서 화를 면하게 하였다. 傳의 내용과 注에는 방추보를 비판하는 뜻이 없으나, 董仲舒의 ≪春秋繁露≫ 〈竹林〉에는 "방추보는 그의 군주를 사람들이 매우 천하게 여기는 지위에 두어 그의 군주를 살렸기에 ≪春秋≫에 그가 임기응변할 줄을 몰랐다 하여 그의 사적을 자세히 기록하지 않았다."라는 말로 방추보를 비판하였다.

〔至有〕에서 〔戾者〕까지

○ 解云 : 이 '倍'자는 反背의 背자와 같은 글자로 읽어야 하니, 倍半의 倍가 아니다. 의혹을 지니고 있기 때문에 비록 經의 이념을 해설하더라도 經의 뜻에 위배된다는 말이다. 곧 成公 2년에 逢丑父가 齊侯를 대신하여 전차의 왼쪽에 앉아 그의 군주가 〈도망가서 화를〉 면하게 한 일을 ≪春秋≫는 비판하지 않았으나 해설하는 자는 비판하였으니, 이것이 '經의 뜻에 위배되는 것'이다.

【疏】任意者, 春秋有三世異辭之言[1]. 顏安樂以爲從襄二十一年之後, 孔子生訖, 卽爲所見之世, 是任意[2]. 任意者, 凡言見者, 目睹其事, 心識其理, 乃可爲見, 故演孔圖[3]云"文・宣・成・襄, 所聞之世也". 而顏氏分張一公而使兩屬, 是其任意也.

1) 春秋有三世異辭之言 : 孔子가 春秋 12公 242년간의 역사를 세 시대로 구분하고 시대

별로 구사한 筆法의 형식이 다르다는 말이 있다는 것이다. ≪春秋公羊傳≫ 隱公 원년에 "보아서 안 시대의 일이 書法이 다르고, 들어서 안 시대의 일이 서법이 다르고, 전해 들어 안 시대의 일이 서법이 다르다.〔所見異辭 所聞異辭 所傳聞異辭〕"라 하였는데, 何休의 注에 "보았다는 것은 昭公·定公·哀公 시기로 자기와 아버지 때의 일을 말한다. 들었다는 것은 文公·宣公·成公·襄公 시기로 조부 때의 일을 말한다. 전해 들었다는 것은 隱公·桓公·莊公·閔公·僖公 시기로 고조와 증조 때의 일을 말한다."라고 하였다.

2) 顔安樂以爲從襄二十一年之後……是任意 : 顔安樂은 魯 襄公 21년(B.C. 552)부터 孔子가 세상을 떠난 哀公 16년(B.C. 479)까지의 역사를 공자가 눈으로 본 시대의 일로 여겼는데, 이것이 그가 제멋대로 단정한 것이라는 말이다. 양공이 재위 31년에 죽었는데, 이때 공자의 나이는 10세에 지나지 않았으므로 태어난 해부터 그때까지 벌어진 역사를 눈으로 보았다고 하기가 어려운데도 顔安樂이 무리하게 눈으로 본 시대의 일로 여겼다는 것이다. 그러나 공자가 태어난 해는 양공 22년(B.C. 551)이고 ≪춘추≫ 기록은 애공 14년(B.C. 481)에 끝났으므로 여기에 말한 것은 재고의 여지가 있는 것으로 보인다.

3) 演孔圖 : ≪春秋緯≫의 한 종이다. 孔子 만년에 하늘이 내려준 문서로, 천하의 장래 정세와 施政의 요체를 보여준 것이라고 한다. 明나라 孫瑴의 ≪古微書≫ 속에 편집본이 ≪春秋演孔圖≫라는 이름으로 들어 있다. 지금 이곳에 인용한 내용은 ≪演孔圖≫에는 보이지 않고 ≪古微書≫ 권29 〈孝經援神契〉에 비슷한 내용이 있다.

'제멋대로 단정했다'는 것은 이렇다. ≪春秋≫에 대해 세 시대가 書法이 서로 다르다는 말이 있다. 顔安樂은 襄公 21년 이후부터 孔子가 생을 마칠 때까지를 눈으로 본 시대로 여겼는데, 이것이 곧 제멋대로 단정한 것이다. 제멋대로 단정했다는 말의 뜻은, 일반적으로 보았다고 말할 때는 눈으로 어떤 일을 보고서 마음속으로 그 이치를 이해해야만 비로소 보았다고 할 수 있다. 그러므로 ≪演孔圖≫에 "文公·宣公·成公·襄公은 귀로 들은 시대이다."라고 한 것이다. 그런데 顔氏는 양공 한 대를 둘로 나누어 〈듣고 또 본 시대〉 양쪽에 붙게 하였으니, 이것이 '제멋대로 단정했다는 것'이다.

【疏】 反傳違戾者, 宣十七年"六月癸卯, 日有食之", 案隱三年傳云"某月某日朔, 日有食之者, 食正朔也, 其或日, 或不日者, 或失之前, 或失之後." "失之前者, 朔在前也", 謂二日乃食, 失正朔於前, 是以但書其日而已. "失之後者, 朔在後也." 謂晦日食, 失正朔於後, 是以又不書日, 但書其月而已, 卽莊十八年"三月, 日有食之", 是也. 以此言之, 則日食之道, 不過晦朔與二日. 卽宣十七年言日不言朔者, 是二日明矣, 而顔氏以爲十四日日食, 是反傳違戾也.

'傳의 뜻에 반하여 본의를 거슬렀다'는 것은 이렇다. 宣公 17년에 "6월 癸卯日에 일식이 있었다."라고 하였다. 살펴보건대 隱公 3년의 傳에 "某月 某日 초하룻날 일식이 있었다고 말하는 것은 일식이 초하룻날 일어났기 때문이다. 혹은 날짜를 말하는 경우도 있고 혹은 날짜를 말하지 않은 경우도 있으며, 혹은 앞에서 놓치기도 하고 혹은 뒤에서 놓치기도 한다."라 하였다. 뒤이어 "앞에서 놓쳤다는 것은 초하루가 앞에 있다는 것이다."라고 하였는데, 이는 초이튿날에 일식이 일어나 초하루를 앞에서 놓친 것을 말하는 것으로서 이 때문에 〈일식이 일어난〉 그날만 기재했을 뿐이다. 그리고 "뒤에서 놓쳤다는 것은 초하루가 뒤에 있다는 것이다."라고 하였는데, 이는 그믐날 일식이 일어나 초하루를 뒤에서 놓친 것을 말하는 것으로서 이 때문에 또 〈일식이 일어난〉 날짜를 기재하지 않고 그달만 기재했을 뿐이니, 곧 莊公 18년의 "3월에 일식이 있었다."라고 한 것이 그 예이다. 이것으로 말한다면 ≪春秋≫에서 일식을 언급한 것은 그믐날과 초하루와 초이튿날 등에 지나지 않는다. 곧 宣公 17년에 날짜를 말하고 초하루를 말하지 않은 경우는 그날이 초이튿날이 분명한데도 顔氏는 14일에 일식이 일어난 것이라고 하였으니, 이것이 '傳의 뜻에 반하여 본의를 거슬렀다는 것'이다.

其勢(雖)〔惟〕[1]問일새 不得不廣이라

1) (雖)〔惟〕: 저본에는 '雖'로 되어 있으나, 阮元의 〈校勘記〉에 의거하여 '惟'로 바로잡았다.

그 상황으로 볼 때 논란하는 사람이 있을 것이므로 자료를 널리 인용하지 않을 수 없었다.

【疏】 '其勢'至'不廣' ○ 解云 : 言說者疑惑, 義雖不是, 但其形勢已然, 故曰'其勢'. 雖復致問, 不得不廣引外文望成其說, 故曰'不得不廣'也. 一說謂 "顔・莊之徒以說義疑惑, 未能定其是非, 致使倍經任意, 反傳違戾, 是以何氏觀其形勢, 故曰'其勢', 維適畏人問難, 故曰'維問', 遂恐已說窮短, 不得不廣引外文望成已說, 故曰'不得不廣'也. '維'誤爲'雖'耳."

〔其勢〕에서 〔不廣〕까지

○ 解云 : 해설하는 자기가 의혹을 가짐으로 인해 그 이론이 비록 옳지는 않더라도 그 상황이 이미 그렇게 되었기 때문에 '그 상황'이라고 말한 것이다. 비록 또 사람들의 논란을 초래하더라도 ≪公羊傳≫ 이외의 글을 널리 인용하여 자기의 설에 대해 만전을 도모하지 않을 수 없었기 때문에 '널리 인용하지 않을 수 없었다'라고 말한 것이다. 일설에는 "顔安樂과 莊彭祖 무리가 ≪공양전≫의 이론을 해설하면서 생긴 의혹에 대해 그 옳고 그른 것을 단정하지 못함으로 인해 '經의 뜻에 배반되거나 제멋대로 단정하거나 傳의 뜻에 반하여 본의를 거스르는 일'이 일어나게 만들었다. 그리하여 何休가 그 상황을 살펴 알았기 때문에 '그 상황'이라고 말한 것이고, 오직 사람들의 논란이 두려웠기 때문에 '논란하는 사람이 있을 것'이라고 말하고, 끝내 자기의 해설이 미진한 것이 마음에 걸려 ≪공양전≫ 이외의 글을 널리 인용하여 자기의 그 설에 대해 만전을 도모하지 않을 수 없었으므로 '널리 인용하지 않을 수 없었다'라고 말한 것이다. '維'자가 '雖'로 잘못되어 있다."라고 하였다.

是以講誦師言을 **至於百萬**하되 **猶有不解**하여

이 때문에 스승의 말을 강독하기를 헤아릴 수 없이 하였는데도 오히려 해명되지 못한 부분이 있었으므로

【疏】'是以'至'不解' ○ 解云 : 此'師'謂胡・董之前公羊氏之屬也. 言由莊・顔之徒解義不是, 致(地)〔他〕[1]問難, 遂爾謬說至於百萬言, 其言雖多, 猶有合解而不解者, 故曰'猶有不解'矣.

1) (地)〔他〕: 저본에는 '地'로 되어 있으나, 阮元의 〈校勘記〉에 의거하여 '他'로 바로잡았다.

〔是以〕에서 〔不解〕까지

○ 解云 : 이곳의 '師'는 胡毋生과 董仲舒 이전의 公羊氏 등을 말한다. 顔安樂과 莊彭祖 무리가 자기들이 公羊傳의 이론을 해설한 것이 옳지 않음으로 인해 다른 사람의 논란을 초래할까 두려워 마침내 잘못된 말을 헤아릴 수 없을 정도로 늘어놓았고, 그 말들이 비록 많기는 하지만 그럼에도 해명에 부합할 것 같으면서도 해명되지 못한 부분이 있기에 '오히려 해명되지 못한 부분이 있었다'라고 말한 것이다.

時加(釀)〔讓〕[1)]嘲辭하고

1) (釀)〔讓〕: 저본에는 '釀'으로 되어 있으나, 阮元의 〈校勘記〉에 의거하여 '讓'으로 바로잡았다. 아래의 경우도 같다.

어떤 때는 책망과 조소하는 말을 가하기도 하고

【疏】'時加(釀)〔讓〕嘲辭' ○ 解云:顔安樂等解此公羊, 苟取頑曹之語, 不顧理之是非, 若世人云"雨雪其雱, 臣助君虐"之類, 是也.[1)]

1) 若世人云……是也:'雨雪其雱'은 ≪詩經≫ 〈邶風 北風〉 제1장의 시구이며, 그 뜻은 군주의 잔혹한 정사를 비유한 것이다. 이것을 해석하는 세속 사람 중에는 신하가 군주의 虐政을 助長하는 뜻이라고 잘못 이해하고서 邶國의 신하를 책망하고 조소하기도 하는데, 顔安樂 등이 ≪公羊傳≫을 해설할 때 그처럼 본의를 왜곡하였다는 것이다.

〔時加讓嘲辭〕

○ 解云:顔安樂 등이 이 ≪公羊傳≫을 해설하는 과정에서 함부로 어리석은 무리의 말을 취하고 도리가 옳고 그른 것을 돌아보지 않았으니, 이는 세속 사람이 "'차가운 눈보라가 몰아치누나〔雨雪其雱〕'는 신하가 군주의 폭정을 조장한다는 뜻이다."라고 말하는 것과 같은 사례가 그것이다.

援引他經은 失其句讀[1)]하며

1) 失其句讀:이 문구는 일반적으로 '그 구두를 잘못 떼다'로 풀이할 수 있으나, 문장의 구두를 잘못 떼면 그 결과 뜻이 왜곡되고 어지럽게 되기 마련이다. 여기서는 그 결과 확장된 뜻으로 번역하였다. 여기의 '其'는 ≪公羊傳≫을 가리킨다.

다른 經傳을 인용한 것은 그 본래의 해석을 어지럽히며

【疏】'援引'至'句讀' ○ 解云:三傳之理不同多矣, 群經之義隨經自合, 而顔氏之徒, 既解公羊, 乃取他經爲義, 猶賊黨入門, 主人錯亂, 故曰'失其句讀'.

〔援引〕에서 〔句讀〕까지

○ 解云:春秋三傳의 이론은 서로 다른 경우가 많다. 〈그러나 일반적으로〉 여러 經傳의 뜻을 해설할 때는 그 경전에 따라 당연히 합치되게 해야 할 것인데도, 顔氏 무리는 이미 ≪公羊傳≫을 해석한 뒤에 마침내 다른 경전의 내용을 취해 자기의 주장으로

삼기를 마치 도둑들이 문안으로 침입하여 주인이 혼란을 겪는 것과 같기 때문에 '본래의 해석을 어지럽혔다'고 말한 것이다.

以無爲有하니

없는 것을 있다고 하였으니,

【疏】'以無爲有' ○ 解云 : 公羊經傳本無以周王爲天囚[1)]之義, 而公羊說及莊・顔之徒以周王爲天囚[2)], 故曰'以無爲有'也.

1) 天囚 : 하늘에 죄를 얻은 죄수라는 뜻으로, 春秋 말기에 세력이 약해져 천하를 제대로 다스리지 못한 周나라 왕을 비하하는 말이다.

2) 公羊說……爲天囚 : ≪公羊說≫은 前漢 말부터 後漢 중기 사이에 公羊學을 연구하는 학자가 저술한 책으로 사료될 뿐, 자세한 서지사항을 알 수 없다.

〔以無爲有〕

○ 解云 : 公羊의 經傳에는 본래 周나라 왕을 天囚라고 한 뜻이 없는데도 ≪公羊說≫ 및 莊彭祖・顔安樂 무리는 주나라 왕을 천수라고 하였기 때문에 '없는 것을 있다고 하였다.'라고 말한 것이다.

甚可閔笑者를

매우 가엾고 우습게 해석한 것들을

【疏】'甚可閔笑者' ○ 解云 : 欲存公羊者, 閔其愚暗, 欲毁公羊者, 笑其謬(通)〔妄〕[1)]也.

1) (通)〔妄〕: 저본에는 '通'으로 되어 있으나, 阮元의 〈校勘記〉에 의거하여 '妄'으로 바로잡았다.

〔甚可閔笑者〕

○ 解云 : 公羊學을 존속시키려는 자는 그 해석이 우매한 것을 가여워하고, 공양학을 파괴하려는 자는 그 해석이 엉터리인 것을 우습게 여긴다는 것이다.

不可勝記也라

이루 다 기록할 수 없다.

【疏】'不可勝記也' ○ 解云：言其可閔可笑處多，不可勝負，不可具記也.

〔不可勝記也〕

○ 解云：그 해석이 가엾고 우스운 부분이 워낙 많아 이루 다 감당할 수 없고 모두 기록할 수도 없다는 말이다.

是以治古學貴文章者[1]는 謂之俗儒라

1) 治古學貴文章者：古學은 古文經學의 약칭으로 ≪左氏傳≫을 말하고, 文章은 禮樂 制度를 가리킨다. ≪公羊傳≫보다 ≪좌씨전≫을 더 중시하여 전문적으로 연구하고 잡다한 문헌을 중시하는 자라는 뜻으로서 左氏學派인 鄭衆과 賈逵 같은 학자들을 가리킨다. 정중(?~83)은 東漢 때 河南 開封 사람으로, 자는 仲師이다. 經學家들이 先鄭이라 불러 後鄭인 鄭玄과 구별하고 또 鄭司農이라 불러 宦官인 鄭衆과 구별하였다. 그의 아버지 鄭興을 따라 ≪좌씨전≫을 공부하여 ≪春秋難記條例≫를 저술하였다. 가규(30~101)는 東漢 扶風 平陵 사람으로, 자는 景伯이다. 家學을 통해 약관의 나이에 ≪좌씨전≫과 五經에 능통했다. 今文經學家인 李育과 논쟁을 벌여 古文經學의 지위를 끌어올렸다. ≪春秋左氏傳解詁≫와 ≪國語解詁≫를 저술하였다.

이 때문에 古學을 연구하고 文章을 귀하게 여기는 자는 그들을 俗儒라고 이른다.

【疏】'是以'至'俗儒' ○ 解云：左氏先著竹帛，故漢時謂之古學. 公羊漢世乃興，故謂之今學，是以許愼作五經異義[1]云"古者，春秋左氏說，今者，春秋公羊說"，是也. 治古學者，卽鄭衆・賈逵之徒，貴文章(矣)〔者〕[2]. 謂之俗儒者，卽繁露[3]云"能通一經曰儒生，博覽群書號曰洪儒，則言乖典籍，辭理失所，名之爲俗，敎授於世謂之儒." 鄭・賈之徒，謂公羊雖可敎授於世，而辭理失所矣.

1) 五經異義：東漢의 許愼(약58~약147)의 저서로 모두 10권인데, 이미 宋代에 없어졌다. 昏冠・聘問・錫命・喪祭・明堂・社稷・爭役・田稅・器物・樂舞 등을 대상으로 今文經學과 古文經學 간에 서로 다른 해석을 가려내어 검토한 책이다.
2) (矣)〔者〕：저본에는 '矣'로 되어 있으나, 阮元의 〈校勘記〉에 의거하여 '者'로 바로잡았다.
3) 繁露：≪春秋繁露≫의 약칭으로, 董仲舒의 저서이다. 여기에 인용된 내용은 ≪春秋繁露≫에 보이지 않는다.

〔是以〕에서 〔俗儒〕까지

○ 解云：≪左氏傳≫은 먼저 竹帛에 기록하였기 때문에 漢代에 그것을 古學이라 불렀고, 公羊學은 한대에 비로소 흥성하였기 때문에 今學이라 불렀다. 그래서 許愼이 ≪五經異義≫를 저술하여 말하기를 "古學은 ≪春秋左氏傳≫의 설이고 今學은 ≪春秋公羊傳≫의 설이다."라고 한 것이 그 예이다. 고학을 연구한 자는 곧 鄭衆과 賈逵의 무리로서 文章을 귀하게 여기는 자이다. '俗儒라고 이른다'는 것은 곧 ≪春秋繁露≫에 "능히 한 종의 經을 통달했다면 '儒生'이라 말하고 많은 서적을 두루 읽었다면 '洪儒'라 말하며, 그의 말이 典籍과 어긋나거나 논리가 정당함을 잃는다면 그것을 칭하여 '俗'이라 하고 세간에 학문을 가르치는 사람을 '儒'라 이른다."라고 하였다. 정중과 가규의 무리는 "공양학은 비록 세간에 가르칠 수는 있으나, 그 논리가 정당함을 잃었다."라고 하였다.

至使賈逵緣隙奮筆하여 **以爲公羊可奪**하고 **左氏可興**하니

〈그리고 마침내〉 賈逵가 그 허술한 틈을 타 붓을 휘둘러 公羊은 무너뜨릴 수 있고 左氏는 일으킬 수 있다고 생각하게 하는 지경까지 이르렀으니,

【疏】'至使'至'可興' ○ 解云：賈逵者，卽漢章帝時衛士令也．言'緣隙奮筆'者，莊・顔之徒說義不(足)〔是〕[1]，故使賈逵得緣其隙漏，奮筆而奪之．遂作長義四十一條，云公羊理短，左氏理長，意望奪去公羊而興左氏矣．鄭衆亦作長義十九條十七事，專論公羊之短，左氏之長，在賈逵之前．何氏所以不言之者，正以鄭衆雖扶左氏而毁公羊，但不與讖合，帝王不信，毁公羊處少，興左氏不强，故不言之．豈如賈逵作長義四十(二)〔一〕[2]條，奏御于帝，帝用嘉之，乃知古之爲眞也，賜布及衣，將(慾)〔欲〕[3]存立，但未及而崩耳．然則賈逵幾廢公羊，故特言之．

1) (足)〔是〕：저본에는 '足'으로 되어 있으나, 앞의 '由莊顔之徒 解義不是'와 뒤의 '何氏言先師解義 雖曰不是'에 의거하여 '是'로 바로잡았다.

2) (二)〔一〕：저본에는 '二'로 되어 있으나, 阮元의 〈校勘記〉에 의거하여 '一'로 바로잡았다.

3) (慾)〔欲〕：저본에는 '慾'으로 되어 있으나, 閩本과 監本에 의거하여 '欲'으로 바로잡았다.

〔至使〕에서 〔可與〕까지

○ 解云 : 賈逵는 곧 漢 章帝 때의 衛士令이다. '허술한 틈을 타 붓을 휘둘렀다.'고 말한 것은 莊彭祖와 顔安樂의 무리가 公羊의 이념에 대해 해설한 것이 옳지 않았기 때문에 가규로 하여금 그 허술한 틈을 타 붓을 휘둘러 공양을 무너뜨릴 수 있게 하였다는 것이다. 그리하여 마침내 가규가 ≪長義≫ 41條를 지어 "공양은 이념이 저열하고 左氏는 이념이 우월하다."라고 말하면서 공양을 무너뜨리고 좌씨를 일으키고자 도모하였다. 鄭衆 또한 ≪장의≫ 19조 17항목을 지어 집중적으로 공양의 저열함과 좌씨의 우월함을 논하였는데, 이는 가규 이전에 있었던 일이다. 何休가 〈정중의 일에 대해〉 언급하지 않은 이유는 곧 정중이 비록 좌씨를 옹호하고 공양을 비판하기는 했으나 다만 圖讖과 일치하지 않아 황제가 그의 설을 신봉하지 않으므로 공양을 비판하는 부분은 적고 좌씨를 옹호하는 정도가 그다지 강하지 않았기 때문에 정중의 일을 언급하지 않았던 것이다. 그러니 이것이 어찌 가규의 일과 같겠는가. 가규는 ≪장의≫ 41조를 지어 황제에게 올리가 황제가 치하하고 비로소 古文經學이 진실인 줄로 알아 무명과 의복을 하사한 뒤에 장차 〈좌씨를 가르치는 學官을〉 세우려다가 그것이 실현되는 것을 기다리지 못하고 죽었다. 그러니 가규가 公羊學을 거의 폐지시킬 뻔했기 때문에 특별히 그를 언급한 것이다.

恨先師觀聽不決하여 多隨二創이라

유감스럽게도 先師가 살펴보며 듣고서 제대로 판단하지 못해 〈公羊學에〉 두 가지 상처를 입히는 일을 많이 따랐다.

【疏】 '恨先'至'二創' ○ 解云 : 此先師, 戴宏等也. 凡論義之法, 先觀前人之理, 聽其辭之曲直, 然以(義正)〔正義〕[1]決之. 今戴宏作解疑論而難左氏, 不得左氏之理, 不能以正義決之, 故云'觀聽不決'. '多隨二創'者, 上文云'至有背經任意, 反傳違戾'者, 與公羊爲一創, 又云'援引他經, 失其句讀'者, 又與公羊爲一創. 今戴宏作解疑論多隨此二事, 故曰'多隨二創'也. 而舊云"公羊先師說公羊義不著, 反與公羊爲一創, 賈逵緣隙奮筆奪之, 與公羊爲二創", 非也.

1) (義正)〔正義〕 : 저본에는 '義正'으로 되어 있으나, 閩本과 監本에 의거하여 '正義'로 바로잡았다.(阮元의 〈校勘記〉 참조)

〔恨先〕에서 〔二創〕까지

○ 解云 : 이곳의 先師는 戴宏 등을 말한다. 일반적으로 어떤 是非를 論定하는 방법은 먼저 앞사람의 이론을 살펴보고 그 주장하는 말이 옳고 그른가를 들어본 뒤에 정당한 이념을 가지고 판단해야 한다. 그런데 지금 대굉이 ≪解疑論≫을 지어 左氏學을 비판한 것은 좌씨학의 논리를 이해하지 못함으로 인해 정당한 이념을 가지고 판단하지 못했기 때문에 '살펴보며 듣고서 판단하지 못했다.'고 말한 것이다.

'두 가지 상처를 입히는 일을 많이 따랐다.'는 것은 윗글에 '經의 뜻에 위배되거나 제멋대로 단정하거나 傳의 뜻에 반하여 본의를 거스르는 등의 일이 일어나기까지 하였다.'는 것이 公羊學에 하나의 상처가 되고, 또 '다른 經傳을 인용한 것은 그 본래의 해석을 어지럽혔다.'는 것이 또 공양학에 하나의 상처가 되었다는 것이다. 지금 대굉이 ≪해의론≫을 지으면서 이 두 가지 일을 많이 따랐기 때문에 '두 가지 상처를 입히는 일을 많이 따랐다.'라고 말한 것이다. 그런데 이전에 전해오는 말에 "公羊의 先師가 공양의 뜻을 설명한 내용이 분명치 않은 것이 도리어 공양학에 하나의 상처가 되고, 賈逵가 그 허술한 틈을 타 붓을 휘두른 것이 공양학에 두 번째 상처가 되었다."라고 하였는데, 이것은 틀렸다.

此世之餘事라

〈그러나〉 이것은 세상의 지엽적인 일이다.

【疏】'此世之餘事' ○ 解云 : 何氏言先師解義雖曰不是, 但有己在, 在公羊必存, 故曰此世之餘事. 餘, 末也. 言戴氏專愚, 公羊未申, 此正是世之末事, 猶天下閒事也. 舊云"何氏云前世之師說此公羊, 不得聖人之本旨, 而猶在世之末說, 故曰世之餘事也."

〔此世之餘事〕

○ 解云 : 何休의 말은 先師가 公羊의 뜻을 해설한 것이 비록 옳지는 않았으나, 자기가 있음으로 인해 公羊學은 반드시 존속될 것이기 때문에 '이것은 세상의 사소한 일이다.'라고 했다는 것이다. 餘는 끄트머리라는 뜻이다. 戴宏은 우매하였기 때문에 공양학을 신장시키지 못했는데, 이것은 바로 세상의 지엽적인 일로서 천하의 예사로운 일과 같다는 말이다. 이전에 전해오는 말에 "何休의 말은, 이전 시대의 스승이 이 공양학을 해설한 것은 聖人의 본의를 알지 못하여 세간에 떠도는 지엽적인 설과 같으므로

'세상의 지엽적인 일이다.'라 말한 것이다."라고 하였다.

斯豈非守文持論이나 敗績失據之過哉아

〈그래도〉 이것은 어찌 ≪公羊傳≫의 글을 지키면서 자기의 지론을 폈으나, 거점을 잃어 패배한 과오가 아니겠는가.

【疏】'斯豈'至'過哉' ○ 解云：'守文'者, 守公羊之文. '持論'者, 執持公羊之文以論左氏, 卽戴宏解疑論之流矣. '敗績'者, 爭義似戰陳, 故以敗績言之. '失據'者, 凡戰陳之法, 必須據其險勢以自固, 若失所據, 卽不免敗績. 若似公羊先師, 欲持公羊以論左氏, 不閑公羊・左氏之義, 反爲所窮, 已業破散, 是失所依據, 故以喩焉.

〔斯豈〕에서 〔過哉〕까지

○ 解云：'守文'은 ≪公羊傳≫의 글을 지켰다는 것이다. '持論'은 ≪공양전≫의 글을 지키면서 左氏學을 논한다는 것이니, 곧 戴宏의 ≪解疑論≫ 등이 그것이다. '敗績'은 자기주장에 대한 우열을 다투다가 〈패하는 일이〉 전쟁에서 〈패배하는 것과〉 같으므로 '敗績'이라 말한 것이다. '失據'는 일반적으로 전쟁을 하는 방법은 반드시 지형이 험난한 장소를 점거하여 자기 진영을 고수하는 것이니, 만약 점거한 곳을 잃는다면 패배를 면치 못한다. 이것은 마치 公羊學의 先師가 ≪공양전≫의 글에 의거하여 좌씨학을 논박하려고 시도하였으나, 공양학과 좌씨학의 本旨에 익숙지 않음으로 인해 도리어 궁지에 빠져 자기의 학문이 무너진 경우와 같다. 이것이 곧 거점을 잃은 것이므로 그에 비유한 것이다.

余竊悲之久矣라

나는 내심 이 점을 슬퍼한 지 오래이다.

【疏】'余竊悲之久矣' ○ 解云：何邵公精學十(五)〔七〕[1]年, 專以公羊爲已業, 見公羊先師失據敗績, 爲他左氏先師所窮, 但在室悲之而已, 故謂之'竊悲'. 非一朝一夕, 故謂之'久'. 後拜爲議郞, 一擧而起, 陵群儒之上, 已業得申, 乃得公然歎息.

1) (五)〔七〕：저본에는 '五'로 되어 있으나, 앞의 疏에서 인용한 何休의 本傳에 '覃思不闚門十有七年'으로 되어 있는 것에 의거하여 '七'로 바로잡았다.

〔余竊悲之久矣〕

○ 解云 : 何邵公(何休)은 17년 동안 학문에 정진하여 오로지 公羊學을 연구하는 것을 자기가 할 일로 삼았는데, 공양학의 先師가 거점을 잃어 패배하고 左氏學의 다른 선사들에게 궁지에 몰린 것을 보고는 방안에 들어앉아 슬퍼할 뿐이었으므로 '竊悲'라고 말한 것이다. 〈그 기간이〉 一朝一夕이 아니므로 '久'라고 말한 것이다. 뒤에 議郞으로 임명됨으로 인해 단번에 일어나서 수많은 儒者의 윗자리를 차지하여 자기의 학문을 신장하고 마침내 공공연히 감격해 하였다.

往者略依胡毋生條例하여 多得其正하여

이전에 대충 胡毋生의 ≪條例≫에 의거하여 公羊學의 올바른 뜻을 많이 알았으므로

【疏】 '往者'至'其正' ○ 解云 : 胡毋生本雖以公羊經傳傳授董氏, 猶自別作條例, 故何氏取之以通公羊也. 雖取以通傳意, 猶謙未敢言己盡得胡毋之旨, 故言'略依'而已. 何氏本(者)〔著〕[1]作墨守以距敵, (長義)〔漢議〕[2]以强義, 爲(廢)〔癈〕[3]疾以難穀梁, 造膏肓以短左氏, 蓋在注傳之前. 猶鄭君先作六藝論訖, 然後注書, 故云'往者'也. 何氏謙不言盡得其正, 故言'多'爾.

1) (者)〔著〕 : 저본에는 '者'로 되어 있으나, 阮元의 〈校勘記〉에 의거하여 '著'로 바로잡았다.
2) (長義)〔漢議〕 : 阮元의 〈校勘記〉에는 이것이 賈逵의 저술이라는 龔麗正(1767~1841)의 설을 인용하여 위로 붙여 '距敵長義'로 읽어야 한다고 하고, 그 아래의 '以强義'는 잘못 덧붙여진 것이라고 하였다. 그러나 汪文台(1796~1844)의 ≪十三經注疏校勘記識語≫에는 이것을 '漢議'의 잘못으로 의심하였다. '以强義'는 '以距敵'의 대구임을 고려할 때 왕문태의 설이 타당한 것으로 보여 그에 따라 바로잡았다. ≪漢議≫는 ≪春秋漢議≫의 약칭으로 何休의 저술이다.
3) (廢)〔癈〕 : 저본에는 '廢'로 되어 있으나, 阮元의 〈校勘記〉에 의거하여 '癈'로 바로잡았다.

〔往者〕에서 〔其正〕까지

○ 解云 : 胡毋生은 처음에 公羊의 經傳을 董仲舒에게 전수하였으나 그것과는 별도로 ≪條例≫를 지었다. 그러므로 何休가 ≪조례≫를 취해 公羊學을 통달하였다. 비록 그것을 취해 傳의 뜻을 통달하기는 했으나, 오히려 겸손하여 감히 자기가 호무생의 本旨를 완전히 다 알았다고 말하지 못하기 때문에 '略依'라고 말한 것일 뿐이다. 하휴는 처

음에 ≪公羊墨守≫를 지어 적을 대항하고 ≪春秋漢議≫로 公羊의 이론을 강화하였으며, ≪穀梁癈疾≫을 지어 穀梁氏의 주장을 논박하고 ≪左氏膏肓≫을 지어 左氏의 주장을 비방하였으니, 이 일은 아마도 ≪공양전≫에 注解를 붙이기 이전에 있었을 것이다. 이는 鄭君(鄭玄)이 ≪六藝論≫을 먼저 저술하고 그 뒤에 여러 경서에 주를 붙인 경우와 같기 때문에 '往者'라고 말한 것이다. 하휴는 겸손하여 그 올바른 뜻을 완전히 다 알았다고 말하지 못하기 때문에 '多'라고 말한 것이다.

故遂隱括使就繩墨焉이라

마침내 〈이전 先師의 설을〉 바로잡고 살펴보아 표준에 맞게 했던 것이다.

【疏】'故遂'至'墨焉' ○ 解云：隱謂隱審, 括謂檢括, 繩墨猶規矩也. 何氏言已隱審檢括公羊, 使就規矩也. 然則何氏最存公羊也. 而讖記[1]不見者, 書不盡言故也. 而舊云"善射者, 隱括令審, 射必能中, 何氏自言已隱括公羊, 能中其義也. 凡木受繩墨, 其直必矣, 何氏自言規矩公羊, 令歸正路矣."

1) 讖記：본디 讖書, 緯書와 같은 것으로, 經書의 對稱이다. 일반적으로 길흉화복에 대한 예언 또는 조짐을 기록한 책을 말하는데, 여기서는 ≪春秋緯≫를 가리킨 것으로 보인다. ≪춘추위≫는 저자 미상의 漢代 작품으로, 春秋學의 매우 많은 微言大義(간단하지만 심오한 말로 큰 뜻을 이야기한 것)를 밝혔다고 한다.

〔故遂〕에서 〔墨焉〕까지

○ 解云：'隱'은 바로잡는 것을 이르고, '括'은 살펴보는 것을 이른다. '繩墨'은 規矩(표준)와 같은 뜻이다. 何休가 이전의 公羊學을 자기가 심사하고 검토하여 표준에 맞게 했다는 말이다. 그렇다면 하휴는 그 누구보다도 공양학을 확고히 보존시킨 것이다. 그런데도 讖記에 그것이 보이지 않는 이유는 글로서는 말을 충분히 표현할 수 없기 때문이다. 이전에 전해오는 말에 "활을 잘 쏘는 자가 화살을 곧게 바로잡아 펴지게 하여 활을 쏘면 반드시 명중하는 것처럼 何休가 스스로 '이미 公羊學의 왜곡된 부분을 바로잡아 제대로 그 참뜻을 포착하였다.'라 말한 것이고, 일반적으로 목재가 먹줄을 만나면 곧게 그어지는 것은 당연한 것처럼 하휴가 스스로 '이전의 공양학에 規矩를 가하여 올바른 길로 돌아오게 했다.'라 말한 것이다."라고 하였다.

春秋公羊經傳解詁 隱公第一[1)]

【疏】'春秋'至'第一' ○ 解云：案舊題云'春秋隱公經傳解詁第一公羊何氏'，則云春秋者，一部之總名. 隱公者，魯侯之謚號. 經傳者，雜縟之稱. 解詁者，何所自目. 第一者，無先之辭. 公羊者，傳[2)]之別名. 何氏者，邵公之姓也. 今定本則升'公羊'字在'經傳'上，退'隱公'字在'解詁'之下，未知自誰始也. 又云'何休學[3)]'，今案博物志[4)]曰"何休注公羊，云何休學. 有不解者，或答曰'休謙辭. 受學於師，乃宣此義不出於已.' 此言爲允." 是其義也.

1) 春秋公羊經傳解詁 隱公第一：≪春秋公羊經傳≫의 원래 제목이다. '隱公第一'부터 '哀公第十二'까지 모두 12권으로 되어 있었으나, 唐나라 徐彦의 疏가 첨부되면서 제목이 ≪春秋公羊傳注疏≫로 바뀌고 28권이 되었다. 이곳에만 원래의 제목을 노출한 것은 이 제목에 관한 서언의 疏가 있기 때문이다.
2) 傳：여기서는 三傳의 약칭으로, ≪春秋左氏傳≫ · ≪春秋公羊傳≫ · ≪春秋穀梁傳≫을 뜻한다.
3) 何休學：이 세 글자는 본디 '春秋公羊經傳解詁隱公第一' 바로 뒤에 놓여있었으나, 지금 저본에는 중간에 끼어 있는 徐彦의 疏解와 問答 내용으로 인해 뒤의 '元年春王正月'의 앞에 있다.
4) 博物志：晉나라 張華(232~300)의 저술로, 모두 10권이다. 산천 지리에 관한 상식과 역사 인물에 관한 전설을 위시하여 기이한 動植物과 神仙 方術 등 神話 · 古史 · 博物 · 雜說로 이루어졌다. 이곳에 인용된 내용은 6권 〈文籍攷〉에 보인다.

〔春秋〕에서 〔第一〕까지

○ 解云：살펴보건대 옛 제목에는 '春秋隱公經傳解詁第一公羊何氏'로 되어 있다. '春秋'라는 말은 책 전체를 총괄하는 이름이다. '隱公'은 魯侯의 시호이다. '經傳'은 經과 傳을 합친 호칭이다. '解詁'는 何休가 자기의 주해에 붙인 이름이다. '第一'은 이것 앞

에는 없다는 말이다. '公羊'은 三傳을 구별하기 위한 명칭이다. '何氏'는 邵公의 성이다. 지금의 定本은 '公羊' 두 자를 올려 '經傳'의 위에 두고 '隱公' 두 자를 뒤로 빼 '解詁' 밑에 두었는데, 이것이 어느 누구로부터 시작되었는지 알 수 없다. 또 '何休學'이라고 하였는데, 지금 살펴보건대 ≪博物志≫에는 "하휴는 ≪春秋公羊傳≫에 주를 붙이고 이것을 '何休學'이라 하였다. 그 의미를 이해하지 못하는 사람이 있었는데, 어떤 사람이 그 의문에 답하기를 '이것은 하휴의 謙辭이다. 그가 스승에게 受學하였으므로 이 해석이 자기에게서 나온 것이 아님을 밝힌 것이다.'라 하였다. 이 말이 타당하다."라고 하였으니, 이것이 그 의미이다.

【疏】 ○ 問曰 : 左氏以爲魯哀十一年夫子自衛反魯, 十二年告老, 遂作春秋, 至十四年經成, 不審公羊之義, 孔子早晩作春秋乎. ○ 答曰 : 公羊以爲哀公十四年獲麟之後, 得端門之命[1], 乃作春秋, 至九月而止筆, 春秋說具有其文[2].

1) 端門之命 : 본서 55쪽 역주 '得(瑞)〔端〕門之命' 참조.
2) 春秋說具有其文 : 昭公 12년의 疏에 인용한 ≪春秋說≫에 "孔子가 1만 8천 자를 저술하였다. 9월이 되어서야 글이 완성되어 子游·子夏 무리에게 주었는데, 자유·자하 무리가 한 글자도 고치지 못하였다."라 하였고, 哀公 14년에 인용한 ≪演孔圖≫에 "기린을 잡은 뒤에 ≪春秋≫를 저술하기 시작하여 9월에 글이 완성되었다."라고 하였다. ≪춘추설≫과 ≪연공도≫는 ≪春秋緯≫ 14종 가운데 일부이다. 앞의 주 '春秋說題詞', '演孔圖' 참조.

○ 問曰 : 左氏學에는 魯 哀公 11년에 孔子가 衛나라에서 魯나라로 돌아갔고 12년에 고령을 이유로 관직에서 물러나 마침내 ≪春秋≫를 저술하기 시작하여 14년에 이르러 經이 완성되었다고 하였는데, 公羊學의 주장은 공자가 언제 ≪춘추≫ 저술을 시작했다고 하였는가?

○ 答曰 : 公羊學에는 哀公 14년 기린을 잡은 뒤에 端門의 符命을 얻고는 마침내 ≪춘추≫를 저술하기 시작하여 9월에 이르러 붓을 멈췄다고 하였다. ≪春秋說≫에 그에 관한 글이 실려 있다.

【疏】 ○ 問曰 : 若公羊之義, 以獲麟之後乃作春秋, 何故. 大(태)史公遭李陵之禍[1], 幽于縲紲(누설), 乃喟然而歎曰"是余罪也. 夫昔西伯拘羑里, 演易[2], 孔子厄陳·蔡[3], 作春秋, 屈原放逐, 著離騷, 左丘明失明, 厥有國語, 孫子臏脚, 而論兵法, 此人皆意有所

鬱結, 不得通其道也." 故自黃帝始作其文也. 案家語孔子厄於陳·蔡之時, 當哀公六年, 何言十四年乃作乎. ○ 答曰 : 孔子厄陳·蔡之時, 始有作春秋之意, 未正作, 其正作猶在獲麟之後也. 故家語云"晉文之有霸心, 起于曹·衛[4], 越王句踐之有霸心, 起于會稽[5]. 夫陳·蔡之間, 丘之幸也, 庸知非激憤厲志, 始於是乎[6]"者, 是其有意矣.

1) 大(태)史公遭李陵之禍 : 이 문구부터 아래 '不得通其道也'까지는 사실 ≪史記≫ 〈太史公自序〉의 내용을 편집하여 인용한 것이나, 이 문구 뒤에 이어지는 '乃喟然而歎曰'까지는 제삼자의 입장에서 태사공의 처지를 대변하는 말로 처리하는 것이 타당한 것으로 보여 그대로 처리하였다. 태사공은 漢 武帝 때 太史令을 지낸 司馬遷(B.C. 145~B.C. 86)을 말한다. 李陵(?~B.C. 74)은 右北平太守 李廣의 손자이다. 貳師將軍 李廣利의 副將으로 天漢 2년(B.C. 99)에 보병 5천 명을 거느리고 匈奴를 공격하다가 수세에 몰려 항복하였는데, 單于가 그를 右校王으로 임명하고 자기 딸을 아내로 맞이하게 하였다. 그가 그곳에서 흉노에게 용병술을 가르치고 있다는 말이 나돌자 무제가 그 소문을 믿고 그의 가족을 몰살하였는데, 사마천이 ≪사기≫를 집필하던 중 그의 억울함을 호소한 일로 하옥되어 宮刑(생식기를 없애는 형벌)을 받았다. 감옥에서 나온 뒤 中書令이 되어 각오를 새롭게 다지고서는 각종 문헌을 정리하여 ≪사기≫를 완성하였다.

2) 西伯拘羑里 演易 : 西伯은 周 文王을 말한다. 羑里는 殷나라 때의 감옥 이름으로, 지금의 河南 湯陰 북쪽에 있었다. 문왕이 은나라의 폭군 紂에 의해 유리에 구금되어 있으면서 8卦로만 되어 있던 ≪周易≫을 64괘로 부연하였다.

3) 孔子厄陳蔡 : 孔子가 그의 나이 63세 때인 魯 哀公 6년(B.C. 489)에 陳나라에 머물러 있었는데, 이때 吳나라가 진나라를 공격하였다. 楚 昭王이 진나라를 구원하기 위해 직접 군대를 거느리고 城父(지금의 河南 寶豐縣 동쪽)에 진을 치고 있으면서, 피난가고 있던 공자에게 사신을 보내 초빙하였다. 이 소식을 들은 진나라와 蔡나라의 大夫들이 공자가 楚나라로 가면 重用되어 그들에게 불리할까 두려워 하수인을 보내 공자를 들판에서 포위하였다. 이로 인해 공자가 7일 동안 양식이 없어 밥을 먹지 못하고 동행하는 제자들이 병이 들어 일어나지 못하였다.(≪論語≫ 〈衛靈公〉·≪莊子≫ 〈讓王〉·≪史記≫ 〈孔子世家〉·≪孔子家語≫ 〈在厄〉)

4) 晉文之有霸心 起于曹衛 : 晉 文公(B.C. 697~B.C. 628)은 춘추시대 다섯 覇者 가운데 하나이다. 이름은 重耳이며 獻公의 차남이다. 驪姬의 亂으로 인해 국외로 망명하여 19년 동안 각국을 떠돌며 온갖 고초를 겪다가 秦 穆公의 도움으로 귀국하여 군주가 되었다. 狐偃과 趙衰 등 인재를 임용하여 정사를 정돈하고 군사력을 증강하여 국력을 신장하였으며, 城濮 전투에서 楚·陳·蔡 3국의 군대를 크게 격파하여 霸業을 이루었다. 그가 각국을 떠돌 당시 특히 曹나라와 衛나라에서 심각한 푸대접을 받았다.(≪史記≫ 〈晉世家〉·≪國語≫ 〈晉語〉)

5) 越王句踐之有霸心 起于會稽 : 越王 句踐(?~B.C. 465)은 B.C. 494 봄에 吳王 夫差와 夫椒山 전쟁에서 대패하여 물러나 패잔병 5천 명을 거느리고 會稽山(지금의 浙江 紹興 동남쪽)에 주둔하였으며, 2년 뒤에 范蠡와 함께 吳나라로 들어가 항복하였다. 귀국한 뒤에 복수의 일념으로 국력을 길러 B.C. 482 6월에 부차가 晉나라와 霸業을 다투기 위해 북쪽 黃池(지금의 河南 封丘 서남쪽)로 나간 틈을 이용해 오나라를 공격하여 크게 승리하고 도성까지 공격해 들어가 압박을 가했다. 뒤에 결국 오나라를 멸망시키고 覇者가 되었다.(≪史記≫ 〈越王句踐世家〉·≪國語≫ 〈越語 上〉)

6) 庸知非激憤厲志 始於是乎 : 현행본의 ≪孔子家語≫ 〈困誓〉에는 '庸知非激憤厲志之始於是乎在'로 되어 있다.

在陳絕糧

○ 問曰 : 만약 公羊學에서 주장하는 것처럼 기린을 잡은 뒤에 비로소 ≪春秋≫를 저술했다고 한다면 그것은 무엇 때문인가? 太史公이 李陵의 일로 인한 화를 만나 감옥에 갇힌 뒤에 길게 탄식하며 말하기를 "이것은 나의 죄이다. 옛날 西伯은 羑里에 구금되어 ≪周易≫을 부연하고, 孔子는 陳나라와 蔡나라에서 곤경에 처하여 ≪春秋≫를 창작하고, 屈原은 추방되어 ≪離騷≫를 짓고, 左丘明은 시력을 잃고서 ≪國語≫를 편찬하고, 孫子는 발을 자르는 형벌을 받고서 ≪兵法≫을 논술하였다. 이와 같은 사람들은 모두 가슴속에 맺힌 불만이 있고 자기의 이상을 또한 실현할 수 없었다."라고 하였다. 그리하여 黃帝부터 시작하여 그 글(≪史記≫)을 지었다. 살펴보건대 ≪孔子家語≫에 의하면 공자가 진나라와 채나라에서 곤경에 처했을 때는 哀公 6년에 해당되는데,

어찌하여 14년에 비로소 ≪춘추≫를 저술했다고 말하는가?

○ 答曰 : 공자는 진나라와 채나라에서 곤경에 처했을 때 비로소 ≪춘추≫를 저술하려는 의지를 지녔을 뿐 실제로 저술하지는 않았다. 실제로 저술한 것은 역시 기린을 잡은 이후였다. 그러므로 ≪공자가어≫에 "晉 文公이 霸者가 되겠다는 마음을 가진 것은 曹나라와 衛나라에서 비롯됐고, 越王 句踐이 패자가 되겠다는 마음을 가진 것은 會稽에서 비롯됐다. 대체로 진나라와 채나라 사이에서 곤경에 처한 것은 丘(孔子의 이름)에게 다행한 일이다. 마음이 격하게 움직여 뜻을 가다듬는 일이 여기서 시작되지 않았다는 것을 어찌 알겠는가."라고 하였으니, 이것이 곧 〈진나라와 채나라 사이에서 곤경에 처했을 때 ≪춘추≫를 저술할〉 의지를 가졌다는 증거이다.

【疏】 ○ 問曰 : 若左氏以爲夫子魯哀公十一年自衛反魯, 至十二年告老, 見周禮盡在魯, 魯史法最備, 故依魯史記修之以爲春秋. 公羊之意, 据何文作春秋乎. ○ 答曰 : 案閔因敍[1]云"昔孔子受端門之命, 制春秋之義, 使子夏等十四人求周史記, 得百二十國寶書, 九月經立. 感精符·考異郵·說題辭[2]具有其文." 以此言之, 夫子脩春秋, 祖述堯·舜, 下包文·武, 又爲大漢用之訓世, 不應專据魯史, 堪爲王者之法也, 故言据百二十國寶書也. 周史而言寶書者, 寶者, 保也, 以其可世世傳保以爲戒, 故(云)〔名〕[3]寶書也.

1) 閔因敍 : 閔因은 어느 시대 인물인지 알 수 없다. 敍는 그가 지은 ≪春秋敍≫이다. 여기에 인용된 내용은 淸나라 朱彛尊(1629~1709)의 ≪經義考≫ 권168 〈春秋古經〉에 보인다.
2) 感精符·考異郵·說題辭 : ≪春秋感精符≫·≪春秋考異郵≫·≪春秋說題辭≫의 약칭으로, 모두 ≪春秋緯≫에 포함된다. 淸나라 黃奭(1809~1853)이 편집한 ≪漢學堂叢書≫에 들어 있다. 앞의 주 '春秋說題詞' 참조.
3) (云)〔名〕 : 저본에는 '云'으로 되어 있으나, 閩本·監本·毛本의 의거하여 '名'으로 바로잡았다.(阮元의 〈校勘記〉 참조)

○ 問曰 : 左氏學의 경우는 孔子가 魯 哀公 11년에 衛나라에서 魯나라로 돌아갔고 12년에 이르러 고령을 이유로 관직에서 물러났다. 周나라 禮가 모두 노나라에 남아 있고 노나라의 역사기록이 체제가 가장 완비되어 있는 것을 보았기 때문에 노나라 역사기록에 의거하여 그것을 다듬어 ≪春秋≫를 저술했다고 하였다. 그런데 公羊學에서 생각하는 것은 어떤 문헌에 의거하여 ≪춘추≫를 저술했다고 보는가?

○ 答曰 : 살펴보건대 閔因의 ≪春秋敍≫에 "옛날에 孔子가 ≪春秋≫를 만들라는 뜻

이 담긴 端門의 符命을 받고 子夏 등 14인에게 周나라의 역사기록을 구해오게 한 결과 120개국의 寶書를 입수하여 9월에 ≪춘추≫의 經文이 완성되었다. ≪春秋感精符≫·≪春秋考異郵≫·≪春秋說題辭≫에는 이에 관한 글이 모두 실려 있다."라고 하였다. 이것으로 말한다면 공자가 ≪춘추≫를 편수할 때 멀리 堯·舜의 도를 근본으로 삼고 아래로는 文王·武王의 도를 취한 것이다. 그리고 또 漢나라 왕조가 그것을 이용해 세상을 가르치는 자료로 삼았으니, 오로지 노나라 역사서에만 의거하여 王者의 법으로 삼은 것은 아니었다. 이 때문에 120개국의 보서를 근거로 삼았다고 말하는 것이다. 주나라 역사서인데도 '보서'라고 말한 것은 〈그만한 이유가 있으니〉 '寶'는 保(보존하다)의 의미이다. 그 글이 대대로 전해가며 보존하여 훈계할 만한 자료로 삼을 수 있기 때문에 '寶書'라 한 것이다.

【疏】○ 問曰：若然公羊之義, 据百二十國寶書以作春秋, 今經止有五十餘國, 通戎夷宿潞[1]之屬, 僅有六十, 何言百二十國乎. ○ 答曰：其初求也, 實得百二十國史, 但有極美可以訓世, 有極惡可以戒俗者, 取之, 若不可爲法者, 皆棄而不錄. 是故止得六十國也.

1) 宿潞：宿나라와 潞나라이다. 숙나라는 風姓으로, 太皞의 후손이다. 그 위치는 지금의 山東 東平縣 동쪽이다. 노나라는 북방 소수민족인 赤狄의 별종이며, 그 위치는 지금의 山西 長治 일대이다.

○ 問曰：만약 公羊學에서 주장하는 것처럼 120개국의 寶書에 의거하여 ≪春秋≫를 저술했다고 한다면 지금 經文 속에는 50여 개국만 보이고 변방의 宿國과 潞國 등을 포함하더라도 겨우 60개국이 있을 뿐인데, 왜 120개국이라고 말하는가?

○ 答曰：최초에 〈역사기록을〉 구할 때는 실제로 120개국의 역사서를 얻었으나, 다만 매우 아름다워 세상을 가르칠 만한 것이 있거나 매우 악하여 세속을 경계할 만한 것이 있는 자료만 취하고, 법으로 삼을 수 없는 것들은 모두 버리고 기록하지 않았다. 이 때문에 60개국의 자료만 얻게 된 것이다.

【疏】○ 問曰：若言据百二十國寶書以爲春秋, 何故春秋說云"据周史立新經"乎. ○ 答曰：閔因敍云"使子夏等十四人求周史記, 得百二十國寶書." 以此言之, 周爲天子, 雖諸侯史記, 亦得名爲周史矣.

○ 問曰：만약 120개국의 寶書에 의거하여 ≪春秋≫를 저술했다고 말한다면 왜

≪春秋說≫에는 "周나라 역사서에 의거하여 새 經典을 지었다."고 하였는가?

○ 答曰 : 閔因의 ≪春秋敍≫에 "子夏 등 14인에게 周나라의 역사기록을 구해오게 한 결과 120개국의 寶書를 입수하였다."라고 하였다. 이것으로 말한다면 주나라는 천자이므로 비록 제후의 역사기록이라 해도 주나라의 역사서라고 이름을 붙일 수 있는 것이다.

【疏】 ○ 問曰 : 六藝論[1]云"六藝者, 圖[2]所生也." 然則春秋者, 卽是六藝也, 而言依百二十國史以爲春秋何. ○ 答曰 : 元本"河出圖, 洛出書"者, 正欲垂範於世也. 王者遂依圖書以行其事, 史官錄其行事以爲春秋, 夫子就史所錄, 刊而脩之, 云出圖書, 豈相妨奪也.

1) 六藝論 : 53쪽 역주 참조.

2) 圖 : 圖書의 약어로, 河圖·洛書를 말한다. ≪周易≫ 八卦의 근원과 ≪尙書≫ 〈洪範〉에 있는 九疇의 창작과정에 관한 전설이다. 河圖는 伏羲氏가 黃河에서 나온 龍馬의 등에 그려진 그림을 보고 그 무늬를 근거로 팔괘를 만들었다고 전해지는데 그 그림을 말하고, 洛書는 禹가 홍수를 다스릴 때 洛水에서 나온 거북의 등에 그려져 있었다는 마흔다섯 개의 점으로 된 아홉 개의 무늬를 말한다. ≪周易≫ 〈繫辭傳 上〉에 "황하가 그림을 내놓고 낙수가 글을 내놓으니, 聖人이 그것을 법칙으로 삼았다.〔河出圖 洛出書 聖人則之〕"라고 하였다.

龍馬出河之圖

○ 問曰 : ≪六藝論≫에 "六藝는 河圖에서 생긴 것이다."라고 하였다. 그렇다면 ≪春秋≫는 곧 육예인데도 120개국의 역사서에 의거하여 ≪춘추≫를 저술했다고 말하는 것은 무엇 때문인가?

○ 答曰 : 원본에 "黃河가 그림을 내놓고 洛水가 글을 내놓았다."라고 한 것은 바로 세상 속에 모범을 보이기 위해서였다. 그래서 王者는 河圖·洛書에 의거하여 그 일을

행하고 史官은 왕자가 행한 일을 기록하여 ≪춘추≫를 지었으며, 孔子는 사관의 기록에 근거해 첨삭하여 ≪춘추≫를 편수하였으니, ≪춘추≫가 하도・낙서에서 나왔다고 말한 것이 어찌 서로 모순되겠는가.

【疏】 ○ 問曰：案三統(歷)〔曆〕[1]云“春爲陽中, 萬物以生, 秋爲陰中, 萬物以成, 故名春秋.” 賈・服依此以解春秋之義[2], 不審何氏何名春秋乎. ○ 答曰：公羊何氏與賈・服不異, 亦以爲欲使人君動作不失中也. 而春秋說云“始於春, 終於秋, 故曰春秋”者, 道春爲生物之始, 而秋爲成物之終, 故云始於春, 終於秋, 故曰春秋也. 而舊云“春秋說云‘哀十四年春, 西狩獲麟[3], 作春秋, 九月書成.’ 以其書〔春〕[4]作秋成, 故云春秋也”者, 非也. 何者, 案莊七年經云“星賈如雨”, 傳云“不脩春秋曰‘雨星不及地尺而復(복)’. 君子脩之曰‘星賈如雨’”. 何氏云“不脩春秋[5], 謂史記也. 古者謂史記爲春秋.” 以此言之, 則孔子未脩之時已名春秋, 何言孔子脩之春作秋成, 乃名春秋乎.

1) 三統(歷)〔曆〕：저본에는 ‘歷’으로 되어 있으나, 閩本・監本・毛本에 의거하여 ‘曆’으로 바로잡았다. ≪三統曆≫은 漢나라 劉歆(B.C. 50?~23)이 夏・殷・周 三代의 曆에 의거하여 지은 曆書이다.
2) 賈服依此以解春秋之義：杜預의 〈春秋左氏傳序〉에 ‘故史之所記……以爲所記之名也’라는 말에 대하여 正義에서 賈逵의 설을 인용하기를 “≪春秋≫는 陰陽의 中和 기운을 취해 법으로 삼았다. 봄은 陽氣의 중화 기운으로서 만물이 생장할 수 있고 가을은 陰氣의 중화 기운으로서 만물이 성숙할 수 있으니, 군주의 행위가 중화를 잃지 않도록 하기 위한 것이다.”라고 하였다. ≪經義考≫ 〈春秋古經〉에도 이 내용이 보인다.
3) 哀十四年春 西狩獲麟：55쪽 역주 ‘獲麟’ 참조.
4) 〔春〕：저본에는 ‘春’이 없으나, 阮元의 〈校勘記〉에 의거하여 보충하였다.
5) 不脩春秋：魯나라 역사기록으로, 孔子의 편수 과정을 거치지 않은 이전의 ≪春秋≫를 가리킨다.

○ 問曰：살펴보건대 ≪三統曆≫에는 “봄은 陽氣의 中和 기운으로서 만물이 생장할 수 있고 가을은 陰氣의 중화 기운으로서 만물이 성숙할 수 있다. 이 때문에 ≪春秋≫로 이름을 붙인 것이다.”라고 하였다. 賈逵와 服虔은 이 말에 의거하

服虔

여 ≪춘추≫의 의미를 설명하였는데, 何休는 왜 ≪춘추≫로 이름을 붙였다고 보는가?

○ 答曰 : 公羊學派의 何休도 가규・복건과 다르지 않아 그 또한 군주의 행위가 中和를 잃지 않도록 하기 위한 것이라고 생각하였다. ≪春秋說≫에 "봄에 시작하여 가을에 끝냈으므로 ≪춘추≫라 말한 것이다."라고 한 것은, 봄은 만물을 생육하는 시작이 되고 가을은 만물을 성숙시키는 끝이 됨을 말한 것이니, 이 때문에 "봄에 시작하고 가을에 끝내므로 ≪춘추≫라 말한 것이다."라고 하였다. 이전에 전해오는 말에 "≪춘추설≫에 '哀公 14년 봄에 도성 서쪽의 사냥에서 기린을 잡은 것으로 인해 ≪춘추≫를 저술하기 시작하여 9월에 글이 완성되었다.'라고 하였다. 그 책이 봄에 시작하여 가을에 완성되었으므로 ≪춘추≫라고 한 것이다."라고 한 것은 틀린 것이다. 왜냐하면 살펴보건대 莊公 7년 經에 "별이 떨어졌는데 비가 내리는 것 같았다."라 한 곳의 傳에 "≪不脩春秋≫에는 '별이 떨어졌으나 지표면에 한 자 정도 못 미치고 돌아갔다.'라고 하였는데, 君子(孔子)가 그 기록을 편수하기를 '별이 떨어졌는데 비가 내리는 것 같았다.'라 했다."라고 하였다. 何休가 "≪불수춘추≫는 魯나라의 역사기록을 이른다. 옛날에 역사기록을 '春秋'라 했다."라고 하였다. 이것으로 말한다면 공자가 편수하기 이전에 이미 ≪춘추≫라고 이름하였으니, 어찌 공자가 그 글을 편수하는데 봄에 시작하여 가을에 완성하였으므로 ≪춘추≫로 이름을 붙였다고 말할 수 있겠는가.

【疏】 ○ 問曰 : 春秋据史書而爲之, 史有左右, 据何史乎. ○ 答曰 : 六藝論云"春秋者, 國史所記人君動作之事, 左史所記爲春秋, 右史所記爲尙書." 是以玉藻云"動則左史書之, 言則右史書之." 鄭注云"其書春秋・尙書其存者." 記文先言左史, 鄭注先言春秋, 明以左史爲春秋矣. 云云之說, 左氏首已成解, 不能(○)[1]重載. 夫子所以作春秋者, 解疑論[2]云"聖人不空生, 受命而制作, 所以生斯民, 覺後生也. 西狩獲麟, 知天命去周, 赤帝[3]方起, 麟爲周亡之異, 漢興之瑞, 故孔子曰'我欲托諸空言, 不如載諸行事'. 又聞端門之命, 有制作之狀, 乃遣子夏等求周史記, 得百二十國寶書, 脩爲春秋, 故孟子云'世衰道微[4], 邪說暴行有作, 臣弑其君者有之, 子弑其父者有之, 孔子懼, 作春秋.' 故史記云'春秋之中[5], 弑君三十六, 亡國五十二, 諸侯奔走, 不得保其社稷者, 不可勝數. 故有國者, 不可以不知春秋, 爲人臣者, 不可以不知春秋, 爲人君父而不通於春秋之義者, 必蒙首惡之名, 人臣子而不通於春秋之義者, 必陷簒弑之誅.'" 以此言之, 則孔子見時衰政失, 恐文・武道絶, 又見麟獲, 劉氏方興, 故順天命, 以制春秋以授之. 必知孔子制春秋以授漢者，案春秋說云“伏羲作八卦，丘合而演其文，瀆而出其神，作春秋以改亂制.” 又云“丘攬史記，援引古圖[6)]，推集天變，爲漢帝制法，陳敍圖錄[7)].” 又云“丘水精治法[8)]，爲赤制[9)]功.” 又云“黑龍[10)]生爲赤，必告(云)〔示〕[11)]象[12)]使知命.” 又云“經十有四年春，西狩獲麟，赤受命，倉失權，周滅火起，薪采得麟.” 以此數文言之，春秋爲漢制明矣.

1) (○) : 저본에는 ‘○’이 있으나, 阮元의 〈校勘記〉에 의거하여 衍文으로 처리하였다.

2) 解疑論 : 何休의 스승 戴宏의 저술이다. 40쪽 역주 ‘戴宏序’ 참조.

3) 赤帝 : 漢 高祖, 나아가 漢나라를 가리킨다. 讖緯說에서 전설상의 황제인 太皞宓犧氏부터 시작하여 각 王朝를 五行相生法으로 분류하였는데, 虞舜은 土德, 夏禹는 金德, 商湯은 水德, 周 武王은 木德, 漢 高祖는 火德으로 왕이 되었다고 하였다. 五行을 색으로 분류하면 土는 황색, 金은 백색, 水는 흑색, 木은 청색, 火는 적색이다. 여기서의 德은 天道와 人事를 주재하는 자연의 힘을 말한다.

4) 世衰道微 : 이 내용은 ≪孟子≫ 〈滕文公 下〉에 보인다.

5) 春秋之中 : 이 내용은 ≪史記≫ 〈太史公自序〉에 보인다.

6) 古圖 : 옛 그림이란 뜻으로, 河圖洛書類를 말한다.

7) 圖錄 : 圖讖類를 말한다.

8) 丘水精治法 : ≪春秋繁露≫ 권7 〈三代改制質文〉에 “≪春秋≫는 天命에 호응하여 새 왕조의 사무를 집행하였다. 이 시대의 운행은 黑統으로서 魯나라를 왕으로 삼아 흑색을 숭상하였다. 夏代를 퇴출하였으며 周代를 친근히 여기고 宋나라를 고국으로 여겼다.”라고 하였다. 여기서 말하는 송나라는 周 武王이 商나라를 멸망시킨 뒤에 商王 紂의 아들 武庚에게 봉해준 나라로서 상나라를 뜻하는데, 孔子의 조상이 상나라의 왕족이므로 공자가 ≪춘추≫에서 송나라를 고국으로 삼았다는 것이다.

9) 赤制 : 火德으로 나라를 세운 漢나라의 제도라는 뜻이다.

10) 黑龍 : ≪春秋≫, 더 나아가 ≪춘추≫를 저술한 孔子를 뜻한다.

11) (云)〔示〕 : 저본에는 ‘云’으로 되어 있으나, 阮元의 〈校勘記〉에 의거하여 ‘示’로 바로잡았다.

12) 象 : 形象의 뜻으로, ≪春秋≫ 속에 담긴 내용을 가리킨다.

○ 問曰 : ≪春秋≫는 史官의 기록에 의거하여 만들었다. 사관은 左史와 右史가 있는데 어느 쪽 사관에 의거하였는가?

○ 答曰 : ≪六藝論≫에는 “≪춘추≫는 여러 나라의 사관이 기록한 것으로 군주의 행위에 관한 일이니, 좌사가 기록한 것이 ≪춘추≫이고 우사가 기록한 것이 ≪尙書≫이다.”라고 하였다. 이러므로 ≪禮記≫ 〈玉藻〉에 “군주가 움직이는 것은 좌사가 그것을

기록하고, 말하는 것은 우사가 그것을 기록한다."라 하고, 鄭玄의 注에 "그 기록은 ≪춘추≫와 ≪상서≫가 현존하고 있다."라고 하였다. ≪예기≫의 글에 좌사를 먼저 말했는데 정현의 주에 ≪춘추≫를 먼저 말하여 좌사가 기록한 것이 ≪춘추≫라는 것을 밝혔다. 이에 관한 설들은 ≪春秋左傳正義≫의 첫머리에 이미 해설되어 있으므로 여기서는 중복하여 기록하지 않는다.

孔子가 ≪춘추≫를 저술한 이유에 대해 ≪解疑論≫에 "聖人은 헛되이 세상에 나오는 것이 아니니, 天命을 받아 ≪춘추≫를 만든 것은 이 백성을 살리고 後生을 깨우치기 위해서이다. 도성 서쪽의 사냥에서 기린을 잡은 일로 인해 천명이 周나라를 떠나 赤帝가 장차 일어날 것을 알았으니, 기린은 주나라가 멸망할 이변이고 漢나라가 일어날 상서이다. 그러므로 공자가 '나는 추상적인 언어에 〈나의 이상을〉 의탁해볼까 하였으나 이것은 구체적인 사건에다가 기록하는 것만 못하다.'라고 하였다. 게다가 端門의 符命에 ≪춘추≫를 만들라는 내용이 있다는 말을 듣고 마침내 子夏 등을 내보내 주나라 역사기록을 구해오게 하여 120여 개국의 寶書를 얻어 그것을 편수하여 ≪춘추≫를 만들었다. 그러므로 ≪孟子≫에 '세상이 쇠퇴하고 도리가 희미해져서 간사한 말과 사나운 행실이 또 자행되어 신하가 그의 임금을 시해하는 자가 있고 자식이 그의 아비를 시해하는 자가 있었다. 공자가 이것을 두려워하여 ≪춘추≫를 저술하였다.'라고 하였다. 그래서 ≪史記≫에 '≪춘추≫ 속에 시해당한 군주가 36인이고 멸망당한 국가가 53개국이며, 제후로서 국외로 도망가 자기 국가를 보유하지 못한 사례를 이루 헤아릴 수 없다. 그러므로 국가를 보유한 군주는 ≪춘추≫를 알지 않으면 안 되고 신하가 된 자는 ≪춘추≫를 알지 않으면 안 되며, 군주며 아비가 되었는데도 ≪춘추≫의 大義를 잘 알지 못하는 자는 반드시 최악의 오명을 입고 신하며 자식이 되었는데도 ≪춘추≫의 대의를 잘 알지 못하는 자는 반드시 임금의 자리를 찬탈하고 시해하는 죄악에 빠져 죽음을 당하게 된다.'라 했다."라고 하였다.

이것으로 말한다면 공자는 시대가 쇠퇴하여 올바른 정사가 행해지지 못하는 것을 보고 文王·武王의 道가 끊길까 두려웠으며, 게다가 기린을 잡은 일로 인해 劉氏(漢나라)가 장차 일어날 것을 알았기 때문에 천명에 순응하여 ≪춘추≫를 만들어 그것을 한나라에 넘겨준 것이다.

공자가 ≪춘추≫를 만들어 한나라에 넘겨줬다는 것을 확실히 알 수 있는 것은 ≪春秋說≫을 살펴보면 "伏羲가 八卦를 만들었는데 丘는 그것을 겹쳐 그 글을 부연하고 반복적으로 그 신묘한 작용을 도출하였으며, ≪춘추≫를 지어 어지러운 제도를 고쳤다.”라 하고, 또 “丘는 역사기록을 모으고 옛 그림을 인용하여 증명하며, 자연의 이변을 추리하여 한나라 황제를 위해 법을 제정하고 圖錄을 설명하였다.”라 하고, 또 “丘는 水德의 정기로 법을 다스려 한나라 제도를 위한 공적을 이루었다.”라 하고, 또 “黑龍이 나와서 赤을 위해 반드시 形象을 고시하여 천명을 알게 하였다.”라 하고, 또 “經文에 ‘哀公 14년 봄에 도성 서쪽의 사냥에서 기린을 잡았다.’라고 하였다. 赤이 천명을 받고 倉이 권위를 잃어 주나라가 멸망하고 火가 일어날 것이므로 나무꾼이 기린을 잡은 것이다.”라고 하였다. 이 몇 가지 글로 말한다면 ≪춘추≫는 한나라를 위해 만들어진 것이 분명하다.

【疏】 ○ 問：案莊七年“星霣如雨”, 傳云“不脩春秋曰‘雨星, 不及地尺而復’, 君子脩之曰‘星霣如雨’.” 又昭十二年“齊高偃帥師納北燕伯于陽”, 傳云“伯于陽者何, 公子陽生也. 子曰‘我乃知之矣.’ 在側者曰‘子苟知之, 何以不革.’ 曰‘如爾所不知何. 春秋之信(忠)〔史〕[1]也. 其序則齊桓・晉文, 其會則主會者爲之, 其詞則丘有罪焉爾’.” 何故[2]孔子脩春秋, 有改之者何, 可改而不改者何. ○ 答曰：其不改者, 勿欲令人妄億措, 其改者, 所以爲後法, 故或改或不改, 示此二義.

1) (忠)〔史〕: 저본에는 ‘忠’으로 되어 있으나, 阮元의 〈校勘記〉에 의거하여 ‘史’로 바로잡았다.
2) 何故 : ‘무엇 때문에’라고 풀이할 수 있으나, 아래의 ‘何’와 동어반복이므로 번역에서는 이것을 생략하였다.

○ 問 : 살펴보건대 莊公 7년 經에 “별이 떨어졌는데 비가 내리는 것 같았다.”라 한 곳의 傳에 “≪不脩春秋≫에는 ‘별이 떨어졌으나 지표면에 한 자 정도 못 미치고 돌아갔다.’라고 하였는데, 君子가 그 기록을 편수하기를 ‘별이 떨어졌는데 비가 내리는 것 같았다.’라 했다.”라고 하였다. 또 昭公 12년의 經文에 “齊나라 高偃이 군대를 이끌고 가서 北燕伯을 陽으로 들여보냈다.”라 한 곳의 傳에 “伯을 陽으로 들여보냈다는 것은 누구를 이르는가? 公子 陽生이다. 孔子가 ‘나는 그때 이미 그 일을 알았다.’라고 말하니, 곁에 있던 사람이 ‘夫子께서 알고 계셨다면 왜 고치지 못했습니까?’라고 하였다. 그러자 공자는 ‘너희들은 알 수 없으니 어찌 〈무리하게 고칠 수〉 있겠는가. ≪春秋≫는 가식이 없는 진실한 역사서이다. 제후의 서열은 齊 桓公과 晉 文公이 정하고 회합

의 석차는 그 회합을 주최하는 제후가 판단한다. 그 포폄의 筆法은 내가 그 책임이 있다.'라 했다."라고 하였다. 공자가 ≪춘추≫를 편수할 때 〈역사서를〉 고친 부분이 있는 것은 무엇 때문이며, 고칠 만한데도 고치지 않은 것은 무엇 때문인가?

○ 答曰 : 고치지 않은 것은 사람들에게 함부로 억측하게 하고 싶지 않아서이고, 고친 것은 후세의 규범이 되게 하기 위해서였다. 그래서 혹은 고치고 혹은 고치지 않아 이 두 가지 의도를 드러내 보인 것이다.

【疏】 ○ 問曰 : 公羊以魯隱公爲受命王, 黜周爲二王後. 案長義云"名不正則言不順, 言不順則事不成[1)], 今隱公人臣而虛稱以王, 周天子見(현)在上而黜公侯, 是非正名而言順也. 如此, 何以笑子路率爾, 何以爲忠信, 何以爲事上, 何以誨人[2)], 何以爲法, 何以全身[3)]." 如此若爲通乎. ○ 答曰 : 孝經說[4)]云"孔子曰'春秋屬(촉)商, 孝經屬參'." 然則其微似之語, 獨傳子夏. 子夏傳與公羊氏, 五世乃至漢, 胡毋生·董仲舒, 推演其文, 然後世人乃聞此言矣. 孔子卒後三百歲, 何不全身之有[5)]. 又春秋藉位於魯, 以託王義. 隱公之爵不進稱王, 周王之號不退爲公, 何以爲不正名. 何以爲不順言乎. 又奉天命而制作, 何(不)〔以〕[6)]謙讓之有.

1) 名不正則言不順 言不順則事不成 : ≪論語≫ 〈子路〉에 보인다.
2) 何以笑子路率爾……何以誨人 : 모두 ≪논어≫에 보인다. '笑子路率爾'는 〈先進〉에 "子路가 경솔하게 대답하기를 '千乘 나라가 大國 사이에 끼여 있어서 외국 군대의 위협을 받고 기근까지 겹쳤을 때 제가 다스린다면 3년 만에 백성으로 하여금 용맹을 지니고 또 옳은 방향을 알게 하겠습니다.' 하니, 夫子가 웃으셨다."라고 한 것을 인용한 것이다. '忠信'은 〈學而〉·〈子罕〉·〈顔淵〉에 "충성과 신의를 으뜸으로 삼으며〔主忠信〕"가 있고, '事上'은 〈公冶長〉에 "자기 행동은 공손해야 하고 윗사람을 섬기는 것은 공경으로 해야 한다.〔其行己也恭 其事上也敬〕"가 있고, '誨人'은 〈述而〉에 "배우되 싫어하지 않으며 사람 가르치는 것을 게을리하지 않는다.〔學而不厭 誨人不倦〕"가 있다.
3) 身 : 여기서는 형체의 몸이 아닌 정신, 또는 이상을 가리킨 것으로 보인다.
4) 孝經說 : 어느 시대 누구의 저술인지 알 수 없다.
5) 何不全身之有 : ≪春秋≫의 글 속에는 生死與奪의 권력을 가진 당시 위정자들의 행위를 비판하고 표창하는 뜻이 담겨 있는데, 이것이 세상에 알려질 경우 그것을 저술한 孔子가 몸을 보전하지 못하는 화를 당할 수 있었다. 이 때문에 공자가 그 심오한 뜻을 구두로 子夏에게만 전해줌으로 몸을 보전할 수 있었다는 것이다.
6) (不)〔以〕 : 저본에는 '不'로 되어 있으나, 阮元의 〈校勘記〉에 의거하여 '以'로 바로잡았다.

○ 問曰：公羊學에는 魯 隱公을 天命을 받은 왕으로 여기고 周 王室을 폄하하여 夏·殷 두 왕조의 뒤를 이은 과거의 왕으로 간주하였다. 살펴보건대 ≪長義≫에 "〈孔子가〉 명분이 정당하지 않으면 말이 순리롭지 않고 말이 순리롭지 않으면 일이 이루어지 않는다고 하였다. 지금 은공은 신하인데 허위로 왕이라 칭하고 周나라 천자는 현재 윗자리에 있는데 公侯로 폄하하였으니, 이것은 명분이 정당하여 말이 순리로운 경우가 아니다. 그러면서 왜 子路가 경솔한 것에 대해 웃었고 왜 충성과 신의를 중시하였고 왜 윗사람을 섬겼으며, 왜 사람을 가르치고 왜 세상의 규범이 되고 왜 몸을 보전할 수 있었는가?"라고 하였다. 이런데도 어떻게 〈그의 이론이 천하에〉 통할 수 있었는가.

○ 答曰：≪孝經說≫에 "孔子가 '≪春秋≫는 卜商(子夏)에게 부탁하고 ≪孝經≫은 曾參에게 부탁하였다.'고 말했다."라고 하였다. 그렇다면 그 심오한 말은 자하에게만 전해주었다는 것이다. 자하는 그것을 公羊氏에게 전해주었고 5대를 거쳐 마침내 漢나라에 이르렀으며, 胡毋生과 董仲舒가 그 글뜻을 부연한 뒤에 세상 사람들이 비로소 그 심오한 말을 듣게 되었다. 이때는 공자가 죽은 뒤 3백 년이 지났으니, 어찌 몸을 보전하지 못할 일이 있겠는가. 그리고 ≪춘추≫는 魯侯의 지위를 빌려 王으로서의 大義를 의탁하였다. 그러므로 은공의 爵位를 올려 왕으로 칭하지 않고 주나라 왕의 명칭을 낮춰 公으로 하지 않았으니, 어찌 명분이 정당하지 않다고 하겠으며 어찌 말이 순리롭지 않다고 하겠는가. 게다가 천명을 받들어 ≪춘추≫를 만들었으니 어찌 겸양할 필요가 있겠는가.

【疏】 ○ 問曰：春秋說云"孔子欲作春秋, 卜得陽豫[1]之卦." 宋氏[2]云"夏·殷之卦名也." 孔子何故不用周易占之乎. ○ 答曰：蓋孔子見西狩獲麟, 知周將亡, 又見天命, 有改制作之意[3], 故用夏·殷之易矣. 或言卜則是龜之辭也, 不從宋氏之說. 若然, 應言陽豫之兆, 何言卦乎. 蓋龜蓍通名, 故言卜矣.

1) 陽豫：64괘 가운데 豫卦(䷏)를 가리킨다.
2) 宋氏：東漢의 宋均을 가리킨다. 南陽 安衆 사람으로, 자는 叔庠이다. ≪詩經≫과 ≪禮經≫에 정통하였으며, ≪春秋緯說題辭≫(약칭 ≪春秋說≫)를 주석하였다. 앞의 주 '春秋說題詞' 참조.
3) 有改制作之意：앞의 주 '得(瑞)〔端〕門之命' 참조.

○ 問曰：≪春秋緯說題辭≫에 "孔子는 ≪春秋≫를 저술하려 하면서 점을 쳐 陽豫의

괘를 얻었다."라 하였는데, 宋均은 "이것은 夏·殷 시대의 괘 이름이다."라고 하였다. 공자는 왜 周代의 易으로 점을 치지 않았는가?

○ 答曰：그것은 공자가 도성 서쪽의 사냥에서 기린을 잡은 것을 보고 周나라가 머지않아 멸망할 것을 알았고, 또 〈端門의〉 天命을 보고서 주나라 법을 고치고 ≪춘추≫를 만들 뜻이 있었기 때문에 하·은 시대의 易을 사용한 것이다. 어떤 사람은 "卜은 거북점을 칠 때의 용어이다."라고 하면서 송균의 설을 따르지 않는다. 그렇다면 마땅히 '陽豫之兆'라고 말해야 할 것이니, 왜 '卦'라고 말했겠는가. 그것은 거북점과 蓍草占의 총칭이므로 '卜'이라고 말한 것이다.

【疏】○ 問曰：何氏注, 春秋始乎隱公, 則天之數[1), 不審孔子何以正于獲麟止筆乎. ○ 答曰：案哀十四年傳云"春秋何以始乎隱", 注云"据得麟乃作". "祖之所逮聞也", 注云"託記高祖以來, 事可及問聞知者, 猶曰'我但記先人所聞, 辟(피)制作之害'". "所見異辭, 所聞異辭, 所傳聞異辭, 何以終乎哀十四年", 彼注云"据哀公未終也". 曰"備矣", 彼注云"人道浹, (歪)〔王〕[2)]道備. 必止於麟者, 欲見撥亂功成於麟, 猶堯·舜之隆, 鳳皇來儀, 故麟於周爲異, 春秋記以爲瑞, 明大(태)平以瑞應爲效也. 絶筆於春, 不書下三時者, 起木絶火王[3)], 制作道備, 當授漢也", 是也.

1) 則天之數：55쪽 역주 '公取十二 則天之數' 참조.
2) (歪)〔王〕：저본에는 '歪'로 되어 있으나, 北京大本에 의거하여 '王'으로 바로잡았다.
3) 木絶火王：周 왕조가 멸망하고 그 뒤를 이어 漢나라가 王者가 된다는 말이다. 오행에서 木은 봄으로서 周를 뜻하고, 火는 여름으로서 漢을 뜻한다.

○ 問曰：何休의 注에 의하면, ≪春秋≫가 隱公에서 시작한 것은 하늘의 수에 따른 것이라고 하였다. 그렇다면 孔子는 또 왜 '獲麟'의 기사에 이르러 붓을 멈췄는가?

○ 答曰：살펴보건대 哀公 14년의 傳에 "≪춘추≫는 왜 隱公부터 시작하였는가?"라 한 곳의 주에 "기린을 잡은 뒤에 저술을 시작한 것에 의거하여 〈물은 것이다.〉"라 하였다. 傳에 "선조 이후의 일로서 직접 들은 것이다."라 한 곳의 주에 "고조부 이후의 일로서 직접 묻거나 들어서 안 것에 의탁하여 기록했다는 것이니, 〈傳의 의미는〉 '나는 다만 선조로부터 들은 것만 기록함으로써 자의적으로 만듦으로 인해 입을 수 있는 박해를 피했다.'라는 말과 같다."라고 하였다. 〈그 다음의 傳에〉 "보아서 안 시대의 일이 書法이 다르고, 들어서 안 시대의 일이 서법이 다르고, 전해 들어 안 시대의 일이 서법이 다르다. 그런데 왜 애공 14년에 끝났는가?"라 한 곳의 주에 "애공이 다스리는

시대가 끝나지 않은 것에 따른 것이다."라고 하였다.

또 傳에 "〈기록한 것이〉 완비되었기 때문이다."라 한 곳의 주에 "〈기록한 것은〉 올바른 사람이 되는 도리가 충분하고 천하를 다스리는 도리가 완비되게 하였다. 〈그런데 이 기록이〉 반드시 기린에서 멈춘 이유는 堯·舜의 治世 때 봉황이 날아와 춤을 추었던 것처럼 난세를 다스린 효과가 기린이 출현한 것에서 완성되는 것을 보고 싶었던 것이다. 그러므로 기린이 출현한 것은 周나라에는 이변이 되지만 ≪춘추≫는 그것을 상서로 기록하여 태평한 세상은 상서로 증명한다는 것을 밝혔다. 봄〔春〕에서 붓을 놓고 그 다음 세 계절을 기록하지 않은 것은 木德이 끊어지고 火德이 王者가 된다는 뜻을 제시하면서 ≪춘추≫를 만드는 작업이 완성되어 漢나라에 넘겨줄 수 있게 되었기 때문이다."라고 한 것이 그 예이다.

西狩獲麟

【疏】○ 問曰：旣言始於隱公則天之數[1)], 復(부)言三世[2)]故發隱公何. ○ 答曰：若論象天數, 則取十二, 緣情制服, 宜爲三世, 故禮爲父三年, 爲祖期, 爲高祖·曾祖齊衰(자최)三月. 据哀錄隱, 兼及昭·定, 已與父時事, 爲所見之世, 文·宣·成·襄, 王父時事, 謂之所聞之世也, 隱·桓·莊·閔·僖, 曾祖·高祖時事, 謂之所傳聞之世也. 制治亂之法, 書大夫之卒, 文有詳略, 故日月備于隱如[3)], 是有罪之見錄, 不日卒于得臣[4)], 明有過以見罪, 益師不日[5)], 著恩遠之辭.

1) 始於隱公則天之數 : 앞의 주 '公取十二 則天之數' 참조.
2) 三世 : 56쪽 역주 '(元缺)〔二〕' 참조.
3) 日月備于隱如 : 이것은 孔子가 눈으로 본 시대에 속한 定公 5년(B.C. 505)의 ≪春秋≫ 經文에 "6월 병신일에 季孫隱如가 죽었다.〔六月 丙申 季孫隱如卒〕"라고 한 것을 말한다. 계손은여는 魯나라 大夫이다. 昭公 25년에 소공이 郈氏·東門氏 등과 연합하여 季孫氏를 토벌하자, 孟孫氏·叔孫氏의 지지 아래 郈孫을 죽이고 邵公을 궁지로 몰아 齊나라로 도망가게 하였다. 隱如는 意如로 표기하기도 한다.
4) 不日卒于得臣 : 이것은 공자가 귀로 들은 시대에 속한 宣公 5년의 ≪춘추≫ 經文에 "가을 9월에……叔孫得臣이 卒하였다.〔秋九月……叔孫得臣卒〕"라고 한 것을 말한다. '不日'은 날짜를 기록하지 않았다는 뜻인데, 이것은 죄가 있는 大夫가 죽은 경우이다. 죄가 없는 대부가 죽은 경우에는 날짜를 기록하였다. 叔孫得臣은 文公 때 대부이다. 文公 11년 가을에 長狄을 咸(지금의 山東 巨野縣 남쪽)에서 공격하여 승리하고 장적의 수령 僑如를 죽인 뒤에 자기 아들의 이름을 僑如라고 지었다.
5) 益師不日 : 이것은 공자가 전해들은 시대에 속한 隱公 원년(B.C. 722)의 ≪춘추≫ 경문에 "겨울 12월에……公子 益師가 卒하였다.〔冬 十有二月……公子益師卒〕"라고 한 것을 말한다. 이 시대에는 大夫가 죽었을 때 죄가 있든 없든 간에 그 날짜를 기록하지 않았다. 익사의 자는 衆父로, 魯 孝公의 아들이다.

○ 問曰 : 이미 ≪春秋≫가 隱公에서 시작한 것은 하늘의 수에 따른 것이라고 말해놓고, 다시 또 〈春秋 열 두 公을〉 세 시대로 〈구분하였기〉 때문에 은공에서 시작했다고 말한 것은 무엇 때문인가?

○ 答曰 : 만약 하늘의 수를 따르는 측면으로 논한다면 12라는 수를 취하게 되지만 사람의 정서에 따라 喪服의 규정을 정한다면 세 시대로 구분하는 것이 마땅하다. 그러므로 喪禮의 규정은 아버지에 대해서는 3년, 조부에 대해서는 1년, 고조와 증조에 대해서는 齊衰 3개월 복을 입는다. 〈≪춘추≫의 경우는〉 哀公의 시대를 기준으로 하여 위로 은공까지 기록하였다. 〈哀公부터 위로〉 昭公·定公을 포함한 시기는 자기와 아버지 때의 일로서 '눈으로 본 시대〔所見之世〕'가 되고, 文公·宣公·成公·襄公 시기는 조부 때의 일로서 '귀로 들은 시대〔所聞之世〕'라 이르고, 隱公·桓公·莊公·閔公·僖公 시기는 증조와 고조 때의 일로서 '전해들은 시대〔所傳聞之世〕'라 이른다. 난세를 다스리는 법을 제정하거나 大夫의 죽음을 적을 때 그 書法에 상세하고 간략한 차이를 두었다. 그러므로 隱如가 죽은 기사에 그 날짜와 달을 다 적었으니 이것은 죄가 있는 사람을 기록하는 형식이고, 得臣의 죽음에 날짜를 적지 않았으니 이것은 허물이 있어

처벌되었다는 것을 밝힌 것이고, 益師의 죽음에도 날짜를 적지 않았으니 이것은 〈시대가 많이 지나〉 은정이 얕아진 것을 드러내는 서법이다.

【疏】 ○ 問曰 : 鄭氏云"九者, 陽數之極, 九九八十一, 是人命終矣, 故孝經援神契[1]云'春秋三世, 以九九八十一爲限'. 然則隱元年盡僖十八年爲一世, 自僖十九年盡襄十二年又爲一世, 自襄十三年盡哀十四年又爲一世. 所以不悉八十一年者, 見人命參差(참치), 不可一齊之義." 又顔安樂以襄二十一年孔子生後, 卽爲所見之世. 顔·鄭之說, 實亦有途, 而何氏見何文句, 要以昭·定·哀爲所見之世, (宣文)〔文宣〕[2]·成·襄爲所聞之世, 隱·桓·莊·閔·僖爲所傳聞之世乎. ○ 答曰 : 顔氏以爲"襄公二十三年'邾婁鼻我來奔', 傳云'邾婁無大夫, 此何以書, 以近書也', 又昭公二十七年'邾婁快來奔', 傳云'邾婁無大夫, 此何以書, 以近書也', 二文不異, 同宜一世. 若分兩屬, 理似不便. 又孔子在襄二十一年生, 從生以後, 理不得謂之所聞也." 顔氏之意, 盡於此矣. 何氏所以不從之者, 以爲凡言見者, 目睹其事, 心識其理, 乃可以爲見, 孔子始生, 未能識別, 寧得謂之所見乎. 故春秋說云"文·宣·成·襄所聞之世." 不分疏二十一年已後, 明爲一世矣. 邾婁快·邾婁鼻我雖同有以近書之傳, 一自是治近升平書, 一自是治近大(태)平書, (雖)〔實〕[3]不相干涉, 而漫指此文乎. 鄭氏雖依孝經說文, 取襄十二年之後爲所見之世, 爾時孔子未生, 焉得謂之所見乎. 故不從之.

1) 孝經援神契 : 緯書 가운데 하나인 《孝經緯》의 다른 이름이며, 《援神契》 또는 《孝經說》이라 하기도 한다. 작자는 알 수 없다.
2) (宣文)〔文宣〕: 저본에는 '宣文'으로 되어 있으나, 閩本·監本·毛本에 의거하여 '文宣'으로 바로잡았다.
3) (雖)〔實〕: 저본에는 '雖'로 되어 있으나, 閩本·監本·毛本에 의거하여 '實'로 바로잡았다.

○ 問曰 : 鄭玄은 "9는 陽數의 極限이다. 9를 9로 곱한 것이 81인데 이것은 사람의 수명이 끝난 것을 의미하기 때문에 《孝經援神契》에 '《春秋》의 세 시대는 〈각 시대를〉 9를 9로 곱한 81년을 한도로 삼았다.'라고 하였다. 그렇다면 隱公 원년부터 僖公 18년까지 〈81년간이〉 한 시대가 되고, 희공 19년부터 襄公 12년까지 〈81년간이〉 또 한 시대가 되고, 양공 13년부터 哀公 14년까지 〈80년간이〉 또 한 시대가 되는데, 〈마지막에〉 81년이 다 되지 않은 이유는 사람의 목숨이 들쑥날쑥하여 일정하지 않다

는 의미를 드러낸 것이다."라고 하였다. 또 顔安樂은 양공 21년(B.C. 552) 孔子가 태어난 이후를 곧 '눈으로 본 시대〔所見之世〕'로 여기고 있다. 이 顔氏와 鄭氏 두 사람의 설에는 확실히 그만한 일리가 있지만, 何休는 어떤 문구를 보고서 昭公·定公·哀公을 '눈으로 본 시대〔所見之世〕'로 여기고 文公·宣公·成公·襄公을 '귀로 들은 시대〔所聞之世〕'로 여기고 隱公·桓公·莊公·閔公·僖公을 '전해들은 시대〔所傳聞之世〕'로 여겼는가?

○ 答曰 : 顔安樂은 "襄公 23년의 經文에 '邾婁나라의 鼻我가 魯나라로 도망왔다.'라 한 곳의 傳에 '주루나라에는 大夫가 없는데 여기서는 왜 〈대부의 이름을〉 기록하였는가? 가까운 이웃이므로 기록한 것이다.'라 하고, 또 昭公 27년의 경문에 '주루나라의 快가 노나라로 도망왔다.'라 한 곳의 傳에 '주루나라에는 대부가 없는데 이곳에 왜 〈대부의 이름을〉 기록했는가? 가까운 이웃이므로 기록한 것이다.'라고 하여, 두 傳의 글이 다르지 않으므로 〈양공 23년과 소공 27년은〉 당연히 같은 시대에 속해야 할 것이다. 만약 이것을 나누어 양쪽에 붙인다면 이치상 온당치 않을 것 같다. 그리고 孔子는 양공 21년에 태어났는데 태어난 이후는 이치상 '귀로 들은 시대〔所聞之世〕'라고 말할 수 없다."라고 하였다. 顔氏가 주장하는 이유는 이 두 가지에 다 들어 있다.

何休가 그의 주장을 따르지 않는 이유는 다음과 같다.

일반적으로 본다고 말하는 것은 그 일을 눈으로 보고 그 이치를 마음속으로 인식해야 비로소 보았다고 할 수 있는데, 공자가 처음 태어났을 때는 이치를 식별할 수 없으니, 어찌 그것을 '눈으로 본 것〔所見〕'이라고 말할 수 있겠는가. 그러므로 ≪春秋說≫에 "文公·宣公·成公·襄公은 들어서 안 시대이다."라고 하여 양공의 21년 이후는 특별히 구별하지 않았으니, 분명히 같은 시대일 것이다. 邾婁의 快와 주루의 鼻我에 대해 비록 동일하게 '가까운 이웃이므로 기록한 것이다.'라는 傳의 문구가 있기는 하나, 한쪽(鼻我)의 경우는 그저 다스리는 것이 升平시대(들어서 안 시대)에 가까워 그렇게 기록하고 다른 한쪽(快)의 경우는 그저 다스리는 것이 太平시대(보아서 안 시대)에 가까워 그렇게 기록한 것으로서 사실 서로 관계가 없다. 그런데 이 문구를 가리켜 〈그와 같이 말할 수 있겠는가.〉 鄭玄은 비록 ≪孝經說≫의 문구에 의거하여 양공 12년 이후를 취해 '보아서 안 시대〔所見之世〕'로 여겼으나, 그때는 공자가 태어나지도 않았는데 어찌 '눈으로 본 것'이라고 말할 수 있겠는가. 그러므로 그 주장을 따르지 않은 것이다.

【疏】○ 問曰 : 孝經說文, 實有九九八十一爲限之言, 公羊信緯, 可得不從乎. ○ 答曰：援神契者, 自是孝經緯橫說義之言, 更作一理, 非是正解春秋之物, 故何氏自依春秋說爲正解明矣.

○ 問曰：≪孝經說≫의 글에 사실 〈≪春秋≫의 세 시대는 각 시대를〉 9를 9로 곱한 81년을 한도로 삼았다는 말이 있다. 公羊學에서는 緯書를 믿었는데, 그 설을 따르지 않을 수 있겠는가?

○ 答曰：≪援神契≫는 본디 ≪孝經≫의 위서로서 經의 의미에 관한 말을 제멋대로 설명하여 별다른 이론을 창작했으니, ≪춘추≫를 바르게 해석한 문헌이 아니다. 그러므로 何休가 ≪春秋說≫에 의거하여 바르게 해석했다는 것은 분명하다.

【疏】○ 問曰：左氏出自丘明, 便題云左氏. 公羊・穀梁出自卜商, 何故不題曰'卜氏傳'乎. ○ 答曰：左氏傳者, 丘明親自執筆爲之, 以說經意, 其後學者題曰左氏矣. 且公羊者, 子夏口授公羊高, 高五世相授, 至漢景帝時, 公羊壽共弟子胡毋生乃著竹帛, 胡毋生題親師, 故曰公羊, 不(說)〔曰〕[1] 卜氏矣. 穀梁者, 亦是著竹帛者題其親師, 故曰穀梁也[2].

1) (說)〔曰〕：저본에는 '說'로 되어 있으나, 閩本・監本・毛本에 의거하여 '曰'로 바로잡았다.

2) 穀梁者……故曰穀梁也：≪春秋穀梁傳≫ 〈序〉의 楊士勛 疏에 "穀梁子는 이름은 赤이고 자는 元始로 魯나라 사람이며, 일명은 俶이다. 子夏에게 經을 배워 經을 위해 傳을 지었기 때문에 ≪穀梁傳≫이라 하였다. 穀梁赤은 孫卿에게 전해주고 손경은 노나라 사람 申公에게 전해주고 신공은 博士 江翁에게 전해주었다. 그 뒤에 노나라 사람 榮廣이 穀梁學에 조예가 깊었는데 그가 또 蔡千秋에게 전해주었다. 漢 宣帝가 穀梁學을 좋아하여 채천추를 발탁해 郎官으로 임명하였다. 이로 인해 ≪곡량전≫이 세상에 크게 유행하였다."라고 하였다. 누가 竹帛에 기록했는지에 대해서는 알 수 없다.

穀梁赤

○ 問曰：≪左氏傳≫은 左丘明으로부터 나왔으므로 그 제목을 ≪左氏傳≫이라 하였다. 그런데 ≪公羊傳≫과 ≪穀梁傳≫은 卜商(子夏)으로부터 나왔는데, 무슨 이유로 그 제목을 '卜氏傳'이라 하지 않았는가?

○ 答曰：≪좌씨전≫은 좌구명이 직접 붓을 잡아 글로 써서 經의 뜻을 해설하였으

므로 그 뒤에 배우는 자가 제목을 ≪좌씨전≫이라 하였다. 그리고 ≪공양전≫은 자하가 公羊高에게 구두로 전해주고 공양고로부터 그의 자손 5대가 서로 전해오다가 漢景帝 때에 이르러 公羊壽가 그의 제자 胡毋生과 함께 비로소 竹帛에 기록하였으며, 호무생이 자기 스승의 이름을 취해 제목으로 붙였기 때문에 '公羊'이라 하고 '卜氏'라 하지 않은 것이다. ≪곡량전≫은 이 또한 죽백에 기록한 자가 자기 스승의 이름을 취해 제목으로 붙였으므로 '穀梁'이라 하였다.

【疏】 ○ 問曰：春秋說云"春秋設三科九旨[1)]", 其義如何. ○ 答曰：何氏之意, 以爲三科九旨正是一物, 若總言之, 謂之三科, 科者, 段也, 若析而言之, 謂之九旨, 旨者, 意也. 言三个科段之內, 有此九種之意. 故何氏作文謚例云"三科九旨者, 新周故宋[2)], 以春秋當新王, 此一科三旨也." 又云"所見異辭, 所聞異辭, 所傳聞異辭, 二科六旨也." 又"內其國而外諸夏, 內諸夏而外夷狄[3)], 是三科九旨也."

1) 三科九旨：公羊學에서 ≪春秋≫의 書法을 분석하여 밝힌 것으로, 세 개의 단락 속에 아홉 가지 취지가 들어 있다는 뜻이다. 이에 관해 何休와 宋均의 설이 서로 다른데, 그 내용은 아래 본문에 보인다. 그리고 淸나라 孔廣森(1752~1786)의 ≪春秋公羊通義≫ 敍에 "≪춘추≫는 위로는 天道에 근본을 두고 중간으로는 王法을 사용하고 아래로는 人情을 다스렸는데, 천도를 받들지 않으면 왕법이 바르지 않고, 인정에 합치되지 않으면 왕법이 행해지지 않는다. 천도란 제1은 '時', 제2는 '月', 제3은 '日'이고, 왕법이란 제1은 '譏', 제2는 '貶', 제3은 '絶'이고, 인정이란 제1은 '尊', 제2는 '親', 제3은 '賢'이다. 이것이 三科九旨이다."라고 하였다.

2) 新周故宋：≪春秋繁露≫ 권7 〈三代改制質文〉에는 '親周故宋'으로 되어 있다. 蘇輿(1873~1914)의 ≪春秋繁露義證≫에 의하면, '親周'가 何休의 解詁에 '新周'로 잘못되어 있다고 하면서 ≪춘추번로≫의 해당 문구 위아래 글과 ≪史記≫ 〈孔子世家〉의 관련 문구를 근거로 들어 증명하였다. '親周故宋'은 '周代를 친근히 여기고 宋나라를 고국으로 여긴다.'는 뜻이다. 그러나 本書에 보이는 이에 관련한 문구가 하휴의 주를 포함하여 모두 '新周'로 되어 있으므로 일단 교감하지 않았고 번역에도 반영하지 않았다. 앞의 주 '丘水精治法' 참조.

3) 內其國而外諸夏 內諸夏而外夷狄：其國은 孔子의 본국인 魯나라를 말하고 諸夏는 中原의 제후국, 夷狄은 변방의 이민족이다. ≪春秋≫는 우선 노나라는 친근하게 여기고 중원의 제후국은 소원하게 대하며, 더 나아가 중원의 제후국은 친근하게 여기고 사방의 이적은 소원하게 대했다는 것이다. 곧 사람을 사랑할 때 관계가 친근한 사람부터 시작한다는 뜻을 말한 것이다.

○ 問曰 : ≪春秋說≫에 "≪春秋≫는 三科九旨를 설정하였다."라고 하였는데, 그것은 뜻이 어떤 것인가?

○ 答曰 : 何休의 생각에는 삼과구지는 곧 하나의 일로 여겼다. 총괄하여 말한다면 三科라 이르는데 科는 단락이고, 세분하여 말한다면 九旨라 이르는데 旨는 취지이다. 이는 세 개의 단락 속에 이 아홉 가지의 취지가 있는 것을 말한다. 그러므로 何休는 ≪文謚例≫를 지어 "삼과구지란 〈다음과 같다.〉 周를 가까운 과거의 王으로 여기고 宋을 먼 과거의 왕으로 여기며 ≪春秋≫를 새 왕에 해당시켰으니, 이것이 一科三旨이다."라 하고, 또 "보아서 안 시대의 일이 書法이 다르고, 들어서 안 시대의 일이 서법이 다르고, 전해 들어 안 시대의 일이 서법이 다르니, 이것이 二科六旨이다."라 하고, 또 "자기의 국가를 내부로 여기고 中原의 제후국을 외부로 여기며, 중원의 제후국을 내부로 여기고 夷狄을 외부로 여겼으니, 이것이 三科九旨이다."라고 하였다.

【疏】 ○ 問曰 : 案宋氏之注春秋說[1] "三科者, 一曰張三世[2], 二曰存三統[3], 三曰異外內[4], 是三科也. 九旨者, 一曰時, 二曰月, 三曰日, 四曰王, 五曰天王, 六曰天子, 七曰譏, 八曰貶, 九曰絶. 時與日月, 詳略之旨也, 王與天王天子, 是錄遠近親疏之旨也, 譏與貶絶, 則輕重之旨也." 如是, 三科九旨, 聊不相干, 何故然乎. ○ 答曰 : 春秋之內, 具斯二種理, 故宋氏又有此說, 賢者擇之.

1) 宋氏之注春秋說 : 宋氏는 宋均을 가리키고, ≪春秋說≫은 ≪春秋緯說題辭≫를 말한다. 40쪽 역주 '春秋說題詞' 참조.
2) 張三世 : ≪春秋≫ 12公 242년 기간을 세 시대로 구분하였다는 뜻이다. 세 시대는 孔子의 입장에서 구분한 '보아서 안 시대〔所見之世〕', '들어서 안 시대〔所聞之世〕', '전해 들어 안 시대〔所傳聞之世〕'를 말한다.
3) 存三統 : ≪春秋≫가 夏·商·周 3代의 道統을 계승하고 발전한다는 뜻이다.
4) 異外內 : 孔子가 ≪春秋≫를 기술할 때 그 書法을 시대별로 다르게 하였다는 뜻으로, '전해 들어 안 시대'에는 魯나라를 내부로 여기고 中原의 제후국을 외부로 여기며, '들어서 안 시대'에는 중원의 각국을 내부로 여기고 夷狄을 외부로 여긴 것을 말한다. '보아서 안 시대'에 와서는 王者의 정치가 태평을 실현하여 천하 각국이 거리의 원근과 크기의 대소가 동일한 것처럼 되어 內外의 구분이 없다.

○ 問曰 : 살펴보건대 宋氏(宋均)의 ≪春秋緯說題辭≫에 대한 注에 "三科란 제1은 '張三世', 제2는 '存三統', 제3은 '異外內'이니, 이것이 삼과이다. 九旨란 제1은 '時(사계

절)', 제2는 '月', 제3은 '日', 제4는 '王', 제5는 '天王', 제6은 '天子', 제7은 '譏', 제8은 '貶', 제9는 '絶'이다. '時' 및 '日'과 '月'은 상세함과 간략함에 관한 취지이고, '王' 및 '天王'과 '天子'는 遠·近·親·疏에 관한 취지를 기록한 것이고, '譏' 및 '貶'과 '絶'은 輕重에 관한 취지이다."라고 하였다. 이와 같이 삼과와 구지가 조금도 서로 연관되지 않은 것은 왜 그런가?

○ 答曰 : ≪春秋≫ 속에는 이 두 종류의 원리가 다 들어 있다. 그러므로 송씨가 또 이와 같은 설을 내놓은 것이니, 賢者가 취택하면 될 것이다.

【疏】 ○ 問曰 : 文謚例云"此春秋五始·三科·九旨·七等·六輔·二類之義, 以矯枉撥亂, 爲受命品道之端, 正德之紀也." 然則三科九旨之義, 已蒙前說, 未審五始·六輔·二類·七等之義如何. ○ 答曰 : 案文謚例下文云"五始[1]者, 元年·春·王·正月·公卽位, 是也. 七等[2]者, 州·國·氏·人·名·字·子, 是也. 六輔者, 公輔天子, 卿輔公, 大夫輔卿, 士輔大夫, 京師輔君, 諸夏輔京師, 是也. 二類者, 人事與災異, 是也".

1) 五始 : 元年·春·王·正月·公卽位 등 다섯 가지의 시작이자 처음을 말하는데, 隱公 원년의 何休 주에 의하면, 元은 天地의 시작이고 春은 한 해의 시작이고 王은 王法으로서 人道의 시작이고 正月은 정치 교화의 시작이고 卽位는 한 국가의 시작이라고 하였다.
2) 七等 : 일곱 단계로 호칭을 바꿔가며 포폄의 뜻을 표현한 書法을 말한다.

○ 問曰 : ≪文謚例≫에 "이 ≪春秋≫의 五始·三科·九旨·七等·六輔·二類의 의미는 잘못을 바로잡고 혼란을 다스리는 기능으로 인해 天命을 받아 질서를 정하는 단서와 자기의 덕을 바르게 하는 기강이 된다."라고 하였다. 그렇다면 三科九旨의 의미에 관해서는 이미 앞에서 그 설명을 들어 알지만 五始·六輔·二類·七等의 의미는 어떤 것인가?

○ 答曰 : 살펴보건대 ≪문시례≫의 그 아래 글에 "五始란 '元年'·'春'·'王'·'正月'·'公卽位'가 그것이다. 七等이란 '州'·'國'·'氏'·'人'·'名'·'字'·'子'가 그것이다. 六輔란 公이 天子를 돕고 卿이 公을 돕고 大夫가 卿을 돕고 士가 大夫를 돕고 京師가 군주를 돕고 諸夏가 京師를 돕는 것이 그것이다. 二類란 人事와 災異가 그것이다."라고 하였다.

【疏】 ○ 問曰 : 春秋說云"春秋書有七缺", 七缺之義如何. 〔○〕[1] 答曰 : 七缺者, 惠公妃(배)匹不正, 隱·桓之禍生[2], 是爲夫之道缺也. 文姜淫而害夫[3], 爲婦之道缺也. 大夫無罪而致戮, 爲君之道缺也. 臣而害上, 爲臣之道缺也. 僖五年晉侯殺其世子申生,

襄二十六年宋公殺其世子痤, 殘虐枉殺其子, 是爲父之道缺也. 文元年楚世子商臣弒其君髡, 襄三十年蔡世子般弑其君固, 是爲子之道缺也. 桓八年正月己卯蒸[4], 桓十四年八月乙亥嘗[5], 僖三十一年夏四月四卜郊, 不從, 乃免牲, 猶三望[6], 郊祀不脩, 周公之禮缺, 是爲七缺也矣.

1) 〔○〕: 저본에는 '○'이 없으나, 저본의 체제에 의거하여 보충하였다.
2) 惠公妃(배)匹不正 隱桓之禍生 : 隱公은 魯 惠公의 結室인 聲子의 아들로 이름은 息姑이고, 桓公은 혜공의 夫人인 仲氏의 아들로 이름은 允이다. 중씨는 宋 武公의 딸이다. 식고가 처음에 중씨에게 장가들었는데, 혜공이 그의 외모가 아름다운 것을 보고 빼앗아 자기 아내로 삼아 允을 낳았고 그를 세자로 세웠다. 혜공이 죽자 魯나라 조정에서 允은 嫡子이지만 나이가 어리므로 식고에게 군주의 일을 대행하게 하였다. 은공 11년에 公子 翬가 은공에게 允을 죽이고 정식으로 즉위할 것을 청함과 동시에 자기를 卿으로 임명해줄 것을 청하였으나, 은공은 允이 장성하게 되면 그에게 정권을 돌려주겠다고 하면서 그의 청을 받아들이지 않았다. 그러자 공자 휘가 도리어 은공을 允에게 참소하여 죽였다. 妃는 '配'와 통용하므로 '배'로 읽는다.
3) 文姜淫而害夫 : 文姜은 桓公의 부인으로 齊 襄公의 누이인데, 그의 오라비와 불륜관계라는 것을 환공이 알고 분노하였다. 그러자 환공 18년에 양공이 환공과 함께 연회하던 중에 力士를 시켜 살해하였다.
4) 蒸 : 烝과 같다. 宗廟에서 지내는 사계절의 제사 가운데 겨울 제사의 이름이다.
5) 嘗 : 宗廟에서 지내는 사계절의 제사 가운데 가을 제사의 이름이다.
6) 四卜郊……猶三望 : 四卜郊는 4차에 걸쳐 郊祭 날짜를 점쳤다는 뜻이다. 郊祭는 天子만 지낼 수 있는데도 제후국인 魯나라가 지내려고 시도하였고, 점을 칠 때는 3차가 예법인데도 이것을 벗어났으며, 宗廟 제사에 犧牲을 올려야 하는데도 올리지 않았다는 것이다. 三望은 제사의 이름이다. 泰山・黃河・바다 등 세 곳에 지내는 제사를 군주가 직접 그 장소에 가지는 못하고 멀리 바라보면서 지낸다는 뜻이다.

○ 問曰 : ≪春秋說≫에 "≪春秋≫ 글에는 일곱 가지 흠결이 있다."라고 하였는데, 일곱 가지 흠결의 의미는 어떤 것인가?

○ 答曰 : 일곱 가지 흠결이란, 惠公이 부인들의 서열을 정확하게 정하지 않아 隱公・桓公의 참화가 생겼으니, 이것이 지아비된 도리의 흠결이다. 文姜이 음란하여 지아비를 살해한 것이 지어미된 도리의 흠결이다. 大夫가 죄가 없는데도 살육한 것이 군주된 도리의 흠결이다. 신하로서 君上을 살해한 것이 신하된 도리의 흠결이다. 僖公 5년에 晉侯가 그의 세자 申生을 죽이고 襄公 26년에 宋公이 그의 세자 痤를 죽이

는 등 잔인하고 포학하여 자기 자식을 무고하게 살해하였으니, 이것이 아비된 도리의 흠결이다. 文公 원년에 楚나라 世子 商臣이 그의 군주 髡을 시해하고 양공 30년에 蔡나라 세자 般이 그의 군주 固를 시해하였으니, 이것이 자식된 도리의 흠결이다. 桓公 8년의 정월 기묘일에 烝祭를 지내고 환공 14년의 8월 을해일에 嘗祭를 지냈으며, 희공 31년 여름 4월에 4차에 걸쳐 郊祭 날짜를 점쳤는데 모두 불길하여 마침내 犧牲을 쓰지 않고 그저 이전대로 三望을 지냈다. 이처럼 郊祀가 적절하게 진행되지 않은 것이 周公의 禮의 흠결이니, 이것이 일곱 가지 흠결이다.

何休學[1)]

1) 何休學 : 이하 卷마다 나오는 '何休學'은 저본의 체제에 따라 卷 아래에 표기하였다.

하휴의 注

【疏】 ○ 學者, 言爲此經之學, 卽注述之意.

○ 學이란 이 經에 관한 학문을 하는 것을 말하니, 곧 주석을 한다는 뜻이다.

【隱公 원년(B.C. 722)】

元年이라 春王正月[1)]이라

1) 王正月 : 周 文王 曆法의 정월이란 뜻으로 子月, 곧 음력 11월을 말한다. 뒤에 나오는 이와 같은 文體의 王은 모두 時制形으로, 주 문왕의 역법이란 뜻이다.

元年이다. 봄 周나라 왕의 정월이다.

【疏】'元年 春王正月' ○ 解云 : 若左氏之義, 不問天子諸侯, 皆得稱元年. 若公羊之義, 唯天子乃得稱元年, 諸侯不得稱元年. 此魯隱公, 諸侯也, 而得稱元年者, 春秋託王於魯, 以隱公爲受命之王, 故得稱元年矣.

經의 〔元年 春王正月〕

○ 解云 : 左氏學의 이론으로는 天子나 諸侯를 따지지 않고 모두 元年이라는 표기를

사용할 수 있으나, 公羊學의 이론은 오직 천자에 대해서만 원년을 사용할 수 있고 제후는 원년을 사용할 수 없다. 그러나 이 魯 隱公의 경우는 제후인데도 원년을 사용할 수 있는 것은 ≪春秋≫에는 魯나라를 王의 국가로 가탁하여 은공을 天命을 받은 왕으로 여기기 때문에 원년을 사용할 수 있는 것이다.

【傳】 元年者何아

元年이란 무엇인가?

【注】 諸据疑하여 問所不知라 故曰者何라

대체로 의문에 의거하여 모르는 점을 묻기 때문에 '者何'라고 말한 것이다.

【疏】 '元年者何' ○ 解云：凡諸侯不得稱元年, 今隱公爵猶自稱侯, 而反稱元年, 故執不知問.

傳의 〔元年者何〕

○ 解云 : 일반적으로 諸侯는 '元年'이라는 표기를 사용할 수 없다. 그런데 지금 隱公은 爵號를 여전히 스스로 侯로 칭하는데도 오히려 원년을 사용하였으므로 미심쩍은 점을 가지고 물은 것이다.

【疏】 ○ 注'諸据'至'者何' ○ 解云：謂諸据有疑理, 而問所不知者, 曰者何, 卽僖五年秋"鄭伯逃歸不盟"之下, 傳云"不盟者何", 注云"据上言諸侯, 鄭伯在其中, 弟子疑, 故執不知問", 成十五年"仲嬰齊卒"之下, 傳云"仲嬰齊者何", 注云"疑仲遂後, 故問之", 是也. 若据彼難此, 卽或言曷爲, 或言何以, 或單言何, 卽下傳云"曷爲先言王而後言正月", 注云"据下秋七月天王, 先言月, 而後言王", "公何以不言卽位", 注云"据文公言卽位也", "何成乎公之意", 注云"据剌欲救紀而後不能", 是也. 而舊解云"案春秋上下, 但言曷爲與何, 皆有所据, 故何氏云諸据疑者, 皆無所据, 故云問所不知, 故曰者何也"者, 非.

○ 注의 〔諸据〕에서 〔者何〕까지

○ 解云 : 대체로 의문이 있는 것에 의거하여 모르는 점을 묻는 경우에 '者何'라 말하는 것은 곧 僖公 5년 가을 "鄭伯은 도망가 會盟에 참가하지 않았다."라 한 것에 대하여 그 아래 傳에 "회맹에 참가하지 않은 것은 무엇 때문인가?"라고 하였는데, 그 注에 "위

經文에 諸侯를 언급하였는데 정백이 그 속에 포함된 것에 의거하여 弟子가 의아스러웠으므로 미심쩍은 점을 가지고 물은 것이다."라고 한 것과 成公 15년 "仲嬰齊가 卒하였다."라 한 것에 대하여 그 아래 傳에 "중영제는 어떤 사람인가?"라고 하였는데, 그 注에 "仲遂의 후손으로 의심되었기 때문에 물은 것이다."라고 한 것이 그 예이다.

다른 사례에 의거하여 이쪽의 것을 묻는 경우는 혹은 '曷爲'라 하거나 혹은 '何以'라 하거나 혹은 단순히 '何'라 하기도 한다. 곧 아래의 傳에 "왜 먼저 王을 말하고 뒤에 正月을 말했는가?"라 한 곳의 注에 "아래 '秋七月天王'에는 먼저 '月'을 말하고 뒤에 '王'을 말한 것에 의거한 것이다."라 하고, 또 "隱公에 대해서는 왜 즉위를 말하지 않았는가?"라 한 곳의 注에 "文公의 경우는 卽位를 말하고 있는 것에 의거한 것이다."라 하고, 또 "왜 隱公의 뜻을 이뤄줬는가?"라 한 곳의 注에 "〈莊公이〉 紀나라를 구하려 하였으나, 결국 그렇게 하지 못함을 풍자한 것에 의거한 것이다."라고 한 것이 그 예이다.

이전의 해석에 "살펴보건대 ≪春秋≫ 위아래 전편에 '曷爲'와 '何'만을 말한 경우는 모두 어떤 그 무엇에 의거하는 것이 있다. 그러므로 何休가 〈'者何'에 대해〉 '諸据疑'라고 말한 것은 어떤 그 무엇에 의거하는 것이 없는 일이 된다. 그래서 '모르는 점을 묻기 때문에 「者何」라고 말한 것이다.'라 한 것이다."라고 한 것은 틀린 것이다.

【傳】君之始年也라

군주가 〈세상을 다스리는〉 첫해이다.

【注】 以常錄卽位로 知君之始年이라 君은 魯侯隱公也라 年者는 十二月之總號니 春秋書十二月稱年是也라 變一爲元하니 元者는 氣也라 無形以起하여 有形以分하여 造起天地하니 天地之始也라 故上無所繫하여 而使春繫之也라 不言公하고 言君之始年者는 王者諸侯皆稱君하니 所以通其義於王者라 惟王者然後改元立號라 春秋託新王受命於魯라 故因以錄卽位하여 明王者當繼天奉元하여 養成萬物이라

일반적으로 〈'元年 春王正月' 밑에〉 '卽位'를 기재한 것으로 인해 군주가 세상을 다스리는 첫해임을 안 것이다. '君'은 魯侯 隱公이다. '年'이란 12개월의 총칭이니, ≪春秋≫는 12개월을 기록할 때 年으로 칭하는 것이 그 예이다. 一을 바꾸어 '元'이라 하였으니, 元이란 氣이다. 無形에서 시작하여 有形이 되어 갈라져서 天地를 창조하니, 천지의 시작이다. 그러므로 元年의 위에는 연결할 만한 것이 없어 '春'을 그 밑에 연결하게 한

것이다. 公이라 말하지 않고 '君之始年'이라 하여 〈君이라고〉 말한 것은, 王者나 諸侯는 모두 君으로 칭할 수 있으니 〈국가를 다스린다는〉 뜻이 王者와 서로 통하기 때문이다. 그리고 오직 王者만이 紀元을 바꾸고 年號를 세울 수 있다. ≪춘추≫는 새로운 王者가 天命을 받았다는 이념을 魯나라에 가탁하였으므로 〈원년과〉 관련해 즉위를 기록하여 王者란 마땅히 하늘의 뜻을 이어받아 天道를 받들어 만물을 양성해야 한다는 것을 밝힌 것이다.

【疏】 注'以常'至'始年' ○ 解云：正以桓・文・宣・成・襄・昭及哀, 皆云"元年春王正月, 公卽位", 故曰"以常錄卽位, 知君之始年."

注의 〔以常〕에서 〔始年〕까지

○ 解云：곧 桓公・文公・宣公・成公・襄公・昭公 및 哀公에게는 모두 "元年 봄 周나라 왕의 정월에 公이 즉위하였다.〔元年春王正月 公卽位〕"라 하였기 때문에 "일반적으로 〈'元年 春王正月' 밑에〉 '卽位'를 기록한 것으로 인해 군주가 세상을 다스리는 첫해임을 안 것이다."라고 하였다.

【疏】 ○ 注'君魯侯隱公也' ○ 解云：案春秋說云"周五等爵, 法五精.[1] 公之言公, 公正無私, 侯之言候, 候逆順, 兼伺候王命矣, 伯之言白, 明白于德, 子者, 孶恩宣德, 男者, 任功立業[2]. 皆上奉王者之政敎・禮法, 統理一國, 脩身潔行矣." 今此侯爲魯之正爵, 公者, 臣子之私稱, 故言"君, 魯侯隱公也".

1) 周五等爵 法五精：五精은 五行, 곧 陰陽의 精氣라는 뜻이다. 日辰(날의 干支)이 陽에 속하여 剛의 의미를 지닌 甲・丙・戊・庚・壬과 陰에 속하여 柔의 의미를 지닌 乙・丁・己・辛・癸로 구분되는데, 諸侯의 작위를 剛日의 틀에 맞춰 公・侯・伯・子・男 등 다섯 등급을 두었다는 것이다. ≪禮記注疏≫ 〈王制〉에 "王者가 녹봉과 작위를 제정할 때 公・侯・伯・子・男 등 다섯 등급으로 구분하였다.〔王者之制祿爵 公侯伯子男凡五等〕"라 한 곳의 注에 "≪元命包≫에 '周나라 다섯 등급의 작위는 五精을 따른 것이다.〔周五等爵 法五精〕'라 했는데, 그 注에 '오정이란 대체로 오행을 따른 것이다. 이것을 구분하면 〈제후는〉 五剛인 甲・丙・戊・庚・壬을 따르고 제후의 신하는 五柔인 乙・丁・己・辛・癸를 따르는 것이 그 예이다.'라 했다."라고 하였다. 또 明나라 孫瑴의 ≪古微書≫ 권17 〈禮緯〉에 "주나라 때 작위는 다섯 등급이다. 대체로 南面하는 군주는 오행의 剛日을 따르고 北面하는 신하는 오행의 柔日을 따른다."라고 하였다.

2) 公之言公……任功立業：公・侯・伯・子・男 각각의 글자가 지닌 뜻이 公・候・白・

孳·任과 같다고 설명하는 것으로, 訓詁 방식의 하나인 聲訓으로 풀이한 것이다. 성훈은 어떤 글자의 뜻을 그것과 같은 음, 또는 雙聲과 疊韻 따위의 近似音의 문자로 해석하는 방법이다.

○ 注의 〔君魯侯隱公也〕

○ 解云 : 살펴보건대 ≪春秋說≫에 "周나라 다섯 등급의 작위는 五精을 따른 것이다. 公이라는 말은 '公(바르다)'의 뜻으로서 공평 정직하여 私心이 없다는 것이고, 侯라는 말은 '候(살피다)'의 뜻으로서 王에 대해 어느 누가 공순한지 그렇지 않은지를 살펴봄과 아울러 王命을 대기한다는 것이고, 伯이라는 말은 '白(밝다)'의 뜻으로서 德을 분명히 알고 있다는 것이고, 子는 王의 은덕을 널리 알린다는 뜻이고, 男은 직무를 담당하여 업적을 세운다는 뜻이다. 이것은 모두 王者의 政教와 禮法을 받들어 한 국가를 다스리며 품성을 수양하고 행실을 정갈하게 하는 것이다."라고 하였다. 지금 이 〈魯侯의〉 '侯'는 魯나라가 주나라로부터 받은 작위이고, 〈隱公의〉 '公'은 臣子가 자기 국내에서 사용하는 호칭이므로 "'君'은 魯侯 隱公이다."라고 말한 것이다.

【疏】 ○ 問曰 : 五等之爵旣如前釋, 何名附庸乎. ○ 答曰 : 春秋說下文云"庸者, 通也. 官小德微, 附於大國以名通, 若畢星[1)]之有附耳然." 故謂之附庸矣.

1) 畢星 : 二十八宿 가운데 하나이다. 여덟 개의 별로 이루어진 서방 七宿의 다섯째 별자리이다.

○ 問曰 : 다섯 등급의 작위가 이미 앞서의 해석과 같다면 왜 附庸이라는 명칭을 사용했는가?

○ 答曰 : ≪春秋說≫의 그 아래 글에 "庸이란 通의 뜻이다. 관직이 낮고 덕이 작아 大國에 부속되어 〈天子에게 자기〉 성명을 가지고 소통하는 것으로, 마치 畢星에 附耳라는 별이 부속되어 있는 경우와 같기 때문에 부용이라 말한다."라고 하였다.

【疏】 ○ 注'變一爲元' ○ 解云 : 以下有二年三年, 知上宜云一年, 而不言一年, 變言元年, 故決之.

○ 注의 〔變一爲元〕

○ 解云 : 經의 아래 글에 '二年', '三年'이 있으므로 그 위에서는 마땅히 '一年'이라고 말할 것으로 알았는데, '一年'을 말하지 않고 '元年'으로 바꿔 말했으므로 그것을 지적한 것이다.

【疏】○ 注'元者'至'始也' ○ 解云：春秋說云"元者，端也，氣泉". 注云"元爲氣之始，如水之有泉. 泉流之原." "無形以起，有形以分，窺之不見，聽之不聞." 宋氏云"無形以起，在天成象，有形以分，在地成形也". 然則有形與無形，皆生乎元氣而來，故言造起天地，天地之始也.

○ 注의 〔元者〕에서 〔始也〕까지

○ 解云：≪春秋說≫에 "元이란 발단이니, 氣의 샘이다."라 한 곳의 注에 "元은 氣의 시작이니, 물이 샘이 있는 것과 같다. 샘은 흐르는 물의 근원이다."라 하고, 또 "無形에서 시작하여 有形이 되어 갈라지니, 엿보아도 보이지 않고 들어도 들리지 않는다."라 하였는데, 宋氏(宋均)는 "무형에서 시작한다는 것은 하늘에서 〈日月星辰의〉 형상을 이룬다는 것이고, 유형이 되어 갈라진다는 것은 땅에서 〈山川草木의〉 형태를 이룬다는 것이다."라고 하였다. 그렇다면 유형과 무형은 모두 元氣에서 생겨나온 것이므로 '天地를 창조하니, 천지의 시작이다.'라고 말한 것이다.

【疏】○ 注'故上'至'繫之' ○ 解云：春秋說云"王不上奉天文以立號，則道術無原，故先陳春後言王. 天不深正其元，則不能成其化，故先起元，然後陳春矣." 是以推元在春上，春在王上矣.

○ 注의 〔故上〕에서 〔繫之〕까지

○ 解云：≪春秋說≫에 "王이 위로 하늘의 운행을 받들어 紀元을 세우지 않는다면 국가를 다스리는 道가 근본이 없기 때문에 먼저 '春'을 배치하고 나중에 '王'을 말한 것이다. 하늘은 그 기초가 되는 元氣를 제대로 바로잡지 않는다면 만물을 化育하는 일을 이룰 수 없으므로 먼저 '元'을 기록하고 나중에 '春'을 배치한 것이다."라고 하였다. 그러므로 '元'을 '春' 위에, '春'을 '王' 위에 올려 세운 것이다.

【疏】○ 注'不言'至'王者' ○ 解云：凡天子諸侯同得稱君，但天子不得稱公，故喪服云君，鄭云"天子諸侯及卿大夫有地者，皆曰君"，是也. 今据魯而言，不言公之始年，而言君之始年者，見(현)諸侯不得稱元，會假魯爲王，乃得稱元，故傳言'君之始年'，微欲通魯于王故也.

○ 注의 〔不言〕에서 〔王者〕까지

○ 解云：일반적으로 天子와 諸侯는 다같이 君으로 칭할 수 있고, 다만 〈公의 경우

는 제후와 달리〉 천자는 公으로 칭할 수 없다. 그러므로 ≪儀禮≫ 〈喪服〉에서 '君'에 대해 鄭玄이 "천자와 제후부터 卿大夫에 이르기까지 토지를 소유한 자는 모두 '君'이라 말한다."라고 한 것이 그 예이다. 지금 魯나라에 의거하여 말하면서 '公之始年'이라 말하지 않고 '君之始年'이라고 말한 것은, 〈원칙적으로〉 제후는 元을 칭할 수 없지만 ≪春秋≫에는 마침 노나라를 王의 나라로 가탁하여 元을 칭할 수 있으므로 傳에 '君之始年'이라 말하여 은연중에 노나라의 〈公의 위상을〉 王者와 대등하게 간주하려는 의도를 나타내기 위해서이다.

【傳】 春者何아

春이란 무엇인가?

【注】 獨在王上이라 故執不知問이라

春 하나가 王의 위에 있으므로 미심쩍은 점을 가지고 물은 것이다.

【疏】 注'獨在'至'知問' ○ 解云 : 春夏秋冬皆是四時之名, 而夏秋冬三時, 常不得配王言之, 唯有春字常在王上, 故怪而問之.

注의 〔獨在〕에서 〔知問〕까지

○ 解云 : 春・夏・秋・冬은 모두 사계절의 명칭인데도 夏・秋・冬 세 계절은 항상 王과 함께 기록되지 못하고 오직 '春'자만 항상 '王'의 위에 놓여있으므로 이상하여 물은 것이다.

【傳】 歲之始也라

한 해의 시작이다.

【注】 以上繫元年하고 在王正月之上하니 知歲之始也라 春者는 天地開辟之端이요 養生之首며 法象所出[1]이니 四時本名也라 昏斗指東方曰春이요 指南方曰夏요 指西方曰秋요 指北方曰冬이라 歲者는 總號其成功之稱이니 尙書以閏月定四時成歲是也라

1) 法象所出 : 아래 疏에서는 ≪周禮≫ 〈天官 大宰職〉의 내용을 인용하여 象魏에 게시할 법령을 내놓는 때, 곧 봄이 시작되는 정월 초하루라는 뜻으로 풀이하였다.

〈春자가〉 위에는 '元年'과 연결되어 있고 '王正月'의 위에 놓여 있으니, 한 해의 시작임을 알 수 있다. 봄은 天地가 열리는 시초이고 만물을 생육하는 첫머리이며 자연계의 일체 현상이 생겨나오는 것으로서 사계절의 기본이 되는 이름이다. 해가 질 무렵에 북두성의 자루가 동쪽을 가리키는 계절을 봄이라 하고, 남쪽을 가리키는 계절을 여름이라 하고, 서쪽을 가리키는 계절을 가을이라 하고, 북쪽을 가리키는 계절을 겨울이라 한다. 歲란 사계절의 생성과 변화의 작용을 총괄한 표현이니, ≪尙書≫에 "윤달을 두어 사계절을 정하고 한 해를 완성한다."라고 한 것이 그 예이다.

【疏】'歲之始也' ○ 問曰：元年・春・王・正月・公卽位, 實是春秋之五始[1), 而傳直於元年・春之下發言始, 而王・正月下不言始何. ○ 答曰：元是天地之始, 春是四時之始, 王・正月・公卽位者, 人事之始, 欲見(현)尊重天道, 略於人事故也.

1) 五始：앞의 주 '五始' 참조.

傳의 〔歲之始也〕

○ 問曰：'元年'・'春'・'王'・'正月'・'公卽位'는 사실 ≪春秋≫의 五始인데도 傳文에는 '元年'・'春' 밑에서만 始를 드러내 말하고 '王'・'正月' 밑에서는 始를 말하지 않았으니, 이는 어째서인가?

○ 答曰：'元'은 天地의 시작이고 '春'은 사계절의 시작이고 '王'・'正月'・'公卽位'는 人事의 시작이니, 天道를 존중하고 人事를 간략하게 다루겠다는 것을 보여주려고 했기 때문이다.

【疏】○ 注'春者'至'之端' ○ 解云：易說云"孔子曰'易始於大(태)極, 大極分而爲二, 故生天地, 天地有春夏秋冬之節, 故生四時也'." 言天地開辟, 分爲四時, 春先爲端始也.

○ 注의 〔春者〕에서 〔之端〕까지

○ 解云：≪易說≫에 "孔子가 '易은 太極에서 시작하니, 태극이 나뉘어 둘이 되므로 天地가 생기고 천지에 春・夏・秋・冬의 구분이 있으므로 사계절이 생긴다.'라 했다."라고 하였다. 이것은 천지가 열린 뒤에 다시 나뉘어 사계절이 되는데 봄이 먼저 그 시작이 된다는 말이다.

【疏】○ 注'養生之首' ○ 解云：乾鑿度云"震生萬物於東方, 夫萬物始生於震. 震, 東方之卦也. 陽氣施生, 愛利之道, 故東方爲仁矣." 故言養生之首, 言是養生萬物之初首.

○ 注의〔養生之首〕

○ 解云 : ≪乾鑿度≫에 "震은 만물을 동방에서 낳으니, 만물은 처음에 震에서 태어난다. 震은 동방의 卦이다. 陽氣가 만물을 낳는 것은 사랑하고 이롭게 하는 길이므로 동방은 仁이 되는 것이다."라 하였다. 그러므로 '養生之首'라 하였으니, 이 봄은 만물을 생육하는 첫 시기라는 말이다.

【疏】 ○ 注'法象所出' ○ 解云 : 周禮大宰云"正月之吉, 始和, 布政于邦國都鄙, 縣[1]治象之法于象魏[2], 挾日[3]而斂之." 是象魏之法, 于時出之, 故曰法象所出矣.

1) 縣 : 懸과 통용한다.
2) 象魏 : 天子나 諸侯의 宮門 밖에 세운 높은 건축물로, 백성들이 볼 수 있도록 군주의 명령이나 국가의 법령을 게시하는 장소이다. 魏闕, 또는 闕·觀이라 하기도 한다.
3) 挾日 : 浹日과 같은 것으로, 열흘 동안을 말한다. 고대에는 干支로 날짜를 기록하여 甲에서 癸까지의 十干이 한 번 순환하는 열흘 동안을 浹日이라 하였다.

○ 注의〔法象所出〕

○ 解云 : ≪周禮≫ 〈天官 大宰職〉에 "정월 초하룻날 비로소 〈각종 법령에 관한 일을〉 조화시킨 뒤에 〈직무를 수행할〉 문서를 諸侯國과 卿大夫의 采邑에 반포하고 다시 문자로 명시한 법령을 象魏에 게시하였다가 열흘 뒤에 이것을 거두어들인다."라고 하였다. 이것은 상위에 게시할 법령을 정해진 때에 내놓는 것이므로 '法象所出'이라고 말한 것이다.

【疏】 ○ 注'四時本名也' ○ 解云 : 凡四時, 先春, 次夏, 次秋, 次冬, 百代所不變, 故言春者, 四時本名矣.

○ 注의〔四時本名也〕

○ 解云 : 대체로 사계절이란 봄이 맨 앞에 있고 다음이 여름, 다음이 가을, 다음이 겨울로서 이것은 영원히 변하지 않는 것이므로 봄은 '사계절의 기본이 되는 이름이다.〔四時本名〕'라고 말한 것이다.

【疏】 ○ 注'昏斗'至'(冬也)〔曰冬〕[1]' ○ 解云 : 皆春秋說文也.

1) (冬也)〔曰冬〕 : 저본에는 '冬也'로 되어 있으나, 阮元의 〈校勘記〉에 의거하여 '曰冬'으로 바로잡았다.

○ 注의 〔昏斗〕에서 〔曰冬〕까지

○ 解云 : 모두 ≪春秋說≫의 글이다.

【疏】 ○ 注'歲者'至'之稱' ○ 解云 : 四時皆於萬物有功, 歲者, 是兼總其成功之稱也. 若以當代相對言之, 卽唐虞曰載, 夏曰歲, 殷曰祀, 周曰年. 若散文言之, 不問何代, 皆得謂之歲矣. 等取一名, 而必取歲者, 蓋以夏數爲得天正故也. 亦有一本云'歲者總號成功之稱也'.

○ 注의 〔歲者〕에서 〔之稱〕까지

○ 解云 : 사계절은 모두 만물을 〈생성하고 변화시키는〉 작용이 있는데, 歲란 곧 그 작용을 이루는 것을 총괄하는 표현이다. 만약 왕조마다 대비해서 말한다면 唐·虞시대는 '載'라 하고, 夏는 '歲'라 하고, 殷은 '祀'라 하고, 周는 '年'이라 하였는데, 일반적인 글로 말한다면 어느 왕조를 막론하고 모두 '歲'라고 하였다. 각 왕조마다 고유의 명칭을 지니고 있으면서도 반드시 '歲'를 사용한 것은 夏 왕조의 曆法이 하늘의 법칙에 맞는다고 보기 때문일 것이다. 또한 〈여기 注의 글이〉 '歲者總號成功之稱也'로 된 다른 판본도 있다.

【疏】 ○ 注'尙書'至'是也' ○ 解云 : 此堯典文, 彼鄭注云"以閏月推四時, 使啓閉分至不失其常, 著之用成歲(歷)〔曆〕[1], 將以授民時, 且記時事", 是也.

1) (歷)〔曆〕: 저본에는 '歷'으로 되어 있으나, 閩本·監本·毛本에 의거하여 '曆'으로 바로잡았다.

○ 注의 〔尙書〕에서 〔是也〕까지

○ 解云 : 이것은 〈堯典〉의 글이다. 저곳의 鄭玄 注에 "윤달을 두어 사계절을 推算하여 정하고, 立春·立夏, 立秋·立冬, 春分·秋分, 夏至·冬至가 일정한 날짜를 잃지 않도록 하고, 이를 기록하여 한 해의 책력을 만들어 장차 백성에게 농사철을 알려주고 또한 그때의 일을 기록하려고 하는 것이다."라고 한 것이 그 예이다.

【傳】 王者孰謂아

王이란 누구를 말한 것인가?

【注】 孰은 誰也라 欲言時王則無事하고 欲言先王又無謚라 故問誰謂라

'孰'은 누구냐는 뜻이다. 〈經文의 王은〉 時王이라고 말하자니 記事가 없고, 先王이라고 말하자니 또 시호가 없으므로 누구를 말한 것이냐고 물은 것이다.

【疏】 注'欲言'至'無事' ○ 解云 : 時王, 卽當時平王也. 若是當時平王, 應如下文"秋, 七月, 天王使宰咺來歸(궤)惠公仲子之賵", 是其事也. 今無此事, 直言王, 故疑非(謂)〔是〕[1] 當時之王矣.

1) (謂)〔是〕: 저본에는 '謂'로 되어 있으나, 閩本·監本·毛本에 의거하여 '是'로 바로잡았다.

注의 〔欲言〕에서 〔無事〕까지

○ 解云 : 時王은 곧 〈隱公 원년〉 당시의 周 平王이다. 만약 당시의 평왕이라면 당연히 아래 글에 "가을 7월에 天王(주 평왕)이 宰咺을 보내와 惠公과 仲子의 〈喪禮에 쓸〉 賵을 보냈다."라고 한 것처럼 〈王의 행위가 표시될 것이니,〉 이것이 그 記事이다. 그런데 지금 이 기사는 없고 곧장 王을 말했으므로 당시의 왕이 아닐 것으로 의심한 것이다.

【疏】 ○ 注'欲言'至'無謚' ○ 解云 : 正以死謚周道[1]故也.

1) 死謚周道 : ≪禮記≫ 〈檀弓 上〉에 "어릴 때는 그 이름을 부르고, 20세에 冠禮를 행한 뒤에는 그 字를 부르고, 50세 이후에는 그 排行인 伯, 仲, 叔, 季를 부르며, 죽은 뒤에는 그 시호를 부르는 것이니, 이것은 周 王朝의 제도이다.〔幼名 冠字 五十以伯仲 死謚周道也〕"라 하였다.

○ 注의 〔欲言〕에서 〔無謚〕까지

○ 解云 : 이는 곧 죽은 뒤에는 시호를 부르는 것이 周나라의 제도이기 때문이다.

【傳】 謂文王也라

文王을 말한 것이다.

【注】 以上繫王於春하여 知謂文王也라 文王은 周始受命之王으로 天之所命이라 故上繫天端이라 方陳受命制正月이라 故假以爲王法이라 不言謚者는 法其生하고 不法其死하며 與後王共之니 人道之始也라

위에서 '王'을 '春'에 연결하였기 때문에 文王을 말한 것임을 안 것이다. 文王은 周나라에서 처음 天命을 받은 왕으로서 하늘이 명한 대상이므로 위에서 天의 끝에 연결한 것이다. 바야흐로 천명을 받아 정월을 제정하는 것을 개진하려고 했었기 때문에 〈문왕을〉 빌려 王法을 만들었다. 시호를 말하지 않은 것은 문왕의 생존시의 일을 따르고 死後의 일을 따르지 않는다는 것이며 後王과 함께 하겠다는 것이니, '王'은 人道의 처음인 것이다.

【疏】 注'以上'至'王也' ○ 解云：春者, 端始. 文王者, 周之始受命制法之王, 理宜相繫, 故見其繫春, 知是文王非周之餘王也.

注의 〔以上〕에서 〔王也〕까지

○ 解云：春은 한 해의 시작이고 文王은 周나라에서 처음 天命을 받아 법을 제정한 왕이므로 도리로 보아 서로 연결시키는 것이 마땅하기 때문에 '王'이 '春'으로 이어지는 것을 보면 이 '王'은 문왕이지 周의 나머지 다른 왕이 아님을 안 것이다.

【疏】 ○ 問曰：春秋之道, 今有三王[1]之法, 所以通天三統[2]. 是以春秋說云"(王者孰謂謂文王也)[3]疑三代(謂疑)〔不專謂〕[4]文王", 而傳專云文王, 不取三代何. ○ 答曰：大勢春秋之道, 實兼三王. 是以元命包上文總而疑之, 而此傳專云'謂文王'者, 以見孔子作新王之法, 當周之世, 理應權假文王之法, 故(徧)〔偏〕[5]道之矣. 故彼宋氏注云"雖大略据三代, 其要主於文王者", 是也.

1) 三王：夏·殷·周 三代의 왕을 가리킨다.
2) 三統：夏·殷·周 三代의 正朔으로, 人統·地統·天統을 가리킨다. 夏의 정삭은 寅月을 정월로 정했는데 이것을 人統이라 하고, 殷의 정삭은 丑月을 정월로 정했는데 이것을 地統이라 하고, 周의 정삭은 子月을 정월로 정했는데 이것을 天統이라 한다. 寅月은 북두칠성의 자루가 寅方(동동북방)을 가리키는 달로서 지금의 음력 정월이고, 丑月은 북두칠성의 자루가 丑方(북북동방)을 가리키는 달로서 지금의 음력 12월이고, 子月은 북두칠성의 자루가 子方(북방)을 가리키는 달로서 지금의 음력 11월이다. 正朔의 正은 1개년의 시작이고 朔은 1개월의 시작이란 뜻인데, 제왕이 새로 반포한 역법을 말한다.
3) (王者孰謂謂文王也)：저본에는 '王者孰謂謂文王也'가 있으나, 阮元의 〈校勘記〉에 의거하여 衍文으로 처리하였다.
4) (謂疑)〔不專謂〕：저본에는 '謂疑'로 되어 있으나, 阮元의 〈校勘記〉에 의거하여 '不專謂'

로 바로잡았다.

5) (徧)〔偏〕: 저본에는 '徧'으로 되어 있으나, 阮元의 〈校勘記〉에 의거하여 '偏'으로 바로잡았다.

○ 問曰 : ≪春秋≫의 道에는 지금 三王의 법이 갖추어져 있어 이로 인해 하늘의 三統으로 통하는 것이다. 이 때문에 ≪春秋說≫에 "≪춘추≫가 三代의 법이라고 의심한다면 文王만 말하지는 않을 것이다."라고 하였는데, 傳에는 오직 문왕만 말하고 삼대를 취하지 않은 것은 어째서인가?

○ 答曰 : 대체로 ≪춘추≫의 도는 사실 삼왕의 법을 겸비하고 있다. 이 때문에 ≪元命包≫의 윗글에서는 ≪춘추≫를 총괄하여 삼대로 의심하였는데, 이곳의 傳에 오직 '文王을 말한 것이다.〔謂文王〕'라고 한 것은, 孔子가 新王의 법을 만든 건 그 당시가 周의 시대이기 때문에 도리로 보아 마땅히 문왕의 법을 임시로 빌려야 했음을 드러내야 했기 때문에 문왕만 말했던 것이다. 그러므로 거기 宋氏의 注에 "대략 삼대를 근거로 하지만 그 핵심은 문왕을 중심으로 한 것이다."라고 한 것이 그 예이다.

【疏】 ○ 注'文王'至'之王' ○ 解云 : 卽我應瑞[1]云"季秋之月, 甲子, 赤雀銜丹書[2]入豐, 止于昌戶, 昌再拜稽首, 受之", 又禮說云"文王得白馬朱鬣大貝玄龜[3]", 是也.

1) 我應瑞 : ≪尙書緯≫의 하나인 ≪尙書中候≫의 편명이다. 淸나라 孔廣林이 편집한 ≪尙書中候鄭注≫ 권3에 들어 있는데, 거기에는 〈我應〉으로 되어 있고, '季秋之月' 앞에 '文王爲西伯' 5자가 있다. 여기에 인용된 내용은 ≪尙書帝命驗≫에도 보인다.
2) 赤雀銜丹書 : 赤雀은 붉은 새이고 丹書는 붉은 글씨로 적힌 글이란 뜻인데, 여기서는 瑞書, 곧 상서로운 글을 말한다. 그 속에 "敬이 태만을 이기는 자는 길하고 태만이 敬을 이기는 자는 멸망한다.……仁하지 못한 것으로 얻고 仁하지 못한 것으로 지킨다면 자기 세대를 마치기 전에 〈멸망한다.〉〔敬勝怠者吉 怠勝敬者滅……以不仁得之 不仁守之 不及其世〕"라는 등의 내용이 있다고 한다.
3) 大貝玄龜 : 大貝는 큰 조개의 일종이고 玄龜는 큰 거북인데, 모두 고대에 진귀하게 여겼던 것들이다..

○ 注의 〔文王〕에서 〔之王〕까지

○ 解云 : 곧 〈我應瑞〉에 "가을 9월 갑자일에 붉은 새가 丹書를 입에 물고 豐邑으로 들어와 姬昌(文王)의 집 문에 앉으니, 희창이 두 번 절하고 머리를 조아리며 그것을 받았다."라 하고, 또 ≪禮說≫에 "문왕은 붉은 갈기의 백마와 大貝와 玄龜를 얻었다."

라고 한 것이 그 예이다.

【疏】○ 注'天之'至'天端' ○ 解云：天端卽春也，故春秋說云"以元之(深)〔氣〕[1]，正天之端，以天之端，正王者之政"，是也.

1) (深)〔氣〕: 저본에는 '深'으로 되어 있으나, 阮元의 〈校勘記〉에 의거하여 '氣'로 바로잡았다.

○ 注의 〔天之〕에서 〔天端〕까지

○ 解云 : '天端'은 곧 봄이다. 그러므로 ≪春秋說≫에 "元의 기운으로 天의 끝을 바루고, 天의 끝으로 王者의 정사를 바룬다."라고 한 것이 그 예이다.

【疏】○ 注'方陳'至'王法' ○ 解云：孔子方陳新王受命制正月之事，故假取文王創始受命制正朔者，將來以爲法，其實爲漢矣.

○ 注의 〔方陳〕에서 〔王法〕까지

○ 解云 : 孔子가 바야흐로 새 王者가 天命을 받아 정월을 제정하는 일을 개진하려고 했었기 때문에 文王이 처음 천명을 받아 正朔을 제정한 것을 가탁하여 취한 것이니, 장래에 사용할 王法을 만든 것은 사실 漢나라 때문이다.

【疏】○ 注'不言'至'共之' ○ 解云：死諡周道. 文王死來已久，而不言諡者，正言法其生時政敎正朔，故曰'法其生，不法其死也.' 言'與後王共之'者，不言諡，可以通之於後王. 後王，謂漢帝也.

○ 注의 〔不言〕에서 〔共之〕까지

○ 解云 : 죽은 뒤에는 시호를 부르는 것이 周나라의 제도이다. 文王이 죽은 지 이미 오래되었는데 시호를 말하지 않은 것은 바로 그가 생존시에 행했던 政敎와 正朔을 따른다는 것을 말한 것이므로 '문왕의 생존시의 일을 따르고 死後의 일을 따르지 않는다는 것이다.'라고 하였다. '後王과 함께 하겠다.'라고 한 것은 시호를 말하지 않으면 〈문왕이 행한 일을〉 後王에게 통용시킬 수 있다는 것이다. 後王은 漢나라 황제를 이른다.

【疏】○ 注'人道之始也' ○ 解云：何氏以見上文亦始尊重天道，皆傳自有始文，故不須注云天道之始. 今此實天下之始，但略於人事，無始文，故須注云'人道之始也'.

○ 注의 〔人道之始也〕

○ 解云 : 何休는 〈'元年春'을 해설한〉 앞의 글에도 처음에 天道를 존중하여 여러 傳에 각기 처음을 나타내는 문장이 있는 것을 보았기 때문에 注에서 천도의 시작을 말할 필요가 없었다. 그러나 이곳 傳文은 사실 천하(인간세계)가 전개되는 시작이지만 人事를 간략하게 다루어 시작을 드러내는 글은 없기 때문에 注에서 '人道의 시작이다.'라고 말할 필요가 있었던 것이다.

【傳】 曷爲先言王而後言正月가

왜 먼저 王을 말하고 뒤에 正月을 말했는가?

【注】 据下秋七月天王엔 先言月而後言王[1]이라

1) 据下秋七月天王 先言月而後言王 : '元年春王正月'에서의 '王'은 周 文王의 曆法이란 뜻으로 時制形의 명사이고 '秋七月天王'의 '王'은 당시의 周王인 平王이 다음의 어떤 행위를 하였다는 서술형 명사로서 그 성격이 다르므로 '王'자가 놓여 있는 위치 또한 다를 수밖에 없다.

아래 '秋七月天王'에는 먼저 '月'을 말하고 뒤에 '王'을 말한 것에 의거한 것이다.

【傳】 王正月也라

周나라 왕의 正月이기 때문이다.

【注】 以上繫於王하여 知王者受命하여 布政施教所制月也라 王者受命하면 必徙居處[1]하고 改正朔[2]하고 易服色[3]하고 殊徽號하고 變犧牲하고 異器械하여 明受之於天이요 不受之於人이라 夏以斗建寅之月爲正하여 平旦爲朔하고 法物見하여 色尙黑하며 殷以斗建丑之月爲正하여 雞鳴爲朔하고 法物牙[4]하여 色尙白하며 周以斗建子之月爲正하여 夜半爲朔하고 法物萌하여 色尙赤하니라

1) 居處 : 여기서는 도읍지를 가리킨다.
2) 正朔 : 일반적으로 正은 1개년의 시작이고 朔은 1개월의 시작이란 뜻으로 曆法을 가리키는데, 여기서는 朔이 하루 사이에 기준이 되는 특정한 시간을 뜻하는 것으로 보인다. 105쪽 역주 '三統' 참조.

3) 服色 : ≪禮記≫ 〈大傳〉에 "易服色"이라 한 곳의 鄭玄 注와 孔穎達의 疏에는 車馬의 색이라 하였다. 한편 孫希旦의 ≪禮記集解≫에 의하면, 服은 전쟁 때 타는 말이란 뜻으로서 夏는 黑馬를, 殷은 白馬를, 周는 붉은 몸에 배가 흰 말을 탔으며, 色은 제사 때 제물로 사용하는 犧牲의 색이란 뜻으로서 夏는 검은 수소, 殷은 흰 수소, 周는 붉은 수소를 사용했다고 하였다.

4) 牙 : 芽와 통용한다.

〈正月이〉 위로 '王'에 연결되어 있으므로 王者가 天命을 받아 정치 교화를 시행할 때 제정한 정월임을 알 수 있는 것이다. 왕자는 천명을 받으면 반드시 거주하는 곳을 옮기고 正朔을 고치고 服色을 바꾸고 徽號를 달리하고 犧牲을 변경하고 器械(禮器와 兵器)를 달리 하여 〈왕자의 자격을〉 하늘로부터 받았지 인간에게서 받은 것이 아니라는 것을 명시하는 것이다. 夏나라는 북두성의 자루가 〈초저녁에〉 寅方(동동북방)을 가리키는 달을 정월로 삼아 새벽녘을 초하루가 〈시작되는 시간으로〉 삼고 초목의 싹이 땅 표면에 나오는 것에 따라 색은 검은 것을 존중하며, 殷나라는 북두성의 자루가 〈초저녁에〉 丑方(북북동방)을 가리키는 달을 정월로 삼아 첫닭이 우는 시간을 초하루가 〈시작되는 시간으로〉 삼고 식물의 싹이 움트는 것에 따라 색은 흰 것을 존중하며, 周나라는 북두성의 자루가 〈초저녁에〉 子方(북방)을 가리키는 달을 정월로 삼아 夜半(子正)을 초하루가 〈시작되는 시간으로〉 삼고 식물의 싹이 꿈틀대는 것에 따라 색은 붉은 것을 존중하였다.

【疏】 注'王者'至'於人'〔○〕[1] 解云 : 王者受命, 必徙居處者, 則堯居平陽, 舜居蒲坂, 文王受命, 作邑於豐之屬, 是也. 其改正朔, 易服色, 殊徽號, 異器械者, 禮記大傳文. 鄭注云"服色, 車馬也. 徽號, 旌旗之名也. 器械, 禮樂之器及兵甲也." 然則改正朔者, 卽正朔三而改, 下注云, 是也. 易服色者, 卽明堂位云"鸞車[2], 有虞氏之路也. 鉤車[3], 夏后氏[4]之路也. 大路[5], 殷路也. 乘路[6], 周路也", "夏后氏駱馬黑鬣, 殷人白馬黑首, 周人黃馬蕃鬣"之屬, 是也. 其殊徽號者, 卽明堂位云"有虞氏之旂[7], 夏后氏之綏[8], 殷之大白, 周之大赤"之屬, 是也. 其變犧牲者, 卽明堂位云"夏后氏牲尙黑, 殷白牡, 周騂剛[9]"之屬, 是也. 其異器械者, 器卽明堂位云"泰[10], 有虞氏之尊(준)也. 山(壘)〔罍〕[11], 夏后氏之尊也. 著(착), 殷尊也. 犧象[12], 周尊也", 注云"泰, 用瓦, 著, 著地無足", "夏后氏之鼓, 足", 彼注云"足謂四足也", "殷楹鼓"彼注云"楹謂之柱, 貫中上出也", "周縣[13]鼓", 注云"縣, 縣之簨虡(순거)[14]也". 其械者, 卽兵甲也, 何氏莊三十二年注云"有攻守之器曰械"

是. 而言異者, 卽釋器云"弓有緣者謂之弓, 無緣者謂之弭[15)]", 蓋以爲異代相變, 故云異也. 所以止變此等者, 其親親・尊尊之屬不可改, 卽大傳云"其不可得變革者, 則有矣. 親親也, 尊尊也, 長長也, 男女有別, 此其不可得與民變革者也", 是也.

1) 〔○〕: 저본에는 '○'이 없으나, 저본의 체제에 의거하여 보충하였다.
2) 鸞車 : 鸞과 和라는 두 방울을 매단 수레로, 제왕이 타는 것이다.
3) 鉤車 : 앞 난간이 구부러져 있는 수레의 이름이다.
4) 夏后氏 : 夏나라의 제왕인 禹를 말한다. 夏代의 제왕들의 범칭으로 사용하기도 한다.
5) 大路 : 大輅, 또는 玉輅라 하기도 하며, 제왕이 타는 큰 수레이다.
6) 乘路 : 玉路, 또는 玉輅라 하기도 한다.
7) 旂 : 깃발 바탕에 두 용을 그려넣고 깃대 끝에 방울을 매단 깃발이다.
8) 緌 : 야크의 꼬리를 매단 깃발이다.
9) 剛 : 犅과 통용한다. 犅은 수소를 말한다.
10) 泰 : 太와 통용한다. 여기서는 큰 오지병이란 뜻이다.
11) 山(壘)〔罍〕: 저본에는 '壘'로 되어 있으나, 閩本・監本・毛本에 의거하여 '罍'로 바로잡았다. 山罍는 제사 때 사용하는 술그릇으로, 산과 구름의 문양이 새겨져 있다.
12) 犧象 : 춤추는 봉황의 문양을 그려넣고 상아로 장식한 술그릇이다.
13) 縣 : 懸과 통용한다.
14) 簨虡(순거) : 종이나 북을 매다는 틀이다.
15) 弓有緣者謂之弓 無緣者謂之弭 : '緣'은 본디 가장자리라는 뜻이나, 여기서는 활의 양 끝 머리인 고자를 끈으로 감아 장식한 것을 가리킨다. '弭'는 고자를 소나 양의 뿔로 장식한 角弓을 말한다. 이 문구를 인용한 의도는, 활이 시대의 변천에 따라 그 고자를 장식하는 재료가 달라지더라도 활의 기본 기능이나 형태는 달라지지 않는 것처럼 王朝가 바뀜에 따라 正朔・服色・徽號・犧牲・器械 등 그 시대를 상징하는 형식에 관한 제도는 바뀌더라도 인간이 지켜야 할 기본 도리는 그대로 유지된다는 것을 암시하기 위해서이다.

注의 〔王者〕에서 〔於人〕까지

○ 解云 : '王者는 天命을 받으면 반드시 거주하는 곳을 옮긴다.'는 것은 堯가 平陽으로 거처를 옮기고 舜이 蒲坂으로 거처를 옮기고 文王이 천명을 받아 豐에 邑을 만든 것들이 그 예이다. '正朔을 고치고 服色을 바꾸고 徽號를 달리하고 器械를 다르게 한다.'는 것은 ≪禮記≫ 〈大傳〉의 글이다. 그곳의 鄭玄의 注에 "복색은 車馬이다. 휘호는 깃발의 이름이다. 기계는 禮樂에 사용하는 기물 및 兵器와 甲胄이다."라고 하였다.

그렇다면 '정삭을 고친다〔改正朔〕'는 것은 곧 正朔 세 가지가 〈순차적으로〉 바뀐다는 것이니, 아래 注에 말한 내용이 그 예이다.

'복색을 바꾼다.'는 것은 곧 ≪예기≫ 〈明堂位〉에 "鸞車는 有虞氏 때의 수레이고, 鉤車는 夏后氏 때의 수레이고, 大路는 殷代의 수레이고, 乘路는 周代의 수레이다."라 하고, 또 "하후씨 때는 검은 갈기의 白馬, 은대는 검은 머리의 白馬, 주대는 붉은 갈기의 黃馬를 사용하였다."라고 한 것이 그 예이다. '휘호를 달리하였다.'는 것은 곧 〈명당위〉에 "〈제왕이 타는 수레에 꽂는 깃발은〉 유우씨 때는 旂, 하후씨 때는 綏, 은대는 큰 白旗, 주대는 큰 赤旗이다."라고 한 것이 그 예이다. '희생을 변경하였다'는 것은 곧 〈명당위〉에 "하후씨의 희생은 흑색의 수소를 존중하고 殷은 백색의 수소, 周는 적색의 수소를 존중한다."라고 한 것이 그 예이다.

'기계를 달리 하였다'는 것은 〈다음과 같다.〉

'器'는 〈술그릇으로는〉 곧 〈명당위〉에 "泰는 유우씨가 사용한 술병이다. 山罍는 하후씨가 사용한 술병이다. 著은 은대에 사용한 술병이다. 犧象은 주대에 사용한 술병이다."라 하였는데, 그 注에 "泰는 초벌구이 土器를 사용하고, 著은 발이 없어 밑바닥이 땅에 붙는 것이다."라고 하였으며, 〈북으로는 〈명당위〉에〉 "하후씨 시대의 북은 발이 있다."라 한 곳의 그 注에 "발이란 네 개의 발을 말한다."라 하고 "殷代는 楹鼓이다."라 한 곳의 그 注에 "楹은 기둥을 말하니, 기둥이 북의 몸통을 관통하여 위로 나온 것이다."라 하고 "周代는 縣鼓이다."라 한 곳의 注에 "縣은 簨虡에 매단다는 뜻이다."라고 하였다.

'械'는 곧 兵器와 甲冑이다. 莊公 32년 何休 注에 "공격과 수비의 기능을 갖춘 기구를 械라 한다."라고 한 것이 그 예이다. 그런데 '異'를 말한 것은 곧 ≪爾雅≫ 〈釋器〉에 "활의 고자를 끈으로 감아 장식한 것을 弓이라 이르고, 끈으로 감아 장식한 것이 없는 것을 弭라 이른다."라 하였는데, 아마 〈하휴는〉 시대가 달라짐에 따라 기구도 변하므로 '異'라고 말한 것으로 생각했을 것이다.

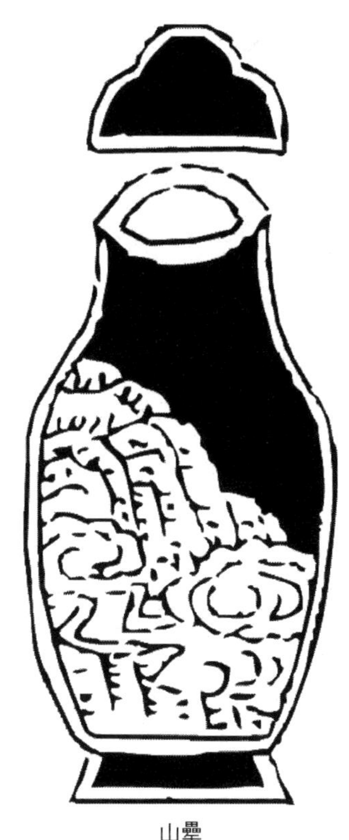
山罍

이러한 것들만 바꾸는 이유는 친족을 친애하고 존경해야 할 사람을 존경하는 것들은 바꿀 수 없기 때문이다. 곧 ≪예기≫ 〈대전〉에 "〈王朝가 바뀜에 따라〉 바꿀 수 없는 것도 있으니, 곧 친애해야 할 사람을 친애하는 일과 존경해야 할 사람을 존경하는 일과 어른을 어른으로 섬기는 일과 남녀를 구별하는 일이다. 이것은 〈왕조가 변하였다고 해서〉 백성까지 변하게 할 수 없다."라고 한 것이 그 예이다.

【疏】 ○ 注'夏以'至'尙赤' ○ 解云 : 凡草物皆十一月動萌而赤, 十二月萌牙始白, 十三月萌牙始出而首黑, 故各法之. 故書傳略說[1]云"周以至動, 殷以萌, 夏以牙", 注[2]云"謂三王[3]之正也. 至動, 冬日至[4]物始動也.", "物有三變, 故正色有三, 天有三生三死, 故土有三王, (生)〔王〕[5]特一生死. 是故周人以日至爲正, 殷人以日至三十日爲正, 夏以日至六十日爲正. 是故三統[6]三王, 若循連環[7], 周則又始, 窮則反本", 是也.

1) 書傳略說 : 漢代에 편찬된 것으로 사료될 뿐, 이미 유실되어 그 저자와 규모는 알 수 없다. 여기에 인용된 내용은 淸나라 孫之騄이 편집한 ≪尙書大傳≫ 권2 〈周書 洪範五行傳〉에 일부가 보인다.
2) 注 : 여기서는 鄭玄의 주를 말한다. 이 내용이 ≪尙書大傳≫에는 '王特一生死' 밑에 別行으로 처리되었는데, '鄭玄曰'로 시작된다.
3) 三王 : 夏·殷·周 三代의 王을 말한다.
4) 冬日至 : 겨울 日至의 뜻으로, 동지를 말한다. 이와 상대적으로 하지를 夏日至라 한다.
5) (生)〔王〕 : 저본에는 '生'으로 되어 있으나, 閩本·監本·毛本에 의거하여 '王'으로 바로잡았다.
6) 三統 : 하·은·주 삼대의 正朔을 말한다. 자세한 내용은 앞의 주 참조.
7) 連環 : 여러 개의 고리를 잇대어 꿰어 분리할 수 없는 고리 한 줄을 말한다.

○ 注의 〔夏以〕에서 〔尙赤〕까지

○ 解云 : 일반적으로 초목은 모두, 11월에 꿈틀대기 시작하여 싹이 나는 부분이 붉어지고, 12월에 싹이 움터 그것이 비로소 희어지며, 13월에 싹이 비로소 땅 표면에 나와 그 끝이 검게 변하기 때문에 〈夏·殷·周가〉 각각 〈정월로 삼은 때의 초목 싹의 색을〉 따르는 것이다. 그러므로 ≪書傳略說≫에 "周는 싹이 꿈틀대는 것으로, 殷은 싹이 움트는 것으로, 夏는 싹이 땅 표면에 나오는 것으로 〈정월을 삼는다.〉"라 하였는데, 그 注에 "이것은 三王의 정월을 말한 것이다. '싹이 꿈틀댄다'는 것은 동지에 초목이 비로소 꿈틀댄다는 뜻이다."라 하였다. 〈또 본문에〉 "초목에는 세 단계의 변화가

있으므로 정월의 색이 세 가지가 있고, 하늘에 세 단계의 생성과 세 단계의 사멸이 있으므로 지상에 三王이 존재하는데, 하나의 王에게는 하나의 生死가 있을 뿐이다. 이 때문에 周는 동지를 정월로 삼고, 殷은 동지 이후 30일이 지난 때를 정월로 삼고, 夏는 동지 이후 60일이 지난 때를 정월로 삼았다. 이 때문에 〈하늘의〉 三統과 〈지상의〉 三王은 連環을 도는 것과 같아서 한 바퀴 돌면 다시 시작되고 끝까지 가면 다시 처음으로 되돌아가는 것이다."라고 한 것이 그 예이다.

【疏】 ○ 問曰 : 若如此說, 則三王所尙, 各自依其時物之色, 何故禮說云"若尙色, 天命以赤尙赤, 以白尙白, 以黑尙黑", 宋氏云"赤者, 命以赤烏[1], 故周尙赤, 湯以白狼[2], 故尙白, 禹以玄珪[3], 故尙黑也". 以此言之, 三代所尙者, 自是依天命之色, 何言法時物之牙色乎. ○ 答曰 : 凡正朔之法, 不得相因, 滿三反本, 禮則然矣. 但見其受命將王者, 應以十一月爲正, 則命之以赤瑞, 應以十二月爲正, 則命〔之〕[4]以白瑞, 應以十三月爲正, 卽命之以黑瑞. 是以禮說有此言, 豈道不復法其牙色乎.

1) 命以赤烏 : 赤烏는 붉은 새를 말한다. 106쪽 역주 '我應瑞' 참조. 阮元의 〈校校記〉에는 '烏'를 '烏'로 고치는 것이 옳다고 하였으나, 그대로 두는 것이 무방할 것으로 보인다. 周나라가 天命을 받을 때 나타난 새에 관해 ≪論衡≫의 〈初稟篇〉·〈語增篇〉·〈講瑞篇〉·〈指瑞篇〉에 赤雀으로 되어 있고, ≪毛詩注疏≫ 〈文王之什詁訓傳〉의 "文王이 천명을 받아 周나라를 만들었다.〔文王受命作周也〕"라 한 곳의 〈正義〉에는 赤雀, 鳳凰, 赤烏가 섞여 있다.
2) 湯以白狼 : 白狼은 흰 이리로, 상서로운 짐승이라 한다. ≪論衡≫ 〈恢國篇〉에 인용된 ≪田俅子≫·≪尙書中候≫·≪尙書璇璣鈐≫에 의하면, 商湯이 天子가 되어 亳邑에 도읍을 정할 때 神人이 끌고 온 백랑이 金鉤를 입에 물고 湯의 뜰로 들어왔다고 한다. 금구는 허리띠쇠이다.
3) 禹以玄珪 : 玄珪는 검은 玉笏이다. ≪論衡≫ 〈恢國篇〉에 인용된 ≪尙書璇璣鈐≫에 의하면, 禹가 홍수를 다스릴 때 龍門山을 열고 黃河를 積石山으로부터 인도하자 현규가 나왔는데, 거기에 '延喜玉 王受德 天錫佩(이것은 延喜玉이다. 왕은 그 은덕을 받으라. 하늘이 佩玉을 내리노라.)'라는 글이 새겨져 있었다고 한다. 玄珪는 玄圭와 같다.
4) 〔之〕 : 저본에는 '之'가 없으나, 阮元의 〈勘校記〉에 의거하여 보충하였다.

○ 問曰 : 만약 그 설대로라면 三代의 王이 중시하는 색은 각각 그 〈정월로 삼은〉 때의 초목 싹의 색을 그대로 따른 셈인데, 어째서인지 ≪禮說≫에 "〈특정한〉 색을 중시하는 것에 대해서는, 〈새로 王朝를 세우는 왕이〉 天命을 받을 때 붉은 색이 관련될 때

는 붉은 색을 중시하고 흰 색이 관련될 때는 흰 색을 중시하고 검은 색이 관련될 때는 검은 색을 중시하는 것이다."라 하고, 宋氏의 그 注에 "天命을 받을 때 〈周 文王에게는〉 赤鳥를 보냈으므로 周는 붉은 색을 중시하고 殷湯에게는 白狼을 보냈으므로 흰 색을 중시하고 夏禹에게는 玄珪를 내렸으므로 검은 색을 중시하였다."라고 하였다. 이것으로 말하면 삼대의 왕이 중시한 색은 본디 천명에 의해 정해진 것을 따랐다고 할 수 있는데, 왜 〈정월로 삼은〉 때의 초목 싹의 색을 따랐단 말인가?

○ 答曰 : 일반적으로 正朔의 법은 이전 시대를 답습할 수는 없으므로 세 번 다시 시작해서 원래대로 돌아가는 것이니, 예법에는 그렇게 되어 있다. 다만 천명을 받고 왕이 되려는 자가, 11월을 정월로 하는 것이 마땅하다면 하늘이 붉은 색의 상서로운 것으로 명을 내리고 12월을 정월로 하는 것이 마땅하다면 하늘이 흰 색의 상서로운 것으로 명을 내리며 13월을 정월로 하는 것이 마땅하다면 하늘이 검은 색의 상서로운 것으로 명을 내리는 것을 볼 수 있다. 이러므로 ≪예설≫에 그와 같은 말이 있는 것이니, 어찌 초목 싹의 색을 따르지 않았다고 말할 수 있겠는가.

【傳】 何言乎王正月가

왜 周나라 왕의 正月이라 말했는가?

【注】 据定公有王無正月이라

定公 〈元年에〉 '王'이 있고 '正月'이 없는 것에 의거하여 〈물은 것이다.〉

【疏】 注'据定'至'正月' ○ 解云 : 定公"元年春王三月, 晉人執宋仲幾于京師", 是有王無正月. 凡十二公卽位皆在正月[1], 是以不問有事無事, 皆書王正月, 所以重人君卽位之年矣. 若非卽位之年, 正月無事之時, 或有二月王, 或有三月王矣. 但定公卽位在六月, 正月復無事, 故書三月王也, 其正月時不得書王矣.

1) 十二公卽位皆在正月 : 定公이 즉위한 달은 정월이 아닌 6월이므로 '十二公'은 그를 제외한 '十一公'으로 하는 것이 옳을 것으로 보인다. 그러나 번역에서 '대부분'이란 명사를 삽입하여 전부가 아니라는 의미를 암시하였으므로 교감은 생략하였다.

注의 〔据定〕에서 〔正月〕까지

○ 解云 : 定公의 經文에 "元年 봄 周王의 3월에 晉人이 宋나라 仲幾를 周 도성에서

체포하였다.〔元年春王三月 晉人執宋仲幾于京師〕"라고 하였는데, 거기에 '王'은 있고 '正月'은 없다. 일반적으로 魯나라 열 두 공의 즉위는 〈대부분〉 모두 정월에 있었다. 이러므로 〈원년은 정월에〉 사건이 있건 없건 간에 모두 '王正月'을 적었으니, 그것은 군주가 즉위한 해를 존중하였기 때문이다. 만약 즉위한 해가 아니라면 정월에 사건이 없을 때는 2월에 붙는 '王'이 있을 수 있고 3월에 붙는 '王'이 있을 수도 있다. 다만 〈원년이긴 하지만〉 정공의 즉위가 6월에 있었고 정월에는 별다른 사건이 없었기 때문에 〈사건이 있는〉 3월에 '王'을 적은 것이고 그 정월에는 '王'을 적을 수 없었던 것이다.

【傳】 大一統也라

一統을 중시하기 때문이다.

【注】 統者는 始也니 總繫之辭라 (天)〔夫〕[1]王者는 始受命改制하여 布政施教於天下하여 自公侯至於庶人 自山川至於草木昆蟲히 莫不一一繫於正月이라 故云政教之始라

1) (天)〔夫〕: 저본에는 '天'으로 되어 있으나, 阮元의 〈校勘記〉에 의거하여 '夫'로 바로잡았다.

'統'이란 처음의 의미이니 모든 것이 연결된다는 말이다. 대체로 王者는 처음 天命을 받으면 제도를 고쳐 정치 교화를 천하에 시행하여 公侯에서 일반 백성에 이르기까지, 산천에서 초목 곤충에 이르기까지 하나하나 정월에 연결되지 않는 것이 없다. 그러므로 〈정월은〉 정치 교화의 처음이라고 하는 것이다.

【疏】 '大一統也' ○ 解云 : 所以書正月者, 王者受命制正月以統天下, 令萬物無不一一皆奉之以爲始, 故言大一統也.

傳의〔大一統也〕

○ 解云 : '正月'을 적은 이유는 王者가 天命을 받아 정월을 제정하여 천하를 통치함으로써 만물로 하여금 하나하나 모두 그 曆法을 받들어 활동을 개시하게 하였으므로 '一統을 중시하기 때문이다.'라고 말한 것이다.

【疏】 ○ 注'總繫之辭' ○ 解云 : 凡前代既終, 後(主)〔王〕[1]更(경)起, 立其正朔之初, 布象魏於天下, 自公侯至於庶人, 自山川至於草木昆蟲, 莫不繫於正月而得其所, 故曰總繫之辭.

1) (主)〔王〕: 저본에는 '主'로 되어 있으나, 阮元의 〈勘校記〉에 의거하여 '王'으로 바로잡았다.

○ 注의〔總繫之辭〕

○ 解云 : 대체로 이전 왕조가 끝나면 다음 왕조의 군주가 바뀌어 일어나서 새 正朔을 정한 처음에 법령을 王城의 대궐문에 내걸어 천하에 반포함으로써 公侯에서 일반 백성에 이르기까지, 산천에서 초목 곤충에 이르기까지 정월에 연결되어 자기의 위치를 얻지 않는 것이 없으므로 '모든 것이 연결된다는 말이다.'라고 말한 것이다.

【疏】 ○ 注'故云政教之始' ○ 解云 : 亦以傳不言始, 故足之.

○ 注의〔故云政教之始〕

○ 解云 : 또한 傳文에 '처음〔始〕'을 말하지 않았으므로 보충한 것이다.

【傳】 公何以不言卽位아

隱公에 대해서는 왜 즉위를 말하지 않았는가?

【注】 据文公言卽位也라 卽位者는 一國之始라 政莫大於正始라 故春秋以元之氣로 正天之端하고 以天之端으로 正王之政하고 以王之政으로 正諸侯之卽位하고 以諸侯之卽位로 正竟內之治라 諸侯不上奉王之政이면 則不得卽位라 故先言正月하고 而後言卽位라 政不由王出이면 則不得爲政이라 故先言王하고 而後言正月也라 王者不承天以制號令이면 則無法이라 故先言春하고 而後言王이라 天不深正其元이면 則不能成其化라 故先言元하고 而後言春이라 五者同日幷見(현)하여 相須成體라 乃天人之大本이며 萬物之所繫니 不可不察也라

文公의 경우는 卽位를 말하고 있는 것에 의거한 것이다. 즉위란 한 국가가 정치를 행하는 시초이다. 정치는 시초를 바로잡는 것보다 큰 일이 없다. 그러므로 ≪春秋≫는 기초가 되는 元氣로 하늘의 첫머리인 〈봄을〉 바로잡고, 하늘의 첫머리인 봄으로 王者의 정치인 〈정월을〉 바로잡고, 왕자의 정치인 봄으로 제후의 즉위를 바로잡고, 제후의 즉위로 국내의 정치를 바로잡는 것이다. 제후는 위로 왕자의 정치를 받들지 않는다면 즉위할 수 없으므로 〈經文에〉 먼저 '正月'을 말하고 나중에 '卽位'를 말한 것이다. 정치는 왕자로부터 나오지 않는다면 정치를 행할 수 없으므로 〈경문에〉 먼저 '王'을 말하고 나중에 '正月'을 말한 것이다. 왕자는 天命을 받아 법령을 제정하지 않는다

면 규범을 보일 수 없으므로 〈경문에〉 먼저 '春'을 말하고 나중에 '王'을 말한 것이다. 하늘은 기초가 되는 원기를 제대로 바로잡지 않는다면 만물을 化育하는 일을 이룰 수 없으므로 먼저 '元'을 말하고 나중에 '春'을 말한 것이다. 이 다섯 가지는 동시에 모두 경문에 나타나 서로 의지해 한 몸을 이룬다. 이것이 곧 天道와 人事의 큰 근본이며 만물이 거기에 연결되어 있으니, 깊이 살피지 않으면 안 된다.

【疏】 注'据文公言卽位也' ○ 解云：文"元年春王正月, 公卽位", 是也.

注의 〔据文公言卽位也〕

○ 解云：文公의 經文에 "元年 봄 周나라 왕의 정월에 公이 卽位하였다."라고 한 것이 그 예이다.

【疏】 ○ 問曰：桓公元年春亦書卽位, 傳所以不從始, 而遠据文公何. ○ 答曰：正以文公正卽位之始故也. 桓公簒而卽位, 非其正, 故雖卽位在文公前, 猶不据之.

○ 問曰：桓公 元年 봄에도 '卽位'가 적혀 있는데 傳에서 〈經文의〉 처음에 있는 예를 따르지 않고 시대가 먼 文公의 기사에 근거하여 〈물은 것은〉 무엇 때문인가?

○ 答曰：이는 곧 문공의 기사가 〈정월에 의해〉 즉위를 바로잡은 최초의 예이기 때문이다. 환공은 군주의 자리를 빼앗아 즉위하여 즉위를 바로잡은 예가 아니기 때문에, 비록 즉위한 기사가 문공 이전에 있기는 해도 그것을 질문의 근거로 삼지 않은 것이다.

【疏】 ○ 注'卽位者一國之始' ○ 解云：亦以傳無始文, 故言此也.

○ 注의 〔卽位者一國之始〕

○ 解云：이 또한 傳文에 '始'를 드러낸 글이 없으므로 이 말을 한 것이다.

【疏】 ○ 注'政莫大於正始' ○ 解云：爲下作文勢也. 言凡欲正物之法, 莫大於正其始時, 是以春秋作五始, 令之相正也.

○ 注의 〔政莫大於正始〕

○ 解云：이 문구는 이하에 이어지는 문장을 이끄는 예비적인 역할을 하고 있다. 일반적으로 事物의 본연의 자세를 바로잡으려는 경우 그 시작을 바로잡는 것보다 중요

한 것은 없다. 이 때문에 ≪春秋≫에는 五始를 세워 그것들이 서로 〈그 밑에 있는 것들을〉 바로잡도록 하는 것이다.

【疏】 ○ 注'乃天'至'不察也' ○ 解云：元年・春者, 天之本, 王・正月・公卽位者, 人之本, 故曰天人之大本也. 言萬物之所繫者, 春秋以之爲始, 令萬物繫之, 故不可不察其義.

○ 注의 〔乃天〕에서 〔不察也〕까지

○ 解云：'元年'・'春'은 天道의 근본이고 '王'・'正月'・'公卽位'는 人事의 근본이므로 "천도와 인사의 큰 근본이다."라고 말한 것이다. "萬物이 거기에 매여 있다."고 말한 것은 ≪春秋≫는 이 다섯 가지를 시작으로 하여 만물을 거기에 연결시켰기 때문에 그 의미를 깊이 살피지 않으면 안 된다는 것이다.

【傳】 成公意也라

隱公의 뜻을 이뤄주기 위해서이다.

【注】 以不有正月而去卽位라 知其成公意라

'正月'이란 말이 없고 '卽位'를 삭제하였으므로 隱公의 뜻을 이뤄주기 위한 것임을 알 수 있다.

【疏】 注'以不'至'公意' ○ 解云：下十一年傳云"隱何以無正月. 隱將讓乎桓, 故不有其正月也". 然則正月者, 是公縣象魏出敎令之月, 今公旣有讓意, 故從二年已後, 終隱之篇, 常去正月以見(현)之, 故曰不有正月也. 然則今此注云"不有正月"者, 謂從二年恒去正月也. 今元年去卽位, 故知成公意矣. 今元年言正月者, 公時實行卽位之禮, 故見(현)之. 然則公意讓而行卽位者, 厭民臣之心故也. 舊云"以有正月而去卽位, 云無'不'字", 言凡書正月爲公卽位出也, 以元年有正月, 卽公實行卽位禮, 而孔子去卽位, 知其成公讓意者, 非.

注의 〔以不〕에서 〔公意〕까지

○ 解云：아래 隱公 11년의 傳에 "은공의 經文에는 왜 '正月'이 없는가? 은공은 장차 桓公에게 讓位하려고 생각했으므로 '정월'이 없는 것이다."라고 하였다. 요컨대 정월은 公이 법령을 城門에 내걸어 포고하는 달인데, 지금 은공에게는 이전부터 양위하려는

뜻이 있었기 때문에 2년 이후 은공의 편 끝까지 일관되게 '정월'을 삭제하여 〈은공의 뜻을〉 드러내 보였으므로 〈은공 11년의 傳에〉 "'정월'이 없는 것이다."라고 하였다. 그렇다면 지금 이 注에 "'정월'이란 말이 없다."고 한 것은 2년부터 일관되게 '正月'을 삭제한 것을 이른다. 지금 원년의 경문에는 '卽位'가 삭제되었으므로 은공의 뜻을 이뤄주기 위한 것임을 알 수 있고, 지금 원년에 '正月'을 말하고 있는 것은 은공이 이때 실제로 즉위하는 예를 행하였으므로 그 일을 드러내 보인 것이다. 그렇다면 은공의 마음에 양위할 뜻을 가지고 있으면서도 즉위하는 예를 행한 것은 백성과 家臣들의 마음을 만족시키기 위해서였다고 할 수 있다.

이전에 전해오는 말에 "〈여기 注의 글은〉 '以有正月而去卽位'라 하여 '不'자는 없어야 한다."라고 하였다. 〈그 의미는〉 "일반적으로 '正月'을 적는 것은 그 뒤에 '公卽位'를 적기 위해서이다. 원년에 '正月'이 있는 이상 은공은 실제 즉위하는 예를 행한 것이다. 그런데 孔子는 '卽位'를 삭제하였으니, 여기서 은공의 뜻을 이뤄준 것임을 알 수 있다."라고 말하기 위해서이다. 그러나 이것은 틀렸다.

【傳】 何成乎公之意아

왜 隱公의 뜻을 이뤄줬는가?

【注】 据刺欲救紀而後不能이라

〈莊公이〉 紀나라를 구하려 하였으나 결국 성공하지 못함을 풍자한 것에 의거한 것이다.

【疏】 注'据刺'至'不能' ○ 解云 : 莊三年"冬, 公次于郎", 傳曰"其言次于郎何, 刺欲救紀而後不能也". 然則欲救紀是善事, 公不能救紀, 是不終善事, 而春秋書'次于郎'以刺之. 今隱公有讓心, 實是善事, 但終讓不成, 爲他所殺, 亦是善心不遂, 而春秋善之, 故以爲難也.

注의 〔据刺〕에서 〔不能〕까지

○ 解云 : 莊公 3년에 "겨울에 莊公이 郎 지방에 주둔하였다."라고 한 곳의 傳에 "郎 지방에 주둔하였다고 말한 것은 무엇 때문인가? 紀나라를 구원하려 하였으나 결국 성공하지 못한 것을 풍자한 것이다."라고 하였다. 그렇다면 기나라를 구원하려 한 것은

선한 일이고 장공이 기나라를 구원하지 못한 것은 선한 일을 마무리하지 않은 정도인데도 ≪春秋≫는 '次于郎'을 적어 그것을 풍자하였고, 지금 隱公이 讓位할 마음을 지닌 것은 분명히 선한 일이며 다만 끝내 양위를 실현하지 못하고 다른 사람에게 살해되어 그 또한 〈장공과 마찬가지로〉 선한 마음을 성취하지 못했는데도 ≪춘추≫는 그것을 칭찬하고 있기 때문에 의문을 제기한 것이다.

【傳】公將平國而反之桓이라

隱公은 장차 나라를 안정시키고 나서 桓公에게 돌려주려고 했기 때문이다.

【注】平은 治也라 時廢桓立隱하여 不平이라 故曰平이라 反은 還之라

'平'은 다스린다는 뜻이다. 당시에 桓公을 폐하고 隱公을 세워 나라가 안정되지 않았기 때문에 '平'이라고 말한 것이다. '反'은 돌려준다는 뜻이다.

【傳】曷爲反之桓고

왜 桓公에게 돌려준다는 것인가?

【注】据已立也라

그(隱公)가 이미 즉위한 것에 의거한 것이다.

【傳】桓幼而貴하고 隱長而卑하니

桓公은 어리지만 신분이 높고 隱公은 나이는 많았으나 신분이 낮으니,

【注】長者는 已冠也라 禮에 年二十見(현)正而冠이라 士冠禮曰 嫡子冠於阼[1]는 以著代也라 醮[2]於客位는 加有成也라 三加彌尊[3]은 諭其志也라 冠而字之는 敬其名也라하고 公侯之有冠禮는 夏之末造也라 天子之元子도 猶士也니 天下無生而貴者라하니라

1) 阼 : 대청 앞의 동쪽 계단으로, 주인이 올라가는 계단을 말한다.

2) 醮 : 관례나 혼례 때 행하는 간단한 의식인 醮禮를 말한다. 지위가 높은 사람이 낮은 사람에게 술을 따라주면 낮은 사람이 그것을 받아 존경을 표한 뒤에 다 마시고 잔을 되돌려주지 않는다.

3) 三加彌尊 : 彌는 '益'과 같다. 三加는 관을 세 번 씌운다는 뜻인데, 처음에는 緇布冠, 다음에는 皮弁, 그 다음에는 爵弁을 씌워 그 관의 위상이 낮은 것부터 단계적으로 높아진다. 치포관은 검은 베로 만든 관으로 선비와 일반 백성이 평상시에 쓰던 것이고, 피변은 흰 사슴가죽으로 만든 관이며, 작변은 면류관보다 한 단계 낮은 禮冠으로 색깔이 검붉어 참새의 머리색과 같다. 爵은 '雀'과 통용한다.

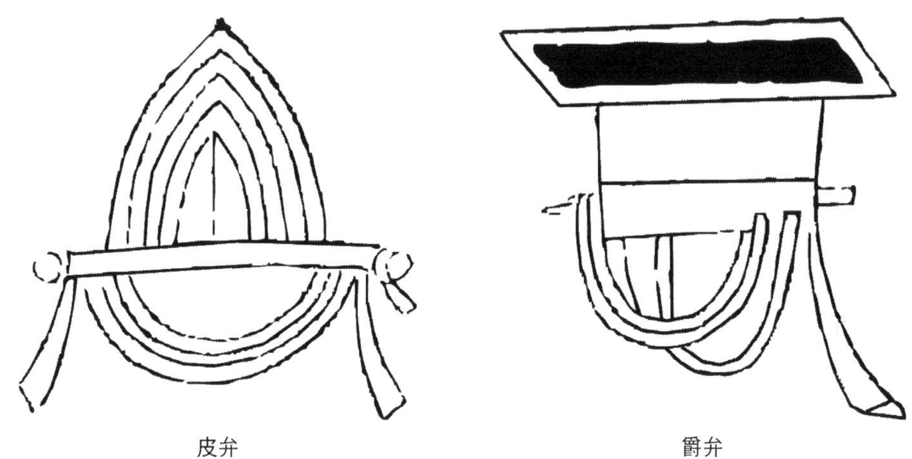

皮弁 爵弁

'長'이란 이미 冠禮를 행했다는 뜻이다. 예법에 〈嫡子는〉 20세가 되면 정당하게 〈대를 이을 사람임을〉 드러내기 위해 관을 쓴다. ≪儀禮≫ 〈士冠禮〉에 "적자가 동쪽 계단에서 관을 쓰는 것은 그가 대를 이을 사람임을 드러내기 위해서이다. 빈객의 자리에서 그에게 醮禮를 행하는 것은 덕을 이룬 자를 예우하기 위해서이다. 세 차례 관을 씌우되 차례가 거듭될수록 그 관의 격이 높아지는 것은 그가 추구해야 할 志向을 고해주기 위해서이다. 관을 씌운 뒤에 그에게 字를 〈지어주어 부르는〉 것은 〈그의 부모가 지어준〉 이름을 존경한다는 것을 드러내기 위해서이다."라 하고, 또 "公侯에게 관례가 있는 것은 夏나라 말기에 만들어진 것이다. 天子의 元子(世子)도 士와 같으니, 천하에 태어나면서부터 존귀한 사람은 없다."라고 하였다.

【疏】 注'禮年'至'而冠' ○ 解云 : 若以襄九年左傳言, 魯襄公年十二而冠也. 依八代記[1], 卽少昊亦十二而冠[2], 則知天子諸侯幼卽位者, 皆十二而冠矣. 是以異義古尙書說云"武王崩時, 成王年十三, 後一年管・蔡作亂, 周公東辟(피)之, 王與大夫盡弁, 以開金縢之書. 時成王年十四, 言弁, 明知已冠矣." 是其證也. 但隱公冠, 當惠公之世, 從士禮, 故二十成人乃冠, 是以何氏卽引士冠禮以解之. 所以必二十冠者, 異義今禮戴說云"男子, 陽也, 成於陰, 故二十而冠", 是矣. 而言見(현)正者, 欲道庶子[3]不冠於阼階故也.

1) 八代記 : 고대의 서적으로 사료될 뿐, 서지사항을 알 수 없다.
2) 少昊亦十二而冠 : ≪帝王世紀≫에는 "顓頊은 태어난 지 10년이 되어 少昊氏를 보좌하고, 12년이 되어 관을 썼으며, 22년이 되어 황제의 자리에 올랐다."라고 하여 少昊가 아닌 전욱의 일로 되어 있다.
3) 庶子 : 여기서는 嫡子의 대칭으로, 맏아들 이외의 아들을 말한다.

注의 〔禮年〕에서 〔而冠〕까지

○ 解云 : 만약 ≪春秋左氏傳≫ 襄公 9년의 기사로 본다면 魯 襄公은 12세에 관을 썼다. ≪八代記≫에 의하면 少昊 또한 12세에 관을 썼으니, 天子와 諸侯로서 어릴 때 즉위하는 자는 모두 12세에 관을 썼던 것이다. 이러므로 ≪五經異義≫에 보이는 ≪古文尙書≫의 설에도 "武王이 세상을 떠날 당시 成王은 13세였다. 1년 뒤에 管叔과 蔡叔이 반란을 일으키자 周公은 東都인 洛邑에서 난을 피하고 있었는데, 이해에 王과 大夫들이 모두 皮弁을 쓰고서 쇠줄로 묶은 상자 속의 책을 펼쳐보았다. 당시에 성왕은 14세였는데 피변을 썼다고 말했으니, 이미 관을 썼다는 것을 분명히 알 수 있다."라고 하였으니, 이것이 그 증거이다. 다만 隱公이 관을 쓴 것은, 惠公이 통치하는 세상에 처해 〈은공이 아직 즉위하지 않아〉 士의 예법을 따랐으므로 20세의 成人이 되어서야 비로소 관을 썼으니, 이 때문에 何休가 〈士冠禮〉를 인용하여 해설한 것이다. 반드시 20세에 관을 쓰는 이유는 ≪오경이의≫에 보이는 今文 ≪禮記≫ 戴聖의 설에 "남자는 陽이다. 〈陽은〉 陰에서 완성되기 때문에 20세에 관을 쓰는 것이다."라고 한 것이 그 예이다. 그리고 '見正(정당하게 〈대를 이을 사람임을〉 드러내기 위해)'을 말한 것은 庶子의 경우는 동쪽 계단에서 관을 쓰지 않는다는 것을 말하고 싶었기 때문이다.

【疏】 ○ 注'士冠'至'成也' ○ 解云 : 鄭彼注云"每加於阼, 則醮之於客位, 所以尊敬之, 成其爲人也."是矣. 凡此士冠禮及禮記冠義郊特牲亦有此文. 鄭注冠義云"阼, 謂主人之北也. 適[1]子冠於阼, 若不醴[2], 則醮用酒於客位, 敬而成之也. 戶西爲客位, 庶子冠於房戶外, 又因醮焉, 不代父也". 鄭注昏義云"酌而無酬酢曰醮. 醮之禮, 如冠醮與."

1) 適 : '嫡'과 통용한다.
2) 醴 : 관례에서 빈객이 관을 씌운 뒤에 冠者에게 감주를 내려주는 의식인 醴禮를 말한다. 혹은 관례가 끝난 뒤에 주인이 빈객의 노고를 위로하기 위해 대접하는 의식이라고도 한다. 醴는 엿기름을 우린 물에 밥알을 넣어 식혜처럼 삭혀서 끓인 감주이다.

○ 注의 〔士冠〕에서 〔成也〕까지

○ 解云 : 鄭玄의 그곳 注에 "동쪽 계단에서 관을 씌울 때마다 빈객의 자리에서 醮禮를 행하는 것은 그 사람을 존경하여 어른으로 완성시키기 위해서이다."라고 한 것이 그 예이다. 대체로 이곳 〈士冠禮〉 외에 ≪禮記≫의 〈冠義〉와 〈郊特牲〉에도 이 문장이 있다. 정현은 〈관의〉의 注에 "동쪽 계단은 주인 자리의 북쪽을 이른다. 適子는 동쪽 계단에서 관을 쓴다. 만약 醴禮를 행하지 않는다면 초례를 행하여 빈객의 자리에서 술을 권하니, 그를 존경하여 어른으로 완성시키는 것이다. 방문의 서쪽이 빈객의 자리가 된다. 庶子는 방문 밖에서 관을 씌우고 또 거기서 그대로 초례를 행하는 것이니, 아버지의 뒤를 잇지 않기 때문이다."라고 하였다. 또 정현은 ≪예기≫ 〈昏義〉의 注에 "술을 따르기만 하고 잔을 되돌려주는 일이 없는 것을 醮라 말한다. 〈이때 행하는〉 醮의 의식은 아마도 관을 씌울 때의 醮와 같을 것이다."라고 하였다.

【疏】 ○ 注'三加'至'志也' ○ 解云 : 此士冠記文. 三加者, 先加緇布冠, 次加皮弁, 次加爵弁也. 彼記云"始冠, 緇布之冠也. 大(태)古冠布, 齊(재)[1]則緇之", 鄭注云"大古, 唐虞以上. 重古始冠, 冠其齊(재)冠也". 諭其志者, 彼鄭注云"彌猶益也. 冠服後加益尊, 諭其志者, 欲其德之進也" 是矣. 注郊特牲云"冠益尊, 則志益大也".

1) 齊(재) : '齋'와 같다.

○ 注의 〔三加〕에서 〔志也〕까지

○ 解云 : 이것은 〈士冠禮〉에 기록되어 있는 문장이다. '三加'란 먼저 緇布冠을 씌우고, 다음에는 皮弁을 씌우고, 그 다음에는 爵弁을 씌운다는 것이다. 〈사관례〉의 기록에 "처음 씌우는 관은 치포관이다. 태곳적에는 흰 베로 만든 관을 썼는데 재계할 때는 검은 베로 만들었다."라 하였는데, 鄭玄의 注에 "태곳적은 唐堯·虞舜 이전 시대이다. 옛것을 중시하여 처음에 관을 씌울 때는 옛날 재계할 때의 관을 씌운다는 것이다."라고 하였다. '諭其志'란 그곳의 정현 주에 "〈三加彌尊의〉 彌는 '益'과 같은 뜻이다. 관과 복장은 뒤로 갈수록 더 존귀하게 여기니, 그가 추구해야 할 志向을 고해주는 것은 그의 덕이 나날이 진보하기를 바라기 때문이다."라고 한 것이 그 예이다. 〈郊特牲〉의 注에는 "관의 격이 더욱 높아지면 뜻도 더욱 커지는 것이다."라고 하였다.

【疏】 ○ 注'冠而字之敬其名也' ○ 解云 : 亦彼記之文. 鄭注云"名者, 質, 所受於父母. 冠成人, 益文, 故敬之", 是也.

○ 注의 〔冠而字之敬其名也〕

○ 解云 : 이 또한 그곳(≪儀禮≫ 〈士冠禮〉)에 기록되어 있는 문장이다. 鄭玄의 注에 "이름은 질박하니, 부모로부터 받은 것이다. 관을 쓰고 어른이 되면 그것이 더욱 아름다워지므로 존경하는 것이다."라고 한 것이 그 예이다.

【疏】 ○ 注'公侯'至'造也' ○ 解云 : 此亦士冠禮記文. 彼鄭注云"造, 作也. 自夏初以上, 諸侯雖父死子繼, 年未滿五十者, 亦服士服, 行士禮, 五十乃命也. 至其衰末, 上下相亂, 簒弑所由生, 故作公侯冠禮, 以正君臣也". 引之者, 見(현)當時公侯有冠之言.

○ 注의 〔公侯〕에서 〔造也〕까지

○ 解云 : 이 또한 〈士冠禮〉에 기재된 문장이다. 그곳의 鄭玄 注에 "造는 '作(만들다)'의 뜻이다. 夏의 초기 이전에는, 諸侯는 아버지가 죽어 아들이 그 뒤를 계승하였더라도 나이가 50세가 되지 않은 경우에는 그 또한 士의 복장을 하고 士의 의례를 행하며 50세가 되어야 비로소 〈天子로부터〉 爵命을 받았었다. 그러다가 나라가 쇠퇴한 말기에 이르러 상하의 질서가 문란해져서 찬탈과 시해하는 일이 생기게 되었으므로 公侯를 위한 관을 쓰는 의례를 만들어 군신간의 질서를 바로잡았다."라고 하였다. 〈何休가〉 이 문장을 인용한 것은 당시에 공후에게 관을 쓰게 하는 의례가 있었다는 기록을 드러내기 위해서이다.

【疏】 ○ 注'天子'至'貴者' ○ 解云 : 此亦記文. 鄭注郊特牲云"儲君副主, 猶云士也, 明人有賢行著德, 乃得貴也". 引之者, 見(현)隱公冠時, 年已二十, 宜從士禮明矣.

○ 注의 〔天子〕에서 〔貴者〕까지

○ 解云 : 이 또한 〈士冠禮〉에 기재된 문장이다. 鄭玄은 〈郊特牲〉의 注에서 "국가의 예비 군주인 태자라도 역시 '士'라고 말하니, 사람이 어진 품행과 드러난 덕이 있어야 비로소 존귀해질 수 있다는 것을 밝힌 것이다."라고 하였다. 이 문장을 인용한 것은 隱公이 관을 쓸 때 나이가 이미 20세가 되어 마땅히 士의 의례를 따랐을 것이 분명하다는 것을 드러내기 위해서이다.

【傳】 其爲尊卑也微를

그 신분이 높고 낮은 것은 약간의 차이일 뿐이라는 것을

【注】 母俱媵[1)]也라

1) 母俱媵 : 媵은 媵妾으로, 귀인이 시집갈 때 데리고 가던 몸종이다. 隱公은 左媵인 宋女의 아들이고, 桓公은 右媵인 聲子의 아들이었다.

〈隱公과 桓公의〉 어머니는 모두 媵妾이었다.

【傳】 國人莫知라

나라의 일반사람들은 알지 못했다.

【注】 國人은 謂國中凡人이라 莫知者는 言惠公不早分別也라 男子年六十閉房[1)]이라 無世子면 則命貴公子하고 將薨亦如之라

1) 房 : 여기서는 남녀가 性的으로 관계를 맺는 房事를 말한다.

'國人'은 국내의 일반사람을 이른다. '알지 못했다'는 것은 惠公이 미리 구별해놓지 않은 것을 말한다. 남자는 60세가 되면 房事를 중지한다. 세자가 없으면 신분이 높은 첩 소생의 公子를 세자로 세우고, 죽을 때가 임박했을 경우에도 그와 같이 하는 것이다.

【疏】 注'國人'至'別也' ○ 解云 : 古者一娶九女, 一嫡二媵, 分爲左右[1)], 尊卑權寵灼然, 則朝廷之(上)〔士〕[2)], 理應悉知. 今此傳云'國人不知', 明是國內凡人也. 雖然, 事大非小, 若早分別, 亦應知悉, 故注言'惠公不早分別', 是其義也.

1) 分爲左右 : 신분이 본디 낮은 媵妾도 左媵과 右媵으로 구별하여 尊卑를 규정하였다는 것이다. 고대에는 오른쪽을 숭상하였기 때문에 오른쪽을 높고 귀한 위치로 여겼다.
2) (上)〔士〕 : 저본에는 '上'으로 되어 있으나, 單疏本에 의거하여 '士'로 바로잡았다.

注의 〔國人〕에서 〔別也〕까지

○ 解云 : 옛날에 〈諸侯는〉 한 번에 아홉 여자를 아내로 맞아들였으며, 嫡室 하나에 媵妾이 둘인데 〈잉첩은〉 左右의 구별이 있었으므로 신분의 높낮이와 군왕의 총애가 분명하였으니, 조정 사람들은 당연히 다 아는 일이었을 것이다. 그런데 지금 이 傳에 '나라 사람들은 알지 못했다.'고 말했으니, 분명히 국내의 일반사람일 것이다. 비록 그렇더라도 사안이 중대하므로 만약 미리 구별해놓았더라면 〈일반사람도〉 당연히 알았을 것이기 때문에 注에 '惠公이 미리 구별해놓지 않았다.'고 말했으니, 이것이 그 뜻이다.

【疏】 ○ 注'男子'至'如之' ○ 解云 : 男子六十陽道閉藏, 若仍無世子, 其正夫人必無有生世子之理, 故命貴公子以爲世子也. 若未滿六十, 則無立庶子爲世子之法, 何者. 立而復(부)黜, 是乃亂道故也. 然則言閉房者, 行房之事閉也. 知男子六十陽道閉藏者, 家語云"男女不六十者不間居", 間居不禁, 閉房明矣. 言將薨亦如之者, 謂未滿六十者, 將薨之時, 亦命貴公子矣.

○ 注의 〔男子〕에서 〔如之〕까지

○ 解云 : 남자는 60세가 되면 생식기의 능력이 없어진다. 만약 〈60세가 되어도〉 세자가 없다면 더 이상 그 正夫人이 세자를 생산할 가능성이 없으므로 신분이 높은 첩 소생의 公子를 세자로 세우는 것이다. 만약 諸侯가 60세가 아직 되지 않았을 경우에는 庶子를 세자로 세우는 法이 없으니, 이는 무엇 때문인가? 한번 세웠다가 뒤에 다시 폐하게 되면 이는 곧 도의를 어지럽히는 일이기 때문이다. 그렇다면 '閉房'을 말한 것은 성적인 관계를 갖는 일이 없어진다는 의미이다. 남자는 60세가 되면 생식기의 기능이 없어진다는 사실을 알 수 있는 근거는 ≪孔子家語≫에 "60세가 되지 않은 남녀는 한 방안에 섞여 있지 않는다."라 하였으니, 한 방안에 섞여 있는 것을 금하지 않는다면 방사를 중지한 것이 분명하다. '죽을 때가 임박했을 경우에도 그와 같이 한다.'고 말한 것은 60세가 아직 안 된 사람이 죽을 때가 임박했을 때에도 신분이 높은 첩 소생의 공자를 〈세자로 세울 것을〉 명하는 것을 이른다.

【傳】 隱長又賢하여

隱公은 나이가 많고 또 賢能하여

【注】 此以上皆道立隱所緣이라

이 이상은 모두 隱公을 군주로 세운 연유를 말한 것이다.

【傳】 諸大夫扳(반)隱而立之니

大夫들이 은공을 이끌어 군주로 세운 것이니,

【注】 扳은 引也라 諸大夫立隱不起[1]者는 在春秋前하여 明王者受命하면 不追治前事라 孔

子曰 不教而殺을 謂之虐이요 不戒視成을 謂之暴라하니라

1) 起 : 여기서는 '起見(일으켜 드러내다)'의 약어로, '드러내다'의 뜻으로 쓰인 듯하다.

'扳'은 '引(이끌다)'의 뜻이다. 大夫들이 隱公을 세웠는데 이것을 〈經文에〉 드러내지 않은 것은 사건이 ≪春秋≫ 이전에 있었으므로 王者가 天命을 받으면 〈경문에〉 그 이전의 사건까지 거슬러 올라가서 다루지 않는다는 것을 분명히 하기 위해서이다. 孔子는 "가르치지 않고 죽이는 것을 虐이라 이르고, 경고하지 않고 성공을 바라는 것을 暴라 이른다."라고 하였다.

【疏】 注'諸大'至'秋前' ○ 解云 : 公子翬弑隱立桓公,[1] 仲遂弑赤立宣公,[2] 皆貶去公子以起見(현)之. 今此諸大夫廢桓立隱, 亦是不正, 何故不作文貶之以見(현)罪. 正以在春秋前, 欲明王者受命, 不追治前事故也.

1) 公子翬弑隱立桓公 : 公子 翬는 魯나라 大夫로, 羽父 혹은 公子 揮라 하기도 한다. 隱公 11년에 은공에게 惠公의 세자 允을 죽여 군주의 자리를 끝까지 유지할 것을 권하면서 자기를 재상으로 앉혀줄 것을 요구하였는데, 은공이 받아들이지 않았다. 그러자 그 일이 누설될까 두려워 도리어 세자 允에게 은공을 모함하여 죽이고 允을 군주로 세웠는데, 이 사람이 桓公이다.(≪春秋公羊傳≫ 은공 11년)

2) 仲遂弑赤立宣公 : 仲遂는 魯 莊公의 아들로, 公子 遂 혹은 襄仲이라 하기도 한다. 僖公·文公 때 卿이 되어 국정을 관장하였다. 문공의 첫째 부인 姜氏가 赤과 視를 낳았고, 둘째 부인 敬嬴이 俀를 낳았다. 문공 18년에 문공이 죽자 중수가 敬嬴과 모의하여 즉위를 준비하고 있던 赤과 함께 視를 죽이고 서자인 俀를 군주로 세웠는데, 이 사람이 宣公이다. 赤은 惡으로 표기하기도 한다.(≪春秋公羊傳≫ 文公 18년)

注의 〔諸大〕에서 〔秋前〕까지

○ 解云 : 公子 翬가 隱公을 시해하고 桓公을 세운 일과 仲遂가 赤을 시해하고 宣公을 세운 일에 대해 모두 그들을 貶斥하여 '公子'를 삭제하고 〈곧장 이름을 거론함으로써 대역죄인이라는 사실을〉 드러내고 있다. 지금 이곳에서 大夫들이 환공을 폐하고 은공을 세운 일 또한 올바르지 않은데, 왜 그것을 글로 써서 폄척하여 그 죄를 드러내지 않았는가? 그 이유는 곧 사건이 ≪春秋≫ 이전에 있었으므로 王者가 天命을 받으면 그 이전의 사건까지 거슬러 올라가서 다루지 않는다는 것을 분명히 하려고 했기 때문이다.

【疏】○ 注'不戒'至'之暴' ○ 解云 : 此堯曰文. 何氏以不先告戒, 比視之而責其成功爲暴矣.

○ 注의 〔不戒〕에서 〔之暴〕까지

○ 解云 : 이것은 ≪論語≫ 〈堯曰〉의 글이다. 何休는 〈'不戒視成謂之暴'에 대해〉 '미리 경고해주지 않고 〈일반적인 경우와〉 동등하게 보아 그 성공을 요구하는 것을 暴라 한다.'라는 〈뜻으로 생각하였다.〉

【傳】隱於是焉而辭立이라도

隱公이 〈스스로 생각할 때〉 이때 자리에 오르는 것을 양보하더라도

【注】辭는 讓也라 言隱欲讓이라

'辭'는 양보한다는 뜻이다. 隱公이 양보하려고 한 것을 말한다.

【傳】則未知桓之將必得立也요

桓公이 반드시 자리에 오를 수 있을지 알 수 없고.

【注】是時公子非一이라

이 당시에 公子는 하나가 아니었다.

【疏】注'是時公子非一' ○ 解云 : 隱公疑桓不知得立以否, 故知公子非一.

注의 〔是時公子非一〕

○ 解云 : 隱公은 桓公이 자리에 오를 수 있을지 여부를 알 수 없다고 의심하였기 때문에 公子는 하나가 아니었다는 것을 알 수 있다.

【傳】且如桓立이라도

만약 桓公이 자리에 오르더라도

【注】且如는 假設之辭라

'且如'는 가정하는 말이다.

【傳】 則恐諸大夫之不能相幼君也라

大夫들이 어린 군주를 보좌하지 못할까 두려워하였다.

【注】 隱見諸大夫背正而立己不正하여 恐其不能相之라

隱公은 大夫들이 정당한 후계자를 등지고 자기를 세우는 것이 올바르지 않다는 것을 알았으므로 그들이 桓公을 보좌하지 못할까 두려워하였다는 것이다.

【傳】 故凡隱之立은 爲桓立也라

그러므로 대체로 隱公이 군주의 자리에 오른 것은 桓公을 위해 자리에 오른 것이다.

【注】 凡者는 凡上所慮二事니 皆不可라 故於是己立하고 欲須桓長大而歸之라 故曰爲桓立이라 明其本無受國之心이라 故不書卽位하니 所以起其讓也라

'凡'이란 대체로 위에서 염려한 두 가지 일이니, 이것을 모두 방치할 수 없었으므로 마침내 자기가 즉위했던 것이고, 桓公이 장성할 때까지 기다렸다가 그에게 자리를 돌려주려고 하였기 때문에 '桓公을 위해 자리에 오른 것이다.'라고 한 것이다. 그가 본디 나라를 물려받을 마음이 없었다는 것을 밝혔으므로 〈經文에〉 '卽位'를 적지 않았으니, 이는 자리를 양보할 의지가 있었다는 것을 드러내기 위해서이다.

【疏】 注'凡者'至'二事' ○ 解云 : 己若辭立, 則未知桓之將得立以否, 是其一慮也, 假令使桓得立, 又恐諸大夫不能相幼君, 是其二慮也.

注의 〔凡者〕에서 〔二事〕까지

○ 解云 : 자기가 자리에 오르는 것을 사양하더라도 桓公이 자리에 오를 수 있을지 여부를 알 수 없는 것이 첫 번째 염려이고, 가령 환공을 오를 수 있게 하더라도 또 大夫들이 어린 군주를 보좌하지 못할까 두려운 것이 두 번째 염려이다.

【傳】 隱長又賢이어늘 何以不宜立가

隱公은 나이가 많고 또 賢能한데 왜 군주로 세우는 것이 온당치 않은가?

【注】据賢繆(목)公與大夫와 矡且(확저)長以得立[1]이라

1) 矡且(확저)長以得立 : 矡且는 邾 文公의 맏아들인 邾 定公의 이름이다. 周 頃王 5년(B.C. 614)에 文公이 죽어 그가 즉위하자, 이복 아우 捷菑가 그의 어머니 친정인 晉나라로 도망하였다. 그 이듬해 가을에 晉나라 大夫 郤缺이 무력을 동원해 첩치를 본국으로 들여보내 확저 대신 군주로 앉히려고 시도하였다가 邾婁人이 확저의 나이가 더 많다는 이유를 들어 거부하자, "거절하는 말이 순리로운데 그것을 따르지 않는 것은 상서롭지 못하다."라 하고 군대를 철수하였다. 捷菑는 接菑로 표기하기도 한다.

秦 繆公을 賢能하다고 하여 秦나라에 大夫가 있는 것처럼 인정해준 일과 矡且가 나이가 많은 것 때문에 군주의 자리에 오를 수 있었던 일에 의거한 것이다.

【疏】注'据賢'至'大夫' ○ 解云 : 文十二年經書"秦伯使遂來聘[1]", 傳云"秦無大夫, 此何以書. 賢繆公也. 何賢乎繆公. 以爲能變也", 注云"感而自變悔, 遂霸西戎. 故因其能聘中國, 善而與之, 使有大夫也". 今此亦善隱能讓, 何故不與使得立乎, 故難之.

1) 聘 : 聘問의 약어로, 예를 갖추어 방문한다는 뜻이다.

注의 〔据賢〕에서 〔大夫〕까지

○ 解云 : 文公 12년의 經文에 "秦伯이 遂를 파견하여 聘問하였다."라고 적었는데, 그곳의 傳에 "秦나라는 大夫가 없는데 여기서는 왜 〈遂라는 이름을〉 기록하였는가? 繆公을 賢能하게 여겼기 때문이다. 왜 목공을 현능하게 여겼는가? 능히 변화하였기 때문이다."라 하고, 그 注에 "마음으로 느껴서 스스로 변화하고 참회하여 마침내 西戎의 霸者가 되었다. 그러므로 그가 중국에 정식 사절을 파견할 수 있었던 것으로 인해 그를 훌륭하게 여겨 표창하여 대부가 있는 것처럼 인정한 것이다."라고 하였다. 지금 여기도 隱公이 능히 자리를 양보한 것을 칭찬하였다. 그런데 왜 〈魯나라 大夫들이 은공을 군주의 자리에〉 오르게 한 것을 칭찬하지 않았는가? 이 때문에 의문을 제기한 것이다.

【疏】○ 注'矡且長以得立' ○ 解云 : 文十四年"晉人納捷菑于邾婁", 傳曰"貴則皆貴矣. 雖然, 矡且也長", 彼以矡且長, 故傳與邾婁人立之. 今此隱亦長, 何故不宜立乎. 故難之. 然則傳言長, 据矡且, 傳言賢, 据繆公. 而何氏先解繆公者, 以其事在前故.

○ 注의 〔矡且長以得立〕

○ 解云 : 文公 14년의 〈經文에〉 "晉人이 捷菑를 邾婁나라 도성으로 들여보내려 하였

다."라 한 곳의 傳에 "존귀한 것으로는 모두 존귀하다. 비록 그렇지만 貜且가 나이가 많다."라고 하였다. 저기에서는 확저가 나이가 많으므로 주루인이 그를 군주로 세운 것을 칭찬하였다. 지금 여기에서는 隱公 또한 나이가 많은데 왜 그를 군주로 세우는 것이 온당치 않단 말인가? 이 때문에 의문을 제기한 것이다. 그렇다면 傳에서 나이가 많다고 말한 것은 확저를 따르고 또 傳에서 賢能하다고 말한 것은 繆公을 따른 것인데, 何休가 목공의 그것을 먼저 해설한 것은 그 기사가 앞에 있기 때문이다.

【傳】 立適以長不以賢하고 立子以貴不以長이라

適子를 후계자로 세울 경우에는 나이 많은 것에 의하지 賢能한 것에 의하지 않고, 庶子를 후계자로 세울 경우에는 존귀한 것에 의하지 나이 많은 것에 의하지 않기 때문이다.

【注】 適은 謂適夫人[1]之子라 尊無與敵이라 故以齒라 子는 謂左右媵及姪娣之子니 位有貴賤하고 又防其同時而生이라 故以貴也라 禮에 嫡夫人無子면 立右媵하고 右媵無子면 立左媵하고 左媵無子면 立嫡姪娣하고 嫡姪娣無子면 立右媵姪娣하고 右媵姪娣無子면 立左媵姪娣라 質家親親하여 先立娣하고 文家尊尊하여 先立姪이라 嫡子有孫而死면 質家親親하여 先立弟하고 文家尊尊하여 先立孫이라 其雙生也엔 質家据見(현)立先生하고 文家据本意[2]立後生하니 皆所以防愛爭이라

1) 適夫人 : 嫡室, 嫡妻와 같다.

2) 本意 : '本始之意'의 약어로, '근본이며 시작이라는 취지' 정도로 번역할 수 있다. 그러나 무엇을 가리키는지 알 수 없다. 혹시 어머니의 뱃속에서 쌍둥이의 위치를 두고 하는 말이 아닐까 의심해볼 수는 있다. 쌍둥이에 대해, 하나를 근본이며 시작이라고 가정한다면 처음 잉태되어 자궁의 안쪽에 먼저 자리 잡은 아이를 근본이며 시작이라 할 수 있는데, 태어나는 순서는 이 아이가 뒤로 밀려 아우로 불리는 것이라고 말할 수 있지 않을까 싶다.

'適'이란 適夫人의 자식을 말한다. 그 신분이 높아 필적할 만한 상대가 없으므로 〈후계자를 세울 때는〉 나이에 따라 정한다. '子'란 左右의 媵 및 조카딸과 여동생의 자식을 말하는데, 이들은 신분에 귀천이 있고 또 동시에 태어났을 〈때의 혼란을〉 막을 수 있어야 하므로 〈후계자로 세울 때는〉 귀천에 따라 정한다.

예법에는 嫡夫人이 자식이 없으면 右媵의 자식을 세우고, 우잉이 자식이 없으면 左媵의 자식을 세우고, 좌잉이 자식이 없으면 嫡室의 조카딸과 여동생의 자식을 세우고, 적실의 조카딸과 여동생이 자식이 없으면 우잉의 조카딸과 여동생의 자식을 세우고, 우잉의 조카딸과 여동생이 자식이 없으면 좌잉의 조카딸과 여동생의 자식을 세운다. 그리고 질박함을 중시하는 왕조는 친족을 친애하므로 여동생의 자식을 먼저 세우고, 문채를 중시하는 왕조는 신분이 높은 자를 존경하므로 조카딸의 자식을 먼저 세운다. 적자가 손자를 남기고 죽었다면 질박함을 중시하는 왕조는 친족을 친애하므로 적자의 아우를 먼저 세우고, 문채를 중시하는 왕조는 신분이 높은 자를 존경하므로 손자를 먼저 세운다. 쌍둥이일 경우는 질박함을 중시하는 왕조는 출산한 순서에 따라 먼저 태어난 쪽을 세우고, 문채를 중시하는 왕조는 근본이라는 취지에 따라 나중에 태어난 쪽을 세우는 것이니, 이는 모두 편애로 인해 다투는 일을 막기 위해서이다.

【傳】桓何以貴아

桓公은 왜 존귀한가?

【注】據俱公子也라

〈隱公과 桓公이〉 모두 公子라는 것에 의거한 것이다.

【傳】母貴也라

어머니의 지위가 높기 때문이다.

【注】據桓母右媵이라

桓公의 어머니가 右媵이었던 것에 의거한 것이다.

【傳】母貴則子何以貴아

어머니의 지위가 높으면 왜 자식이 존귀한가?

【注】據俱言公子라

〈庶子는〉 모두 公子라고 말하는 것에 의거한 것이다.

【傳】 子以母貴하고

자식은 어머니로 인해 존귀하고

【注】 以母秩次立也라

어머니의 서열로 후계자를 세우는 것이다.

【傳】 母以子貴라

어머니도 자식으로 인해 존귀해지기 때문이다.

【注】 禮에 妾子立하면 則母得爲夫人하니 夫人成風是也라

예법에, 첩의 자식이 군주의 자리에 오르면 그의 어머니는 夫人이 되는 것이니, 부인 成風이 그 예이다.

【疏】 注'夫人成風' ○ 解云：卽文四年"冬十有一月壬寅, 夫人風氏[1]薨", 五年"三月 辛亥, 葬我小君成風", 是也.

1) 夫人風氏：魯 莊公의 첩이자 僖公의 어머니인 成風을 말한다. 아들이 군주가 되었기 때문에 신분의 격이 높아져 夫人으로 불려졌다.

注의 〔夫人成風〕

○ 解云：곧 文公 4년에 "겨울 11월 임인일에 夫人 風氏가 薨하였다."라 하고, 5년에 "3월 신해일에 우리 小君 成風을 장사지냈다."라고 한 것이 그 예이다.

三月에 公及邾婁儀父(보)[1]盟于(眛)〔眛〕[2]하다

1) 邾婁儀父(보)：邾婁는 魯나라 附庸國인 邾나라를 말하고, 儀父는 주나라의 군주인 曹克(?~B.C. 678)의 자이다.
2) (眛)〔眛〕：저본에는 '眛(매)'로 되어 있으나, 閩本에 의거하여 '眛(멸)'로 바로잡았다. 眛은 魯나라의 옛 읍 이름으로, 지금의 山東 泗水縣 동남쪽에 있었다.

3월에 隱公이 邾婁의 儀父와 眛에서 會盟하였다.

【傳】及者何아 與也라

'及'이란 무엇인가? '與(~과, 와)'의 뜻이다.

【注】若曰公與邾婁盟也라

예를 들어 '公이 邾婁와 會盟하였다.'라 말하는 것과 같다는 것이다.

【傳】會及暨는 皆與也[1]라

1) 會及暨 皆與也 : 여기서는 '會'를 '及'·'暨'와 같은 유의 虛字로 설명하였으나 經文에는 일반적으로 實字로 사용하는 경향이 강하다.

'會'·'及'·'暨'는 모두 '與(~과, 와)'의 뜻이다.

【注】都解經上會及暨也라

經文의 '會'·'及'·'暨'를 포괄하여 해석한 것이다.

【傳】曷爲或言會하고 或言及하고 或言暨아 會는 猶最也라

왜 혹은 '會'라 말하고 혹은 '及'이라 말하고 혹은 '暨'라 말하는가? '會'는 '最'와 같은 뜻이다.

【注】最는 聚也라 直自若平時聚會하여 無他深淺意也라 最之爲言聚니 若今聚民爲投最라

'最'는 '聚(모으다)'의 뜻이다. 〈'會'는〉 그저 평상시의 〈평범한〉 모임과 같은 것이어서 〈이 글자에 의지의 善惡의 정도가〉 깊거나 얕거나 하는 등의 별다른 뜻은 없다. '最'라는 말은 모은다는 뜻이니, 예를 들어 지금 백성을 모으는 것을 '投最'라 하는 것과 같다.

【疏】'及者何' ○解云 : 欲言汲汲, 公仍在喪, 欲言非汲汲, 及是欲文, 故執不知問. 云曷爲或言會者, 卽下六年"公會齊侯盟于艾"之徒[1], 是也. 云或言暨者, 〔卽〕[2]昭七年"春暨齊平", 定十年"宋公之弟辰暨仲佗石彄出奔陳", 是也.

1) 徒 : 여기서는 '屬'과 같다.
2) 〔卽〕 : 저본에는 '卽'이 없으나, 單疏本에 의거하여 보충하였다.

傳의〔及者何〕

○ 解云 : 汲汲(절박하게 원하다)의 뜻이라고 말하자니 隱公은 아직 〈先王의〉 喪中에 있고, 汲汲의 뜻이 아니라고 말하자니 '及'은 '欲(원하다)'의 뜻을 지닌 글자이기 때문에 미심쩍은 점을 가지고 물은 것이다. '曷爲或言會'라고 한 것은 곧 아래 은공 6년에 "公이 齊侯와 모여 艾에서 會盟하였다."라고 한 것들이 그 예이다. '或言暨'라고 한 것은 곧 昭公 7년에 "봄에 齊나라와 화평을 맺었다.〔暨齊平〕"라 하고, 定公 10년에 "宋 景公의 아우 辰이 仲佗・石彄와 陳나라로 도망갔다.〔宋公之弟辰暨仲佗石彄出奔陳〕"라고 한 것이 그 예이다.

【傳】及은 猶汲汲也라 暨는 猶暨暨也라 及은 我欲之요 暨는 不得已也라

'及'은 汲汲과 같은 뜻이다. '暨'는 暨暨(굳세고 과단성이 있다)와 같은 뜻이다. '及'은 내(魯나라)가 원한다는 뜻이고 暨는 어쩔 수 없다는 뜻이다.

【注】 我者는 謂魯也라 內魯라 故言我라 擧及暨者는 明當隨意善惡而原之라 欲之者는 善重惡深하고 不得已者는 善輕惡淺하니 所以原心定罪라

'我'는 魯나라를 이른다. 노나라를 내부로 여기므로 '我'라고 말한다. '及'과 '暨'를 거론한 것은 마땅히 의지의 善惡에 따라 살펴봐야 한다는 것을 분명히 한 것이다. 〈諸侯와의 회합을 내가〉 원해서 하는 경우는 善의 정도가 무겁고 惡의 정도가 깊으며, 〈상대의 요구에 따라〉 어쩔 수 없이 하는 경우는 선의 정도가 가볍고 악의 정도가 얕다. 이 때문에 그 의지를 살펴 죄를 결정한다는 것이다.

【疏】 注'我者謂魯也' ○ 解云 : 此通內外[1]皆然, 但傳据內言之, 故言我謂魯也.

1) 內外 : 내부와 외부, 곧 魯나라와 다른 나라를 가리킨다.

注의〔我者謂魯也〕

○ 解云 : 이 〈我라는 말은〉 내부와 외부에 공통적으로 모두 이용된다. 다만 傳은 내부의 입장에서 기술하기 때문에 '我는 魯나라를 이른다'라고 말한 것이다.

【疏】 ○ 注'欲之'至'惡深' ○ 解云 : 善重者, 卽此文"公及邾婁儀父盟于眛"是也, 以其汲汲(于)〔於〕[1]善事, 故曰善重也. 惡深者, 卽哀十三年"公會晉侯及吳子于黃池"是也, 以

其汲汲于惡事, 故曰惡深也.[2]

1) (于)〔於〕: 저본에는 '于'로 되어 있으나, 閩本·監本에 의거하여 '於'로 바로잡았다.
2) 以其汲汲于惡事 故曰惡深也 : 經文에 '晉侯及吳子'라 하여 '及'을 기록한 이유는 晉나라가 천자를 등지고 夷狄인 吳가 주재하는 회합에 출석한 것이 나쁜 일이라고 비판하는 의미를 내포하고 있다는 것이다. 그곳의 注에 "大國인 晉나라가 오히려 吳나라에 급급해 하였다.〔以晉大國 尙猶汲汲於吳〕"라고 하였다.

○ 注의 〔欲之〕에서 〔惡深〕까지

○ 解云 : '善의 정도가 무겁다'는 것은 곧 이곳의 經文에 "隱公이 邾婁의 儀父와 眛에서 會盟하였다."라 한 것이 그 예이니, 선한 일에 급급하였으므로 '선의 정도가 무겁다'고 말한 것이다. '惡의 정도가 깊다'는 것은 곧 哀公 13년에 "애공이 晉侯 및 吳子와 黃池에서 모였다."라고 한 것이 그 예이니, 악한 일에 급급해 하였으므로 '악의 정도가 깊다'고 말한 것이다.

【疏】 ○ 注'不得'至'惡淺' ○ 解云 : 善輕, 則"暨齊平"是也, 惡淺者, "宋公之弟辰暨仲佗·石彄", 是也.

○ 注의 〔不得〕에서 〔惡淺〕까지

○ 解云 : '善의 정도가 가볍다'는 것은 "齊나라와 화평을 맺었다."라 한 것이 그 예이고, '惡의 정도가 얕다'는 것은 "宋 景公의 아우 辰이 仲佗·石彄와 〈陳나라로 도망갔다.〉"라 한 것이 그 예이다.

【傳】 儀父者何아 邾婁之君也라

儀父란 누구인가? 邾婁의 군주이다.

【注】 以言公及不諱로 知爲君也라

'公及'이라 말하여 〈'公'을〉 諱하지 않은 것으로 인해 그가 군주임을 안 것이다.

【疏】 '儀父者何' ○ 解云 : 欲言其君, 經不書爵, 欲言其臣, 而不沒公, 故執不知問.

傳의 〔儀父者何〕

○ 解云 : 그를 군주라고 말하자니 經文에 爵位를 적지 않았고, 그를 신하라고 말하

자니 '公'을 삭제하지 않았으므로 미심쩍은 점을 가지고 물은 것이다.

【疏】 ○ 注'以言公及不'至'君也' ○ 解云 : 凡春秋上下, 公與外大夫盟, 皆諱不言公, 故莊二十二年"秋七月丙申, 及齊高傒盟于防", 傳云"公則曷爲不言公. 諱與大夫盟也"之屬, 〔是〕[1)]也. 今此不沒公, 故知是君矣. 其莊九年"公及齊大夫盟于暨"之屬, 不沒公者, 皆傳注分明, 不煩逆說.

1) 〔是〕 : 저본에는 '是'가 없으나, 單疏本에 의거하여 보충하였다.

○ 注의 〔以言公及不〕에서 〔君也〕까지

○ 解云 : 일반적으로 ≪春秋≫ 전편에서 〈魯나라의〉 公이 다른 나라의 大夫와 會盟할 때는 모두 諱하여 '公'을 말하지 않는다. 그러므로 莊公 22년에 "가을 7월 병신일에 齊나라 高傒와 防에서 會盟하였다."라 한 곳의 傳에 "그가 莊公이었다면 왜 '公'이라 말하지 않았는가? 대부와 회맹한 일을 숨긴 것이다."라고 한 것들이 그 예이다. 지금 여기서는 '公'을 삭제하지 않았으므로 〈儀父가〉 군주임을 알았다는 것이다. 장공 9년에 "公이 齊나라 대부와 暨에서 회맹하였다."라고 한 것들에서 '公'을 삭제하지 않은 것은 모두 그 傳과 注에 이유가 분명하게 적혀 있으므로 여기서 미리 설명할 필요가 없다.

【傳】 何以名가

왜 이름을 불렀는가?

【注】 据齊侯以祿父爲名이라

齊侯가 祿父를 이름으로 삼은 것에 의거한 것이다.

【疏】 注'据齊'至'爲名' ○ 解云 : 卽桓十四年冬"齊侯祿父卒", 是言齊侯以祿父爲名, 故疑邾婁君亦以儀父爲名, 是以難也.

注의 〔据齊〕에서 〔爲名〕까지

○ 解云 : 곧 桓公 14년 겨울에 "齊侯 祿父가 卒하였다."라고 하였는데, 이것은 齊侯가 祿父를 이름으로 삼은 것을 말한 것이므로 邾婁의 군주도 儀父를 이름으로 삼은 것은 아닐까 의심되었기에 질문한 것이다.

【傳】字也라

〈儀父는 이름이 아니라 그의〉 字이다.

【注】以當褒知爲字라

마땅히 표창해야 하므로 그것이 字임을 알 수 있다.

【疏】注'以當褒知爲字' ○解云：春秋以隱新受命而王，儀父慕之，故知當褒．是以春秋說云"褒儀父善趣聖"者，是也．

注의〔以當褒知爲字〕

○解云：≪春秋≫에는 隱公이 새로 天命을 받아 왕이 되었다고 생각하고 있는데, 儀父가 〈은공을〉 흠모하였기 때문에 당연히 표창해야 함을 알 수 있다. 그러므로 ≪春秋說≫에 "의보가 기특하게도 聖人에게 달려온 것을 표창한 것이다."라고 말했으니, 이것이 그 예이다.

【傳】曷爲稱字아

왜 그의 字를 불렀는가?

【注】据諸侯當稱爵이라

諸侯는 마땅히 爵位를 불러야 하는 것에 의거한 것이다.

【疏】注'据諸侯當稱爵' ○解云：六年夏，"公會齊侯盟于艾"之屬，是也．

注의〔据諸侯當稱爵〕

○解云：〈隱公〉 6년 여름에 "公이 齊侯와 모여 艾에서 會盟하였다."라고 한 것들이 그 예이다.

【傳】褒之也라

표창하기 위해서이다.

【注】以宿[1)]與微者盟書卒로 知與公盟當褒之라 有土嘉之曰褒라하고 無土建國曰封이라 稱

字所以爲褒之者는 儀父本在春秋前失爵하여 在名例爾[2)]라

1) 宿 : 나라 이름이다. 성은 風으로, 太皞의 후손이다. 지금의 山東 東平縣 동쪽에 있었다.
2) 稱字所以爲褒之者……在名例爾 : 莊公 10년 "가을 9월에 荊이 莘에서 蔡나라 군대를 패배시켰다.〔秋九月 荊敗蔡師于莘〕"라고 한 곳의 傳文에 "州를 말하는 것은 國名을 말하는 것만 못하고 국명을 말하는 것은 氏를 말하는 것만 못하며, 氏를 말하는 것은 '人'을 말하는 것만 못하고 '人'을 말하는 것은 이름을 말하는 것만 못하며, 이름을 말하는 것은 字를 말하는 것만 못하고 字를 말하는 것은 '子'를 말하는 것만 못하다.〔州不若國 國不若氏 氏不若人 人不若名 名不若字 字不若子〕"라고 하였다. ≪春秋≫에는 이름을 부르는 것보다 字를 부르는 것이 표창하는 의미를 지닌다. 爵位를 잃은 자에 대해서는 원래 州·國·氏·人·名·字 등을 부르는 것이다.

宿나라가 〈魯나라의〉 신분이 낮은 자와 會盟하였다 하여 〈숙나라 군주의〉 죽음을 적은 사례로 인해 公과 회맹한 상대에 대해서는 마땅히 표창할 것임을 안 것이다. 국토를 가진 자에 대해 가상하게 여기는 것을 '褒'라 말하고, 국토가 없는 자에 대해 나라를 세워주는 것을 '封'이라 말한다. 字를 부르는 것이 표창이 되는 까닭은, 儀父는 본디 ≪春秋≫ 이전에 爵位를 잃어 이름을 부르는 예에 속하기 때문이다.

【疏】注'以宿'至'書卒' ○ 解云 : 所傳聞之世[1)], 微國之卒, 本不合書, 而此年"九月, 及宋人盟于宿", 宿爲地主, 與在可知. 以其與內微者盟, 故至八年得變例書卒見恩矣. 云有土嘉之曰褒者, 謂加爵與字, 卽儀父·滕侯[2)]之屬, 是也. 云無土建國曰封者, 卽封邢衛之屬[3)], 是也.

1) 所傳聞之世 : '전해 들어 안 시대'라는 뜻으로, ≪春秋≫ 12公 242년 기간을 세 시대로 구분해 말할 때의 한 시대이다. 孔子의 증조와 고조가 생존했던 시기인 隱公·桓公·莊公·閔公·僖公 당시를 말한다.
2) 滕侯 : 滕은 본디 子爵이지만 기타 諸侯들보다 맨 먼저 隱公에게 來朝한 일을 표창하여 은공 11년의 經文에 "봄에 滕侯와 薛侯가 와서 朝見하였다.〔春 滕侯薛侯來朝〕"라고 하여 爵位를 올려 기록하였다. 그곳의 何休 注에 "侯라고 부른 것은 ≪春秋≫는 은공에게 가탁하여 처음 天命을 받은 王者로 여겼는데, 滕나라와 薛나라가 맨 먼저 은공에게 내조하였으므로 표창한 것이다."라고 하였다.
3) 封邢衛之屬 : 僖公 원년 봄에 "齊나라 군대, 宋나라 군대, 曹나라 군대가 聶北에 주둔하였는데, 邢나라를 구원하기 위해서였다.〔齊師宋師曹師次于聶北 救邢〕"라 한 것과 희공

2년 봄에 "楚丘에서 성을 쌓았다.〔城楚丘〕"라 한 곳의 傳文에 "누구를 위해 성을 쌓았는가? 衛나라를 위해 성을 쌓은 것이다.〔孰城 城衛也〕"라고 한 것을 가리킨다. 이것들은 각각의 전문에 "諸侯가 〈천자를 무시하고〉 제멋대로 〈제후를〉 봉하는 것을 칭찬하지 않았기 때문이다.〔不與諸侯專封〕"라는 내용이 있으므로 狄에게 멸망한 邢과 衛를 齊 桓公이 封建한 것을 기술한 것임을 알 수 있다.

注의 〔以宿〕에서 〔書卒〕까지

○ 解云 : 所傳聞의 시대에는 미약한 나라의 군주의 죽음에 대해서는 본디 經文에 적는 것이 합당하지 않다. 그렇지만 〈隱公 원년인〉 이 해에 "9월에 宋人과 宿에서 會盟하였다."라 한 것에 의하면 宿은 〈그 모임을 주최한〉 지역의 주인이므로 會盟에 참가했다는 것을 알 수 있다. 그런데 그 宿나라가 內國인 〈魯나라의〉 신분이 낮은 자와 회맹하였기 때문에 〈은공〉 8년에 이르러 관례를 바꿔 〈숙나라 군주의〉 죽음을 적어 은정을 드러내 보인 것이다. '국토를 가진 자에 대해 가상하게 여기는 것은 「褒」라 말한다.'라는 것은 작위를 올려주고 字를 기록하는 것을 이르니, 곧 儀父와 滕侯에 관한 일들이 그 예이다. '국토가 없는 자에 대해 나라를 세워주는 것을 「封」이라 말한다.'라는 것은 곧 邢과 衛를 봉해준 일들이 그 예이다.

【傳】 曷爲褒之아

왜 그를 표창하려고 했는가?

【注】 据功不見(현)이라

〈儀父의〉 공적이 드러나지 않은 것에 의거한 것이다.

【傳】 爲其與公盟也라

그가 隱公과 會盟하였기 때문이다.

【注】 爲其始與公盟이라 **盟者**는 **殺生歃血**[1]하여 **詛命相誓**하고 **以盟約束也**라 **傳不足(言)**[2]**託始者**는 **儀父比宿・滕・薛最在前**하여 **嫌獨爲儀父發始**하여 **下三國意**[3]**不見**(현)이라 **故顧之**라

1) 殺生歃血 : 犧牲을 죽여 그 피를 마신다는 뜻으로, 會盟할 때 행하는 의식이다. 희생은 살아 있는 말・소・개・닭 등 가축을 말한다. 그 피를 마시는 의미는 일단 체결한 맹약을 어길 경우 이 희생처럼 죽음을 감수하겠다는 각오를 다지기 위해서이다. 歃

血의 뜻은 '피를 마시다'로 풀이하는 것이 맞지만 사실은 그 피를 조금만 마시거나 혹은 입안에 머금거나 혹은 입가에 바르는 등의 행위를 포함하고 있다.
2) (言) : 저본에는 '言'이 있으나, 阮元의 〈校勘記〉에 의거하여 衍文으로 처리하였다.
3) 下三國意 : 아래에 기록된 宿·滕·薛 등 세 나라의 표창받을 만한 좋은 의지라는 뜻이다. 隱公 원년에 "9월에 宋人과 宿에서 會盟하였다.〔九月 及宋人盟于宿〕"라는 기록과 은공 11년에 "봄에 滕侯와 薛侯가 와서 朝見하였다.〔春 滕侯薛侯來朝〕"라는 기록이 있다.

그가 맨 처음으로 隱公과 會盟하였기 때문이다. 盟이란 犧牲을 죽여 그 피를 마시면서 서약문을 낭독하여 서로 맹세하고 그 맹세한 것을 서로 규제하는 것이다. 傳에서 문구를 갖추어 〈'始與'라고 말하여〉 '始'를 가탁하지 않은 것은, 儀父의 〈會盟이〉 宿과 滕·薛에 비해 앞에 있다고 하여 〈여기서 始라고 한다면〉 오직 儀父만을 위해 始라고 말한 것이 되어 아래 세 나라의 의지가 드러나지 않을 우려가 있으므로 이 점을 고려한 것이다.

【疏】 注'傳不'至'顧之' ○ 解云 : 此傳應言爲其始與公盟. 今不具其文句言始者, 若言始與公盟, 卽恐下(二)〔三〕[1]國不是始. 是以顧之, 不得具其文.

1) (二)〔三〕 : 저본에는 '二'로 되어 있으나, 阮元의 〈校勘記〉에 의거하여 '三'으로 바로잡았다.

注의 〔傳不〕에서 〔顧之〕까지

○ 解云 : 이곳의 傳은 마땅히 "그가 맨 처음으로 隱公과 會盟하였기 때문이다.〔爲其始與公盟〕"라고 말해야 한다. 그런데 지금 그 문구에 '始'라고 말하지 않은 것은 만약 맨 처음으로 은공과 회맹하였다고 말하게 되면 아래 세 나라는 처음이 아니라고 〈오해할〉 우려가 있다. 그래서 이 점을 고려하여 〈'始與'라고 말하여〉 그 문구를 갖출 수 없었던 것이다.

【傳】 與公盟者衆矣어늘 曷爲獨褒乎此아

隱公과 會盟한 자는 많은데, 왜 이 경우만을 표창하는가?

【注】 据戎·齊侯·莒人皆與公盟이라 傳不足託始라 故復(부)据衆也라

戎·齊侯·莒人이 모두 隱公과 會盟한 것을 감안한 말이다. 傳에서 〈문구를 갖추어 '始與'라고 말하여〉 '始'를 가탁하지 않았기 때문에 다시 〈은공과 회맹한 자가〉 많다는 것에 의거한 것이다.

【疏】 注'据戎'至'公盟' ○ 解云：二年秋八月"公及戎盟于唐", 六年夏"公會齊侯盟于艾", 八年秋"公及莒人盟于包來", 是也.

注의 〔据戎〕에서 〔公盟〕까지

○ 解云：隱公 2년 가을 8월에 "公이 戎과 唐에서 會盟하였다."라 하고, 은공 6년 여름에 "公이 齊侯와 艾에서 회맹하였다."라 하고, 은공 8년 가을에 "公이 莒人과 包來에서 회맹하였다."라고 한 것이 그 예이다.

【疏】 ○ 注'傳不足'至'衆也' ○ 解云：傳若鄉[1]者足其文句, 云道爲其始與公盟之時, 義勢卽盡矣, 道理不得復(부)言與公盟者衆矣, 曷爲獨褒乎此. 但上傳既無始與之文, 而得褒賞, 猶自可怪, 故更(갱)据衆難之. 云託始者, 言隱公實非受命之王, 但欲託之以爲始也.

1) 鄉：'嚮'과 통용한다.

○ 注의 〔傳不足〕에서 〔衆也〕까지

○ 解云：傳에서 만약 이전에 그 문구를 완전하게 하여 "그가 맨 처음으로 隱公과 會盟하였기 때문이다.〔爲其始與公盟〕"라고 말할 경우에는 말의 흐름이 멈춰 논리상 다시 이어서 "은공과 회맹한 자는 많은데, 왜 이 경우만을 표창하는가?〔與公盟者衆矣 曷爲獨褒乎此〕"라고 말할 수 없다. 다만 위 傳에 이미 '始與'라는 문구가 없는데도 표창을 한 것은 여전히 이해할 수 없기 때문에 다시 〈은공과 회맹한 자가〉 많다는 것을 근거로 의문을 제기하였다. '託始'라는 말은 은공이 실제로 天命을 받은 왕이 아니고 다만 은공에게 가탁하여 〈王道를〉 시작하려고 했다는 말이다.

【傳】 因其可褒而褒之라

표창할 만한 행위로 인해 표창한 것이다.

【注】 春秋王魯하여 (記)〔託〕[1]隱公以爲始受命王이라 因儀父先與隱公盟하여 可假以見(현)褒賞之法이라 故云爾라

1) (記)〔託〕：저본에는 '記'로 되어 있으나, 阮元의 〈校勘記〉에 의거하여 '託'으로 바로잡았다.

≪春秋≫는 魯나라를 왕의 나라로 간주해 隱公에게 가탁하여 처음 天命을 받은 王

者로 여기고 있다. 그래서 儀父가 맨 먼저 은공과 會盟한 것으로 인해 그 일을 빌려 포상하는 법을 나타낼 수 있기 때문에 이렇게 말한 것이다.

【傳】此其爲可褒는 **奈何**아 **漸進也**라

여기서 표창할 만한 행위라고 하는 것은 어떤 것인가? 그가 점점 선한 쪽으로 변해가는 일이다.

【注】漸者는 **物事之端**이 **先見**(현)**之辭**요 **去惡就善曰進**이라 **譬若隱公受命而王**하니 **諸侯有倡始先歸之者**면 **當進而封之**하여 **以率其後**라 **不言先者**는 **亦爲所褒者法**이니 **明當積漸**하여 **深知聖德灼然之後乃往**이요 **不可造次陷於不義**라

'漸'이란 어떤 사정의 단서가 먼저 나타나는 것을 표현하는 말이고, 惡을 떠나 善으로 나아가는 것을 '進'이라 말한다. 예를 들면 隱公이 天命을 받아 王者가 되었으니, 諸侯 중에 앞장서서 먼저 귀순하는 자가 있으면 마땅히 선으로 나아가는 것으로 인정하고 爵位를 〈더 올려〉 봉해 그 자로 하여금 뒤따르는 자를 인솔하게 해야 한다는 것과 같다. 〈'漸'이라 말하고〉 '先'이라 말하지 않는 것은 또한 표창할 때의 원칙이니, 마땅히 조금씩 움직여 왕자의 聖德이 뚜렷이 갖춰져 있는 것을 제대로 안 뒤에 〈왕자의 품으로〉 들어가야지, 잠시라도 의롭지 못한 쪽에 빠져서는 안 된다는 것을 밝힌 것이다.

【疏】注'漸者'至'之辭' ○ 解云：言物事之端者, 猶言物事之首也. 言先見(현)之辭者, 見讀如見其二子焉[1]之見也, 若公子陽生闖(틈)然[2]之類也. 云去惡就善曰進者, 言能去惡就善, 卽是行之進也.

1) 見其二子焉：≪論語≫ 〈微子〉에 보인다. 子路가 길을 가다가 隱者를 만나 앞서 간 孔子를 보았느냐고 물었는데, 그는 대답은 하지 않고 닭을 잡고 기장밥을 지어 대접하면서 '자기의 두 아들에게 자로를 뵙게 하였다.〔見其二子焉〕'고 한다. 이 문구는 '先見'의 '見'을 '현'으로 읽어야 한다고 설명하기 위해 인용한 것이다.

2) 公子陽生闖(틈)然：魯 哀公 6년(B.C. 489) 가을의 經文에 "齊나라 陳乞이 그의 군주 舍를 시해하였다.〔齊陳乞弑其君舍〕"라 한 곳의 傳에 보이는 내용의 일부이다. 陽生은 齊 景公의 嫡長子인데, 경공이 그를 놓아두고 작은 아들 舍를 태자로 세우려고 하면서 大夫 陳乞에게 의견을 묻자, 진걸이 그에 동의한 뒤에 양생을 외국으로 피신하게

하였다. 경공이 죽고 舍가 즉위한 뒤에 진걸이 양생을 데려와 자기 집에 숨겨두고는 조정의 대부들을 초청하여 자기가 만든 갑옷을 구경시켜주겠다고 하면서 포대 하나를 客廳으로 내왔다. 대부들이 주시하는 가운데 그 포대를 풀자, 사람 머리가 나타났는데 다름 아닌 양생이었다. 진걸이 그가 진정한 군주라고 말하니 대부들이 어쩔 수 없이 그를 향해 재배하고 군주로 받드는 한편, 그 자리에서 사람을 파견하여 舍를 시해하였다. 闖然은 사람 머리가 나타나는 모양이란 뜻이다.

注의 〔漸者〕에서 〔之辭〕까지

○ 解云 : '사정의 단서〔物事之端〕'라 말한 것은 '사정의 머리〔物事之首〕'라고 말하는 것과 같다. '먼저 나타나는 것을 표현하는 말〔先見之辭〕'이라 말한 것에 대해 말하자면 그 '見'은 발음이 "그의 두 아들에게 〈子路를〉 뵙게 하였다.〔見其二子焉〕"라고 한 '見'과 같으니, "公子 陽生의 머리가 나타났다.〔公子陽生闖然〕"라고 한 〈'闖然'의 의미와〉 같은 유이다. '악을 떠나 선으로 나아가는 것을 進이라 말한다.'라고 한 것은 능히 악을 떠나 선으로 나아가는 것이 곧 행실이 진보하는 것이라는 말이다.

【疏】注'不可'至'不義' ○ 解云 : 桓十五年夏"邾婁人・牟人・葛人來朝", 朝桓惡人而貶稱人, 夷狄之也者, 是其造次陷於不義矣.

○ 注의 〔不可〕에서 〔不義〕까지

○ 解云 : 桓公 15년 여름에 "邾婁人・牟人・葛人이 來朝하였다."라고 하였는데, 惡人인 桓公에게 來朝하였기 때문에 〈이 세 나라 군주를〉 폄하하여 '사람〔人〕'이라 칭하여 夷狄으로 취급하고 있는 것이 잠시라도 의롭지 못한 쪽에 빠진 사례이다.

【傳】眛者何아 地期也라

眛이란 무엇인가? 〈會盟할〉 장소가 정해진 것이다.

【注】會・盟・戰은 皆錄地라 其所期處는 重期也라 凡書盟者는 惡(오)之也라 爲其約誓大(태)甚하고 朋黨深背之하면 生患禍重하니 胥命於蒲를 善近正[1]이 是也라 君大夫盟例日은 惡(오)不信也라 此月者는 隱推讓以立하고 邾婁慕義而來相親信이라 故爲小信辭也라 大信者時니 柯之盟[2]이 是也라 魯稱公者는 臣子心所欲尊號其君父라 公者는 五等之爵最尊이라 王者探臣子心欲尊其君父하여 使得稱公이라 故春秋以臣子書葬者皆稱公하니라 于者는 於也라 凡以事定地者加于(例)[3]하고 以地定事者不加于(例)라

1) 胥命於蒲 善近正 : 이에 관한 설명은 아래 '注胥命至是也'의 '解云'에 보인다. 胥命은 구두로 서로 약속한다는 뜻으로서 희생을 죽여 그 피를 입가에 바르면서 神을 내걸고 서로 간에 신의를 다짐하는 盟約의 의례에 비해 간단하지만 인간 본연의 양심에 근간을 두어 진실성이 있으므로 ≪春秋≫는 이 방식을 높이 평가한다. 蒲는 衛나라 지명으로 지금의 河南 長垣縣 동쪽에 있었다.

2) 柯之盟 : 魯 莊公 13년(B.C. 681)의 經文에 "겨울에 莊公이 齊侯와 모여 柯에서 盟約을 맺었다.〔冬 公會齊侯盟于柯〕"라 하였는데, 그곳의 傳에 "왜 會盟한 날짜를 기록하지 않았는가? 분위기가 평이하여 믿을 만하였기 때문이다."라고 하였다. 齊 桓公이 이때의 맹약을 지켜 이전에 빼앗아간 魯나라의 토지를 반환하였다. 柯는 齊나라의 읍으로, 지금의 山東 陽谷縣 동쪽에 있었다.

3) (例) : 저본에는 '例'가 있으나, 阮元의 〈校勘記〉에 의거하여 衍文으로 처리하였다. 아래도 같다.

'會'·'盟'·'戰'에는 모두 그 장소를 기록하였다. 그 장소가 정해진 것은 그것이 정해지는 것을 중시하기 때문이다. 일반적으로 '盟'을 적는 것은 그것을 비판하고 있는 것이다. 〈神을 두고〉 엄숙히 盟約하고 그 뒤에 함께 맹약한 자가 크게 그것을 어기면 중대한 재앙이 생기기 마련이므로 "〈齊侯와 衛侯가〉 蒲에서 서로 구두로 약속하였다."라고 기록한 것을 正道에 가깝다고 좋게 여긴 것이 그 예이다. 魯나라의 군주나 大夫가 會盟할 때 일반적으로 날짜〔日〕를 기록하는 것은 신의가 없는 것을 비판한 것이다. 그런데 여기서 달〔月〕을 기록하고 있는 것은, 隱公은 군주의 자리를 양보할 의도를 지니고 즉위하였고 邾婁의 儀父는 그 도의를 흠모하여 찾아와서 서로 친애하고 믿었기 때문에 작은 신뢰에 해당한 표현을 한 것이다. 큰 신뢰가 보장되는 경우는 계절〔時〕을 기록하였으니, 柯에서의 盟約이 그 예이다.

노나라가 그 군주를 '公'이라고 칭하는 것은 臣子로서의 마음이 자기의 君父를 높여서 부르고 싶어 하기 때문이다. '公'은 다섯 등급의 작위 가운데 가장 높다. 王者는 신자로서의 마음이 자기의 군부를 높여서 부르고 싶어 한다는 것을 추리하여 '公'을 칭할 수 있게 하였다. 그러므로 ≪春秋≫가 신자의 입장에서 〈자기 군부의〉 장례를 적는 경우에는 모두 '公'을 칭하였다.

'于'는 '於'와 같다. 일반적으로 먼저 회맹하는 일을 약속하고 나중에 장소를 정해 회맹하는 경우에는 '于'를 기재하고, 먼저 장소를 정하고 나중에 회맹하는 일을 정하는 경우에는 '于'를 기재하지 않는다.

【疏】'眛者何' ○ 解云：春秋之始, 弟子未解地期之義, 故執不知問.

傳의 〔眛者何〕

○ 解云 : ≪春秋≫의 초기에 제자들은 아직 '地期'의 뜻을 이해하지 못했으므로 미심쩍은 점을 가지고 물은 것이다.

【疏】 ○ 注'凡書盟者惡之' ○ 解云：此言與公盟而得褒, 何言惡(오)者. 直善其慕新王之義而得褒, 豈善其盟乎.

○ 注의 〔凡書盟者惡之〕

○ 解云 : 여기서는 〈邾婁의 儀父가〉 隱公과 會盟한 것을 말하여 의보를 칭찬하였다. 그런데 왜 〈회맹을〉 비판하는 것이라고 말할 수 있는가? 그것은 다만 그가 새로 天命을 받은 王을 흠모한 것을 좋게 여겨 칭찬한 것일 뿐이니, 어찌 회맹 그 자체를 좋게 여긴 것이겠는가.

【疏】 ○ 注'胥命'至'是也' ○ 解云：卽桓三年"夏, 齊侯・衛侯胥命于蒲", 傳云"胥命者何. 相命也. 何言乎相命, 近正也. 此其爲近正奈何. 古者不盟, 結言而退", 是也.

○ 注의 〔胥命〕에서 〔是也〕까지

○ 解云 : 곧 桓公 3년의 經文에 "여름에 齊侯와 衛侯가 蒲에서 구두로 서로 약속하였다."라 한 곳의 傳에 "胥命이란 무엇인가? 구두로 서로 약속하는 것이다. 왜 구두로 서로 약속한 것을 말했는가? 正道에 가깝기 때문이다. 이것이 정도에 가까운 것은 어째서인가? 옛날에는 盟約을 하지 않고 구두로만 약속하고 물러났기 때문이다."라고 한 것이 그것이다.

【疏】 ○ 注'君大'至'信也' ○ 解云：言內君與大夫共他外盟之時, 其書日, 皆是惡(오)其不信也. 卽下二年"秋八月庚辰, 公及戎盟于唐", 文八年"冬十月壬午, 公子遂會晉趙盾(돈)盟于衡雍"之屬, 是也.

○ 注의 〔君大〕에서 〔信也〕까지

○ 解云 : 이것은 魯나라의 군주와 大夫가 다른 나라와 국외에서 會盟했을 때 그 날짜를 기록한 것은 모두 그 신의를 지키지 않은 것을 비판하고 있다는 것을 말한다. 곧 아래 隱公 2년의 "가을 8월 경진일에 公이 戎과 唐에서 會盟하였다."라고 한 것과 文

公 8년의 "겨울 10월 임오일에 公子 遂가 晉나라 趙盾과 모여 衡雍에서 盟約을 맺었다."라고 한 것들이 그 예이다.

【疏】 ○ 注'故爲小信辭也' ○ 解云：邾婁儀父歸于新王而見褒賞, 不爲大信者, 以下七年"秋, 公伐邾婁", 是其背信也, 功不足錄. 但假託以爲善, 故爲小信辭也.

○ 注의 〔故爲小信辭也〕

○ 解云：邾婁의 儀父는 새로 天命을 받은 王에게 귀순함으로써 포상을 받았으나, 〈그 會盟은〉 큰 신뢰가 보장되지 못한다는 것은 아래 隱公 7년에 "가을에 公이 邾婁를 공격하였다."라고 하였으니, 이는 〈주루가〉 배신했기 때문이다. 〈그래서 隱公과 회맹한〉 공적은 기록할 만한 가치가 그다지 없다. 다만 〈천명을 받은 왕에게 귀순한 것만을〉 임시로 평가하여 좋은 것으로 여겼기 때문에 작은 신뢰관계에 관한 말을 한 것이다.

【疏】 ○ 注'大信'至'是也' ○ 解云：卽莊十三年"冬, 公會齊侯盟于柯", 傳曰"桓公之信著乎天下, 自柯之盟始焉", 是也.

○ 注의 〔大信〕에서 〔是也〕까지

○ 解云：이것은 곧 莊公 13년에 "겨울에 莊公이 齊侯와 모여 柯에서 盟約을 맺었다."라 하고, 그 傳에 "桓公의 신의가 천하에 드러난 것은 柯에서 맹약을 맺은 그때부터이다."라고 한 것이 그것이다.

【疏】 ○ 注'故春'至'稱公' ○ 解云：謂以其臣子之辭書其葬者, 悉皆稱公, 卽桓十年"夏五月, 葬曹桓公", 僖四年秋, "葬許繆(목)公"之屬, 是也. 若然, 桓十七年秋八月"癸巳, 葬蔡桓侯", 不稱公者, 彼注云"稱侯者, 亦奪臣子辭也. 有賢弟而不能任用, 反疾害之, 而立獻舞, 國幾幷於蠻荊[1], 故賢季[2]抑桓稱侯, 所以起其事", 是也.

1) 立獻舞 國幾幷於蠻荊：獻舞는 蔡叔의 후예인 蔡 哀侯의 이름이다. 蠻荊은 楚나라를 가리킨다. 哀侯 11년(B.C. 684)에 息侯와 楚 文王의 계략에 걸려들어 초나라에 9년 동안 포로로 잡혀 있다가 죽었다.

2) 季：蔡 桓侯의 아우의 자이다. 그의 형 桓侯의 박해로 인해 陳나라로 가 피신해 있다가 형이 죽었다는 소식을 듣고 급히 귀국하여 3년 동안 형을 사모하였고 끝내 원망하는 마음이 없었다고 한다.

○ 注의 〔故春〕에서 〔稱公〕까지

○ 解云 : 이것은 臣子의 입장에서 하는 말로 그 군주의 장례를 적은 경우에는 모두 '公'을 칭하는 것을 말하니, 곧 桓公 10년의 "여름 5월에 曹 桓公을 장사지냈다."라 한 것과 僖公 4년 가을의 "許 繆公을 장사지냈다."라고 한 것들이 그 예이다. 그렇다면 환공 17년 가을 8월에 "계사일에 蔡 桓侯를 장사지냈다."라고 하여 '公'을 칭하지 않았는데, 〈그 이유는〉 그곳의 注에 "'侯'라고 칭하는 것은 신자의 입장에서 하는 말을 인정하지 않은 것이다. 현능한 아우가 있는데도 임용하지 못하고 도리어 그를 증오하고 박해하면서 獻舞를 후계자로 세움으로써 나라가 거의 蠻荊에 병탄된 것이나 다름없는 상태가 되었다. 이 때문에 季를 현능하게 여기고 桓侯를 내리눌러 '侯'라 칭한 것이니, 이렇게 함으로써 그 사정을 드러내고 있는 것이다."라고 한 것이 그것이다.

【疏】 ○ 注'凡以'至'(于例)〔加于〕[1]' ○ 解云 : 謂先約其事, 乃期于某處, 作盟會者加于. 卽僖二十八年夏五月"盟于踐土"之屬, 是也.

1) (于例)〔加于〕 : 저본에는 '于例'로 되어 있으나, 앞의 注에서 '例'를 衍文으로 처리한 阮元의 〈校勘記〉에 의거하여 '加于'로 바로잡았다. 아래도 같다.

○ 注의 〔凡以〕에서 〔加于〕까지

○ 解云 : 이것은 먼저 會盟 등의 일을 약속하고 나중에 어떤 장소를 정해 회맹하는 경우에는 〈經文에〉 '于'를 기재한다는 것을 말하고 있다. 곧 僖公 28년 여름 5월의 "踐土에서 會盟하였다."라 한 것들이 그 예이다.

【疏】 ○ 注'以地'至'(于例)〔加于〕' ○ 解云 : 言先在其地, 乃定盟會之事者, 不加于. 卽莊十九年"公子結媵陳人之婦于鄄, 遂及齊侯·宋公盟", 襄三年夏"六月, 公會單子·晉侯以下同盟于雞澤. 陳侯使袁僑如會. 叔孫豹及諸侯之大夫及陳袁僑盟"之屬, 是也.

○ 注의 〔以地〕에서 〔加于〕까지

○ 解云 : 이것은 먼저 어떤 장소에 가 있고 나중에 會盟하는 일을 정하는 경우에는 〈經文에〉 '于'를 기재하지 않는다는 것을 말하고 있다. 곧 莊公 19년에 "公子 結이 陳人(陳侯)의 부인으로 〈出嫁하는 사람을 위해 魯나라에서 내놓은〉 媵妾을 호송하던 중 鄄에 이르러 드디어 齊侯·宋公과 會盟하였다."라 하고, 襄公 3년 여름에 "6월에

公이 單子・晉侯……등과 모여 雞澤에서 盟約을 맺었다. 陳侯는 이 모임에 袁僑를 파견하였다. 叔孫豹와 諸侯의 大夫가 陳의 袁僑와 회맹하였다."라고 한 것들이 그 예이다.

夏五月에 鄭伯克段于鄢하다

여름 5월에 鄭伯이 段을 鄢에서 이겼다.

【傳】克之者何아

'克'이란 무슨 뜻인가?

【注】加之者는 問訓詁하고 幷問施于之爲라

'之'자를 붙인 것은 〈'克'자에 관한〉 訓詁를 묻고 아울러 '于'를 적고 있는 이유를 물은 것이다.

【疏】'克之者何' ○ 解云：欲言其殺, 而經書克, 欲言非殺, 克者大惡之文, 故執不知問.

傳의 〔克之者何〕

○ 解云：죽인 것이라고 말하자니 經에는 '克'으로 적혀 있고, 죽인 것이 아니라고 말하자니 '克'은 포악함을 강조하는 표현이기 때문에 미심쩍은 점을 가지고 물은 것이다.

【疏】○ 注'加之'至'之爲' ○ 解云：訓詁者, 卽不言殺而言克是也. 所以不直言克者何而幷言之者, 非直問其變殺爲克, 幷欲問其施于鄢之所爲矣. 而不答于鄢之意者, 欲下乃解爲當國, 故此處未勞解之. 弟子以其不答于鄢之意, 是以下文復云"其地何"以難之.

○ 注의 〔加之〕에서 〔之爲〕까지

○ 解云：이 '訓詁'란 곧 〈죽였다는 뜻인〉 '殺'을 말하지 않고 '克'을 말하고 있는 것을 가리킨다. 간단하게 '克者何'라 말하지 않고 '之'까지 아울러 말한 이유는 '殺'을 바꿔 '克'이라 한 것만 물은 것이 아니라, 아울러 '于鄢'을 적고 있는 이유를 묻고 싶었기 때문이다. 그런데도 '于鄢'의 의미에 관해 답변하지 않은 것은 아래 글에 '〈段의 위치가〉

국왕과 대등했기 때문이다.'라고 해석하고 싶었으므로 여기서는 애써 해석하지 않은 것이다. 弟子는 여기서 '于鄢'의 의미에 관해 답변을 해주지 않았기 때문에 아래 글에서 다시 "그 〈죽인〉 장소를 기록한 것은 어째서인가?〔其地何〕"라고 하여 의문을 제기한 것이다.

【傳】 殺之也라 **殺之**라면 **則曷爲謂之克**가 **大鄭伯之惡也**라

죽인 것이다. 죽였다면 왜 '克'이라 말했는가? 鄭伯의 포악함을 강조하기 위해서이다.

【注】 以弗克納으로 大郤缺之善이니 知加克大鄭伯之惡也라

'〈邾婁나라 도성으로〉 들여보내지 못했다〔弗克納〕'는 것으로 郤缺의 선행을 강조하였으니 〈여기서〉 '克'자를 쓴 것이 鄭伯의 포악함을 강조하기 위한 것임을 안 것이다.

【疏】 注'以弗'至'之善' ○ 解云 : 文十四年秋"晉人納接菑于邾婁, 弗克納", 傳云"其言弗克納何, 大其弗克納也", 是也.

注의 〔以弗〕에서 〔之善〕까지

○ 解云 : 文公 14년 가을에 "晉人이 接菑를 邾婁나라 도성으로 들여보내려 하였으나 들여보내지 못했다."라 한 곳의 傳에 "들여보내지 못했다고 말한 것은 무엇 때문인가? 들여보내지 못한 것을 강조하기 위해서이다."라고 한 것이 그것이다.

【傳】 曷爲大鄭伯之惡가

왜 鄭伯의 포악함을 강조하였는가?

【注】 據晉侯殺其世子申生[1]은 不加克以大之라

1) 晉侯殺其世子申生 : 晉侯는 晉 獻公을 말하고, 世子 申生은 獻公의 嫡妻인 齊姜의 아들이다. 진 헌공 21년(B.C. 656)에 신생의 계모 驪姬가 자기가 낳은 奚齊를 세자로 세우기 위해 신생이 제사 지내고 남은 음식에 독을 타 헌공에게 올렸다고 모함하였다. 누가 신생에게 스스로 억울함을 해명하라고 권하자 그러면 여희의 죄가 밝혀져 여희에게 의지하는 늙으신 군왕이 괴로워할 것이므로 차마 그렇게 못하겠다고 거절하였고, 또 누가 외국으로 도망갈 것을 권하자 그러면 결국 군왕에게 죄가 돌아가게

되고 이것은 군주에 대해 원한을 품은 것이 된다고 하면서 결국 자살하였다. 이 사건에 대해 ≪春秋≫ 經文에 "晉侯가 그의 세자 신생을 죽였다."라고 기록하였다.

"晉侯가 그의 세자 申生을 죽였다."라고 한 경우에는 '克'자를 써서 그 포악함을 강조하고 있지 않은 것에 의거한 것이다.

【疏】注'据晉'至'大之' ○ 解云 : 在僖五年春.

注의 〔据晉〕에서 〔大之〕까지

○ 解云 : 이 내용은 僖公 5년 봄의 經文에 있다.

【傳】母欲立之하고 己殺之라 如勿與而已矣라

어머니는 〈段을 군주로〉 세우려고 했고 자신은 그를 죽였다. 〈鄭伯의 행위는〉 그에게 나라를 넘겨주지 않는 정도에서 멈추는 것만 못하다.

【注】如卽不如니 齊人語也라 加克者는 有嫌也라 段無弟(又)〔文〕[1)]하니 稱君甚之不明이라 又段當國하니 嫌鄭伯殺之無惡이라 故變殺言克이라 明鄭伯爲人君하니 當如傳辭[2)] 不當自己行誅殺하고 使執政大夫當誅之라 克者詁爲殺이요 亦爲能이라 惡(오)其能忍戾母而親殺之라 禮에 公族有罪하여 有司讞(언)于公하면 公曰宥之하라하고 及三宥하여 不對하고 走出이라 公又使人赦之하면 以不及反命이라 公素服不擧하여 而爲之變이라 如其倫之喪하되 無服하고 親哭之라하니라

1) (又)〔文〕: 저본에는 '又'로 되어 있으나, 阮元의 〈校勘記〉에 의거하여 '文'으로 바로잡았다.

2) 傳辭 : 위 傳의 '如勿與而已矣'를 가리킨다. 이것은 '아우를 자기 손으로 죽이는 것보다는 차라리 그에게 나라를 넘겨주지 않는 정도에서 멈추는 것만 못하다.'라는 뜻이다.

傳의 '如'는 곧 不如와 같으니, 齊나라 사람의 방언이다. '克'자를 쓴 것은 마음에 헷갈리는 점이 있기 때문이다. 곧 段을 아우로 표현하는 글이 없으니, 군주를 칭하여 〈鄭伯이라고 쓰고 있어도 정백이 아우에 대해〉 너무했다고 하는 것이 분명치 않다. 또 段이 국왕과 대등했으니, 정백이 그를 죽이더라도 나쁠 것이 없다고 오해할 우려가 있다. 이 때문에 '殺'을 '克'으로 바꾼 것이다. 이것은 정백이 군주로 앉아 있으므로 마땅히 傳의 말처럼 자기가 誅殺을 행하지 말고 권력을 잡은 大夫가 주살하도록 했어

야 한다는 것을 밝힌 것이다. '克'은 殺(죽이다)의 의미이고 또 能(능하다)의 의미이기도 하다. 결국 그가 능히 잔인하게 어머니의 뜻을 거슬러 자기 손으로 段을 죽인 것을 증오한 것이다.

禮書(≪禮記≫ 〈文王世子〉)에 "公族이 죄를 범하여 有司가 군주에게 고하면 군주는 그 죄를 감형해주라 말하고, 군주가 감형해주라고 세 번째로 말하면 유사는 대답하지 않고 달려가서 〈甸人에게 형을 집행하게 한다.〉 군주가 또 使者를 보내 그를 용서해주라고 말하면 〈유사가〉 이미 처형하여 미칠 수 없다고 復命한다. 군주는 素服으로 바꿔 입고 반찬가짓수를 줄임과 동시에 음악을 쉼으로써 그를 위해 〈일상생활의 형식을〉 바꾼다. 그 公族의 親疏에 상응하는 상례를 따르되 弔服을 입지 않고 〈異姓의 사당에 조문하는 자리를 만들고〉 素服 차림으로 곡한다."라고 하였다.

【疏】 注'明鄭'至'誅之' ○ 解云：鄭伯爲人君之法, 當如傳辭, 不與其國而已, 不宜忍戾其母而親殺之. 其誅之者, 自是執政大夫之事.

注의 〔明鄭〕에서 〔誅之〕까지

○ 解云：鄭伯이 군주로서 취해야 할 법도는 마땅히 傳의 말처럼 나라를 넘겨주지 않는 정도에서 그만둬야지, 잔인하게 어머니의 뜻을 거슬러 자기 손으로 段을 죽이는 일은 해서는 안 되는 것이다. 段을 誅殺하는 것은 당연히 권력을 잡은 大夫가 수행해야 할 일이다.

【疏】 ○ 注'禮公'至'哭之' ○ 解云[1)]：皆出文王世子也. 其文云"公族有罪, 獄成, 有司讞于公. 其死罪, 則曰'某之罪在大辟', 其刑罪, 則曰'某之罪在小辟',[2)] 公曰'宥之', 有司又曰'在辟', 公又曰'宥之', 有司又曰'在辟'. 及三宥, 不對, 走出, 致刑于甸人[3)],[4)] 公又使人追之曰'雖然, 必赦之', 有司對曰'無及也'.[5)] 反命于公,[6)] 公素服不擧, 爲之變, 如其倫之喪, 無服,[7)] 親哭之[8)]", 是也.

1) 해당 문단의 역주에 '原注'로 표기한 내용은, 본래 저본과 北京大本에 특별한 구분 없이 원문과 함께 나열되어 있다. 그러나 그 내용이 ≪禮記≫ 〈文王世子〉 각 句文에 대한 鄭玄의 부연 설명이므로 독자의 이해를 돕기 위해 이처럼 편집하였다.
2) 〔原注〕 彼注云 讞之言은 白也라
저곳(≪禮記≫) 鄭玄의 注에 "讞이란 말은 고한다는 뜻이다."라 하였다.
3) 甸人：관직명으로, 田野에 관한 일과 公族의 사형을 집행하는 일을 관장한다.

4)〔原注〕注云 對는 答也라 先者에 君每言宥則答之하니 以將更宥之라 至于三하여는 罪定하여 不復答하고 走往刑之하니 爲君之恩無已라

鄭玄의 注에 "對는 대답한다는 뜻이다. 처음에는 군주가 감형해주라고 말할 때마다 大辟에 해당된다고 대답하니, 그것은 군주가 거듭 감형하려 했기 때문에 대답한 것이다. 세 번째가 되면 그 죄가 확정되었다고 해서 더 이상 대답하지 않고 달려 나가 사형을 집행하니, 이는 군주의 恩情에는 끝이 없기 때문이다."라 하였다.

5)〔原注〕注云 罪旣正하여 不可宥어늘 乃欲赦之는 重刑殺其類也라

鄭玄의 注에 "죄가 이미 확정된 이상 감형은 할 수 없다. 그래도 군주가 용서해주려는 것은 자기 친족을 처형하기를 꺼리기 때문이다.'라 하였다.

6)〔原注〕注云 白已刑殺이라

鄭玄의 注에 "처형이 끝났음을 고하는 것이다."라 하였다.

7)〔原注〕注云 素服은 於凶事爲吉하고 於吉事爲凶하니 非喪服也라 君雖不服臣이나 卿大夫死엔 則皮弁錫衰①以居하고 往弔엔 當事則弁絰②이라 於士③蓋疑衰④하니 同姓則緦衰⑤以弔之라 今無服者는 不往弔也라 倫은 謂親疏之比也라 素服亦皮弁矣라

① 皮弁錫衰 : 皮弁은 사슴의 가죽으로 만든 고깔이고 錫衰는 올이 가는 삼베로 만든 상복이다.

② 弁絰 : 흰 고깔에 삼베로 된 絰을 씌운 것으로, 喪中에 쓰는 관이다.

③ 士 : 여기서는 周代에 지위가 비교적 낮은 관직명이다. 이것은 또 上士・中士・下士 세 등급으로 구분된다. 춘추 때는 대부분 卿・大夫의 家臣으로 재직하였다.

④ 疑衰 : 왕이 大夫나 士의 상례에 참가할 때 입는 상복이다. 疑는 擬와 통하고 衰는 縗와 통한다. 吉服에 빗댄 상복이란 뜻이다.

⑤ 緦衰 : 왕이 제후의 상례에 참가할 때 입는 상복이다. 올이 굵은 삼베로 만든다.

鄭玄 注에 "素服은 凶事에는 吉을 나타내고 吉事에는 凶을 나타내는 것으로, 喪服은 아니다. 군주가 신하의 喪事에는 그것을 입지 않지만 卿・大夫가 죽은 경우는 皮弁과 錫衰차림으로 지내고, 밖에 나가 조문하거나 장례식에 참가할 때는 弁絰을 착용한다. 士가 죽은 경우는 대체로 疑衰를 착용하는데, 同姓이면 緦衰를 착용하고 조문한다. 여기서 弔服을 입지 않는다는 것은 조문을 나가지 않는 것이다. '倫'이란 親疏의 정도가 같은 것을 이른다. 素服의 경우도 皮弁을 착용한다."라 하였다.

8)〔原注〕注云 不往弔하고 爲位哭之而已니 君於臣에 使有司哭之라

鄭玄의 注에 "조문을 나가지 않고 位牌를 만들어 哭을 할 뿐이다. 군주는 신하〈의 죽음〉에 대해 有司로 하여금 哭을 하도록 한다."라 하였다.

○ 注의 〔禮公〕에서 〔哭之〕까지

○ 解云 : 모두 ≪禮記≫ 〈文王世子〉에 나오는 내용이다. 그 문장에 "公族이 죄를 범

하여 죄상이 확정되면 有司가 군주에게 고하되 사형죄에 해당될 경우는 '아무개의 죄는 大辟(사형)에 해당된다.'라 하고, 그 이외 형법을 범한 죄의 경우는 '아무개의 죄는 小辟(사형 이외의 형벌)에 해당된다.'라고 한다. 그러면 군주는 '감형해주라.' 하고, 有司가 또 '大辟에 해당된다.'고 말하면 군주는 또 '감형해주라.' 하며, 유사가 또 '대벽에 해당된다.'고 말한다. 군주가 감형해주라고 세 번째로 말하면 〈유사가〉 그에 대답하지 않고 달려 나가 甸人에게 사형을 집행하게 한다. 군주는 또 使者에게 뒤따라가 '비록 그렇더라도 꼭 좀 용서해주라.'고 말하게 하면 유사는 '이미 늦었다.'고 대답하고 군주에게 復命한다. 군주는 素服으로 바꿔 입고 반찬가짓수를 줄임과 동시에 음악을 쉼으로써 그를 위해 〈일상생활의 형식을〉 바꾼다. 그 공족의 親疏에 상응하는 상례를 따르되 조복을 입지 않고 직접 哭하는 의식을 행한다."라고 하였으니, 그것이다.

【傳】段者何아 **鄭伯之弟也**라

段이란 누구인가? 鄭伯의 아우이다.

【注】殺母弟라 故直稱君이라

동복아우를 죽였기 때문에 직접 군왕을 칭하여 〈鄭伯이라 쓰고 있는 것이다.〉

【疏】'段者何' ○ 解云：欲言世子母弟, 無世子母弟之文, 欲言大夫, 復目鄭伯以殺, 故執不知問.

傳의 〔段者何〕

○ 解云：세자의 동복아우라고 말하자니 세자의 동복아우를 나타내는 글이 없고, 大夫라고 말하자니 또 〈經文에〉 鄭伯을 지목하여 그가 段을 죽인 것으로 되어 있기 때문에 미심쩍은 점을 가지고 물은 것이다.

【傳】何以不稱弟아

왜 아우라고 칭하지 않았는가?

【注】据天王殺其弟年夫稱弟라

'天王이 그의 아우 年夫를 죽였다.'라는 기사에 '弟'라 칭하는 것에 의거한 것이다.

【疏】注'据天'至'稱弟' ○ 解云 : 在襄三十年夏.

注의 〔据天〕에서 〔稱弟〕까지

○ 解云 : 이 내용은 襄公 30년 여름의 經文에 있다.

【傳】當國也라

〈段의 위치가〉 국왕과 대등했기 때문이다.

【注】欲當國爲之君이라 故如其意하여 使如國君하여 氏上鄭[1]하니 所以見(현)段之逆이라

1) 氏上鄭 : 鄭伯의 아우인 共叔段을 鄭段이라 부른다는 것이다. 上鄭은 위 '鄭伯克段于鄢'의 '鄭'이란 뜻이다.

〈段의 세력이〉 국왕과 대등하여 〈鄭나라의〉 군주가 되려고 했기 때문에 그 의도대로 국가의 군주인 것처럼 위의 '鄭'을 氏로 삼았던 것이니, 이것은 段의 반역을 나타내기 위해서이다.

【傳】其地何아

그 〈죽인〉 장소를 기록한 것은 어째서인가?

【注】据齊人殺無知不地라

'齊人이 無知를 죽였다.'라는 기사에는 장소를 기록하지 않은 것에 의거한 것이다.

【疏】注'据齊'至'不地' ○ 解云 : 卽莊九年"春, 齊人殺無知", 是也.

注의 〔据齊〕에서 〔不地〕까지

○ 解云 : 곧 莊公 9년에 "봄에 齊人이 無知를 죽였다."라 한 것이 그것이다.

【傳】當國也라 齊人殺無知엔 何以不地아

이 또한 국왕과 대등했기 때문이다. 齊人이 無知를 죽였을 때는 왜 장소를 기록하지 않았는가?

【注】据俱欲當國也라

둘 다 국왕과 대등하려고 했던 것에 의거한 것이다.

【傳】在內也라 在內엔 雖當國不地也라

〈그것은 無知가〉 도성 안에 있었기 때문이다. 도성 안에 있을 때는 비록 국왕과 대등한 자라 하더라도 장소를 기록하지 않는다.

【注】其不當國而見殺者는 當以殺大夫書하여 無取於地也라 其當國者가 殺於國內엔 禍已絶이라 故亦不地라

국왕과 대등하지 않은데도 살해된 자의 경우는 마땅히 일반 大夫를 죽인 경우에 적는 방식을 적용하므로 장소를 기록하는 방식을 취하지 않는다. 국왕과 대등한 자가 도성 안에서 살해된 경우에는 화가 확대될 우려가 이미 사라졌으므로 그 또한 장소를 기록하지 않는 것이다.

【傳】不當國이어든 雖在外亦不地也라

국왕과 대등하지 않았다면 비록 도성 밖에 있더라도 그 또한 장소를 기록하지 않는다.

【注】明當國者在外라야 乃地爾라 爲其將交連隣國하여 復爲內難이라 故錄其地하여 明當急誅之라 不當國이어든 雖在外라도 禍輕이라 故不地也라 月者는 責臣子不以時討니 與殺州吁同例라 不從討賊辭者는 主惡以失親親이라 故書之라

국왕과 대등한 자가 도성 밖에 있는 경우라야 비로소 장소를 기록한다는 것을 밝힌 것이다. 〈그가 도성 밖에 있으면〉 장차 이웃 나라와 결탁하여 또다시 국난을 초래할 우려가 있기 때문에 그 장소를 기록하여 마땅히 다급하게 誅殺해야 함을 밝힌 것이다. 국왕과 대등하지 않았다면 비록 도성 밖에 있더라도 그 화가 경미하기 때문에 그 장소를 기록하지 않는 것이다. 〈'五月'이라고〉 달〔月〕을 말하고 있는 것은 臣子가 제때에 토벌하지 않은 것을 책망한 것이니, '殺州吁(州吁를 죽였다.)'의 경우와 같은 형식이다. 역적을 토벌했다는 표현을 따르지 않은 것은 군주가 포악하여 친족을 친애하는 도리

를 잃었기 때문이다. 그래서 이렇게 적은 것이다.

【疏】 注'明當'至'地爾' ○ 解云：下四年"九月，衛人殺州吁于濮"，及此，皆是也.

注의 〔明當〕에서 〔地爾〕까지

○ 解云：아래 〈隱公〉 4년에 "9월에 衛人이 州吁를 濮에서 죽였다."라 한 것과 이곳이 모두 그 예이다.

【疏】 ○ 注'不當'至'地也' ○ 解云：昭四年"秋七月，楚子云云伐吳. 執齊慶封殺之"，昭八年夏"楚人執陳行人于徵師殺之"，皆是也.

○ 注의 〔不當〕에서 〔地也〕까지

○ 解云：昭公 4년에 "가을 7월에 楚子……가 吳나라를 공격하였다. 齊나라의 慶封을 체포하여 그를 죽였다."라 한 것과 昭公 8년 여름에 "楚人이 陳나라의 行人인 于徵師를 체포하여 그를 죽였다."라고 한 것이 모두 그 예이다.

【疏】 ○ 注'月者'至'同例' ○ 解云：下四年"九月，衛人殺州吁"之下注云"討賊例時，此月者，久之也".

○ 注의 〔月者〕에서 〔同例〕까지

○ 解云：아래 〈隱公〉 4년의 "9월에 衛人이 州吁를 죽였다."라고 한 곳의 아래 注에 "賊을 토벌하는 경우는 일반적으로 계절〔時〕을 기록한다. 이곳에 달을 기록한 것은 〈토벌하는 시일이〉 길었기 때문이다."라고 하였다.

【疏】 ○ 注'不從'至'書之' ○ 解云：若作討賊辭，當稱人以討，如齊人殺無知然. 今不如此者，經本主爲惡鄭伯失親親而書，故曰鄭伯而不稱人也.

○ 注의 〔不從〕에서 〔書之〕까지

○ 解云：만약 역적을 토벌했다는 표현을 글로 쓴다면 마땅히 '人'을 칭하여 토벌한 〈내용을 기록하기를〉 '齊人이 無知를 죽였다.'라고 한 것처럼 했어야 한다. 그런데 지금 이와 같이 하지 않은 이유는 經은 본디 鄭伯이 친족을 친애하는 도리를 잃은 것을 나쁘게 쓰려고 했기 때문이다. 그래서 '鄭伯'이라 말하고 '人'을 칭하지 않은 것이다.

秋七月에 天王使宰咺(훤)來歸(궤)[1]惠公仲子之賵(봉)[2]하다

1) 來歸(궤) : 물건을 보내오는 것이다. 歸는 饋(궤)와 통용한다.
2) 賵(봉) : 장례를 도와주기 위해 喪家에 보내는 물건이란 뜻인데, 수레와 말, 비단 등을 주로 사용한다. 물건이 아닌 재물이나 돈을 보내는 것은 '賻'라고 한다.

가을 7월에 天王(周 平王)이 宰咺을 파견하여 惠公과 仲子의 喪禮에 쓸 賵을 보냈다.

【傳】 宰者何아 官也라

宰란 무엇인가? 관직이다.

【注】 以周公加宰하여 知爲官也라

周公의 경우에 宰가 덧붙여진 것으로 인해 관직임을 알 수 있다.

【疏】 '宰者何' ○ 解云 : 以其言宰與周公同, 疑宰爲官, 以其言名又與宰周公[1]異, 復(부)疑非官, 故執不知問.

1) 宰周公 : 周 襄王 때 大夫 宰孔을 말한다. 宰는 천자를 보좌하여 정권을 관장하는 관직이고 周는 그의 采邑이다.

傳의 〔宰者何〕

○ 解云 : 宰를 말하는 것은 周公의 경우와 같으므로 宰는 관직일 것으로 의심할 수 있고, 이름을 말하는 것은 또 '宰周公'의 경우와 다르므로 또 관직이 아닐 것으로 의심할 수 있기 때문에 미심쩍은 점을 가지고 물은 것이다.

【疏】 ○ 注'以周'至'官也' ○ 解云 : 僖九年"夏, 公會宰周公已下于葵丘", 是也.

○ 注의 〔以周〕에서 〔官也〕까지

○ 解云 : 僖公 9년에 "여름에 公이 宰周公……과 葵丘에서 회합하였다."라고 한 것이 그것이다.

【傳】 咺者何아 名也라

咺이란 무엇인가? 이름이다.

【注】 別何之者는 以有宰周公하여 本嫌宰爲官이라

〈宰와 咺을〉 나누어 묻고 있는 것은 '宰周公'의 사례가 있으므로 '宰'가 〈咺의〉 관직일까 헷갈릴 우려가 원래 있기 때문이다.

【疏】 '咺者何' ○ 解云 : 繫宰, 是官, 言名又卑稱, 故執不知問.

傳의 〔咺者何〕

○ 解云 : '宰'가 붙어 있으니 이것은 관직이고, 이름을 말한 것은 또 낮추어 칭하는 호칭이므로 미심쩍은 점을 가지고 물은 것이다.

【疏】 ○ 注'別何'至'爲官' ○ 解云 : 所以不言宰咺者何而別何之者, 正以周公加宰, 爲周公身上官, 故別何之令相遠. 若然, 上注云"以周公加宰, 知爲官", 而此注又云"本嫌宰爲官"者, 言宰周公, 宰爲周公身上官. 今此言宰咺, 亦嫌宰爲咺之身上官也. 不謂二注異. 宰(卽)〔旣〕[1]非咺之身上官, 而繫宰言之者, 次士以官錄, 言其是宰下之士故也.

1) (卽)〔旣〕: 저본에는 '卽'으로 되어 있으나, 阮元의 〈校勘記〉에 의거하여 '旣'로 바로잡았다.

○ 注의 〔別何〕에서 〔爲官〕까지

○ 解云 : '宰咺이란 무엇인가?〔宰咺者何〕'라고 말하지 않고 〈宰와 咺을〉 나누어 '무엇이냐?〔何之〕'고 물은 이유는 곧 周公 위에 宰가 덧붙여져 있는 것은 주공 자신의 관직이기 때문이다. 그래서 나누어 '무엇이냐?'고 물어 〈宰와 咺이〉 서로 다름을 보인 것이다. 그렇다면 앞의 注에 "주공의 경우에 宰가 덧붙여진 것으로 인해 관직임을 알 수 있다."고 해놓고 여기의 注에 또 "'宰'가 〈咺의〉 관직일까 헷갈릴 우려가 원래 있기 때문이다."라고 하는 것은 〈무슨 이유인가?〉 '宰周公'이라고 말할 때의 宰는 주공 자신의 관직인데, 지금 여기서 '宰咺'이라고 말하면 이 宰도 咺 자신의 관직으로 헷갈릴 수 있다는 것이다. 이 두 注는 서로 다르다고 말할 수 없다. 宰가 이미 咺 자신의 관직이 아닌데 宰 밑에 咺을 붙여 말하고 있는 것은, 次士(中士)를 관직으로 기록하는 것이며 그것은 宰 밑에 속하는 士를 말하기 때문이다.

【傳】 曷爲以官氏아

왜 관직을 氏로 삼았는가?

【注】 据石尙이라

石尙의 경우에 의거한 것이다.

【疏】 注'据石尙' ○ 解云：定十四年秋"天王使石尙來歸(궤)脤", 石尙亦是士, 而不以官錄之, 故以爲難也.

注의 〔据石尙〕

○ 解云：定公 14년의 가을에 "天王(周 敬王)이 石尙을 파견하여 제사에 사용할 고기를 보냈다."라 하였는데, 석상 또한 士인데도 관직으로 기록하지 않았기 때문에 이것으로 질문한 것이다.

【傳】 宰士也라

宰에 속하는 士이기 때문이다.

【注】 天子上士以名氏通하고 中士以官錄하고 下士略稱人이라

천자의 上士는 이름과 氏로 통용되고 中士는 관직으로 기록하고 下士는 간략하게 人을 칭한다.

【疏】 注'天子'至'稱人' ○ 解云：天子上士以名氏通者, 卽"石尙來歸脤", 是也. 云中士以官錄者, 言以所繫之官錄之, 卽此是也. 云下(言)〔士〕[1]略稱人者, 卽僖八年春"公會王人以下盟于洮", 是也.

1) (言)〔士〕：저본에는 '言'으로 되어 있으나, 萬曆本·殿本 및 문맥에 의거하여 '士'로 바로잡았다.(北京大本 참조)

注의 〔天子〕에서 〔稱人〕까지

○ 解云：천자의 上士는 이름과 氏로 통용된다는 것은 곧 "石尙을 파견하여 제사에 사용할 고기를 보냈다."는 것이 그 예이다. 中士는 관직으로 기록한다는 것은 이름을 아래에 붙인 관직으로 기록하는 것이니, 곧 여기의 경우가 그 예이다. 下士는 간략하게 人을 칭한다는 것은 곧 僖公 8년에 "公이 王人……과 모여 洮에서 맹약을 맺었다."라고 한 것이 그 예이다.

【傳】惠公者何아 隱之考也라

惠公이란 누구인가? 隱公의 考이다.

【注】生稱父하고 死稱考하고 入廟稱禰(녜)라

살아 있는 동안에는 '父'라 칭하고, 죽은 뒤에는 '考'라 칭하고, 사당에 들어가면 '禰'라 칭한다.

【疏】'惠公者何' ○ 解云：春秋從隱至哀, 魯無惠公, 歸(궤)賵言來, 故執不知問.

傳의〔惠公者何〕

○ 解云：≪春秋≫는 隱公에서 哀公까지 魯나라에 惠公이 없는데도 〈혜공의 喪禮에 쓸〉 賵을 보내면서 '來'를 말했으므로 미심쩍은 점을 가지고 물은 것이다.

【疏】○ 注'生稱父' ○ 解云：卽下曲禮云"生曰父", 是也. 廣雅云"父者, 矩也."[1] 以法度威嚴於子, 言能與子作規矩, 故謂之父.

1) 廣雅云父者 矩也：≪廣雅≫ 권6 〈釋親〉에 "父는 규범이란 뜻이다.〔父 榘也〕"라 하고 ≪白虎通義≫ 권下 〈德論下 三綱六紀〉에는 "父란 규범이란 뜻이다. 법도로 자식을 가르치는 것이다.〔父者 矩也 以法度教子〕"라고 하였다.

○ 注의〔生稱父〕

○ 解云：곧 ≪禮記≫ 〈曲禮 下〉에 "살아 있는 동안에는 '父'라 한다."라 한 것이 그것이다. ≪廣雅≫에는 "父란 규범이다."라 하였다. 이는 법도로 자식에게 위엄을 보인다는 뜻이니, 자식을 위해 규범이 되는 일을 할 수 있기 때문에 그를 '父'라 한다는 말이다.

【疏】○ 注'死稱考' ○ 解云：卽下曲禮曰"死曰考", 是也. 周書謚法"大慮行節曰考[1]". 爾雅云"考, 成也." 言有大慮行節之度量, 堪成以下之法, 故謂之考. 鄭注曲禮云"考, 成也. 言其德之成也." 義亦通於此.

1) 周書謚法 大慮行節曰考：≪周書≫는 唐나라 令狐德棻(583~666)이 편찬한 것으로 모두 50권인데, 원본은 北宋 초기에 이미 훼손되었다. 현존하는 ≪逸周書≫ 〈謚法解〉

에는 '大慮行節曰孝'라 하여 '考'가 '孝'로 되어 있다.

○ 注의 〔死稱考〕

○ 解云 : 곧 ≪禮記≫ 〈曲禮 下〉에 "죽은 뒤에는 '考'라 한다."라 한 것이 그것이다. ≪周書≫ 〈諡法〉에 "사려가 깊고 절개를 지킨 것을 '考'라 한다."라 하고, ≪爾雅≫ 〈釋詁 下〉에는 "考는 이룬다는 뜻이다."라고 하였다. 이것은 사려가 깊고 절개를 지키는 도량을 지녀 충분히 손아랫사람이 본받을 만한 법도를 이루었기 때문에 '考'라 한다는 말이다. 鄭玄은 〈곡례 하〉의 注에 "考는 이룬다는 뜻이니, 그의 덕이 완성된 것을 말한다."라고 하였으니, 그 뜻이 이곳에서도 통용된다.

【疏】 ○ 注'入廟稱禰' ○ 解云 : 卽襄十二年左傳曰"同族[1]於禰廟", 是也. 舊說云"禰字示傍爾[2], 言雖可入廟, 是神示猶自最近于己, 故曰禰."

1) 同族 : 여기서는 高祖의 혈통을 말한다.
2) 示傍爾 : 示 곁에 爾가 있다는 뜻으로, '禰'자를 분해한 것이다. 示는 神이라는 뜻이고, 爾는 邇와 통용한다.

○ 注의 〔入廟稱禰〕

○ 解云 : 곧 ≪春秋左氏傳≫ 襄公 12년에 "동족의 제사는 禰廟에서 거행한다."라 한 것이 그 예이다. 이전에 전해오는 말에 "'禰'자는 示 곁에 爾가 붙어 있으니, 비록 사당에 들어가는 존재이긴 해도 이 신령은 가장 자기와 가깝기 때문에 '禰'라고 말한다."라고 하였다.

【傳】 仲子者何아 桓之母也라

仲子란 누구인가? 桓公의 어머니이다.

【注】 以無諡也라 仲字요 子姓이라 婦人以姓配字는 不忘本也요 因示不適同姓이라 生稱母하고 死稱妣라

시호가 없기 때문이다. 仲은 字이고, 子는 姓이다. 부인이 姓을 字에 붙이는 것은 본국을 잊지 않는다는 것을 나타내는 것이고 아울러 同姓에게 시집가지 않았다는 것을 보여주는 것이다. 살아 있는 동안에는 '母'라 칭하고, 죽은 뒤에는 '妣'라 칭한다.

【疏】'仲子者何' ○ 解云 : 正以上不見仲子卒文, 而得歸(궤)賵, 故執不知問.

傳의 〔仲子者何〕

○ 解云 : 곧 윗글에 仲子가 卒했다는 글이 보이지 않는데 〈喪禮에 쓸〉 賵을 보냈기 때문에 미심쩍은 점을 가지고 물은 것이다.

【疏】○ 注'以無諡也' ○ 解云 : 凡春秋之義, 妾子爲君者, 其母得稱諡, 卽文公九年冬"秦人來歸(궤)僖公成風之襚[1]", 是也. 今桓未爲君, 故其母不得稱諡也. 是以見其不稱諡, 卽知桓之母也.

1) 成風之襚 : 成風은 莊公의 첩이자, 僖公의 어머니이다. 襚는 殮襲할 때 시체에 입히는 옷인 壽衣이다.

○ 注의 〔以無諡也〕

○ 解云 : 대체로 ≪春秋≫의 이념으로는 첩의 아들이 군주가 된 경우 그의 어머니는 시호를 칭하는 것이니, 곧 文公 9년의 겨울에 "秦人이 와서 僖公과 成風의 襚를 주었다."라고 한 것이 그것이다. 지금의 경우는 桓公이 아직 군주가 되지 않았기 때문에 그의 어머니는 시호를 칭할 수 없었던 것이다. 그래서 시호를 칭하지 않은 것을 보면 곧 환공의 어머니임을 알게 되는 것이다.

【疏】○ 注'仲字'至'同姓' ○ 解云 : 字者, 本國所加, 故稱字見(현)其不忘本國也. 所以稱姓者, 示不適同姓矣.

○ 注의 〔仲字〕에서 〔同姓〕까지

○ 解云 : 字는 자기 본국에서 붙일 수 있는 것이기 때문에 字를 칭함으로써 본국을 잊지 않을 것임을 보여주는 것이다. 姓을 칭하는 이유는 同姓에게 시집가지 않았다는 것을 보여주기 위해서이다.

【疏】○ 注'生稱'至'稱妣' ○ 解云 : 卽下曲禮云"生曰父曰母, 死曰考曰妣", 是也.

○ 注의 〔生稱〕에서 〔稱妣〕까지

○ 解云 : 곧 ≪禮記≫ 〈曲禮 下〉에 "살아 있는 동안에는 '父'라 하고 '母'라 하며, 죽은 뒤에는 '考'라 하고 '妣'라 한다."라고 한 것이 그것이다.

【疏】○ 問曰：考與妣是死稱，父與母是生稱．惠公仲子之卒俱在春秋前，何故此傳惠公言隱之考，擧死名，仲子言桓之母，擧生名乎．○ 答曰：仲子已葬訖之後，實合擧死稱，但禮家本意，母死曰妣者，比於父之義也，故鄭彼云"妣之言媲，媲于考也"．但仲子是妾，桓未爲君，其母不得爲夫人，卑不得比于父，故還以母言之．

○ 問曰：考와 妣는 죽은 뒤의 호칭이고, 父와 母는 살아 있는 동안의 호칭이다. 惠公과 仲子가 卒한 것은 모두 ≪春秋≫ 이전에 있었던 일인데, 무엇 때문에 여기의 傳에 혜공에게는 '隱公의 考'라 말하여 죽은 뒤의 호칭을 사용하고 중자에게는 '桓公의 어머니'라고 말하여 살아 있는 동안의 호칭을 사용하였는가?

○ 答曰：중자는 이미 장례가 끝난 뒤이므로 사실 죽은 뒤의 호칭을 사용하는 것이 합당하다. 다만 예법을 다루는 사람의 본래 생각에 의하면, 어머니가 죽은 뒤에 妣라고 말하는 것은 아버지와 어깨를 나란히 겨룬다는 의미이다. 그러므로 鄭玄이 그 注에 "妣라는 말은 배필이란 뜻이니, 考에게 배필이 된다는 것이다."라고 하였다. 다만 중자는 첩이고 환공은 아직 군주가 되지 않았으므로 그의 어머니도 夫人이라 할 수 없고 신분이 낮아 아버지와 어깨를 나란히 겨룰 수 없다. 이 때문에 여전히 '母'라는 호칭을 사용한 것이다.

【傳】何以不稱夫人가

왜 夫人이라 칭하지 않았는가?

【注】此難生時之稱也라 据秦人來歸僖公成風之襚에 成風稱謚어늘 今仲子無謚하여 知生時不稱夫人이라

이것은 살아 있을 때의 호칭을 문제 삼은 것이다. "秦人이 와서 僖公과 成風의 襚를 주었다."라고 한 경우에 성풍은 시호를 칭하였는데, 지금 仲子는 시호가 없으므로 살아 있을 때 夫人이라 칭하지 않았던 것을 알 수 있는 것에 의거한 것이다.

【疏】注'此難'至'稱也' ○ 解云：文九年冬"秦人來歸僖公成風之襚"，擧風之謚．案經成風生時，(傳)〔得〕[1]稱夫人．何者，禮，妾賤不得有謚故也．今仲子不擧謚，不與成風同，明生時不得稱夫人可知，故傳家遙難之．

1) (傳)〔得〕：저본에는 '傳'으로 되어 있으나, 여기서는 그 의미가 분명치 않다. 아래 '不

得稱夫人'의 구문으로 유추할 때 '得'자의 잘못으로 보여 바로잡았다.

注의 〔此難〕에서 〔稱也〕까지

○ 解云 : 文公 9년의 겨울에 "秦人이 와서 僖公과 成風의 襚를 주었다."라고 하여 풍씨의 시호(成)를 사용하였다. 經文을 살펴보면 성풍은 그가 살아 있을 때는 夫人이라 칭할 수 있었다. 그 이유는 무엇인가? 예법에 첩은 신분이 미천하여 시호를 가질 수 없기 때문이다. 지금 仲子에 대해 시호를 사용하지 않은 것은 성풍과는 다르게 분명히 살아 있을 때 夫人이라 칭할 수 없었음을 알 수 있기 때문에 傳을 지은 사람이 멀리 〈소급하여 살아 있을 때의 상황을〉 물은 것이다.

【傳】 桓未君也라 **賵者何**아 **喪事有賵**이라 **賵者**는 **蓋以馬**하니 **以乘馬束帛**이라

桓公이 아직 군주가 되지 않았기 때문이다. 賵이란 무엇인가? 喪禮에는 賵이 있는 법이다. 賵으로서는 대체로 말〔馬〕을 이용하는데, 〈아울러〉 말 네 필과 비단 한 묶음을 이용한다.

【注】 此道周制也라 **以馬者**는 **謂士不備四也**라 **禮既夕曰 公賵玄纁束帛兩馬**[1]라하니 **是也**라 **乘馬者**는 **謂大夫以上備四也**라 **禮**에 **大夫以上至天子**는 **皆乘四馬**하니 **所以通四方也**라 **天子馬曰龍**이니 **高七尺以上**이요 **諸侯曰馬**니 **高六尺以上**이요 **卿大夫士曰駒**니 **高五尺以上**이라 **束帛**은 **謂玄三纁二**[2]라 **玄三法天**하고 **纁二法地**라 **因取足以共事**[3]라

1) 公賵玄纁束帛兩馬 : ≪儀禮≫에는 '公賵玄纁束馬兩'으로 되어 있다. 그곳의 鄭玄 注에 "公은 군주이다. 賵은 주인의 장례를 도와주기 위한 것이다. 말 두 마리는 士에 관한 제도이다."라고 하였다.

2) 束帛 謂玄三纁二 : 束帛은 喪禮에 사용하는 한 묶음의 비단이다. 두루마리 하나는 폭 두 자 네 치, 길이 한 발 여덟 치로 되어 있는데, 두루마리 2개가 1合이고, 5合이 한 묶음〔束〕이다. 玄과 纁은 天玄과 地纁의 略語로 하늘과 땅의 색깔을 의미하고, 三과 二는 天三과 地二의 略語로 하늘과 땅의 숫자를 의미한다. ≪周易≫ 坤卦에 "하늘은 검고 땅은 누렇다.〔天玄而地黃〕"라 하고, 孔穎達의 疏에 "하늘 색깔은 검고 땅 색깔은 누렇다.〔天色玄 地色黃〕"라고 하였다. 纁色과 黃色은 근본적으로 같은 색이라 할 수 있다. 홀수 一·三·五·七·九는 하늘의 수로 陽을 의미하고, 짝수 二·四·六·八·十은 땅의 수로 陰을 의미한다.

3) 共事 : '供事'과 같다. 여기서는 장례를 돕는 일을 이행할 수 있다는 뜻이다.

이것은 周代의 제도를 말한 것이다. 〈단순히〉 '말을 이용한다.〔以馬〕'고 한 것은 士는 네 마리를 갖추지 않는다는 것을 이른다. ≪儀禮≫ 〈既夕禮〉에 "군주는 〈士에게〉 장례를 도울 예물〔賵〕을 보내는데, 그것은 검은색과 분홍색의 비단 한 묶음과 말 두 마리이다."라고 한 것이 그것이다. '乘馬'란 大夫 이상이 타는 것으로, 말 네 마리가 끄는 수레를 이른다. 예법에 의하면 대부 이상부터 천자까지는 모두 말 네 마리가 끄는 수레를 타는데, 사방으로 돌아다니기 위해서이다. 천자의 말은 '龍'이라 하니 키가 7척 이상이고, 제후는 '馬'라 하니 키가 6척 이상이고, 卿・大夫・士는 '駒'라 하니 키가 5척 이상이다. '束帛'은 검은 비단 3合과 분홍 비단 2合을 이른다. 검은 비단 3합은 하늘을 본받고 분홍 비단 2합은 땅을 본받는다는 의미이다. 〈3과 2라는 숫자에 국한된 것은 그것만으로도〉 충분히 〈장례를 돕는〉 일을 이행한다는 의미를 취할 수 있기 때문이다.

【疏】'賵者何' ○ 解云 : 初入春秋, 弟子未曉賵義, 故執不知問.

傳의 〔賵者何〕

○ 解云 : 여기는 ≪春秋≫의 초입이라 弟子가 賵의 의미를 이해하지 못했기 때문에 미심쩍은 점을 가지고 물은 것이다.

【疏】 ○ 注'此道周制也' ○ 解云 : 知者, 正以上云以馬, 與士既夕禮同, 下言乘馬, 與士異, 明知周之禮, 大夫以上皆有四馬矣.

○ 注의 〔此道周制也〕

○ 解云 : 〈이것은 周代의 제도를 말한 것임을〉 안 것은 곧 위에 '말을 이용한다.〔以馬〕'고 말한 것은 士의 禮法인 ≪儀禮≫ 〈既夕禮〉의 기록과 같고, 또 그 밑에 '말 네 필〔乘馬〕'이라고 말한 것은 士의 예법과 다르긴 하지만, 분명히 주대의 예법에 大夫 이상은 모두 말 네 필을 소유했을 것이라는 것을 알았기 때문이다.

【疏】 ○ 注'以馬'至'四也' ○ 解云 : 以下言乘馬, 明上文直言以馬者, 士禮兩馬可知, 故卽引禮爲證矣.

○ 注의 〔以馬〕에서 〔四也〕까지

○ 解云 : 밑에 '말 네 필'을 말했으므로 윗글에서 단순히 '말을 이용한다.'라고 말한

〈말〔馬〕은〉 士의 예법에 말 두 필이라는 것을 분명히 알 수 있기 때문에 〈旣夕禮〉를 인용하여 증거로 삼은 것이다.

【疏】 ○ 注'禮大夫'至'方也' ○ 解云：案異義古毛詩說云"天子至大夫同駕四, 皆有四方之事. 士駕二也. 詩云'四驪彭彭[1)]', 武王所乘, '龍旂承祀, 六轡耳耳'[2)], 魯僖所乘, '四牡騑騑, 周道倭遲'[3)]. 大夫所乘." 書傳[4)]云"士乘飾車兩馬, 庶人單馬木車", 是也.

1) 四驪彭彭：≪詩經≫ 〈大雅 大明〉에 보인다. '四'가 ≪詩經≫에는 '駟'로 되어 있다.

2) 龍旂承祀 六轡耳耳：≪詩經≫ 〈魯頌 閟宮〉에 보인다. 龍旂는 용 두 마리를 수놓은 깃발로, 천자의 儀仗 가운데 하나이다. 六轡는 여섯 가닥의 고삐로, 말 네 마리가 수레 한 대를 끌 때 굴레에 잡아맨 것이다.

3) 四牡騑騑 周道倭遲：≪詩經≫ 〈小雅 四牡〉에 보인다.

4) 書傳：漢나라 伏勝이 편찬한 ≪尙書大傳≫의 약칭이다. 현행본 ≪書經≫에는 해당 내용이 보이지 않는다.

○ 注의 〔禮大夫〕에서 〔方也〕까지

○ 解云：살펴보건대 ≪五經異義≫에 보이는 古文 ≪毛詩≫의 설에 "天子에서 大夫까지는 동일하게 말 네 마리가 끄는 수레를 타니, 이들은 모두 사방으로 돌아다니는 일이 있기 때문이다. 士는 말 두 마리가 끄는 수레를 탄다. ≪詩經≫에 '네 마리 월따말 그 위풍 당당하다.'라 한 것은 武王이 탄 것이고, '쌍룡기 세우고서 제사 받드니 여섯 가닥 고삐가 나긋하다네.'라 한 것은 魯 僖公이 탄 것이고, '네 수말 줄기차게 달려가는데 큰길이 구불구불 아득하다네.'라 한 것은 大夫가 탄 것이다."라고 하였다. 그리고 ≪尙書大傳≫에 "士는 말 두 마리가 끄는 飾車를 타고, 일반 백성은 말 한 마리가 끄는 木車를 탄다."라 한 것이 그것이다.

【疏】 ○ 問曰：若然, 異義公羊說引易經云"時乘六龍, 以馭天下也[1)]", 知天子駕六, 與此異何. ○ 答曰：彼謹案[2)]亦從公羊說, 卽引王度記云"天子駕六龍, 諸侯與卿駕四, 大夫駕三"以合之. 鄭駁[3)]云"易經時乘六龍者, 謂陰陽六爻上下耳, 豈故爲禮制. 王度記云今天子駕六者, 自是漢法, 與古異, 大夫駕三者, 於經無以言之"者, 是也. 然則, 彼公羊說者, 自是章句家意, 不與何氏合. 何氏此處不依漢禮者, 蓋時有損益也.

1) 以馭天下也：≪周易≫ 乾卦 〈彖傳〉에는 '以御天也'으로 되어 있다.

2) 謹案：許愼이 그의 저서인 ≪五經異義≫ 속에서 자기의 의견을 기술할 때 맨 앞에 붙

인 謙語로, 그의 의견을 뜻한다.

3) 鄭駁 : 鄭玄이 許愼의 ≪오경이의≫에 대해 조목별로 반박을 가해 ≪駁五經異義≫를 저술하였다. 오늘날 원본은 다 없어졌고 여기저기 흩어진 것을 모아 편집한 陳壽祺의 ≪五經異義疏証≫과 皮錫瑞의 ≪駁五經異義疏証≫이 있다.

○ 問曰 : 그렇다면 ≪五經異義≫에 보이는 公羊學派의 설에, ≪易經≫의 "때로 六龍을 타고 천하를 달린다.〔時乘六龍 以馭天下也〕"라 한 것을 인용하여 천자는 말 여섯 마리가 끄는 수레를 탄다는 것을 알았다고 하였는데, 여기 설과 다른 것은 어째서인가?

○ 答曰 : 저 謹案도 공양학파의 설에 따르면서 곧 ≪王度記≫의 "천자는 말 여섯 마리가 끄는 수레를 타고, 제후와 卿은 말 네 마리가 끄는 수레를 타고, 大夫는 말 세 마리가 끄는 수레를 탄다."라 한 것을 인용하여 그에 합치하는 〈것으로 주장하였다.〉 鄭玄은 그것을 반박하기를 "≪역경≫의 '時乘六龍'이란 陰陽 六爻가 오르내리는 것을 말한 것일 뿐이니, 왜 일부러 예법에 결부시켜 해석하려 하는가. ≪왕도기≫에 '지금 천자는 말 여섯 마리가 끄는 수레를 탄다.'고 한 것은 어디까지나 漢代의 법으로서 저 옛날의 것과는 다르고, '대부는 말 세 마리가 끄는 수레를 탄다.'고 한 것은 經典에는 언급한 일이 없다."라고 한 것이 그것이다. 그렇다면 저 공양학파의 설은 어디까지나 章句家의 의견이고 何休와는 합치되지 않는다. 하휴가 여기서 한대의 예법을 따르지 않은 것은 대체로 〈예법은〉 시대에 따라 줄이거나 늘리는 변동이 있기 때문이다.

【疏】○ 注'天子'至'以上' ○ 解云 : 月令"天子駕倉龍", 是. 其高七尺者, 漢制也[1]. 其六尺五尺亦然.

1) 月令……漢制也 : 〈月令〉은 ≪禮記≫의 편명이다. 倉龍은 키가 8척 이상인 푸른 말을 말한다. ≪周禮≫ 〈夏官 庾人職〉에 "말 8척 이상은 龍이라 하고, 7척 이상은 騋라 하고, 6척 이상은 馬라 한다."라고 하였다. 疏에서는, 8척 말은 周代의 제도이고 何休가 말하는 7척 말은 漢代의 제도라고 생각한 듯하다.

○ 注의 〔天子〕에서 〔以上〕까지

○ 解云 : 〈月令〉에 "천자는 倉龍이 끄는 수레를 탄다."라 한 것이 그것이다. 〈何休가 말한〉 키 7척 이상이란 漢代의 제도이다. 키 6척 이상과 5척 이상도 그렇다.

【疏】○ 注'諸侯曰'至'以上' ○ 解云 : 魯頌曰"魯侯戾止, 其馬蹻蹻", 是也.

○ 注의 〔諸侯曰〕에서 〔以上〕까지

○ 解云 : ≪詩經≫ 〈魯頌 泮水〉에 "魯侯께서 이곳에 이르렀는데 수레 끄는 그 말이 건장도 하다."라 한 것이 그것이다.

【疏】 ○ 注'卿大夫'至'以上' ○ 解云 : 詩云"皎皎白駒, 食我場苗", 是也.

○ 注의 〔卿大夫〕에서 〔以上〕까지

○ 解云 : ≪詩經≫ 〈小雅 白駒〉에 "말끔하고 깨끗한 하얀 망아지 남새밭의 남새를 먹었다 하여."라 한 것이 그것이다.

【疏】 ○ 注'束帛'至'纁二' ○ 解云 : 雜記上云"魯人之贈, 三玄二纁", 是也.

○ 注의 〔束帛〕에서 〔纁二〕까지

○ 解云 : ≪禮記≫ 〈雜記 上〉에 "魯나라 사람이 보내준 것은 3合의 검은 비단과 2合의 분홍 비단이었다."라 한 것이 그것이다.

【疏】 ○ 注'玄三'至'共事' ○ 解云 : 天數不但三, 地數不但二, 而取三二者, 因取足以共事故也.

○ 注의 〔玄三〕에서 〔共事〕까지

○ 解云 : 하늘의 수는 3뿐만이 아니고 땅의 수는 2뿐만이 아닌데도 3과 2를 취한 것은, 〈그것만으로도〉 충분히 〈장례를 돕는〉 일을 이행한다는 의미를 취할 수 있기 때문이다.

【傳】 車馬曰賵이라하고 貨財曰賻라하고 衣被曰襚라하니라

〈장례에 보내주는 것이〉 수레와 말이면 賵이라 하고, 재물이면 賻라 하고, 의복이면 襚라고 한다.

【注】 此者春秋制也라 賵은 猶覆(부)也요 賻는 猶助也니 皆助生送死之禮라 襚는 猶遺也라 遺是助死之禮라 知生者賵賻요 知死者(贈)〔賵〕[1]襚라

1) (贈)〔賵〕 : 저본에는 '贈'으로 되어 있으나, 阮元의 〈校勘記〉에 의거하여 '賵'으로 바로잡았다.

이것은 ≪春秋≫의 제도이다. '賵'은 覆(덮다)와 같은 뜻이고, '賻'는 助(돕다)와 같은

뜻이니, 모두 유족을 도와서 죽은 사람을 보내주는 儀禮이다. '襚'는 遺(보내다)와 같은 뜻이다. 遺는 죽은 사람을 돕는 儀禮이다. 유족을 아는 자는 賵과 賻를 보내고, 죽은 사람을 아는 자는 賵과 襚를 보낸다.

【疏】 注'此者春秋制也' ○ 解云 : 上陳周制訖, 下乃言賵賻襚. 此三者是春秋之內事, 故云此者春秋制也.

注의 〔此者春秋制也〕

○ 解云 : 위에서 周나라의 제도를 모두 설명하였고 아래에서 마침내 賵・賻・襚에 대해 말하고 있다. 이 세 가지는 ≪春秋≫ 속에 기록된 일이기 때문에 "이것은 ≪춘추≫의 제도이다."라고 한 것이다.

【疏】 ○ 注'知生'至'(贈)〔賵〕襚' ○ 問曰 : 案既夕禮云"知死者贈[1], 知生者(賻)〔賵〕[2]", 鄭注云"各主於所知". 以此言之, (賻)〔賵〕[3]專施于生者何. ○ 答曰 : 賻專施于生, 襚專施于死, 賵實生死兩施, 故何氏注知生知死皆言賵矣. 而既夕禮專言知生者, 對贈言之故也.

1) 贈 : 장례 때 壙 속에 副葬하는 폐백이나 완구 등을 말한다.
2) (賻)〔賵〕 : 현행 ≪儀禮≫ 〈既夕禮〉와 저본에 모두 '賻'로 되어 있으나, 阮元의 〈校勘記〉에 의거하여 '賵'으로 바로잡았다. 疏의 문맥으로도 '賵'이 합당한 것으로 보인다.
3) (賻)〔賵〕 : 저본에는 '賻'로 되어 있으나, 閩本・監本・毛本에 의거하여 '賵'으로 바로잡았다.

○ 注의 〔知生〕에서 〔賵襚〕까지

○ 問曰 : 살펴보건대 〈既夕禮〉에 "죽은 사람과 아는 자는 贈을 보내고 유족과 아는 자는 賵을 보낸다."라 하고, 鄭玄의 注에 "〈죽은 사람과 알거나 유족과 알거나〉 그 대상에 따라 그에 맞는 예물을 보내는 것이다."라고 하였다. 이것으로 말한다면 賵은 유족에게만 준다는 것인데, 이렇게 되면 어찌 되겠는가?

○ 答曰 : 賻는 유족에게만 사용하는 것이고, 襚는 죽은 사람에게만 사용하는 것이고, 賵은 사실 유족과 죽은 사람 양쪽에 모두 사용하는 것이다. 그러므로 何休의 注에 유족을 알거나 죽은 사람을 알거나 간에 모두 賵을 보낸다고 말하였다. 그런데 〈기석례〉에 특별히 유족을 아는 자가 보내는 것이라고 말한 것은 贈과 대비하여 말하고 있기 때문이다.

【疏】 ○ 問曰 : 何知賵生死兩施乎. ○ 答曰 : 案既夕禮云"兄弟賵奠[1]可也", 注云"兄弟,有服親者. 可且賵且奠, 許其厚也. 賵奠於死生兩施", 又云"所知則賵而不奠", 鄭注云"所知, 通問相知也, 降於兄弟. 奠施於死者爲多, 故不奠", 以此言之, 明賵與奠皆生死兩施也. 言奠於死者爲多, 故知賵生死等矣.

1) 奠 : 일반적으로 장례 전 靈座 앞에 간단한 술과 과일을 차려놓는 예식을 말하는데, 여기서는 그 祭物을 뜻한다.

○ 問曰 : 賵은 유족과 죽은 사람 양쪽에 모두 사용하는 것이라는 것을 어떻게 아는가?

○ 答曰 : 살펴보건대 〈旣夕禮〉에 "형제 〈등 친족은〉 賵을 보내도 되고 奠을 보내도 된다."라 하였는데, 그 注에 "형제는 상복을 입는 가까운 친족이다. 賵도 보내고 奠도 보낼 수 있는 것은 〈예물을〉 후하게 보내는 것을 인정하는 것이다. 賵과 奠은 죽은 사람과 유족 양쪽에 모두 사용하는 것이다."라고 하였다. 또 "아는 사람일 때는 賵을 보내고 奠은 보내지 않는다."라 하였는데, 鄭玄의 注에 "아는 사람이란 안부를 주고받는 등 서로 아는 사이로서 그 관계가 형제 〈등 친족〉보다는 멀다. 奠은 죽은 사람에게 사용하는 것에 더 큰 의미를 두고 있기 때문에 奠을 보내지 않는 것이다."라고 하였다. 이것으로 말한다면 賵과 奠이 모두 유족과 죽은 사람 양쪽에 사용하는 것임은 분명하다. 그러나 奠은 죽은 사람에게 사용하는 것에 더 큰 의미를 둔다고 말했기 때문에, 賵은 유족에게 사용하거나 죽은 사람에게 사용하거나 차이가 없다는 것을 알 수 있다.

【傳】 桓未君이라면 則諸侯曷爲來賵之아

桓公이 아직 군주가 되지 않았다면 제후가 왜 와서 〈仲子에게〉 賵을 보냈는가?

【注】 据非禮라

예법이 아닌 것에 의거한 것이다.

【疏】 注'据非禮' ○ 解云 : 桓公未爲君, 則其母猶妾, 故諸侯賵之爲非禮.

注의 〔据非禮〕

○ 解云 : 桓公이 아직 군주가 되지 않았다면 그의 어머니도 아직 첩이기 때문에 제후가 그에게 賵을 보내는 것은 예법이 아닌 것으로 여겼다.

【傳】隱爲桓立이라 故以桓母之喪告于諸侯라

隱公은 桓公을 위해서 군주 자리에 올랐으므로 환공 어머니의 죽음을 제후에게 통고했기 때문이다.

【注】經言王者賵하니 赴告王者可知라 故傳但言諸侯라

經文에 王者가 賵을 보내온 것을 말하고 있으니, 王者에게 〈桓公 어머니의 죽음을〉 통고했다는 것을 알 수 있다. 이 때문에 傳文에는 제후의 일만 말하고 있는 것이다.

【疏】注'故傳但言諸侯' ○ 解云：諸侯之賵及事, 則在春秋之前[1), 故不書矣. 然則諸侯有相賵之道, 隱以桓母成爲夫人, 告天子諸侯. 天子猶來, 何況諸侯乎. 故傳擧以言焉.

1) 春秋之前 : ≪春秋≫ 이전이란 뜻으로, 隱公 원년 이전을 말한다.

注의 〔故傳但言諸侯〕

○ 解云 : 제후가 장례식에 맞추어 賵을 보내는 것은 ≪春秋≫ 이전이기 때문에 〈經文에는 그 당시 일이〉 기록되어 있지 않은 것이다. 그렇다면 제후에게는 서로 賵을 주고받는 도리가 있었으므로 隱公은 桓公의 어머니를 夫人으로 간주하여 천자와 제후에게 〈그의 죽음을〉 통고한 것이다. 그로 인해 천자의 使者도 오히려 왔는데 더구나 제후인 경우이겠는가. 이 때문에 傳文에 제후를 들어 말한 것이다.

【傳】然則何言爾아 成公意也라

그렇다면 왜 이렇게 말했는가? 隱公의 뜻을 이뤄주기 위해서다.

【注】尊貴桓母하여 以赴告天子諸侯는 彰桓當立이며 得事之宜라 故善而書仲子하니 所以起其意成其賢이라

桓公의 어머니를 존귀하게 여겨 천자와 제후에게 〈그의 죽음을〉 통고한 것은 환공이 마땅히 군주의 자리에 올라야 한다는 것을 드러낸 것이며, 이는 적절한 조치였다. 그래서 隱公의 행위를 칭찬하고 〈經文에〉 仲子를 기록하였으니, 이것은 그 의도를 끄집어내어 그의 어진 뜻을 이뤄주기 위한 것이었다.

【傳】 其言來何아

'來'를 말한 것은 어째서인가?

【注】 据歸(궤)含[1]且賵不言來라

1) 含 : 시체의 입속에 넣는 진주·옥·쌀·조개 등을 말한다.

'含과 賵을 보내왔다.〔歸含且賵〕'고 한 곳에서는 '來'를 말하지 않은 것에 의거한 것이다.

【疏】 注'据歸'至'言來' ○ 解云 : 文五年春"王使榮叔歸含且賵", 是〔也〕[1].

1)〔也〕: 저본에는 '也'가 없으나, 저본의 체제에 의거하여 보충하였다.

注의 〔据歸〕에서 〔言來〕까지

○ 解云 : 文公 5년 봄에 "王이 榮叔을 파견하여 含과 賵을 보내왔다."라고 한 것이 그것이다.

【傳】 不及事也라

〈宰咺이 온 것이 惠公의〉 장례식 때에 맞추지 못했기 때문이다.

【注】 比於去來에 爲不及事라 時以葬事畢하여 無所復(부)施라 故云爾라 去來所以爲及事者는 若已在於內者라

'來'를 삭제한 사례와 대비해볼 때 〈이곳은〉 장례식 때에 맞추지 못한 경우가 된다. 이때 장례가 끝나 더 이상 〈賵을〉 사용할 데가 없었기 때문에 이렇게 말한 것이다. '來'를 삭제한 것이 장례식 때에 맞춘 경우가 되는 이유는 〈'來'를 말하지 않으면 그때 온 것이 아니라〉 이미 魯나라에 와 있었던 것처럼 여겨지기 때문이다.

【疏】 注'比於'至'云爾' ○ 解云 : 公羊之例, 若其奔喪會葬[1], 不問來之早晚, 及事不及事, 皆言來矣. 故文元年春"天王使叔服來會葬", 夏四月"葬我君僖公"者, 是其及事言來也. 文五年"三月, 葬我小君成風", 下乃言"王使召伯來會葬", 注云"去天者不及事",

是不及事亦言來矣. 故元年傳云"其言來會葬何. 會葬, 禮也", 注云"但解會葬者, 明言來者常文, 不爲早晩施也", 定十五年夏"邾婁子來奔喪", 傳云"其言來奔喪何. 奔喪, 非禮也", 彼注云"但解奔喪者, 明言來者常文, 不爲早晩施也". 以此言之, 則知奔喪會葬之例, 不問早晩, 悉言來矣. 若其含賵襚, 及事則不言來, 不及事則言來. 是以惠公仲子之葬, 悉在春秋前, 至此乃來歸賵, 傳曰"其言來何, 不及事也", 又注云"比於去來, 爲不及事. 時以葬事畢, 無所復施, 故云爾. 去來所以爲及事者, 若已在於內者", 是也. 若含不及事, 亦須言來也. 故文四年"冬十有一月壬寅, 夫人風氏薨", 五年"春王使榮叔歸含且賵", 彼注云"不從含晩言來者, 本不當含也". 以此言之, 明諸侯含晩須言來矣. 何者. 諸侯隣國, 禮容有含故也. 若其襚也, 文九年"秦人來歸(궤)僖公成風之襚", 亦是不及事言來也. 何氏不注者, 以其可知, 省(생)文故也. 所以如此作例者, 以奔喪會葬, 所以通哀序志, 必有所費容其事, 故稽留不必苟責其及時也. 其含賵襚之等, 皆是死者所須, 若其來晩則無及於事, 故須作文見其早晩矣.

1) 奔喪會葬 : 奔喪은 먼 곳에서 친족이 죽었다는 소식을 듣고 급하게 고향집으로 돌아오는 예를 말하는데, 여기서는 천자와 제후, 또는 제후와 관료끼리 행해지는 것을 뜻한다. 會葬은 천자나 혹은 제후의 장례식에 참석하는 것을 말한다.

注의 〔比於〕에서 〔云爾〕까지

○ 解云 : ≪春秋公羊傳≫의 격식을 보면 이를테면 奔喪과 會葬의 경우 도착이 빠르거나 늦거나, 그리고 장례식 때에 맞췄거나 맞추지 못했거나를 따지지 않고 모두 '來'를 말하였다. 그러므로 文公 원년 봄에 "天王(周 襄王)이 叔服을 파견해와서 회장하였다."라 한 것과 여름 4월에 "우리 군주 僖公의 장례를 행하였다."라고 한 것은 장례식 때에 맞췄을 때 '來'를 말한 사례이다. 문공 5년에 "3월에 우리 小君 成風의 장례를 행하였다."라 한 것에 대해 그 아래에 "王이 召伯을 파견해와서 회장하였다."라 하였는데 그 注에 "'天'을 삭제한 것은 장례식 때에 맞추지 못했기 때문이다."라고 한 것은 장례식 때에 맞추지 못했을 때도 '來'를 말한 사례이다.

그러므로 문공 원년의 傳에 "〈使者가〉 와서 회장하였다고 말한 것은 어째서인가? 회장하는 것이 예법에 맞기 때문이다."라 하였는데, 그 注에 "〈'來'를 문제 삼지 않고〉 단지 회장에 관한 것만 설명하고 있는 것은 〈회장에〉 '來'를 말하는 것은 일반적인 문투로서 도착한 때가 빠르거나 늦은 것을 나타내기 위한 것이 아님을 밝힌 것이다."라 하였고, 定公 15년 여름에 "邾婁子가 와서 奔喪하였다."라 한 곳의 傳에 "와서 분상하였다고 말한 것은 어째서인가? 분상은 예법이 아니기 때문이다."라 하였는데, 그 注에 "〈'來'를 문제 삼지 않고〉 단지 분상에 관한 것만 설명하고 있는 것은 〈분상에〉 '來'를 말하는 것은 일반적인 문투로서 도착하는 때가 빠르거나 늦은 것을 나타내기 위한 것이 아님을 밝힌 것이다."라고 하였다.

이것으로 말한다면 분상과 회장에 관한 격식은 도착하는 때가 빠르거나 늦은 것을 따지지 않고 모두 '來'를 말하였음을 알 수 있다. 한편 그 含·賵·襚의 경우는 장례식 때에 맞췄을 때는 '來'를 말하지 않고, 장례식 때에 맞추지 못했을 때는 '來'를 말하였다. 이 때문에 惠公과 仲子의 장례는 모두 《春秋》 이전에 행해졌는데 이때에 이르러 사자를 파견해 와 賵을 보낸 것에 대해서 傳에 "'來'를 말한 것은 어째서인가? 장례식 때에 맞추지 못했기 때문이다."라 하고, 또 注에 "'來'를 삭제한 사례와 대비해볼 때 장례식 때에 맞추지 못한 경우가 된다. 이때 장례가 끝나 더 이상 〈賵을〉 사용할 데가 없었기 때문에 이렇게 말한 것이다. '來'를 삭제한 것이 장례식 때에 맞춘 경우가 되는 이유는 〈'來'를 말하지 않으면 그때 온 것이 아니라〉 이미 魯나라에 와 있었던 것처럼 여겨지기 때문이다."라고 한 것이 그 예이다.

含의 경우, 장례식 때에 맞추지 못했을 때 그 또한 반드시 '來'를 말하였다. 그러므로 문공 4년에 "겨울 11월 임인일에 夫人 風氏가 薨하였다."라 하고, 5년에 "봄에 王이 榮叔을 파견하여 含과 賵을 보냈다." 하였는데, 그 注에 "含이 늦은 경우 '來'를 말하는 격식을 따르지 않은 것은 〈천자는〉 본래 含을 보내면 안 되기 때문이다."라고 하였다. 이것으로 말한다면 제후의 경우 含이 늦은 때는 반드시 '來'를 말해야 한다는 것이 분명하다. 그 이유는 무엇인가? 제후와 이웃 나라는 예법으로 보아 含을 보낼 수도 있기 때문이다.

'襚'의 경우, 文公 9년에 "秦人이 와서 僖公과 成風의 襚를 보냈다."라고 한 것 또한 장례식 때에 맞추지 못해 '來'를 말한 사례이다. 何休가 그것에 注를 달지 않은 것은 〈말하지 않더라도〉 알 수 있어 생략했기 때문이다.

이상과 같이 〈經文에 일정한〉 격식을 만든 이유는 〈다음과 같다.〉 奔喪과 會葬은 상대방에게 애도를 전하고 뜻을 표함에 있어 반드시 준비를 갖춰야 그 의식에 대처할 수 있으므로 늦어지더라도 반드시 굳이 의식에 맞춰달라고 요구할 것은 없기 때문이다. 그리고 含·賵·襚 등은 모두 죽은 사람에게 필요한 물건이기에 만약 그것이 늦게 도착한다면 장례식 때에 맞출 수 없으므로 반드시 글을 구분해 써서 도착한 때가 빠르거나 늦은 것을 나타낼 필요가 있는 것이다.

【傳】 其言惠公仲子何아

'惠公仲子'라고 말한 것은 어째서인가?

【注】 据歸含且賵엔 不言主名이라

"含과 賵을 보냈다."라고 한 곳에서는 〈그것을 받을〉 상대의 이름을 말하지 않은 것에 의거한 것이다.

【傳】 兼之[1]라 兼之는 非禮也라

1) 兼之 : 惠公과 仲子는 신분이 다르므로 천자가 그들의 장례식에 賵을 보낼 경우에는 使者를 각각 따로 파견하는 것이 예법에 맞는데, 宰咺 한 사람이 그 임무를 겸하게 하였다는 것이다.

겸했기 때문이다. 겸하는 것은 예법이 아니다.

【注】 禮不賵妾이나 旣善而賵之면 當各使一使(시)니 所以異尊卑也라 言之賵者는 起兩賵也라

예법에는 첩에게 賵을 보내지 않는다. 그러나 이미 칭찬하여 賵을 보낼 경우에는 마땅히 각각 별도의 使者를 파견해야 하니, 신분의 尊卑를 구분하기 위해서이다. '之賵'이라고 말한 것은 〈惠公과 仲子〉 두 사람에 대한 賵임을 나타낸 것이다.

【疏】 注'言之'至'賵也' ○ 解云 : 以此言之, 則文九年"秦人來歸僖公成風之襚", 言之襚者, 亦起兩襚矣.

注의 〔言之〕에서 〔賵也〕까지

○ 解云 : 이것으로 말한다면 文公 9년에 "秦人이 와서 僖公과 成風의 襚를 보냈다. 〔秦人來歸僖公成風之襚〕"라 하여 '之襚'라고 말한 것은 그 또한 두 사람에 대한 襚임을 나타낸 것이다.

【傳】 何以不言及仲子아

왜 '及仲子'라고 말하지 않았는가?

【注】 据及者는 別公夫人尊卑文也어늘 仲子卽卑稱也라

'及'은 公과 夫人의 尊卑를 구분하는 글인데, 仲子는 곧 卑稱이라는 것에 의거한 것이다.

【疏】 注'据及'至'文也' ○ 解云 : 卽僖十一年"夏, 公及夫人姜氏會齊侯于陽穀", 是也.

注의 〔据及〕에서 〔文也〕까지

○ 解云 : 곧 僖公 11년에 "여름에 僖公과 夫人 姜氏가 陽穀에서 齊侯와 회합하였다."라고 한 것이 그 예이다.

【傳】 仲子는 微也라

仲子는 신분이 낮기 때문이다.

【注】 比夫人微라 故不得幷及公也라 月者는 爲內[1]恩錄之也라 諸侯不月하니 比於王者輕이라 會葬皆同例라 言天王者는 時吳楚上僭稱王이어늘 王者不能正하고 而上自繫於天也라 春秋不正者는 因以廣是非라 稱使者는 王尊敬諸侯之意也라 王者据土與諸侯分職하여 俱南面而治하여 有不純臣之義라 故異姓謂之伯舅叔舅라하고 同姓謂之伯父叔父라하니라 言歸者는 與使有之辭也라 天地所生은 非一家之有니 有無當相通이라 所傳聞之世엔 外小惡不書라 書者來接內也라 春秋王魯하여 以魯爲天下化首라 明親來被王化漸漬禮義者는 在可備責之域이라 故從內小惡擧也라 主書者는 從不及事也라

1) 內 : ≪春秋≫에서는 魯나라를 의미한다.

〈仲子는〉 夫人과 비교해서 신분이 낮기 때문에 〈'及'이라는 표현으로〉 公과 어깨를 나란히 할 수 없는 것이다. 〈'七月'의〉 '月'은 魯나라를 위하여 은정을 드러내 기록한 것이다. 제후의 경우는 '月'을 따지지 않으니, 〈사건이〉 王者의 경우에 비해 가볍기 때문이다. 會葬의 경우도 모두 같은 격식이다. '天王'이라 말한 것은 이 당시 吳나라와 楚나라가 자기 위상을 높여 王이라고 僭稱하였는데, 王者가 그것을 바로잡지 못하고 〈자기 호칭인 王의〉 위에 '天'을 붙였기 때문이다. ≪春秋≫에서 그것을 바로잡지 않은 것은 그 일로써 옳고 그름을 널리 나타내기 위해서이다.

‘使’를 칭하고 있는 것은 왕이 제후를 존경한다는 의미이다. 王者는 국토를 가지고 제후와 직무를 분담하여 함께 南面하여 다스리고 있으므로 〈제후를〉 순수한 신하로 여기지 않는다는 도리가 있다. 그러므로 異姓의 제후를 伯舅・叔舅라 이르고, 同姓의 제후를 伯父・叔父라 이른다.

‘歸’라고 말하는 것은 〈다른 사람도〉 함께 그것을 보유하게 한다는 말이다. 天地가 만들어 낸 것은 어떤 한 사람의 소유가 아니니, 있는 것과 없는 것을 마땅히 서로 융통해야 한다. 所傳聞의 시대에는 국외의 작은 악은 기록하지 않았다. 지금 그것을 기록한 이유는 국외에서 와서 魯나라와 접촉했기 때문이다. ≪春秋≫는 노나라를 왕의 나라로 간주하여 노나라를 천하를 교화시킬 주인으로 여겼다. 그래서 자기가 직접 와서 왕의 교화를 받아 禮義에 젖어드는 자에 대해서는 완전무결을 요구할 만한 경지에 있는 것이 분명하기 때문에 노나라의 작은 악은 〈기록한다는 형식에〉 따라 거론한 것이다. 원래 이 기사를 쓴 것은 〈그 예물을 보내온 것이〉 장례식 때에 맞추지 못했기 때문이다.

【疏】注‘月者爲內恩錄’ ○ 解云：此文及文五年“春王正月, 王使榮叔歸含且賵”, 皆是內恩錄之也.

注의 〔月者爲內恩錄〕

○ 解云：이곳의 글과 文公 5년에 “봄 周나라 왕의 정월에 왕이 榮叔을 파견하여 含과 賵을 보냈다.”라 한 것은 모두 魯나라를 위하여 은정을 드러내 기록한 것들이다.

【疏】○ 注‘諸侯’至‘者輕’ ○ 解云：卽文九年冬“秦人來歸僖公成風之襚”, 是也.

○ 注의 〔諸侯〕에서 〔者輕〕까지

○ 解云：곧 文公 9년 겨울에 “秦人이 와서 僖公과 成風의 襚를 보냈다.”라고 한 것이 그것이다.

【疏】○ 注‘會葬皆同例’ ○ 解云：若王使人來, 則書月, 爲內恩錄之. 若諸侯使人來, 卽不月, 以爲比王者爲輕. 故文五年春“三月, 王使召伯來會葬”, 文元年“二月, 天王使叔服來會葬”, 皆是也. 其諸侯使人來會葬不月者, 春秋之內, 偶爾無之. 其襄三十一年“冬十月, 滕子來會葬”, 定十五年“九月, 滕子來會葬”, 皆書月者, 彼是諸侯身來會葬,非使人, 仍自非妨也. 以此義勢言之, 則鄕解王與諸侯者, 皆是使人, 非身自來也. 而舊云襄三十一年月者, 爲下癸酉葬襄公出之, 會葬不蒙月, 定十五年月者, 爲下葬定公出之, 會葬亦不蒙上月者, 非也.

○ 注의 〔會葬皆同例〕

○ 解云 : 왕이 사람을 파견해온 경우에는 '月'을 기록하니, 이는 魯나라를 위하여 은정을 드러내 기록한 것이다. 제후가 다른 사람을 파견해온 경우에는 '月'을 기록하지 않으니, 〈사건이〉 王者의 경우에 비해 가볍기 때문이다. 그러므로 文公 5년의 봄에 "3월에 王(周 襄王)이 召伯을 파견하여 會葬하였다."라 하고, 문공 원년에 "2월에 天王(周 襄王)이 叔服을 파견하여 회장하였다."라고 한 것이 그 예이다. 한편, 제후가 다른 사람을 파견하여 회장했을 때 '月'을 기록하지 않는 경우는 ≪春秋≫ 속에 우연히 그 사례가 없다. 襄公 31년에 "겨울 10월에 滕子가 와서 회장하였다.〔冬十月 滕子來會葬〕"라 하고, 定公 15년에 "9월에 滕子가 와서 회장하였다.〔九月 滕子來會葬〕"라고 하여 모두 '月'을 기록하고 있는 것들은 제후가 직접 와서 회장한 경우로서 다른 사람을 파견한 것이 아니므로 당연히 〈위에서 말한 원칙을〉 해친 것은 아니다.

이와 같은 논리로 말한다면 앞서 왕과 제후들에 대해 해설한 것은 모두 다른 사람을 파견한 경우이고 자기가 직접 온 경우가 아니다. 그런데도 이전에 전해오는 말에 "양공 31년에 '月'을 말하고 있는 것은 그 아래 '계유일에 〈우리 군주〉 양공을 장사지냈다.'라고 한 것 때문에 나온 것이므로 그 '會葬'은 '月'과 연관이 없고, 정공 15년에 '月'을 말하고 있는 것은 그 아래 '〈정사일에 우리 군주〉 정공을 장사지냈다.'라고 한 것 때문에 나온 것이므로 그 '會葬' 또한 '月'과 연관이 없다."라고 한 것은 잘못이다.

【疏】 ○ 注'春秋'至'是非' ○ 解云 : 若正之, 當直言王, 今不正之而亦言天者, 所以廣見(현)是非故也. 何者, 若單言王, 是其正稱, 今兼亦言天, 見(현)其非正矣.

○ 注의 〔春秋〕에서 〔是非〕까지

○ 解云 : 만약 그것을 바로잡는다면 〈周나라의 천자를〉 마땅히 그저 '王'이라고 해야 할 것이다. 그런데 지금 바로잡지 않고 또 '天'을 겸해 말하는 것은 그 일로써 옳고 그름을 널리 나타내기 위해서이다. 왜냐하면 만약 단순히 '王'이라고만 말한다면 그것은 바른 호칭일 뿐이지만 지금 〈'王'에다가〉 또 '天'을 겸해 말하면 〈吳나라와 楚나라가 스스로 칭한 王은〉 바른 호칭이 아님을 나타낼 수 있기 때문이다.

【疏】 ○ 注'稱使'至'意也' ○ 解云：成二年傳云"君不行使乎大夫", 由尊卑不敵故也. 今天子與諸侯亦尊卑不敵, 所以言使者, 天子見諸侯, 與己分職, 俱南面而治, 有不純臣之義. 故尊敬之, 而使歸(궤)賵. 故曰尊敬諸侯之意也.

○ 注의 〔稱使〕에서 〔意也〕까지

○ 解云：≪春秋公羊傳≫ 成公 2년에 "군주는 大夫에게 使者를 파견하지 않는다."라고 하였는데, 그것은 尊卑가 대등하지 않기 때문이다. 지금 천자와 제후의 경우 또한 존비가 대등하지 않은데 '使'를 말하고 있는 것은 천자는 제후를 볼 적에 자기와 직무를 분담하여 함께 南面하여 다스리고 있으므로 〈제후를〉 순수한 신하로 여기지 않는다는 도리가 있다. 그러므로 제후를 존경하여 사자를 파견해 賵을 보낸 것이다. 이 때문에 "〈'使'를 말하고 있는 것은 왕이〉 제후를 존경한다는 의미이다."라고 말한 것이다.

【疏】 ○ 注'有不'至'之義' ○ 解云：喪服斬衰章云"臣爲君, 諸侯爲天子", 旣言臣爲君, 而別言諸侯爲天子, 明其與純臣者異. 其異者, 卽不居殯宮[1], 是.

1) 殯宮：죽은 자의 관을 안치한 건물을 말한다.

○ 注의 〔有不〕에서 〔之義〕까지

○ 解云：≪儀禮≫ 〈喪服〉 斬衰章에 "신하가 군주를 위해 〈삼년복을 입는다.〉"라 하고, "제후가 천자를 위해 〈삼년복을 입는다.〉"라고 하였다. 이미 '신하가 군주를 위해'라 하고, 다시 또 '제후가 천자를 위해'라고 한 것은 제후는 순수한 신하와 다르다는 것을 밝힌 것이다. 다른 것은 곧 〈제후는 천자의〉 殯宮에 거하지 않는다는 점이 그것이다.

【疏】 ○ 注'故異'至'叔父' ○ 解云：下曲禮及覲禮記文[1].

1) 下曲禮及覲禮記文：≪禮記≫ 〈曲禮 下〉에 "천자와 同姓일 때는 천자가 그를 伯父라 이르고 異姓일 때는 천자가 그를 伯舅라 이른다.〔天子同姓謂之伯父 異姓謂之伯舅〕"라 하고, "천자와 동성일 때는 천자가 그를 叔父라 이르고 이성일 때는 천자가 그를 叔舅라 이른다.〔天子同姓謂之叔父 異姓謂之叔舅〕"라고 하였으며, ≪儀禮≫ 〈覲禮〉에 "동성의 대국 제후에 대해서는 伯父라 말하고 이성의 대국 제후에 대해서는 伯舅라 말하며, 동성의 소국 제후에 대해서는 叔父라 말하고 이성의 소국 제후에 대해서는 叔舅라 말한다.〔同姓大國則曰伯父 其異姓則曰伯舅 同姓小邦則曰叔父 其異姓小邦則曰叔舅〕"라고 하였다.

○ 注의 〔故異〕에서 〔叔父〕까지

○ 解云 : ≪禮記≫ 〈曲禮 下〉 및 ≪儀禮≫ 〈覲禮〉에 기록되어 있는 글이다.

【疏】 ○ 注'言歸者'至'之辭也' ○ 解云 : 春秋大例, 先是已物乃言歸, 卽"歸讙及闡"[1)]之屬, 是也. 今此賵之車馬, 先非魯物而言歸者, 與魯有之辭.

1) 歸讙及闡 : 哀公 8년 "齊人歸讙及闡"의 注에 "잃었던 고을을 애써 구하지 않고 저절로 얻었기 때문에 '來'를 말하지 않음으로써 마치 齊나라로부터 오지 않은 것처럼 여겨지게 하였다."라고 하였다. 讙과 闡은 본디 魯나라의 고을이었다.

○ 注의 〔言歸者〕에서 〔之辭也〕까지

○ 解云 : ≪春秋≫의 큰 격식은, 〈보내온 것이〉 이전에 자기 물건이었을 경우에는 '歸'라고 말하니, 곧 "讙과 闡을 돌려보냈다.〔歸讙及闡〕"라고 한 것들이 그 예이다. 지금 여기 賵의 車馬는 이전에 魯나라 물건이 아니었는데도 '歸'라고 말하는 것은 노나라가 보유한 것으로 인정한다는 표현이다.

【疏】 ○ 注'所傳'至'內也' ○ 解云 : 春秋之義, 所傳聞之世, 外小惡皆不書. 今此緩賵, 是外之小惡, 當所傳聞之世, 未合書見, 而書之者, 由接內故也.

○ 注의 〔所傳〕에서 〔內也〕까지

○ 解云 : ≪春秋≫의 원칙은, 所傳聞의 시대에 있어서는 국외의 작은 악은 모두 기록하지 않았다. 지금 여기 賵을 보내온 시기가 뒤처진 사건은 국외의 작은 악이고 所傳聞의 시대에 해당되므로 그것을 기록하여 드러내는 것은 합당하지 않다. 그런데도 기록하고 있는 것은 魯나라와 접촉하였기 때문이다.

九月에 及宋人盟于宿하다

9월에 宋人과 宿에서 會盟하였다.

【傳】 孰及之아 內之微者也라

누가 〈宋人과〉 會盟하였는가? 魯나라의 신분이 낮은 자이다.

【注】內者는 謂魯也라 微者는 謂士也라 不名者는 略微也라 大者正하면 小者治하고 近者說(열)하면 遠者來라 是以春秋上刺王公하고 下譏卿大夫而逮士庶人이라 宋稱人者는 亦微者也라 魯不稱人者는 自內之辭也라 宿不出主名[1]者는 主國主名與可知라 故省(생)文이라 明宿當自首其榮辱也라 微者盟例時나 不能專正이라 故責略之라 此月者는 隱公賢君이요 雖使微者나 有可采取라 故錄也라

1) 主名 : 주인의 이름이란 뜻인데, 여기서는 이때 會盟을 개최한 宿男을 말한다.

'內'란 魯나라를 이른다. '微者'란 士를 이른다. 이름을 말하지 않은 것은 신분이 낮은 자는 간략하게 다루기 때문이다. 상급자가 바로잡히면 하급자가 다스려지고, 가까운 자가 기뻐하면 멀리 있는 자가 오는 법이다. 이러므로 ≪春秋≫는 위로 王・公을 풍자하고 아래로 卿・大夫를 비판하는데, 그 영향이 士・庶人에게까지 미치는 것이다. 宋나라를 '人'이라 칭하는 것은 그 또한 신분이 낮은 자이기 때문이다. 노나라를 '人'이라 칭하여 〈'魯人'이라〉 하지 않는 것은 노나라 입장에서의 표현이다.

宿과 관련하여 〈그 행사를 개최한〉 주인의 이름을 쓰지 않은 것은 개최한 국가와 주인의 이름을 모두 알 수 있기 때문에 생략한 것이다. 분명히 宿은 〈행사를 개최한 국가로서〉 그 榮辱을 먼저 받는 것이 당연하다. 신분이 낮은 자의 會盟은 일반적으로 계절〔時〕을 기록하지만 자기 자신의 권한으로 일을 올바로 처리할 수 없으므로 책망할 때도 간략하게 다루는 것이다. 여기서 달〔月〕을 기록하고 있는 것은 隱公이 賢君이고 비록 신분이 낮은 자를 부렸다고는 하나 채취할 만한 점이 있기 때문에 기록한 것이다.

【疏】注'微者謂士也' ○ 解云 : 正以公羊之例, 大夫悉見(현)名氏與卿同. 今此不見(현)名氏, 故知士也.

注의 〔微者謂士也〕

○ 解云 : 곧 ≪公羊傳≫의 격식에는 大夫는 모두 이름과 姓을 나타내는 것이 卿과 동일한데, 지금 여기서는 이름과 姓을 나타내지 않았으므로 士임을 안 것이다.

【疏】○ 注'明宿'至'辱也' ○ 解云 : 理是則主人先榮, 理非則主人先辱, 故曰首其榮辱也.

○ 注의 〔明宿〕에서 〔辱也〕까지

○ 解云 : 〈會盟을 한 것이〉 도리에 맞으면 주인이 먼저 영예를 얻고, 도리가 아니면 주인이 먼저 치욕을 당하기 때문에 "그 榮辱을 먼저 받는다."라고 말한 것이다.

【疏】 ○ 注'微者'至'故錄也' ○ 解云：春秋之例，若尊者之盟，則大信時，小信月，不信日，見(현)其責也. 若其微者，不問信與不信，皆書時，悉作信文以略之，卽僖十九年"冬，會陳人・蔡人・楚人・鄭人盟于齊"之屬，是. 今此書月者，義如注釋.

○ 注의 〔微者〕에서 〔故錄也〕까지

○ 解云：≪春秋≫의 격식에는 〈제후와 대부 등〉 지위가 높은 자의 會盟에 있어서는 큰 신뢰가 보장되는 경우는 계절〔時〕을 기록하고 작은 신뢰에 해당될 경우는 달〔月〕을 기록하며, 신뢰할 수 없는 경우는 날짜〔日〕를 기록하여 그 〈회맹에 대한〉 비판을 나타냈다. 신분이 낮은 자에 대해서는 신뢰할 수 있거나 신뢰할 수 없거나를 따지지 않고 다 계절을 기록하여 모든 것을 신뢰관계가 유지되었음을 나타내는 글로 만들어 간략하게 다루었으니, 곧 僖公 19년에 "겨울에 陳人・蔡人・楚人・鄭人과 모여 齊나라에서 盟約을 맺었다."라고 한 것 등이 그 예이다. 지금 여기서 달을 기록한 것은 그 의미가 注에서 풀이한 그대로이다.

冬十有二月에 祭(채)伯來하니라

겨울 12월에 祭伯이 왔다.

【傳】 祭伯者何아 天子之大夫也라

祭伯이란 누구인가? 천자의 大夫이다.

【注】 以無所繫言來也라

〈祭伯을 어디에〉 연결한 것이 없이 '來'라고 말했기 때문이다.

【疏】 '祭伯者何' ○ 解云：欲言王臣，不言王使，欲言諸侯，復不言朝[1)]，欲言失地之君，復不言奔[2)]，故執不知問.

1) 復不言朝：朝는 朝見의 약어로, 다른 나라에 入朝하여 그 나라 군주를 알현한다는 뜻이다. 隱公 11년의 經文에 "봄에 滕侯와 薛侯가 와서 은공을 조알하였다.〔春 滕侯薛侯來朝〕"라 하였고, 그곳의 傳文에 "朝라고 말한 것은 어째서인가? 제후가 오면 朝라 말하고 大夫가 오면 聘이라 말한다."라고 하였다. 祭伯이 제후였다면 '祭伯來朝'라고 했

을 것이다.

2) 復不言奔 : 奔은 화를 피해 외국으로 도망간다는 뜻이다. 文公 12년의 경문에 "봄 周나라 왕의 정월에 盛伯이 도망왔다.〔春王正月 盛伯來奔〕"라 하였고, 그곳의 전문에 "성백은 누구인가? 국토를 잃은 군주이다."라고 하였다. 채백이 국토를 잃은 군주였다면 '祭伯來奔'이라고 했을 것이다.

傳의 〔祭伯者何〕

○ 解云 : 왕의 신하라고 말하자니 왕이 〈祭伯을 보내왔다는〉 말을 하지 않았고, 제후라고 말하자니 또 '朝'라고 말하지 않았고, 국토를 잃은 군주라고 말하자니 또 '奔'이라고 말하지 않았기 때문에 미심쩍은 점을 가지고 물은 것이다.

【疏】 ○ 注'以無'至'來也' ○ 解云 : 外諸侯臣來聘, 宜繫國稱使, 卽文四年秋"衛侯使甯兪來聘"之屬, 是也. 若直來亦有所繫, 如閔元年"冬, 齊仲孫來"之屬, 是〔也〕[1]. 若外諸侯之臣來奔, 當繫國言來奔, 卽文十四年秋"宋子哀來奔", 襄二十八年"冬, 齊慶封來奔"之屬, 是也. 今無所繫, 直言來, 故知宜是天子之大夫也.

1) 〔也〕 : 저본에는 '也'가 없으나, 阮元의 〈校勘記〉에 의거하여 보충하였다.

○ 注의 〔以無〕에서 〔來也〕까지

○ 解云 : 국외의 제후의 신하가 와서 聘問하는 경우는 일반적으로 그 사람을 나라에 연결하여 사역의 표현을 취하니, 곧 文公 4년 가을의 "衛侯가 甯兪를 파견하여 聘問하였다."라고 한 것 등이 그 예이다. 〈특별한 이유 없이〉 그냥 오는 경우에도 그 나라에 연결하는 일이 있으니, 閔公 원년의 "겨울에 齊나라의 仲孫이 왔다."라고 한 것 등이 그 예이다. 만약 국외의 제후의 신하가 도망 오는 경우는 마땅히 그 사람을 나라에 연결하여 '來奔'이라고 말할 것이니, 곧 문공 14년 가을의 "宋나라 子哀가 도망해왔다."와 襄公 28년의 "겨울에 제나라 慶封이 도망왔다."라고 한 것 등이 그 예이다. 지금 여기는 〈어느 나라에도〉 연결되지 않고 단순하게 '來'라고 말했으므로 그는 천자의 大夫임이 틀림없음을 알 수 있다.

【傳】 何以不稱使아

왜 '使'를 칭하지 않았는가?

【注】 据凡伯稱使라

凡伯의 경우는 '使'를 칭한 것에 의거한 것이다.

【疏】 注'据凡伯稱使' ○ 解云 : 卽下七年"天王使凡伯來聘", 是也.

注의 〔据凡伯稱使〕

○ 解云 : 곧 아래 7년에 "天王(周 桓王)이 凡伯을 파견하여 聘問하였다."라 한 것이 그것이다.

【傳】 奔也라

도망갔기 때문이다.

【注】 奔者는 走也라 以不稱使而無事하여 知其奔이라

'奔'이란 도망간다는 뜻이다. '使'를 칭하지 않았고 용건을 나타낸 것도 없기 때문에 그가 도망갔다는 것을 알 수 있다.

【疏】 注'以不'至'其奔' ○ 解云 : 下三年"武氏子來求賻", 文九年"毛伯來求金", 是無使文而有事也. 上文"秋七月, 天王使宰咺", 文元年"天王使叔服"之徒, 皆是有使有事也. 今此無使復無事, 故知其正是奔也.

注의 〔以不〕에서 〔其奔〕까지

○ 解云 : 아래 은공 3년에 "武氏의 아들이 와서 상례에 쓸 재물을 요구하였다."라 하고, 文公 9년에 "毛伯이 와서 상례에 쓸 금을 요구하였다."라 하였는데, 이것은 '使'라는 글자가 없고 용건이 있는 것이다. 윗글에 "가을 7월에 天王(周 平王)이 宰咺을 파견하였다."라 하고, 文公 원년에 "天王(周 襄王)이 叔服을 파견하였다."라 한 것들은 모두 '使'가 있고 용건을 나타낸 것도 있다. 그런데 지금 여기서는 '使'가 없고 용건을 나타낸 것도 없기 때문에 곧 그가 도망갔다는 것을 알 수 있다.

【傳】 奔則曷爲不言奔가

도망갔다면 왜 '奔'이라고 말하지 않았는가?

【注】 据齊慶封來言奔이라

齊나라 慶封이 온 경우에는 '奔'을 말한 것에 의거한 것이다.

【疏】 注'据齊'至'言奔' ○ 解云：在襄二十八年冬.

注의 〔据齊〕에서 〔言奔〕까지

○ 解云：이 내용은 襄公 28년 겨울의 經文에 있다.

【傳】 王者無外라 言奔하면 則有外之辭也라

王者는 밖이 없다. '奔'을 말하면 밖이 있다는 표현이기 때문이다.

【注】 言奔則與外大夫來奔同文이라 故去奔하여 明王者以天下爲家하여 無絶義라 主書者는 以罪擧라 內外皆書者는 重乖離之禍也라 當春秋時하여는 廢選擧之務하여 置不肖於位라가 輒退絶之하여 以生過失하고 至於君臣忿爭出奔이라 國家之所以昏亂이요 社稷之所以危亡이라 故皆錄之라 錄所奔者는 爲受義者니 明當受賢者하고 不當受惡人也라 祭者는 采邑[1]也라 伯者는 字也라 天子上大夫字는 尊尊之義也라 月者는 爲下卒也[2]라 (當)〔常〕[3]案下例當蒙上月이라 日不(부)也라 奔例時라 一月二事엔 月當在上이라 十言有二者는 起(下)〔十〕[4]復有二요 非十中之二라

1) 采邑：왕족・공신・대신들에게 공로에 대한 특별 보상으로 주는 領地를 말한다. 그 지역 조세를 받아먹게 하였고 봉작과 함께 대대로 상속되었다.

2) 月者 爲下卒也：같은 달에 몇 개의 기사가 있을 경우, '月'은 처음 기사에만 붙을 수 있다는 뜻이다. 下卒은 아래 經文의 "公子 益師가 卒하였다.〔公子益師卒〕"를 말하는데, 그것이 이 '蔡伯來' 기사와 같은 12월 중에 있으므로 거기에는 '月'이 없다는 말이다.

3) (當)〔常〕：저본에는 '當'으로 되어 있으나, 阮元의 〈校勘記〉에 의거하여 '常'으로 바로잡았다.

4) (下)〔十〕：저본에는 '下'로 되어 있으나, 阮元의 〈校勘記〉에 의거하여 '十'으로 바로잡았다.

'奔'을 말하면 魯나라 국외의 大夫가 〈노나라로〉 도망 온 것과 같은 표현이 된다. 그러므로 '奔'을 삭제하여 王者는 천하를 한 집안으로 여겨 〈어느 누구도 그 안에서 인연을〉 끊는 도리가 없다는 것을 밝힌 것이다.

원래 이 기사를 쓴 것은 〈祭伯의〉 죄를 책망하기 위해서였다. 국내나 국외를 막론하고 모두 〈'奔'을〉 쓰는 것은 〈君臣간에〉 배반하는 화를 중대하게 여기기 때문이다. 春秋시대에는 인재를 선발하는 일을 폐기하여 무능한 자를 관직에 두었다가 걸핏하면 그를 물리쳐 문젯거리가 생기고, 군주와 신하가 분노하여 다투다가 국외로 도망가기까지 하였다. 이것은 국가가 혼란해지는 원인이고 社稷이 멸망의 위기에 봉착하는 원인이기 때문에 모두 기록하였던 것이다. 도망간 곳을 기록해두는 것은 그를 받아들이는 측의 도리를 보이기 위한 것이니, 마땅히 현인은 받아들이고 악인은 받아들여서는 안 된다는 것을 밝힌 것이다.

'祭'는 采邑의 이름이다. '伯'은 字이다. 천자의 上大夫에 대해 字를 부르는 것은 〈지위가〉 높은 자를 높이는 도리이다.

여기서 달〔月〕을 말하는 것은 뒤의 사망 기사 때문이다. 일반적으로 살펴볼 때 뒤의 기사는 그 편집원칙에 의해 당연히 앞 기사의 달〔月〕을 받는 것으로 보아야 한다. 날짜〔日〕를 말하는 경우는 그렇지 않다. '奔'에 대해서는 원칙적으로 계절〔時〕을 말한다. 한 달에 두 가지 사건이 있을 때는 달〔月〕이 당연히 위의 사건에 기재되어 있다. '十' 밑에 '有二'를 말한 것은 10에다 또 2가 있다는 것이고, 10 속에 2가 있는 것은 아님을 나타내는 것이다.

【疏】 注'故去'至'絶義' ○ 問曰：若王者以天下爲家, 無絶義, 故不言奔, 何故襄三十年夏"王子瑕奔晉", 昭二十六年冬"尹氏・召伯・毛伯以王子朝奔楚", 成十二年"春, 周公出奔晉", 皆言奔乎. ○ 答曰：春秋進退無義. 若來奔魯者, 見(현)王者以天下爲家, 無絶義, 故不言奔矣. 若奔別國, 卽見(현)春秋黜周與外諸侯同例, 故言奔矣. 旣以魯爲王而不專黜周者, 若專黜周, 則非遜順之義故也.

注의 〔故去〕에서 〔絶義〕까지

○ 問曰：만약 王者는 천하를 한 집안으로 여겨 〈어느 누구도 그 안에서 인연을〉 끊는 도리가 없기 때문에 '奔'을 말하지 않았다고 한다면, 무엇 때문에 襄公 30년 여름에 "王子 瑕가 晉나라로 도망갔다.〔王子瑕奔晉〕"라 하고, 昭公 26년 겨울에 "尹氏・召伯・毛伯이 王子 朝를 데리고 楚나라로 도망갔다.〔尹氏召伯毛伯以王子朝奔楚〕"라 하고, 成公 12년에 "봄에 周公이 晉나라로 도망갔다.〔春 周公出奔晉〕"라고 하여 모두 '奔'을 말했는가?

○ 答曰：≪春秋≫는 〈周나라를 王者로 간주하지 않으면〉 이렇든 저렇든 이해할 방

법이 없다. 주나라에서 魯나라로 도망 온 경우, 왕자는 천하를 한 집안으로 여겨 〈어느 누구도 그 안에서 인연을〉 끊는 도리가 없다는 것을 나타내야 하므로 '奔'을 말하지 않는다. 만약 노나라 이외의 나라로 도망갈 경우에는 ≪춘추≫는 주나라를 강등시켜 기타의 제후와 동일하게 취급한다는 것을 나타내야 하므로 '奔'을 말한다. 〈≪춘추≫는〉 이미 노나라를 王으로 삼고 있는데도 굳이 주나라를 강등시키지 않은 이유는 굳이 주나라를 강등시킨다면 겸손한 도리가 아니기 때문이다.

【疏】 ○ 注'主書者以罪擧' ○ 解云：一則罪祭伯之去(主)〔王〕[1), 一則罪魯受叛人, 故曰以罪擧.

1) (主)〔王〕: 저본에는 '主'로 되어 있으나, 單疏本과 蓬左文庫本에 의거하여 '王'으로 바로잡았다.

○ 注의 〔主書者以罪擧〕

○ 解云：한편으로는 祭伯이 王을 떠나간 것을 책망하고, 또 한편으로는 魯나라가 배반한 사람을 받아들인 것을 책망하였기 때문에 '책망하기 위해 썼다.〔以罪擧〕'고 한 것이다.

【疏】 ○ 注'內外皆書者重乖離之禍也' ○ 解云：內書者, 閔二年秋"公子慶父出奔莒", 是也. 又在外奔書者, 昭二十年"冬十月, 宋華亥・向(상)甯・華定出奔陳"之屬, 是也.

○ 注의 〔內外皆書者重乖離之禍也〕

○ 解云：국내에 대해서 쓴 것은 閔公 2년 가을에 "公子 慶父가 莒로 도망갔다."라고 한 것이 그 예이다. 또 국외에서 도망간 것에 대해 쓴 것은 昭公 20년에 "겨울 10월에 宋나라의 華亥・向甯・華定이 陳나라로 도망갔다."라고 한 것 등이 그 예이다.

【疏】 ○ 注'當春'至'於位' ○ 解云：王制云"凡官民材, 必先論之. 論辨然後使之, 任事然後爵之, 位定然後祿之. 爵人於朝, 與士共之." 是擇人之法也. 當春秋之時, 不問賢與不肖, 悉皆世位, 故言此.

○ 注의 〔當春〕에서 〔於位〕까지

○ 解云：≪禮記≫ 〈王制〉에 "일반적으로 인재를 선발하여 관리로 삼을 때는 반드시 먼저 〈그의 재능과 덕성을〉 살펴보아야 한다. 살펴보기를 확실하게 한 뒤에 일을 맡

겨 시험해보고, 그 일을 제대로 감당해낸 뒤에 爵位를 주고, 작위가 정해진 뒤에 봉록을 줘야 한다. 조정에서 어떤 사람의 작위를 평정할 때는 하급관리도 함께 참가해야 한다."라고 하였으니, 이것이 인재를 선발하는 법이다. 春秋시대에는 유능 여부를 불문하고 누구나 다 관직을 세습하였기 때문에 이렇게 말한 것이다.

【疏】 ○ 注'輒退'至'過失' ○ 解云：君若退絶其臣, 不聽世祿, 以生過失矣.

○ 注의 〔輒退〕에서 〔過失〕까지

○ 解云：군주가 만약 그 신하를 물리치고 봉록을 세습시키지 않으면 문젯거리가 생기게 된다.

【疏】 ○ 注'至於'至'出奔' ○ 解云：由不肖者在位, 故有忿爭出奔之事矣.

○ 注의 〔至於〕에서 〔出奔〕까지

○ 解云：무능한 자가 관직에 있음으로 인해 〈군주와 신하가〉 분노하여 다투다가 국외로 도망가는 일이 있는 것이다.

【疏】 ○ 注'伯者字也' ○ 解云：知伯非爵者, 正見桓八年經云"冬, 祭公來, 遂逆王后于紀". 公是其爵, 明伯是其字矣.

○ 注의 〔伯者字也〕

○ 解云：'伯'이 작위가 아님을 안 것은 바로 桓公 8년의 經文에 "겨울에 祭公이 〈魯나라에〉 왔다. 마침내 紀나라로 가서 왕후를 맞이하였다."라고 나와 있기 때문이다. '公'은 작위이므로 '伯'은 字라는 것이 분명하다.

【疏】 ○ 注'(當)〔常〕案'至'不也' ○ 解云：一月有數事, 重者皆蒙月也. 若上事輕, 下事重, 輕者不蒙月, 重者自蒙月. 若上事重, 下事輕, 則亦重者蒙月, 輕者不蒙月. 故言'(當)〔常〕案下例當蒙上月'矣. '日不(부)'者, 謂一日有數事, 卽不得上下相蒙. 故桓十二年冬十一月"丙戌, 公會鄭伯盟于武父. 丙戌, 衛侯晉卒", 彼下注云"不蒙上日者, 春秋獨晉書立記卒耳, 當蒙上日, 與不嫌異於篡例, 故復出日明同", 是也.

○ 注의 〔常案〕에서 〔不也〕까지

○ 解云：한 달 동안 여러 가지 사건이 있을 때 중대한 것은 모두 그 달〔月〕을 받는

다. 만약 앞의 사건이 경미하고 뒤의 사건이 중대하다면 경미한 것은 달을 받지 않고 중대한 것이 당연히 달을 받으며, 만약 앞의 사건이 중대하고 뒤의 사건이 경미하다면 그 경우 또한 중대한 것이 달을 받고 경미한 것은 달을 받지 않는다. 그러므로 '일반적으로 살펴볼 때 뒤의 기사는 그 편집원칙에 의해 당연히 앞 기사의 달〔月〕을 받는 것으로 보아야 한다.'라고 말한 것이다.

'날짜〔日〕를 말하는 경우는 그렇지 않다.'는 것은 하루 동안 여러 가지 사건이 있을 때 앞과 뒤의 사건이 서로 날짜를 받을 수 없다는 것을 이른다. 그러므로 桓公 12년의 겨울 11월에 "병술일에 公이 鄭伯과 武父에서 會盟하였다. 병술일에 衛侯 晉이 卒하였다."라 하였고, 그 아래 注에 "앞 사건의 날짜를 받지 않고 〈다시 병술일이라 한〉 것은, ≪春秋≫는 晉에게만 〈군주로서〉 즉위한 것을 적고 사망한 것을 기록하였으므로 당연히 앞 사건의 날짜를 받아야 하지만, 〈날짜를 받지 않게 되면 앞 사건의 날짜를 받는 여부가〉 찬탈에 대한 편집원칙과 다른 것인가 헷갈릴 우려가 없기 때문에 또 다시 날짜를 적어 〈찬탈에 대한 편집원칙과〉 같다는 것을 명시하였다."라고 한 것이 그것이다.

【疏】 ○ 注'奔例時' ○ 問曰 : 襄二十年夏"五月, 王子瑕奔晉", 昭二十六年"冬十月, 尹氏・召伯・毛伯以王子朝奔楚", 悉書月, 何言例時乎. ○ 答曰 : 案襄公三十年"五月甲午, 宋災, 伯姬卒. 天王殺其弟年夫. 王子瑕奔晉", 昭二十六年"冬十月, 天王入于成周. 尹氏・召伯・毛伯以王子朝奔楚". 以此言之, 則似月爲上事, 其二處出奔仍不蒙月. 是以襄三十年'五月甲午'之下, 注云"外災例時, 此日者, 爲伯姬卒日", 昭二十六年'冬十月'之下, 注云"月者, 爲天下喜錄王者反正位". 是其月爲上事之明文, 不妨出奔仍自時也. 故此乃注云"月者, 爲下卒. 奔例時"也. 舊云"春秋王魯, 是以王臣來奔魯者, 悉與外諸侯之臣來奔同書時. 故與襄二十八年'冬, 齊慶封來奔'同書時矣. 若王臣奔他國者, 悉皆書月, 見(현)別于諸侯之臣矣. 是以王子瑕・毛・召之徒悉皆書月."

○ 注의 〔奔例時〕

○ 問曰 : 襄公 20년 여름에 "5월에 王子 瑕가 晉나라로 도망갔다."라 하고, 昭公 26년에 "겨울 10월에 尹氏・召伯・毛伯이 王子 朝를 데리고 楚나라로 도망갔다."라고 하여 모두 달〔月〕을 기록하였는데, 왜 '원칙적으로 계절〔時〕을 말한다.'고 하는가?

○ 答曰 : 살펴보건대 양공 30년에 "5월 갑오일에 宋나라에 화재가 일어나 伯姬가

불에 타 죽었다. 天王(周 景王)이 그의 아우 年夫를 죽였다. 왕자 瑕가 晉나라로 도망갔다."라 하고, 소공 26년에 "겨울 10월에 天王(周 敬王)이 成周에 들어갔다. 윤씨·소백·모백이 왕자 朝를 데리고 楚나라로 도망갔다."라고 하였다. 이것으로 말한다면 달을 말하고 있는 것은 앞의 사건 때문이며 그 두 군데의 '出奔'은 달을 받지 않은 것 같다. 이 때문에 양공 30년 '五月甲午'의 아래 注에 "국외의 화재는 원칙적으로 계절을 말한다. 여기에서 날짜를 기록하고 있는 것은 백희가 죽은 것 때문에 날짜를 기록한 것이다."라 하고, 소공 26년 '冬十月'의 아래 注에 "달을 말하는 것은 천하를 위해 왕자가 본래의 자리로 돌아온 것을 기쁘게 기록하고 있는 것이다."라고 하였다.

이것은 달을 말하는 것이 앞의 사건 때문임을 나타내는 확실한 글이며 도망간 것에 대해 여전히 계절을 말하는 원칙에는 문제가 되지 않는다. 그러므로 여기 注에 "달을 말하는 것은 뒤의 사망 기사 때문이다. '奔'에 대해서는 원칙적으로 계절을 말한다."라고 하였다. 이전에 전해오는 말에는 "≪春秋≫는 노나라를 왕의 나라로 간주하였다. 이 때문에 王의 신하가 노나라에 도망 왔다면 모두 국외 제후의 신하가 도망 오는 경우와 동일하게 계절을 기록하였다. 그러므로 양공 28년의 '겨울에 齊나라 慶封이 도망 왔다.'라 한 것처럼 동일하게 계절을 기록했던 것이다. 만약 왕의 신하가 다른 나라로 도망갔다면 모두 달〔月〕을 기록하여 제후의 신하와 구별된다는 것을 나타내었다. 이러므로 왕자 瑕·모백·소백 무리가 〈도망간 것에 대해〉 모두 달을 기록한 것이다."라고 하였다.

【疏】 ○ 問曰 : 若然, 成十二年"春, 周公出奔晉"亦是出奔, 何故不月. ○ 答曰 : 王臣之例, 實不言出, 亦不書時. 但周公自其私出奔, 故自從小國例言出書時矣. 凡諸侯出奔, 大國例月, 小國時.

○ 問曰 : 그렇다면 成公 12년에 "봄에 周公이 晉나라로 도망갔다."라고 한 것 또한 〈왕의 신하가 다른 나라로〉 도망간 것인데, 왜 달〔月〕을 말하지 않았는가?

○ 答曰 : 왕의 신하를 기록하는 경우에 대한 원칙은 사실 '出'을 말하지 않고 또 계절도 기록하지 않는다. 다만 주공은 〈도성이 아닌〉 그의 領地에서 도망갔기 때문에 小國을 기록하는 경우에 대한 원칙에 따라 '出'을 말하고 계절을 기록한 것이다. 일반적으로 제후가 도망가는 경우, 大國이라면 원칙적으로 달을 기록하고 소국이라면 계절을 기록하는 것이다.

公子益師卒하다

公子 益師가 卒하였다.

【傳】 何以不日가

왜 날짜를 말하지 않았는가?

【注】 据臧孫辰書日이라

臧孫辰의 경우에는 날짜를 기록하고 있는 것에 의거한 것이다.

【疏】 注'据臧孫辰書日' ○ 解云：即文十年"春王三月辛卯, 臧孫辰卒", (者)〔是〕[1]也.

1) (者)〔是〕：저본에는 '者'로 되어 있으나, 四庫全書本 및 문맥에 의거하여 '是'로 바로잡았다.

注의 〔据臧孫辰書日〕

○ 解云：곧 文公 10년에 "봄 周나라 왕의 3월 신묘일에 臧孫辰이 卒하였다."라고 한 것이 그것이다.

【疏】 ○ 問曰：下五年冬十二月"辛巳, 公子彄卒", 亦書日, 所以不据之, 而遠据文十年之篇何. ○ 答曰：下五年何氏云"日者, 隱公賢君, 宜有恩禮於大夫. 益師始見(현)法[1], 無駭有罪, 俠又未命也[2], 故獨得於此日". 以義言之, 正由同在所傳聞之世, 非常書日之限, 故不据之. 所聞之世, 大夫日卒者非一, 正据辰者, 以其是所聞之始故也.

1) 益師始見(현)法：法은 孔子가 ≪春秋≫를 편집할 때 적용하는 원칙을 말한다. 魯나라 12公 242년의 역사서인 ≪춘추≫에 대해 보아서 안 시대인 '所見'의 시대, 들어서 안 시대인 '所聞'의 시대, 전해 들어 안 시대인 '所傳聞'의 시대 등 세 시대로 구분하여 내용이 같은 사건이라 하더라도 시대별로 편집 원칙을 다르게 하였다. '所傳聞'의 시대에는 세월이 많이 지남으로 인해 은정이 얕아서 大夫가 죽은 기사에 대해 원칙적으로 그 날짜를 기록하지 않았다. 그래서 益師의 죽음에 대해 날짜는 없이 '公子益師卒'이라고만 기록하였다는 것이다.

2) 無駭有罪 俠又未命也：無駭는 魯나라 大夫 展無駭로, 司空을 지냈다. 隱公 2년에 군대를 거느리고 노나라 속국인 極나라를 공격하여 최초로 다른 국가를 멸망시킨 죄가

있다. 俠 또한 노나라 대부이지만 관직에 임명되지 않아 그의 존재가치가 드러나지 않았다. 이들도 모두 '所傳聞' 시대의 대부인데다가 하자까지 있으므로 ≪春秋≫에 이들이 죽은 기사에 모두 날짜를 기록하지 않았다.

○ 問曰 : 아래 은공 5년의 겨울 12월에 "신사일에 公子 彄가 卒하였다."라고 한 것 또한 날짜를 기록하였는데, 이것을 근거로 삼지 않고 멀리 떨어져 있는 文公 10년의 내용을 근거로 삼은 이유는 무엇인가?

○ 答曰 : 아래 5년에는 何休의 注에 "죽은 날짜를 기록한 것은 은공은 賢君이므로 마땅히 그 大夫에게 은혜로운 예우가 있어야 했기 때문이다. 益師가 〈죽은 기사에는〉 처음으로 〈세 시대의 書法이 다른 그〉 원칙을 나타내고 있으며, 無駭는 죄가 있고 俠은 또 정식으로 임명을 받지 못했으므로 〈모두 날짜를 기록하지 않았으니,〉 유독 여기서만 날짜를 기록할 수 있는 것이다."라고 하였다. 이와 같은 논리로 말한다면 〈은공 5년의 기사는 익사・무해・俠의 사망기사와〉 함께 '所傳聞'의 시대에 있고 그 기간이 항상 날짜를 기록하는 범위에 들어가지는 않기 때문에 그것을 근거로 삼지 않은 것이다. '所聞'의 시대에는 大夫의 죽음에 대하여 날짜를 말한 것이 한 군데만이 아닌데, 〈그 속에서〉 특히 臧孫辰의 죽음을 근거로 삼은 것은 그것이 '所聞'의 시대에서 맨 처음 〈노나라 대부의 죽음이기〉 때문이다.

【傳】 遠也라

〈시대가〉 멀기 때문이다.

【注】 孔子所不見이라

孔子가 보지 못한 시대의 일이다.

【傳】 所見異辭하고 所聞異辭하고 所傳聞異辭라

보아서 안 시대의 일이 書法이 다르고, 들어서 안 시대의 일이 書法이 다르고, 전해 들어 안 시대의 일이 書法이 다르다.

【注】 所見者는 謂昭・定・哀己與父時事也라 所聞者는 謂文・宣・成・襄王父時事也라 所傳聞者는 謂隱・桓・莊・閔・僖高祖曾祖時事也라 異辭者는 見(현)恩有厚薄하고 義有

(深淺)〔淺深〕[1]이라 時恩衰義缺이라 (將)[2]將以理人倫하고 序人類하여 因制治亂之法이라 故於所見之世엔 恩己與父之臣尤深하여 大夫卒은 有罪無罪를 皆日錄之하니 丙申에 季孫隱如卒이 是也라 於所聞之世엔 王父之臣恩少殺(쇄)하여 大夫卒은 無罪者日錄하고 有罪者不日略之하니 叔孫得臣卒이 是也라 於所傳聞之世엔 高祖曾祖之臣恩淺하여 大夫卒은 有罪無罪를 皆不日略之也하니 公子益師無駭卒이 是也라 於所傳聞之世엔 見(현)治起於衰亂之中하여 用心尙粗觕(추)라 故內其國而外諸夏하여 先詳內而後治外라 錄大略小하며 內小惡書하고 外小惡不書라 大國有大夫하고 小國略稱人하며 內離會[3]書하고 外離會不書 是也라 於所聞之世엔 見(현)治升平하여 內諸夏而外夷狄하여 書外離會하며 小國有大夫하니 宣十一年의 秋에 晉侯會狄於攢函과 襄二十三年의 邾婁(劓)〔鼻〕[4]我來奔이 是也라 至所見之世하여는 著治大(태)平하여 夷狄進至於爵하여 天下遠近小大若一하니 用心尤深而詳이라 故崇仁義하고 譏二名하니 晉魏曼多와 仲孫何忌가 是也라 所以三世者는 禮爲父母三年하고 爲祖父母期하고 爲曾祖父母齊衰(자최)三月이라 立愛自親始[5]라 故春秋据哀錄隱하고 上治祖禰라 所以二百四十二年者는 取法十二公하여 天數備足하고 著治法式이며 又因周道始壞絶於惠·隱之際라 主所以卒大夫者는 明君當隱痛之也라 君敬臣則臣自重하고 君愛臣則臣自盡이라 公子者는 氏也요 益師者는 名也라 諸侯之子稱公子하고 公子之子稱公孫이라

1) (深淺)〔淺深〕: 저본에는 '深淺'으로 되어 있으나, 阮元의 〈校勘記〉에 의거하여 '淺深'으로 바로잡았다.
2) (將) : 저본에는 '將'이 중복되어 있으나, 閩本·監本에 의거하여 '將' 1자를 衍文으로 처리하였다.
3) 離會 : 두 나라의 의견이 합치되지 않은 회합을 말하는데, 경우에 따라서는 단순히 '두 나라의 회합'이란 뜻으로 사용되기도 한다. 여기서는 후자의 뜻으로 이해하는 것이 좋을 듯하다.
4) (劓)〔鼻〕: 저본에는 '劓'로 되어 있으나, 阮元의 〈校勘記〉에 의거하여 '鼻'로 바로잡았다.
5) 立愛自親始 : 孔子의 말씀으로, ≪禮記≫ 〈祭義〉에 보인다.

'보았다〔所見〕'는 것은 昭公·定公·哀公 시기로 孔子 자신과 아버지 때의 일을 이른다. '들었다〔所聞〕'는 것은 文公·宣公·成公·襄公 시기로 조부 때의 일을 이른다. '전해 들었다〔所傳聞〕'는 것은 隱公·桓公·莊公·閔公·僖公 시기로 고조부와 증조부 때의 일을 이른다. '書法이 다르다〔異辭〕'는 것은 〈시대의 원근에 따라〉 부자간 은정의 厚薄과 군신간 의리의 淺深의 차이를 〈서법으로〉 나타내는 것이다. 이 당시 은정은 쇠

퇴하고 의리는 훼손되어 있었다. 〈이 때문에 공자가〉 장차 군신간의 서열을 정리하고 부자간의 관계를 정돈하여 난세를 다스리는 법을 제정하려고 하였다.

그러므로 '所見'의 시대에는 자기와 아버지 당시의 신하에 대한 은정을 나타내는 정도가 워낙 깊어 大夫의 사망 기사는 죄가 있고 없고를 막론하고 모두 그 날짜를 기록하였으니, 〈定公 5년에〉 "병신일에 季孫隱如가 卒하였다."라고 한 것이 그 예이다.

'所聞'의 시대에는 조부 당시의 신하에 대한 은정을 나타내는 정도가 조금 줄어들기 때문에 대부의 사망 기사는 죄가 없는 경우는 날짜를 기록하고 죄가 있는 경우는 날짜를 기록하지 않고 생략하였으니, 〈宣公 5년에〉 "叔孫得臣이 卒하였다."라고 한 것이 그 예이다.

'所傳聞'의 시대에는 고조부와 증조부 당시의 신하에 대한 은정을 나타내는 정도가 얕기 때문에 대부의 사망 기사는 죄가 있고 없고를 막론하고 모두 날짜를 기록하지 않고 생략하였으니, 〈이곳의〉 "公子 益師가 〈卒하였다.〉"와 〈8년에〉 "〈겨울 12월에〉 無駭가 卒하였다."라고 한 것이 그 예이다.

'所傳聞'의 시대에는 〈王者의〉 정치가 쇠란한 세상에서 시작되었다는 것을 나타내므로 〈書法을 설정할 때〉 배려하는 방법이 여전히 거칠었다. 이 때문에 자기의 국가를 내부로 여기고 中原의 제후국을 외부로 여겨 먼저 내부를 상세하게 바로잡은 뒤에 외부를 다스렸다. 대국의 기사는 충실히 기록하고 소국의 기사는 간략하게 다루며, 내부의 작은 악은 기록하고 외부의 작은 악은 기록하지 않았다. 그리고 대국에 대해서는 대부의 이름을 기록하여 〈대부의 존재를 인정하고〉 소국에 대해서는 〈대부의 존재를 인정하지 않고〉 간략하게 다루어 '人'이라고 칭하였으며, 내부의 離會는 기록하고 외부의 이회는 기록하지 않은 것이 그 예이다.

'所聞'의 시대에는 〈왕자의〉 정치가 태평성대의 도상에 있음을 나타내므로 중원의 각국을 내부로 여기고 夷狄을 외부로 여겨 외부의 이회를 기록하였으며 소국에 대해서도 大夫의 존재를 인정하였으니, 宣公 11년의 "가을에 晉侯가 狄과 攢函에서 모였다."와 襄公 23년의 "邾婁나라의 鼻我가 魯나라로 도망 왔다."라고 한 것이 그 예이다.

'所見'의 시대에 이르러서는 〈왕자의〉 정치가 태평을 실현했음을 드러내므로 이적이 중국으로 들어와 작위를 받기까지 함으로써 천하 각국의 원근과 대소가 동일한 것처럼 되었으니, 〈서법에 대해〉 배려하는 것이 더 깊고 자상하였다. 그러므로 仁義를 존중하고 〈한 사람이〉 두 글자를 이름으로 사용하는 것을 비판하였으니, 晉나라의 魏曼

多와 〈魯나라의〉 仲孫何忌를 〈비판한 것이〉 그 예이다.

세 시대로 구분하는 근거는 喪禮의 규정에 부모를 위해 3년복을 입고 조부모를 위해 1년복을 입고 증조부모를 위해 齊衰 3개월복을 입는 것으로 〈정해져 있기 때문이다.〉

사랑의 도리를 세우는 것은 부모를 사랑하는 것으로부터 시작된다. 그러므로 ≪春秋≫는 哀公 시대를 기준으로 하여 隱公까지를 기록하고 거슬러 올라가 조상의 시대를 바로잡은 것이다. 그 기간이 242년인 이유는 12公을 취하여 하늘의 수를 충족시키고 〈왕자가〉 다스리는 法式을 나타내려 했기 때문이며, 또 周 王朝의 道가 惠公과 隱公의 교체기부터 무너지기 시작했기 때문이다.

원래 대부의 사망을 기록하는 이유는 군주로서는 마땅히 그의 죽음을 애통해 해야 한다는 것을 밝힌 것이다. 군주가 신하를 공경하면 신하는 저절로 신중히 행동하고 군주가 신하를 사랑하면 신하는 저절로 충성을 다하는 법이다.

'公子'는 氏이고 '益師'는 이름이다. 제후의 아들은 '公子'라 칭하고, 公子의 아들은 '公孫'이라 칭한다.

【疏】 注'所見'至'事也' ○ 解云：孔子親仕之[1]定・哀, 故以定・哀爲已時. 定・哀旣當於已, 明知昭公爲父時事. 知昭・定・哀爲所見, 文・宣・成・襄爲所聞, 隱・桓・莊・閔・僖爲所傳聞者, 春秋緯文也.

1) 之 : '於'와 같다.

注의 〔所見〕에서 〔事也〕까지

○ 解云 : 孔子는 그 자신이 定公・哀公에게 벼슬하였으므로 정공・애공의 시대를 자기 때로 한 것이다. 정공・애공의 시대가 이미 자기 때에 해당한다면 昭公 시대의 기사는 아버지 때 일이라는 것을 분명히 알 수 있다. 소공・정공・애공의 시대가 '所見'이 되고, 文公・宣公・成公・襄公의 시대가 '所聞'이 되고, 隱公・桓公・莊公・閔公・僖公의 시대가 '所傳聞'이 됨을 알 수 있는 것은 ≪春秋緯≫의 글에 의해서이다.

【疏】 ○ 注'時恩衰義缺' ○ 解云：當時子弑父, 父殺子爲恩衰(也)[1], 臣弑君, 君殺臣爲義缺. 故喪服四制云"爲父斬衰(최)三年, 以恩制, 爲君斬衰三年, 以義制", 是也.

1) (也) : 저본에는 '也'가 있으나, 阮元의 〈校勘記〉에 의거하여 衍文으로 처리하였다.

○ 注의 〔時恩衰義缺〕

○ 解云 : 孔子 당시에 자식이 아버지를 시해하고 아버지가 자식을 죽이는 사태가 일어난 것이 은정이 쇠퇴하였다는 것이고, 신하가 군주를 시해하고 군주가 신하를 죽이는 사태가 일어난 것이 의리가 훼손되었다는 것이다. 이 때문에 ≪禮記≫ 〈喪服四制〉에 "아버지를 위해 斬衰 3년복을 입는 것은 은정에 의거하여 만들어진 것이고, 군주를 위해 斬衰 3년복을 입는 것은 의리에 의거하여 만들어진 것이다."라고 하였다.

【疏】 ○ 注'將以'至'之法' ○ 解云 : 孔子見時如此, 遂制春秋. 理人倫者, 斷理君臣之倫次, 令得所也. 序人類者, 類謂父子, 序父子之恩, 使之厚也, 因以制治亂之軌式矣.

○ 注의 〔將以〕에서 〔之法〕까지

○ 解云 : 孔子는 시대 상황이 이러한 것을 눈으로 보고 마침내 ≪春秋≫를 만들었던 것이다. '理人倫'은 군신간의 서열을 엄격하게 정리하여 각자의 본분을 다할 수 있게 한다는 뜻이다. '序人類'는 '類'는 부자간의 관계를 이르니, 부자간의 은정을 정돈하여 그 은정을 후하게 한다는 뜻이다. 이로 인해 난세를 다스리는 규범을 제정하는 것이다.

【疏】 ○ 注'故於'至'卒是也' ○ 解云 : 隱如逐君而書日, 卽定五年"丙申, 季孫隱如卒", 是也. 若非罪書日, 卽昭二十五年"冬十月戊辰, 仲孫舍卒", 二十九年"四月庚子, 叔倪卒", 是也. 而此注不言之者, 從省(생)文也.

○ 注의 〔故於〕에서 〔卒是也〕까지

○ 解云 : 季孫隱如는 군주(魯 昭公)를 〈국외로〉 추방하였는데 〈그의 사망 기사에〉 날짜를 기록하였으니, 곧 定公 5년에 "병신일에 계손은여가 卒하였다."라고 한 것이 그것이다. 죄가 없고 〈사망 기사에〉 날짜를 기록한 경우는 곧 昭公 25년에 "겨울 10월 무진일에 仲孫舍가 卒하였다."라 한 것과 소공 29년에 "4월 경자일에 叔倪가 卒하였다."라고 한 것이 그것이다. 그런데 이곳의 注에 그것을 말하지 않은 것은 글을 생략한 것이다.

【疏】 ○ 注'於所'至'日錄' ○ 解云 : 無罪書日者, 卽襄五年冬十有二月"辛未, 季孫行父卒", 襄十九年"八月丙辰, 仲孫蔑卒", 是. 無罪而書日者, 錄之故也. 若然, 文十四年"九月甲申, 公孫敖卒于齊", 敖實有罪而書日者, 彼注云"已絶, 卒之者, 爲後齊脅魯歸其喪, 有恥, 故爲內諱, 使若尙爲大夫", 是也.

○ 注의 〔於所〕에서 〔日錄〕까지

○ 解云 : 죄가 없고 〈사망 기사에〉 날짜를 기록한 경우는 곧 襄公 5년 겨울 12월에 "신미일에 季孫行父가 卒하였다."라 한 것과 양공 19년에 "8월 병진일에 仲孫蔑이 卒하였다."라고 한 것이 그것이다. 죄가 없는데 그 날짜를 기록한 것은 〈그의 죽음을 자세히〉 기록하려고 했기 때문이다. 그렇다면 文公 14년에 "9월 갑신일에 公孫敖가 齊나라에서 卒하였다."라고 하여, 敖가 실제로 죄가 있는데도 날짜를 기록한 것은 그곳의 注에 "이미 〈敖의 大夫 지위가〉 박탈되었는데 그의 죽음을 기록한 것은 뒤에 齊나라가 魯나라를 협박하여 그의 유해를 돌려보낸 것이 수치였으므로 노나라를 위해 진실을 숨겨 그에 대해 여전히 대부인 것처럼 기록한 것이다."라고 한 것이 그 이유이다.

【疏】 ○ 注'有罪'至'是也' ○ 解云 : 宣五年九月"叔孫得臣卒", 何氏云"不日者, 知公子遂欲弑君. 爲人臣知賊而不言, 明當誅", 是. 有罪而不日者, 略之故也.

○ 注의 〔有罪〕에서 〔是也〕까지

○ 解云 : 宣公 5년 9월에 "叔孫得臣이 卒하였다."라 한 곳의 何休 注에 "날짜를 기록하지 않은 것은 〈숙손득신은〉 公子 遂가 군주를 시해하려 했다는 것을 알고 있었기 때문이다. 신하로 있으면서 〈공자 遂가〉 역적인 줄 알면서도 말하지 않았으니, 마땅히 誅伐을 가해야 함을 분명히 한 것이다."라고 한 것이 그 예이다. 죄가 있는데 죽은 날짜를 기록하지 않은 것은 그의 죽음을 간략하게 기록하려고 했기 때문이다.

【疏】 ○ 注'於所(見)〔傳〕[1]'至'卒是也' ○ 解云 : 公子益師無罪而不日, 卽此是也. 無駭有罪而不日, 卽下八年"冬十有二月, 無駭卒", 是也. 若然, 莊三十二年"秋七月癸巳, 公子牙卒", 僖十六年"三月壬申, 公子季友卒", "秋七月甲子, 公孫慈卒", 幷是所傳聞之世而得書日. 牙卒之下, 何氏云"莊不卒大夫而卒牙者, 本以當國將弑君. 書日者, 錄季子之(過)〔遏〕[2]惡也", 其季友之下, 何氏云"日者, 僖公賢君, 宜有恩禮於大夫, 故皆日也", 其公孫慈之下, 何氏云"一年喪骨肉三人[3], 故日痛之", 是也.

1) (見)〔傳〕: 저본에는 '見'으로 되어 있으나, 앞의 何休 注에 의거하여 '傳'으로 바로잡았다.

2) (過)〔遏〕: 저본에는 '過'로 되어 있으나, 襄公 32년의 何休 注에 의거하여 '遏'로 바로잡았다.

3) 一年喪骨肉三人 : 魯 僖公 16년에 희공이 육친 세 사람을 한꺼번에 잃었다는 것이다. 3월에 숙부 季友가 죽고, 4월에 딸 季姬가 죽고, 7월에는 사촌형제인 公孫慈가 죽었다.

○ 注의 〔於所傳〕에서 〔卒是也〕까지

○ 解云 : 公子 益師는 죄가 없는데 날짜를 기록하지 않았으니, 곧 여기 經文의 기사가 그것이다. 無駭는 죄가 있는데 날짜를 기록하지 않았으니, 곧 아래 隱公 8년에 "겨울 12월에 무해가 卒하였다."라고 한 것이 그것이다. 그렇다면 莊公 32년에 "가을 7월 계사일에 公子 牙가 卒하였다.〔秋七月癸巳 公子牙卒〕"라 하고, 僖公 16년에 "3월 임신일에 公子 季友가 卒하였다.〔三月壬申 公子季友卒〕"라 하고, "가을 7월 갑자일에 公孫慈가 卒하였다.〔秋七月甲子 公孫慈卒〕"라고 하여 모두 '所傳聞'의 시대인데도 날짜를 기록한 이유는 〈무엇인가?〉 '牙卒'의 밑에 何休가 "장공으로서는 大夫의 죽음을 기록하지 않는 것이 옳은데 牙의 죽음을 기록한 것은 본래 〈牙가〉 국정을 맡고 있으면서 군주를 시해하려 했기 때문이다. 날짜를 기록한 것은 季子가 〈牙의〉 악을 멈추게 한 것을 〈칭찬하여〉 상세하게 기록한 것이다."라 하고, '季友' 밑에 하휴가 "날짜를 기록한 것은 희공은 현능한 군주라 마땅히 그 대부에게 은혜로운 예우가 있어야 했기 때문에 모두 날짜를 기록한 것이다."라 하고, '公孫慈' 밑에 하휴가 "1년 사이에 肉親을 세 사람이나 잃었으므로 날짜를 기록하여 애통해 한 것이다."라고 한 것이 그것이다.

【疏】 ○ 注'錄大略小' ○ 解云 : 謂錄大國卒葬, 小國卒葬不錄, 是也.

○ 注의 〔錄大略小〕

○ 解云 : 大國의 사망과 장례를 기록하고 小國의 사망과 장례는 기록하지 않는다는 것을 이른다.

【疏】 ○ 注'內離'至'是也' ○ 解云 : 內離會者, 卽下二年"春, 公會戎于潛", 桓元年春"公會鄭伯于垂", 是也. 外離會不書者, 桓五年"齊侯・鄭伯如紀", 傳云"外相如不書, 此何以書. 離不言會也", 何氏云"時紀不與會, 故略言如也".

○ 注의 〔內離〕에서 〔是也〕까지

○ 解云 : '내부의 離會는 〈기록한다.〉'는 것은 곧 아래 隱公 2년에 "봄에 公이 戎과

潛에서 회합하였다."라 하고, 桓公 원년 봄에 "公이 鄭伯과 垂에서 회합하였다."라고 한 것이 그것이다. '외부의 이회는 기록하지 않는다.'는 것은 환공 5년에 "齊侯와 鄭伯이 紀에 갔다."라고 하였는데, 그 傳에 "외국의 나라끼리 서로 왕래하는 것은 기록하지 않는데, 여기서는 왜 기록하였는가? 〈국외의〉 두 나라 회합은 '會'라고 말할 수 없기 때문이다."라 하고, 何休는 "이때 紀가 모임에 참여하지 않았기 때문에 간략하게 '갔다〔如〕'라고 말한 것이다."라고 하였다.

【疏】 ○ 注'於所'至'升平' ○ 解云：升, 進也. 稍稍上進而至於大(태)平矣.

○ 注의 〔於所〕에서 〔升平〕까지

○ 解云：'升'은 나아간다는 뜻이다. 조금씩 위로 나아가 태평에 도달하는 것이다.

【疏】 ○ 注'宣十'至'攢函' ○ 解云：卽此一經, 而當是二義也[1].

1) 卽此一經 而當是二義也：宣公 11년의 "晉侯가 狄과 攢函에서 모였다.〔晉侯會狄於攢函〕"라는 經文이 두 가지 뜻을 가지고 있다는 것이다. 두 가지 뜻은 何休 注의 "中原의 각국을 내부로 여기고 夷狄을 외부로 여겼다.〔內諸夏而外夷狄〕"와 "외부의 離會를 기록하였다.〔書外離會〕"를 가리킨다.

○ 注의 〔宣十〕에서 〔攢函〕까지

○ 解云：이것은 한 經文이지만 분명히 두 가지 뜻이 있다.

【疏】 ○ 注'襄二'至'是也' ○ 解云：若然, 莊二十四年冬"曹羈出奔陳", 莊二十七年冬"莒慶來逆叔姬", 皆非所聞之世, 而小國得有大夫書名者, 曹羈之下傳云"曹無大夫, 此何以書. 賢也", 莒慶之下傳云"莒無大夫, 此何以書. 譏. 〔何譏〕[1]爾. 大夫越境逆女, 非禮也". 然則一譏一賢, 故變例書之爾.

1) 〔何譏〕：저본에는 '何譏'가 없으나, 阮元의 〈校勘記〉에 의거하여 보충하였다.

○ 注의 〔襄二〕에서 〔是也〕까지

○ 解云：그렇다면 莊公 24년 겨울에 "曹羈가 陳나라로 도망갔다.〔曹羈出奔陳〕"라 하고, 장공 27년 겨울에 "莒慶이 와서 叔姬를 영접하였다.〔莒慶來逆叔姬〕"라고 하였다. 이때는 모두 '所聞'의 시대가 아닌데 소국에 大夫의 존재를 인정하여 이름을 기재한 이유에 대해서는, '曹羈' 아래의 傳에 "曹에는 대부가 없는데, 여기서는 왜 기록하였는

가? 그가 현명했기 때문이다."라 하고, '莒慶' 아래의 傳에 "莒에는 대부가 없는데, 여기서는 왜 기록하였는가? 비판하기 위해서이다. 왜 비판하였는가? 대부가 국경을 넘어와 여자를 영접하는 것은 예법이 아니다."라고 하였다. 그렇다면 한쪽은 비판하고 한쪽은 현명하다고 하였으므로 원칙을 변경하여 〈의도적으로〉 기록한 것이라고 할 수 있다.

【疏】 ○ 注'至所'至'大平' ○ 解云：當爾之時, 實非大(태)平, 但春秋之義, 若治之大平於昭・定・哀也. 猶如文・宣・成・襄之世, 實非升平, 但春秋之義, 而見(현)治之升平然.

○ 注의 〔至所〕에서 〔大平〕까지

○ 解云：그 당시에 현실은 태평하지 않았으나, 다만 ≪春秋≫의 이념상 〈王者의〉 정치가 昭公・定公・哀公 시대에 태평을 이룬 것처럼 여긴 것이니, 이것은 文公・宣公・成公・襄公 시대에 현실은 태평하지 않았으나, 다만 ≪춘추≫의 이념상 〈왕자의〉 정치가 升平을 이뤘다는 것을 나타내는 것과 같다.

【疏】 ○ 注'夷狄'至'於爵' ○ 解云[1]：卽哀四年夏"晉人執戎曼子赤歸于楚", 十三年夏"公會(齊)〔晉〕[2]侯及吳子于黃池", 是也.

1) 解云：여기서는 王者의 정치가 태평을 실현한 '所見'의 시대에는 夷狄이 中原의 제후국의 일원으로 대우를 받았다는 증거로서 哀公 때 기사에 이적인 戎曼과 吳나라의 군주에게 '子'의 작위가 붙어 있는 사례를 인용하였다. 戎曼은 戎蠻으로 표기하기도 한다.

2) (齊)〔晉〕：저본에는 '齊'로 되어 있으나, 哀公 13년의 經文에 의거하여 '晉'으로 바로잡았다.

○ 注의 〔夷狄〕에서 〔於爵〕까지

○ 解云：곧 哀公 4년 여름에 "晉人이 戎曼子 赤을 체포하여 楚나라에 넘겨주었다."라 하고, 13년 여름에 "公이 晉侯 및 吳子와 黃池에서 會盟하였다."라고 한 것이 그것이다.

【疏】 ○ 注'晉魏(萬)〔曼〕[1]多仲孫何忌是也' ○ 解云：哀十三年"晉魏多帥(솔)師侵衛", 傳云"此晉魏曼多也. 曷爲謂之晉魏多. 譏二名. 二名, 非禮也", 定(二)〔六〕[2]年"仲孫忌圍運", 傳云"此仲孫何忌也. 曷爲謂之仲孫忌. 譏二名. 二名, 非禮也, 何氏云"春秋

定・哀之間, 文致大(태)平, 欲見(현)王者治定, 無所復爲譏, 唯有〔二〕[3]名, 故譏之, 此春秋之制也[4]".

1) (萬)〔曼〕: 저본에는 '萬'으로 되어 있으나, 앞의 何休 注에 의거하여 '曼'으로 바로잡았다.
2) (二)〔六〕: 저본에는 '二'로 되어 있으나, ≪春秋公羊傳注疏≫ 권26에 의거하여 '六'으로 바로잡았다.
3) 〔二〕: 저본에는 '二'가 없으나, 阮元의 〈校勘記〉에 의거하여 보충하였다.
4) 春秋定哀之間……此春秋之制也 : 이곳의 疏에 "〈注에〉 '오직 두 글자를 이름으로 사용하는 사례가 있기 때문에 이것을 비판하였다.〔唯有二名 故譏之者〕'고 말한 것은 〈이렇다.〉 文王의 신하 散宜生과 孔子의 문인 宓不齊 등은 모두 직접 聖人을 섬겼으나 두 글자를 이름으로 사용하였다. 이것은 古禮를 따른 것이라 말할 수 있으니, 堯의 이름이 放勳, 舜의 이름이 重華, 禹의 이름이 文命이고, 宣王이 中興하여 아들 이름을 宮皇이라고 한 것들이 그 예이다. 다만 공자가 ≪春秋≫를 저술하여 고례를 바꿔 그것을 後王의 법으로 삼으려 하였으므로 두 자를 이름으로 사용하는 것을 비판하였다. 이 때문에 注에 '이것은 ≪춘추≫에서의 제도이다.'라고 말한 것이다. 그렇다면 傳에 '두 자를 이름으로 사용한 것은 예가 아니다.〔二名 非禮〕'라고 한 것은 新王의 禮가 아님을 말한 것이고 고례가 아님을 말한 것은 아니다."라고 하였다.

○ 注의 〔晉魏曼多仲孫何忌是也〕

○ 解云 : 哀公 13년에 "晉의 魏多가 군대를 거느리고 衛를 침범하였다.〔晉魏多帥師侵衛〕"라 한 곳의 傳에 "이것은 晉의 魏曼多이다. 왜 그를 晉의 魏多라 말했는가? 두 글자를 이름으로 사용하는 것을 비판한 것이다. 두 글자를 이름으로 사용하는 것은 예가 아니다."라 하였으며, 定公 6년에 "仲孫忌가 運을 포위하였다.〔仲孫忌圍運〕"라 한 곳의 傳에 "이것은 仲孫何忌이다. 왜 그를 仲孫忌라 말했는가? 두 글자를 이름으로 사용한 것을 비판한 것이다. 두 글자를 이름으로 사용하는 것은 예가 아니다."라 하고, 何休의 注에는 "≪春秋≫는 정공과 애공의 시대에 經文상에서 태평을 실현하고 있음으로 인해 王者의 정치가 안정되어 더 이상 비판할 여지가 없다는 것을 나타내려 하고 있는데, 오직 두 글자를 이름으로 사용한 사례가 있기 때문에 이것을 비판하였으니, 이것은 ≪춘추≫에서의 제도이다."라고 하였다.

【疏】 ○ 注'所以'至'三年' ○ 解云 : 母雖不斬衰, 哀痛與斬同, 故連言之.

○ 注의 〔所以〕에서 〔三年〕까지

○ 解云 : 어머니에 대해서는 斬衰服을 입지 않으나, 애통의 정은 참최복을 입는 것과 같으므로 〈아버지에〉 연결 지어 말한 것이다.

【疏】 ○ 注'爲曾'至'三月' ○ 解云 : 不言高祖父母者, 文不備.

○ 注의 〔爲曾〕에서 〔三月〕까지

○ 解云 : 고조부모를 말하지 않은 것은 禮書의 문장이 그것을 빠뜨렸기 때문이다.

【疏】 ○ 注'立愛自親始' ○ 解云 : 卽祭義云"子曰'立愛自親始, 教人睦也[1]. 立敬自長始, 教人順也'", 鄭注云"親長, 父兄也. 睦, 厚也[2]", 是.

1) 教人睦也 : ≪禮記≫ 〈大傳〉에는 '教民睦也'로 되어 있다. 아래 '教人順也'의 人도 '民'으로 되어 있다.
2) 厚也 : ≪禮記≫ 〈大傳〉의 鄭玄 注에는 '和厚也'로 되어 있다.

○ 注의 〔立愛自親始〕

○ 解云 : 곧 ≪禮記≫ 〈祭義〉에 "孔子가 말하기를 '사랑을 확립하는 것은 어버이를 사랑하는 것으로부터 시작하니 〈그로 인해〉 백성에게 화목의 도리를 가르칠 수 있고, 공경을 확립하는 것은 어른을 존경하는 것으로부터 시작하니 〈그로 인해〉 백성에게 순종의 도리를 가르칠 수 있다.'라 했다."라고 하였고, 鄭玄의 注에 "親과 長은 아버지와 형이다. 睦이란 정이 두터운 것이다."라고 한 것이 그것이다.

【疏】 ○ 注'故春'至'祖禰' ○ 解云 : 卽大傳云"上治祖禰, 尊尊也. 下治子孫, 親親也. 旁治昆弟. 合族以食, 序之昭穆[1], 別之以(仁)〔禮〕[2]義, 人道竭矣." 鄭注云"治, 猶正也. 竭, 盡也."

1) 序之昭穆 : ≪禮記≫ 〈大傳〉에는 '序以昭穆'으로 되어 있다. 昭穆은 종묘나 사당에 조상의 신주를 모시는 차례이다. 왼쪽 줄을 昭라 하고 오른쪽 줄을 穆이라 하여 1세를 가운데에 모시고 2세, 4세, 6세는 昭에 모시며, 3세, 5세, 7세는 穆에 모신다. 여기서는 친족들이 종묘 안에 모였을 때 자리를 배열하는 순서를 말하는 것으로, 아버지 등급은 昭에, 자식 등급은 穆에 위치한다는 뜻이다.
2) (仁)〔禮〕 : 저본에는 '仁'으로 되어 있으나, ≪禮記≫ 〈大傳〉에 의거하여 '禮'로 바로잡았다.

○ 注의 〔故春〕에서 〔祖禰〕까지

○ 解云 : 곧 ≪禮記≫ 〈大傳〉에 "위로 조상의 순서를 바로잡는 것은 존귀한 사람을 존중하기 위해서이고, 아래로 자손의 순서를 바로잡는 것은 친한 사람을 친애하기 위해서이다. 또한 옆으로 형제의 관계를 바로잡아 동족을 모아 會食하며 昭穆의 순서대로 자리를 배열하는 등 〈이와 같은 것들을〉 禮義로써 구별하면 사람으로서의 도리가 여기에서 다 이루어지는 것이다."라고 하였다. 鄭玄의 注에 "'治'는 正(바로잡다)의 뜻과 같다. '竭'은 다한다는 뜻이다."라고 하였다.

【疏】 ○ 注'取法'至'法式' ○ 解云 : 考諸舊本, 皆作式字, 言取十二公者, 法象天數, 欲著治民之法式也. 若作戒字, 言著治亂之法, 著治國之戒矣.

○ 注의 〔取法〕에서 〔法式〕까지

○ 解云 : 여러 옛 판본을 살펴보면 모두 '式'자로 되어 있다. 〈이 경우〉 12公을 취한 것은 하늘의 수를 본뜬 것이며, 〈그렇게 함으로써〉 백성을 다스리는 法式을 드러내려 했다는 말이 된다. '戒'자라면 난세를 다스리는 법을 드러내어 국가를 다스리기 위한 훈계를 드러냈다는 말이 된다.

【疏】 ○ 注'諸侯'至'公孫' ○ 解云 : 出喪服傳也.

○ 注의 〔諸侯〕에서 〔公孫〕까지

○ 解云 : ≪儀禮≫ 〈喪服〉의 傳에 나온다.

春秋公羊傳注疏 隱公卷第二(起二年 盡四年)

何休 學

【隱公 2년(B.C. 721)】

二年이라 春에 公會戎于潛하다

2년이다. 봄에 隱公이 潛에서 戎과 회합하였다.

【注】凡書會者는 惡其虛內務恃外好也라 古者에 諸侯非朝時면 不得踰竟[1]이라 所傳聞之世에 外離會不書하고 書內離會者는 春秋王魯하여 明當先自詳正하여 躬自厚而薄責於人[2]이라 故略外也라 王者는 不治夷狄한대 錄戎者는 來者勿拒하고 去者勿追[3]라 東方曰夷요 南方曰蠻이요 西方曰戎이요 北方曰狄[4]이라 朝聘會盟은 例皆時라

1) 竟 : 境과 통용된다.
2) 躬自厚而薄責於人 : ≪論語≫ 〈衛靈公〉에 "자신에 대한 책망을 많이 하고 남에 대한 책망을 적게 하면 원망이 멀어질 것이다.〔躬自厚而薄責於人則遠怨矣〕"라는 공자의 말이 보인다.
3) 來者勿拒 去者勿追 : ≪孟子≫ 〈盡心 下〉에 "가는 자를 붙잡지 않고 오는 자를 막지 않는다.〔往者不追 來者不拒〕"라는 구절이 보인다.
4) 東方曰夷……北方曰狄 : ≪禮記≫ 〈王制〉에 "동방의 오랑캐를 夷라 하니 머리를 풀어 헤치고 문신을 하고 火食하지 않는 자가 있다. 남방의 오랑캐를 蠻이라 하니 이마에 문신을 새기고 엄지발가락이 안쪽을 향하게 하고 걸으며 화식하지 않는 자가 있다. 서방의 오랑캐를 戎이라 하니 머리를 풀어 헤치고 가죽옷을 입고 곡식을 먹지 않는 자가 있다. 북방의 오랑캐를 狄이라 하니 새의 깃과 짐승의 털로 옷을 만들어 입고 토굴에 거처하고 곡식을 먹지 않는 자가 있다.〔東方曰夷 被髮文身 有不火食者矣 南方曰蠻 雕題交趾 有不火食者矣 西方曰戎 被髮衣皮 有不粒食者矣 北方曰狄 衣羽毛穴居 有不粒食者矣〕"라는 내용이 있다.

일반적으로 회합한 일을 기록한 것은 국내의 政務를 비워두고 외국과의 우호를 믿은 것을 비판한 것이다. 옛날에 제후는 천자에게 조회하는 때가 아니면 국

경을 넘어갈 수 없었다. 所傳聞의 시대에 대해서 외국과의 離會(會合)는 기록하지 않고 국내의 이회를 기록하는 것은, ≪春秋≫는 魯나라를 왕의 나라로 간주하여 마땅히 먼저 자신을 바로잡아서 자신에 대한 책망을 많이 하고 남에 대한 책망을 적게 해야 함을 밝혔기에, 외국과의 일을 생략한 것이다. 王者는 夷狄을 다스리지 않는데 戎과의 일을 기록한 것은 오는 자를 막지 않고 가는 자를 붙잡지 않는다는 뜻이다. 동방의 오랑캐를 '夷'라 하고, 남방의 오랑캐를 '蠻'이라 하고, 서방의 오랑캐를 '戎'이라 하고, 북방의 오랑캐를 '狄'이라 한다. 朝見·聘問·會合·盟約은 원칙적으로 모두 계절〔時〕을 기록한다.

【疏】 注'凡書會者'至'外好也' ○ 解云：以其非自求多福[1]之義故也.

1) 自求多福：≪詩經≫〈大雅 文王〉에 "영원히 天理와 합치하는 게 스스로 많은 복을 구함이니라.〔永言配命 自求多福〕"라는 내용이 보인다.

注의 〔凡書會者〕에서 〔外好也〕까지

○ 解云：그것이 스스로 많은 복을 구하는 의리가 아니기 때문이다.

【疏】 ○ 注'古者諸侯'至'踰竟' ○ 解云：案曲禮下云"諸侯相見於隙地曰會."[1] 故定十四年注云"古者諸侯將朝天子, 必先會閑隙之地." 以此言之, 則會合於禮. 言會爲惡之, 非朝時不得踰竟者, 正以春秋之會, 非爲天子而作之, 故得然解.

1) 曲禮下云 諸侯相見於隙地曰會：≪禮記≫〈曲禮 下〉에 "제후가 정해진 기일이 되기 전에 서로 만나는 것을 遇라 하고, 郤地에서 만나는 것을 會라 한다.〔諸侯未及期相見曰遇 相見於郤地曰會〕"라는 내용이 있다. 郤地는 隙地와 같은 말인데, 양국 국경 사이의 비어 있는 지역을 말한다.

○ 注의 〔古者諸侯〕에서 〔踰竟〕까지

○ 解云：살펴보건대 ≪禮記≫〈曲禮 下〉에 "제후가 隙地에서 서로 만나는 것을 會라고 한다."라고 하였다. 그러므로 定公 14년 注에 "옛날에 제후가 장차 천자에게 조회하려 할 때는 반드시 먼저 閑隙地에서 모인다."라고 한 것이다. 이것으로 말한다면 회합하는 것은 禮에 맞다. 〈그런데 注에서〉 '회합을 기록한 것은 비판한 것이다. 천자에게 조회하는 때가 아니면 국경을 넘어갈 수 없었다.'라고 말한 것은, 바로 ≪春秋≫에 기록된 회합은 천자에게 조회하기 위한 것이 아니기 때문에 이렇게 풀이한 것이다.

【疏】 ○ 注'(古)〔王〕[1]者不治'至'勿追' ○ 解云 : 言當是所傳聞之世, 王者草創, 夷狄有罪不暇治之, 卽先書晉滅下陽, 末書楚滅穀・鄧,[2] 是也. 而此經錄戎者, 來者勿拒故也.

1) (古)〔王〕: 저본에는 '古'로 되어 있으나, 阮元의 〈校勘記〉에 의거하여 '王'으로 바로잡았다.

2) 先書晉滅下陽 末書楚滅穀鄧 : 楚나라가 惡을 행한 사건이 晉나라가 악을 행한 사건보다 시기적으로 먼저 일어났지만, ≪春秋≫에서 晉나라가 악을 행한 사건을 먼저 기록했다는 의미이다. 僖公 2년 經文에 "虞나라 군대와 晉나라 군대가 下陽을 멸망시켰다.〔虞師晉師滅下陽〕"라는 내용이 보이는데, 하양은 虢나라의 읍이다. 그 疏에 "〈이 사건〉 이전에 초나라가 穀과 鄧을 멸했는데 이를 기록하지 않았고 이곳에서 진나라가 하양을 멸망시킨 것을 먼저 기록한 것은, 同姓의 大惡을 먼저 다스려서 골육의 친함을 드러내고자 한 것이다.〔以前楚滅穀鄧不書之 而先書此晉滅夏陽者 先治同姓之大惡 欲見骨肉之親〕"라는 내용이 보인다.

한편 桓公 3년 경문에 "가을 7월 임진일 초하루에 일식이 있었다. 개기일식이다.〔秋七月壬辰朔 日有食之 旣〕"라고 하였고, 그 注에 "광명이 다 사라졌다. 그 뒤에 초나라가 穀과 鄧을 멸하고 참람하게 왕이라 칭했기에 일식이 더욱 심했던 것이다. 〈경문에〉 초나라가 穀과 鄧을 멸한 것을 기록하지 않은 것은 이적을 다스리는 것을 뒤로한 것이다.〔光明盡滅也 是後楚滅穀鄧 上僭稱王 故尤甚也 楚滅穀鄧不書者 後治夷狄〕"라고 하였다. 초나라가 穀과 鄧을 멸한 것은 ≪춘추≫ 경문에는 보이지 않는다. 다만 ≪春秋左氏傳≫ 莊公 6년에 "'楚子가 鄧나라를 공격하였고, 莊公 16년에 초자가 다시 鄧나라를 공격하여 멸망시켰다.〔楚子伐鄧 十六年 楚復伐鄧 滅之〕"라는 기록이 보인다.

○ 注의 〔王者不治〕에서 〔勿追〕까지

○ 解云 : 당시는 所傳聞의 시대로 王者가 처음 일어난 때이어서 夷狄에게 죄가 있어도 다스릴 겨를이 없었다는 말이니, 바로 晉나라가 下陽을 멸한 것을 먼저 기록하고, 楚나라가 穀과 鄧을 멸한 것을 끝에 기록한 것이 그 예이다. 그런데 이 經文에서 戎과 회합한 일을 기록한 것은 '오는 자는 막지 않는다.'라는 뜻을 보이기 위해서이다.

【疏】 ○ 注'東方曰夷'至'曰狄' ○ 解云 : 下曲禮及王制皆有此文.[1]

1) 下曲禮及王制皆有此文 : ≪禮記≫ 〈曲禮 下〉에 "東夷・北狄・西戎・南蠻의 경우에는 비록 나라가 큰 경우라도 子라고 한다.〔其在東夷北狄西戎南蠻 雖大 曰子〕"라는 내용이 보인다. 〈王制〉의 내용은 앞의 역주 '東方曰夷……北方曰狄' 참조.

○ 注의 〔東方曰夷〕에서 〔曰狄〕까지

○ 解云 : ≪禮記≫ 〈曲禮 下〉와 〈王制〉에 모두 이 내용이 있다.

【疏】 ○ 注'朝聘'至'皆時' ○ 解云 : 朝書時者, 卽文十五年"夏, 曹伯來朝", 昭十七年"春, 小邾〔婁〕[1]子來朝"之類, 是也. 其聘書時者, 卽文四年秋"衛侯使甯兪來聘", 文六年"夏, 季孫行父(보)如陳"之屬, 是也. 其會書時者, 卽莊十三年"春, 齊侯・宋人以下會于北杏", 十四年"冬, 單伯會齊侯・宋公以下于鄄"之屬, 是也. 盟書時者, 卽莊十三年"冬, 公會齊侯盟于柯"之屬, 是也. 其有書日月者, 皆別著義, 卽不信者日, 小信者月[2]之屬, 是也.

1) 〔婁〕 : 저본에는 '婁'가 없으나, 阮元의 〈校勘記〉에 의거하여 보충하였다.

2) 不信者日 小信者月 : 昭公 26년 疏에 "≪春秋≫의 원칙은, 큰 신뢰가 보장되는 경우는 계절을 기록하고, 작은 신뢰가 보장되는 경우는 달을 기록하며, 신뢰가 보장되지 않는 경우는 날짜를 기록한다.〔春秋之義 大信者時 小信者月 不信者日〕"라는 내용이 보인다.

○ 注의 〔朝聘〕에서 〔皆時〕까지

○ 解云 : 朝見에 계절〔時〕을 기록한다는 것은 바로 文公 15년 經文에 "여름에 조백이 와서 조현하였다."라고 한 것, 昭公 17년 경문에 "봄에 小邾婁子가 와서 조현하였다."라고 한 것 등이 그 예이다. 聘問에 계절을 기록한다는 것은 바로 문공 4년 가을 경문에 "衛后가 甯兪를 파견하여 빙문하였다."라고 한 것, 문공 6년에 "여름에 季孫行父가 陳나라에 갔다."라고 한 것 등이 그 예이다. 會合에 계절을 기록한다는 것은 바로 莊公 13년 경문에 "봄에 齊侯・宋人……北杏에서 회합하였다."라고 한 것, 14년 經文에 "겨울에 單白이 齊侯・宋公……鄄에서 회합하였다."라고 한 것 등이 그 예이다. 盟約에 계절을 기록한다는 것은 바로 장공 13년 경문의 "겨울에 장공이 齊侯와 모여 柯에서 盟約을 맺었다."라고 한 것 등이 그 예이다. 날짜〔日〕와 달〔月〕을 기록한 것이 있는데 모두 따로 뜻을 드러낸 것이니, 바로 '신뢰가 보장되지 않는 경우는 날짜를 기록한다.', '신뢰가 조금 보장되는 경우는 달을 기록한다.'라고 한 것 등이 그 예이다.

夏五月에 莒人入向하다

여름 5월에 莒人(莒나라 군대)이 向國에 침입하였다.

【傳】 入者何아 得而不居也라

'入'은 무슨 뜻인가? 얻고서도 거주하지 않는다는 뜻이다.

【注】 入者는 以兵入也라 已得其國而不居라 故云爾라 凡書兵者는 正不得也라 外內深淺皆擧之者는 因重兵害衆이라 兵動則怨結〔構〕[1]禍하여 更(경)相報償하여 伏尸流血無已時라 諸侯擅興兵不爲之惡者는 保伍連帥는 本有用兵征伐之道하니 魯入杞[2]不諱 是也라 入은 例時나 傷害多則月이라

1)〔構〕: 저본에는 '構'가 없으나, 阮元의 〈校勘記〉에 의거하여 보충하였다.
2) 魯入杞 : 桓公 2년 經文에 "9월에 魯나라 군대가 杞나라에 침입하였다.〔九月入杞〕"라는 내용이 보이고, 僖公 27년 가을 경문에 "을사일에 公子 遂가 군대를 거느리고 杞나라에 침입하였다.〔乙巳 公子遂帥師入杞〕"라는 내용이 보인다. 공자 遂는 魯나라 卿이다.

'入'이란 군대를 이끌고 침입한 것이다. 이미 그 나라를 얻었으면서도 거기에 거주하지 않았으므로 이렇게 말한 것이다. 일반적으로 전쟁에 관한 기록은 正道에 합치하지 않는다. 內戰이든 外戰이든 깊이 들어갔든 얕게 들어갔든 모두 거론한 것은, 전쟁이 많은 사람을 해치는 것을 엄중하게 여기기 때문이다. 군대가 출동하면 원한을 맺고 화를 얽어서 번갈아 서로 보복하여, 시체가 사방에 쓰러져 있고 피가 흘러 강이 되는 일이 그칠 날이 없다. 제후가 마음대로 전쟁을 일으켜도 이를 大惡으로 여기지 않는 것은 保伍와 連帥에게는 본래 군대를 사용하여 정벌하는 도가 있어서이니, 魯나라가 杞나라에 침입한 것을 숨기지 않은 것이 그것이다. '入'은 원칙적으로 계절을 기록하는데, 해를 입힌 것이 많으면 달을 기록한다.

【疏】 '入者何' ○ 解云 : 侵・伐・戰・圍・入皆是用用兵之文, 而不言帥(帥帥)〔帥師〕[1], 故執不知問.

1) (帥帥)〔帥師〕: 저본에는 '帥帥'로 되어 있으나, 阮元의 〈校勘記〉에 의거하여 '帥師'로 바로잡았다.

傳의〔入者何〕

○ 解云 : 侵・伐・戰・圍・入은 모두 군대를 사용한 문장에 쓰는데, '군대를 이끌고〔帥師〕'라고 말하지 않았기 때문에 미심쩍은 점을 가지고 물은 것이다.

【疏】○ 注'凡書兵'至'得也' ○ 解云：言春秋之內，凡書兵事者，皆欲言正之道，其理不合然.

○ 注의 〔凡書兵〕에서 〔得也〕까지

○ 解云：≪春秋≫ 안에서 일반적으로 전쟁의 일을 기록한 것은 모두 正道를 말하고자 한 것이니, 전쟁의 이치가 정도에 부합하지 않는다는 말이다.

【疏】○ 注'諸侯'至'是也' ○ 解云：保伍連帥者，卽禮記王制云"五國爲屬，屬有長，二屬爲連，連有帥"[1)]，是也. 言本有用兵征伐之道者，謂禮五國爲屬，屬有長，二屬爲連，連有帥，三連爲卒，卒有正，七卒爲州，州有伯，若州內有無道者，則長・帥・正・伯當征之，若其不征，則與同惡，故曰有征伐之道. 知非大惡者，正以春秋之義，內大惡皆諱不書[2)]. 而魯入杞者，卽僖二十七年秋"公子遂帥師入杞"者，是也. 若然，禮法"諸侯賜弓矢，然後專征伐"[3)]，而保伍連帥得有征伐之道，謂隨州伯故也.

1) 五國爲屬……連有帥：≪禮記≫〈王制〉에 "천 리 밖에 方伯을 설치하여, 5國을 屬으로 삼아 屬에는 長이 있고, 10國을 連으로 삼아 連에는 帥가 있고, 30國을 卒로 삼아 卒에는 正이 있고, 210國을 州로 삼아 州에는 伯이 있다.〔千里之外設方伯 五國以爲屬 屬有長 十國以爲連 連有帥 三十國以爲卒 卒有正 二百一十國以爲州 州有伯〕"라는 내용이 보인다.

2) 春秋之義 內大惡皆諱不書：본서 隱公 10년 傳에 "≪춘추≫의 원칙은, 魯나라 국내의 일은 자세히 기록하고 외국의 일은 간략히 기록한다. 외국의 일에 대해 大惡은 기록하고 小惡은 기록하지 않으며, 노나라 국내의 일에 대해 대악은 감추고 소악은 기록하였다.〔春秋錄內而略外 於外大惡書 小惡不書 於內大惡諱 小惡書〕"라는 내용이 보인다.

3) 諸侯賜弓矢 然後專征伐：≪禮記≫〈王制〉에 "제후는 弓矢를 하사받은 뒤에 정벌할 수 있고 鈇鉞을 하사받은 뒤에 죽일 수 있다.〔諸侯賜弓矢 然後征 賜鈇鉞 然後殺〕"라는 내용이 보인다.

○ 注의 〔諸侯〕에서 〔是也〕까지

○ 解云：保伍와 連帥는 바로 ≪禮記≫〈王制〉에 "5國을 屬으로 삼아 屬에는 長이 있으며, 2屬을 連으로 삼아 連에는 帥가 있다."라고 한 것이 그것이다. '본래 군대를 사용하여 정벌하는 도가 있다'라는 말은, 禮에 5國을 屬으로 삼아 屬에는 長이 있으며, 2屬을 連으로 삼아 連에는 帥가 있으며, 3連을 卒로 삼아 卒에는 正이 있으며, 7卒을 州로 삼아 州에는 伯이 있으니, 만약 州 안에 무도한 자가 있으면 長・帥・正・伯이 마땅히 이를 정벌해야 하며, 만약 정벌하지 않는다면 무도한 자와 똑같이

惡이 된다는 말이다. 그러므로 정벌하는 도가 있다고 한 것이다.

大惡이 아님을 안 이유는, 진실로 ≪春秋≫의 원칙은 魯나라 국내의 대악은 모두 숨기고 기록하지 않기 때문이다. 노나라가 杞나라에 침입한 것은 바로 僖公 27년 가을 經文에 "公子 遂가 군대를 거느리고 기나라에 침입하였다."라고 한 것이 그것이다. 그렇다면 ≪예기≫의 법에 "제후는 弓矢를 하사받은 연후에 독단으로 정벌할 수 있다."고 했으니, 保伍와 連帥가 정벌하는 도를 얻었다는 것은 州伯이 하는 일을 따랐기 때문이라는 말이다.

【疏】 ○ 注'入例'至'則月' ○ 解云 : 入例時者, 卽成七年秋, "吳入州來", 定五年夏, "於越入吳"之屬, 是也. 傷害多則月者, 此文及僖三十三年"春王二月, 秦人入滑", 是也. 若然, 僖二十七年秋八月"乙巳, 公子遂帥師入杞", 而書日者, 彼注云"日者, 杞屬脩禮朝魯, 雖無禮, 君子躬自厚而薄責於人, 不當乃入之, 故錄責之"者, 是其不引者, 以此求之.

○ 注의 〔入例〕에서 〔則月〕까지

○ 解云 : '침입한 것은 원칙적으로 계절을 기록한다.'라는 것은, 바로 成公 7년 가을 經文에 "吳나라가 州來에 침입하였다."라고 한 것, 定公 5년 여름 경문에 "越나라가 吳나라에 침입하였다."라고 한 것 등이 이런 예이다. '해를 입힌 것이 많으면 달을 기록한다.'라는 것은, 이곳의 경문과 僖公 33년 경문에 "봄 周나라 왕의 2월에 秦人이 滑나라에 침입하였다."라고 한 것이 그 예이다. 그렇다면 희공 27년 가을 8월 경문에 "을사일에 公子 遂가 군대를 거느리고 杞나라에 침입하였다."라고 하여 날짜를 기록한 것에 대해 그 注에서 "날짜를 기록한 것은 기나라가 때마침 禮를 닦아 魯나라에 조회하였으니, 비록 禮가 없었다고 하더라도 군자는 자신에 대한 책망을 많이 하고 남에 대한 책망을 적게 해야 하므로 마땅히 침입해서는 안 된다. 그러므로 〈날짜를〉 기록해 꾸짖은 것이다."라고 하였는데, 이 注에서 〈날짜를 기록하는 경우를〉 인용하지 않은 것은 〈'해를 입힌 것이 많으면 달을 기록한다.'고 한 글로〉 그 뜻을 추리해보게 한 것이다.

無駭帥(솔)師入極하다

無駭가 군대를 거느리고 極에 침입하였다.

【傳】無駭者何아 展無駭也라 何以不氏아

無駭는 누구인가? 展無駭이다. 무엇 때문에 姓氏를 기록하지 않았는가?

【注】据公子遂帥師入杞라하여 氏公子也라

〈僖公 27년 經文에〉 "公子 遂가 군대를 거느리고 杞나라에 침입하였다."라고 하여 公子를 姓氏로 삼은 것에 의거한 것이다.

【疏】'無駭者何' ○ 解云 : 欲言其君, 經不書爵, 欲言大夫, 又復無氏, 故執不知問.

○ 傳의 〔無駭者何〕

○ 解云 : 그를 군주라고 말하자니 經文에 爵位를 적지 않았고, 그를 大夫라고 말하자니 또 다시 姓氏가 없으므로, 미심쩍은 점을 가지고 물은 것이다.

【疏】○ 注'据公子遂帥師'至'子也' ○ 解云 : 在僖二十七年秋.

○ 注의 〔据公子遂帥師〕에서 〔子也〕까지

○ 解云 : 이 내용은 僖公 27년 가을 經文에 있다.

【傳】貶이라

폄하한 것이다.

【注】貶은 猶損也라

'貶'은 '損(폄하하다)'의 뜻과 같다.

【傳】曷爲貶아

왜 폄하하였는가?

【注】据公子遂俱用兵入杞不貶也라

公子 遂가 똑같이 군대를 사용하여 杞나라에 침입하였지만 폄하하지 않은 것에 의거한 것이다.

【傳】疾始滅也라

처음으로 다른 나라를 멸망시킨 것을 비판한 것이다.

【注】以下終其身不氏[1)]하니 知貶이라 疾始滅은 非但起入爲滅이라

1) 以下終其身不氏 : 隱公 8년 經文에 "겨울 12월에 無駭가 卒하였다.〔冬十有二月 無駭卒〕"라는 기록이 보인다.

아래에 그가 죽었을 때도 姓氏를 기록하지 않았기 때문에 폄하한 것임을 안 것이다. 처음으로 다른 나라를 멸망시킨 것을 비판했다는 것은, 단순히 〈다른 나라를〉 침입하여 멸망시킨 일을 보여준 것만이 아니다.

【疏】注'据公子遂俱用'至'貶也' ○ 解云 : 欲決隱八年"庚寅, 我入邴", 非用兵故也.

○ 注의 〔据公子遂俱用〕에서 〔貶也〕까지

○ 解云 : 〈이 注를 낸 것은〉 隱公 8년 經文에 "경인일에 우리 魯나라가 邴에 침입하였다."라고 한 것이 군대를 사용한 것이 아님을 해명하고자 했기 때문이다.

【疏】○ 注'以下終'至'爲滅' ○ 解云 : 卽下八年"無駭卒", 傳曰"何以不氏. 疾始滅也, 故終其身不氏." 然則若直欲起此入爲滅, 止應此經貶之而已, 不應終身貶之, 故知幷欲起其疾始滅也.

○ 注의 〔以下終〕에서 〔爲滅〕까지

○ 解云 : 곧 아래 隱公 8년 經文에 "無駭가 卒하였다."라고 하였고, 그 傳에 "무엇 때문에 姓氏를 기록하지 않았는가? 처음으로 다른 나라를 멸망시킨 것을 비판한 것이다. 그러므로 그가 죽었을 때도 성씨를 기록하지 않았다."라고 한 것을 〈말한 것이다.〉 그렇다면 만약 이때 침입한 것이 단순히 〈다른 나라를〉 멸망시킨 것임을 보여주려고 했다면 응당 이 경문에서 폄하하는 데 그치고, 죽었을 때까지 폄하하지는 않았을 것이다. 그러므로 처음으로 〈다른 나라를〉 멸망시킨 것에 대해 비판한 것임을 아울러 보여주려 하였음을 알 수 있다.

【傳】始滅이 昉於此乎아

처음으로 다른 나라를 멸망시킨 것이 이때 시작되었는가?

【注】 昉은 適也니 齊人語라 据傳言撥亂世[1)]라

1) 傳言撥亂世 : ≪春秋公羊傳≫ 哀公 14년 傳에 "난세를 다스려 正道로 돌아가게 한 것은 ≪春秋≫보다 나은 것이 없다.〔撥亂世 反諸正 莫近於春秋〕"라는 내용이 보인다.

'昉'은 '適(시작하다)'의 뜻이니, 齊나라 사람의 말이다. 傳에 "〈≪春秋≫는〉 난세를 다스린 것이다.〔撥亂世〕"라고 한 말에 근거하여 물은 것이다.

【疏】 注'昉適也齊人語' ○ 解云 : 胡毋生齊人[1)], 故知之. 若鄭譜云"然則詩之道放于此乎"[2)]之類.

1) 胡毋生齊人 : 胡毋生은 西漢 때의 학자로 齊나라 사람이다. 公羊高의 玄孫인 公羊壽의 제자로, 공양수와 함께 ≪春秋公羊傳≫을 완성하였다.
2) 鄭譜云 然則詩之道放于此乎 : 鄭譜는 漢나라 鄭玄이 편찬한 ≪詩譜≫를 말하는데,≪鄭氏詩譜≫로 알려져 있다. ≪史記≫ 年表와 ≪春秋≫ 등의 기록을 근거로 하여 ≪詩經≫ 각 편에 수록된 시의 연대를 추정하여 차례대로 엮고 〈國風〉·〈大雅〉·〈小雅〉·〈頌〉에 관계된 史實을 차례로 서술한 책이다. ≪毛詩注疏≫ 등에 그 서문이 실려 전하는데, "≪尙書≫ 〈虞書〉에 '詩는 뜻을 말하는 것이고, 歌는 말을 길게 하는 것이고, 聲은 긴 노래를 따르는 것이고, 律은 성과 조화를 이루는 것이다.'라고 하였으니, 그렇다면 ≪詩≫의 도는 여기에서 시작된 것이 아니겠는가.〔虞書曰 詩 言志 歌 永言 聲 依永 律 和聲 然則詩之道放於此乎〕"라는 내용이 있다.

○ 注의 〔昉適也齊人語〕

○ 解云 : 胡毋生이 齊나라 사람이므로 그렇다는 것을 안 것이다. 〈昉은〉 鄭氏의 ≪詩譜≫에 "그렇다면 ≪詩≫의 도는 여기에서 시작된 것이 아니겠는가.〔然則詩之道放于此乎〕"라고 한 〈放과〉 같은 것이다.

【疏】 ○ 注'据傳言撥亂世' ○ 解云 : 哀十四年傳云"君子曷爲爲春秋. 撥亂世, 反諸正, 莫近諸春秋", 是也. 旣言作春秋治亂世, 明知往前相滅非一矣. 而此經爲(始疾滅)〔疾始滅〕[1)], 是以据而難之.

1) (始疾滅)〔疾始滅〕 : 저본에는 '始疾滅'로 되어 있으나, 阮元의 〈校勘記〉에 의거하여 '疾始滅'로 바로잡았다.

○ 注의〔据傳言撥亂世〕

○ 解云 : 哀公 14년 傳에 "君子(孔子)는 어째서 ≪春秋≫를 지었는가? 난세를 다스려 正道로 돌아가게 하는 것은 ≪춘추≫를 저술하는 것보다 나은 것이 없어서였다."라고 한 것이 그것이다. 이미 ≪춘추≫를 저술하여 난세를 다스린다고 했으니, 이전에 서로 멸망시킨 경우가 한둘이 아니었음을 분명히 알 수 있다. 그런데 이곳 經文에서 〈無駭가〉 처음으로 다른 나라를 멸망시킨 것을 비판했기에 애공 14년 傳에 근거하여 의문을 제기한 것이다.

【傳】前此矣라

이때 이전에도 있었다.

【注】前此者는 在春秋前이니 謂宋滅郜이 是也라

'이때 이전'은 ≪春秋≫ 이전에 있었다는 것이니, 宋나라가 郜나라를 멸했다고 말한 것이 그것이다.

【傳】前此면 則曷爲始乎此아 託始焉爾라

이때 이전에도 있었다면 왜 이때 시작되었다고 했는가? 이것에다가 처음이라고 假託한 것이다.

【注】焉爾는 猶於是也라

'焉'은 '於是(이것에)'와 같다.

【疏】注'謂宋滅郜是也' ○ 解云 : 桓二年"夏四月, 取郜大鼎于宋", 傳云"此取之宋, 其謂之郜鼎何. 器從名"[1], 彼注云"從本主名名之, 宋始以不義取之, 故謂之郜鼎", 是也. 然則宋滅郜在春秋前, 故如此解.

1) 傳云……器從名 : 桓公 2년 傳에 "이것은 宋나라에서 취해온 것인데, 이를 郜鼎이라고 한 것은 무엇 때문인가? 기물은 원래 주인의 이름을 따르고, 땅은 뒤에 소유한 주인의 이름을 따르기 때문이다. 기물은 무엇 때문에 원래 주인의 이름을 따르고, 땅은 무엇 때문에 뒤에 소유한 주인의 이름을 따르는가? 기물은 남에게 주었다고 해서 곧

장 그의 소유가 되는 것이 아니다. 송나라가 처음에 의롭지 않게 이를 취하였으므로, 이를 郜鼎이라고 한 것이다.〔此取之宋 其謂之郜鼎何 器從名 地從主人 器何以從名 地何以從主人 器之與人 非有即爾 宋始以不義取之 故謂之郜鼎〕"라는 내용이 보인다.

○ 注의 〔謂宋滅郜是也〕

○ 解云 : 桓公 2년 經文에 "여름 4월에 宋나라로부터 郜나라의 大鼎을 취하였다."라고 하였다. 그 傳에 "이것은 송나라에서 취해 온 것인데, 이를 郜鼎이라고 한 것은 무엇 때문인가? 기물은 원래 주인의 이름을 따르기 때문이다."라고 하였으며, 그 注에 "본래 주인의 이름을 따라 명명한다. 송나라가 처음에 의롭지 않게 이를 취하였으므로, 이를 郜鼎이라고 한 것이다."라고 한 것이 그것이다. 그렇다면 송나라가 郜나라를 멸망시킨 것이 ≪춘추≫ 이전에 있었기에 이렇게 풀이한 것이다.

【傳】 曷爲託始焉爾아

왜 '이것에다가 처음이라고 假託한 것이다.'라고 했는가?

【注】 据戰伐不言託始라

'戰'과 '伐'에 대해서는 〈傳에서〉 '처음이라고 假託했다.'라고 말하지 않은 것에 의거한 것이다.

【疏】 注'据戰'至'託始' ○ 解云 : 隱二年"鄭人伐衛", 桓十年"齊侯衛侯鄭伯來戰于郎", 傳皆不言託始焉爾, 故難之. 而注先言戰者, 直漫据春秋上下戰伐之事而已. 故意及則言, 不爲次第矣.

○ 注의 〔据戰〕에서 〔託始〕까지

○ 解云 : 隱公 2년 經文에 "鄭人이 衛나라를 공격하였다."라고 하고, 桓公 10년 경문에 "齊侯·衛侯·鄭伯이 〈군대를 이끌고 우리나라에〉 와서 郎에서 교전하였다."라고 한 데 대해, 傳에서 모두 '이것에다가 처음이라고 假託한 것이다.'라고 말하지 않았으므로 의문을 제기한 것이다. 注에서 '戰'을 먼저 말한 것은 단지 ≪春秋≫의 전후에 기록된 '戰'과 '伐'의 일에 대해 범범히 근거해서 말한 것일 뿐이다. 그러므로 생각나는 대로 언급한 것이지, 차례를 정한 것은 아니다.

【傳】春秋之始也라

≪春秋≫ 기록의 시작이기 때문이다.

【注】春秋託王者始하여 起所當誅也라 言疾始滅者는 諸滅復見(부현)이라도 不復貶이니 皆從此取法하여 所以省(생)文也라

≪春秋≫는 王者의 처음에 假託하여 마땅히 꾸짖어야 할 것임을 보인다. 처음으로 다른 나라를 멸망시킨 일을 비판한 것은 여러 멸망시킨 일이 다시 나타나도 더 이상 비판하지 않는다는 말이니, 모두 이것을 따라 법으로 취하였기에 글을 생략한 것이다.

【疏】注'言疾〔始〕[1]滅'至'省文也' ○ 解云：諸滅復見不復貶, 卽定四年"蔡公孫歸姓[2]帥師滅沈", 定六年"鄭游遬帥師滅許"之屬, 是也.

1) 〔始〕: 저본에는 '始'가 없으나, 阮元의 〈校勘記〉에 의거하여 보충하였다.
2) 公孫歸姓 : 蔡나라의 大夫이다. ≪春秋左氏傳≫과 ≪春秋穀梁傳≫ 經文에는 '公孫姓'으로 기록되어 있다.

○ 注의 〔言疾始滅〕에서 〔省文也〕까지

○ 解云 : '여러 멸망시킨 일이 다시 나타나도 더 이상 비판하지 않는다.'고 한 것은, 바로 定公 4년 經文의 "蔡나라 公孫歸姓이 군대를 거느리고 沈나라를 멸망시켰다."라고 한 것, 정공 6년 경문의 "鄭나라 游遬이 군대를 거느리고 許나라를 멸망시켰다."라고 한 것 등이 그 예이다.

【傳】此滅也어늘 其言入은 何아

이것은 멸망시킨 것인데, '入'이라고 한 것은 무엇 때문인가?

【注】据齊師滅譚에 不言入이라

"齊나라 군대가 譚나라를 멸망시켰다."라고 한 데서 '入'이라 말하지 않은 것에 의거한 것이다.

【傳】內大惡이라 諱也라

魯나라 국내의 大惡이기에 숨긴 것이다.

【注】明魯臣子當爲君父諱라 滅例月한대 不復出月者는 與上同月이라 常案下例當蒙上月이라 日不(부)라

魯나라 신하는 마땅히 君父를 위해 〈그 惡을〉 숨겨야 함을 밝힌 것이다. '滅'은 원칙적으로 달〔月〕을 기록하는데 다시 달이 나오지 않은 것은 위 기사와 같은 달이기 때문이다. 일반적으로 살펴볼 때 아래의 기사는 〈그 편집원칙에 의해〉 당연히 위 기사의 달을 받는 것으로 보아야 한다. 날짜를 말하는 경우는 그렇지 않다.

【疏】注'据齊師滅譚不言入' ○ 解云：在莊十年.

○ 注의 〔据齊師滅譚不言入〕

○ 解云 : 이 내용은 莊公 10년 經文에 있다.

【疏】○ 注'滅例月'至'同月' ○ 解云：莊十年"冬十月, 齊師滅譚", 莊十三年"夏六月, 齊人滅遂"之屬, 是也.

○ 注의 〔滅例月〕에서 〔同月〕까지

○ 解云 : 莊公 10년 經文에 "겨울 10월에 齊나라 군대가 譚나라를 멸망시켰다."라고 한 것과 장공 13년 경문에 "여름 6월에 齊人이 遂나라를 멸망시켰다."라고 한 것 등이 그 예이다.

【疏】○ 注'常案下'至'日不' ○ 解云：元年"祭伯來"之下, 已有此注[1), 而復言之者, 正以彼月爲下"公子益師卒", 其"祭伯來奔"不蒙月. 今此下五月二事皆蒙之, 嫌其異, 故重發之.

1) 元年祭伯來之下 已有此注 : 본서 186쪽 역주 '月者 爲下卒也' 참조.

○ 注의 〔常案下〕에서 〔日不〕까지

○ 解云 : 隱公 원년의 "祭伯이 왔다."라는 구절 아래에 이미 이 注가 있는데 여기서 다시 말한 것은, 바로 원년 저곳의 달은 아래 經文의 "公子 益師가 卒하였다."는 것에 해당하고, "채백이 도망해 왔다."는 것은 그 달을 받지 않기 때문이다. 지금 여기서는 아래 5월의 두 사건이 모두 그 달을 받는데, 달이 다르다고 헷갈릴 수 있으므로 거듭 드러낸 것이다.

秋八月庚辰에 公及戎盟于唐하다

가을 8월 경진일에 隱公이 戎과 唐에서 會盟하였다.

【注】 後不相犯이라 日者는 爲後背隱하고 而善桓能自復하여 爲唐之盟이라

〈이 일이 있고 난〉 뒤에는 서로 침범하지 않았다. 〈회맹한〉 날짜를 기록한 것은 〈戎이〉 뒤에 隱公을 배반하고 桓公이 스스로 〈관계를〉 회복시켜 唐에서 會盟한 것을 좋게 여긴 것이다.

【疏】 注'後不相'至'之盟' ○ 解云：春秋之例, 不信者日, 故後不相犯. 日者, 言爲後背隱, 而善桓能自復爲唐之盟者, 卽桓二年秋九月, "公及戎盟于唐", 是也. 言背隱者, 桓是弑君之賊, 而與桓盟, 是背隱之義矣. 言善桓能自復者, 戎與桓同好相隨, 繼其所能, 故善其得國矣. 若左氏之義, 以極是戎國都, 案此經傳及注, 似非一物, 而舊解曰以爲戎能自復者, 非也.[1)]

1) 舊解曰以爲戎能自復者 非也：참고로 淸나라 陳立의 ≪公羊義疏≫에 "살펴보건대 注의 뜻은 마땅히 '後背隱而善桓'까지를 한 句로 삼아야 한다고 생각한다. 桓公은 隱公을 시해한 역적인데, 戎이 은공과 회맹을 서로 이어갔으면서도 〈환공의 弑逆에 대해〉 그 죄를 聲討하지 못하고 다시 환공과 우호하여 맹약을 맺었기 때문에, ≪春秋≫에서 신의를 지키지 않았다는 이유로 비판하여 날짜를 기록한 것이다. '스스로 회복하여 唐에서 회맹하였다.'라고 할 때의 '스스로'는 융을 가리켜 말한 것이니, 舊疏에서 인용한 '융이 능히 스스로 회복하였다'라는 이전의 해석이 바로 그것이다. 舊疏에서는 '환공과 스스로 〈관계를〉 회복한 것을 좋게 여겼다.'라고 하였다. 하지만 ≪춘추≫에서 바야흐로 융이 신의를 지키지 않은 것을 비판하고 있는데, 어찌 여기에서 '善桓'이라는 말이 있겠는가.〔按注意 當謂爲後背隱而善桓爲句 桓爲隱賊 戎與隱會盟相繼 不能聲罪致討 復與和好結盟 故春秋以不信責之書日也 能自復爲唐之盟 自指戎言 舊疏引舊解以爲戎能白復 是也 舊疏謂善桓能自復 春秋方責戎之不信 何爲於此 有善桓詞與〕"라는 내용이 보인다.

舊疏는 이곳 徐彦의 疏를 말한다. ≪공양의소≫의 기록에 따르면, 위 注의 번역은 "이후로 서로 침범하지 않았는데 날짜를 기록한 것은 〈戎이〉 뒤에 은공을 배반하고 환공과 우호함으로써 스스로 〈관계를〉 회복하여 唐의 회맹을 하였기 때문이다."가 된다.

注의 〔後不相〕에서 〔之盟〕까지

○ 解云：≪春秋≫의 격식에 신뢰가 보장되지 않는 경우에는 날짜를 기록하지만,

〈회맹한〉 일이 있고 난 뒤에는 서로 침범하지 않을 수도 있다. 〈여기에서〉 날짜를 기록한 것은 〈戎이〉 뒤에 隱公을 배반한 것을 말한다. '桓公이 스스로 〈관계를〉 회복시켜 唐에서 會盟한 것을 좋게 여긴 것이다.'라고 한 것은, 바로 환공 2년 가을 9월 經文에 "환공이 戎과 唐에서 회맹하였다."는 것이 그것이다. '〈戎이〉 은공을 배반했다.'는 말은, 환공은 군주를 시해한 역적인데 〈융이〉 환공과 회맹하였으니, 이것이 은공을 배반했다는 뜻이다. '환공이 스스로 회복시킨 것을 좋게 여겼다.'고 말한 것은, 戎이 환공과 우호하여 서로 따르며 화친을 이어갈 수 있었으므로, 환공이 나라를 얻은 것을 좋게 여긴 것이다. ≪春秋左氏傳≫의 뜻으로는 極을 戎의 國都라 하였는데, 이 經의 傳과 注를 살피건대 아마도 같은 곳이 아닌 듯하다. 이전의 해석에 "융이 스스로 회복시켜 〈唐의 회맹을〉 할 수 있었다는 말이다."라고 한 것은 틀렸다.

九月에 紀履綸(요)[1]來하여 逆女하다

1) 履綸(요) : ≪春秋左氏傳≫에는 裂繻로 되어 있다.

9월에 紀나라의 履綸가 와서 여자를 영접하였다.

【傳】紀履綸者何아 紀大夫也라

紀나라의 履綸는 누구인가? 기나라의 大夫이다.

【注】以逆女不稱使로 知爲大夫라

여자를 영접하며 '使(파견하다)'를 칭하지 않은 것으로 인해 大夫임을 안 것이다.

【疏】'紀履綸者何' ○ 解云 : 不書爵, 又不言使, 君臣不明, 故執不知問.

傳의 〔紀履綸者何〕

○ 解云 : 작위를 기록하지 않고 또 '使'라고 말하지도 않아서 군주인지 신하인지 분명하지 않기 때문에 미심쩍은 점을 가지고 물은 것이다.

【疏】○ 注'以逆'至'大夫' ○ 解云 : 正以桓三年秋, "公子翬如齊逆女"之屬, 皆是大夫爲君逆女, 而文皆不言使. 今此履綸逆女不言使, 故知是大夫也. 或者使爲爵字誤也.

○ 注의 〔以逆〕에서 〔大夫〕까지

○ 解云 : 바로 桓公 3년 가을 經文에 "公子 翬가 齊나라에 가서 여자를 영접하였다." 라고 한 것 등이 모두 大夫가 군주를 위해 여자를 영집한 것인데 경문에 모두 '使'를 말하지 않았다. 지금 여기에서 履緰가 여자를 영접하면서 '使'를 말하지 않았기 때문에 대부임을 안 것이다. 혹자는 '使'가 '爵(벼슬)'의 誤字라고 하였다.

【傳】 何以不稱使아

왜 '使'를 칭하지 않았는가?

【注】 据宋公使公孫壽來納幣稱使라

"宋公이 公孫壽를 파견하여 와서 納幣하였다."라고 하여 '使'를 칭한 것에 의거한 것이다.

【傳】 婚禮不稱主人[1]이라

1) 主人 : 혼례의 당사자로, 여기서는 紀나라의 군주를 가리킨다.

혼례에 '主人'을 칭하지 않기 때문이다.

【注】 爲養廉遠恥[1]也라

1) 養廉遠恥 : 漢 班固의 ≪白虎通義≫ 권下 〈嫁娶〉에 "남자는 자기 마음대로 장가들지 않고 여자는 자기 마음대로 시집가지 않아서 반드시 부모의 명을 따르고 중매하는 이를 기다리는 것은 무엇 때문인가? 부끄러움을 멀리하고 음란함을 막기 위해서이다.〔男不自專娶 女不自專嫁 必由父母須媒妁何 遠恥防淫泆也〕"라는 내용이 보인다. 또 ≪孟子≫ 〈滕文公 下〉에 "丈夫가 태어나면 그를 위하여 아내가 있기를 원하며 여자가 태어나면 그를 위하여 媤家가 있기를 원하는 것은 부모의 마음이라 누구나 다 갖고 있다. 하지만 부모의 명령과 중매인의 말을 기다리지 않고 구멍의 틈을 뚫어 서로 엿보며 담을 넘어 서로 따라다니면 부모와 온 나라 사람이 모두 천하게 여긴다.〔丈夫生而願爲之有室 女子生而願爲之有家 父母之心 人皆有之 不待父母之命 媒妁之言 鑽穴隙相窺 踰牆相從 則父母國人 皆賤之〕"라는 내용이 보인다.

謙讓을 기르고 부끄러움을 멀리하려는 것이다.

【疏】注'据宋公'至'稱使' ○ 解云：在成八年夏. (○)[1]注'爲養廉遠恥也'者, 謂養成其廉, 遠其慚恥也.

1) (○)：저본에는 '○'이 있으나, 저본의 체제에 의거하여 衍文으로 처리하였다.

注의 〔据宋公〕에서 〔稱使〕까지

○ 解云：이 내용은 成公 8년 여름 經文에 있다. 注의 '謙讓을 기르고 부끄러움을 멀리하려는 것이다.'라는 것은 겸양을 길러 부끄러움을 멀리하려는 것임을 말한다.

【傳】然則曷稱가 稱諸父兄師友라 宋公使公孫壽來納幣에 則其稱主人은 何아 辭窮也라 辭窮者何아 無母也라

그렇다면 누구를 칭하는가? 여러 父兄과 士友를 칭한다.

"宋公이 公孫壽를 파견하여 와서 納幣하였다."라고 한 경우에 主人을 칭한 것은 무엇 때문인가? 표현할 말이 궁했기 때문이다. 표현할 말이 궁했다는 것은 무엇 때문인가? 어머니가 없었기 때문이다.

【注】禮에 有母면 母當命諸父兄師友하여 稱諸父兄師友以行이라 宋公無母하여 莫使命之하니 辭窮이라 故自命之라 自命之면 則不得不稱使라

禮에 의하면, 어머니가 있으면 어머니가 마땅히 여러 부형과 師友에게 명을 내려 여러 부형과 사우〈의 名義를〉 빌려서 〈혼례를〉 진행하게 한다. 宋公은 어머니가 없었기 때문에 使者를 명하는 자가 없고 표현할 말이 궁했기 때문에 스스로 명을 내린 것이다. 스스로 명을 내리면 부득이 '使'를 칭할 수밖에 없다.

【疏】'辭窮者何' ○ 解云：弟子未解辭窮之義, 故執不知問.

傳의 〔辭窮者何〕

○ 解云：제자가 '辭窮'의 뜻을 이해하지 못했으므로, 미심쩍은 점을 가지고 물은 것이다.

【疏】○ 注'禮有母'至'師友' ○ 解云：卽昏禮記云"(言)〔宗〕[1]子無父, 母命之", 是也.

1) (言)〔宗〕：저본에는 '言'으로 되어 있으나, 阮元의 〈校勘記〉에 의거하여 '宗'으로 바로

잡았다.

○ 注의 〔禮有母〕에서 〔師友〕까지

○ 解云 : 곧 ≪儀禮≫ 〈士昏禮〉에 "宗子(적장자)에게 아버지가 없으면 어머니가 使者를 명한다."라고 한 것이 그것이다.

【疏】 ○ 注'稱諸父'至'以行' ○ 解云 : 謂使者稱之, 而文不言使者, 以其非君故也.

○ 注의 〔稱諸父〕에서 〔以行〕까지

○ 解云 : 使者에게 〈명의를〉 빌리게 하는데 經文에서 '使'라고 하지 않은 것은 군주가 아니기 때문이다.

【疏】 ○ 注'宋公'至'稱使' ○ 解云 : 卽昏禮記云"親皆沒, 己躬命之", 是也

○ 注의 〔宋公〕에서 〔稱使〕까지

○ 解云 : ≪儀禮≫ 〈士昏禮〉에 "양친이 모두 돌아가셨을 때는 〈宗子〉 자신이 직접 使者를 명한다."라고 한 것이 그것이다.

【傳】 然則紀有母乎아 曰有라

그렇다면 紀나라 군주에게는 어머니가 있었는가? 있었다.

【注】 以不稱使로 知有母라

'使'를 칭하지 않은 것으로 인해 어머니가 있었음을 안 것이다.

【傳】 有則何以不稱母아

있었다면 왜 어머니를 칭하지 않았는가?

【注】 据非主人이면 何不稱母하여 通使文[1)]가

1) 使文 : '使'를 사용한 글, 혹은 좀 더 넓게 使役을 나타내는 글을 말한다. 僖公 14년 여름 6월 注에 "使는 신하가 군주를 위하여 명을 받았다는 글이다.〔使者 臣爲君銜命文也〕"라는 내용이 보인다.

〈그가〉 主人이 아니라면 왜 어머니를 칭하여 '使'를 사용한 글을 통용시키지 않은 것

이냐고 〈물은 것이다.〉

【傳】母不通也라

어머니의 命은 사방에 전달할 수 없기 때문이다.

【注】禮에 婦人無外事라 但得命諸父兄師友하여 稱諸父兄師友以行耳라 母命不得達이라 故不得稱母通使文하니 所以遠別也라

禮에 의하면 부인은 바깥일에 간여하지 않는다. 다만 여러 부형과 사우에게 명하여 여러 부형과 사우〈의 名義를 빌려〉 칭하여 행하게 할 수 있을 뿐이다. 어머니의 명은 〈사방에〉 전달할 수 없기 때문에 어머니를 칭하여 '使'를 사용한 글을 통용시킬 수 없으니, 이는 〈남녀의〉 분별을 두터이 하기 위함이다.

【傳】外逆女不書한대 此何以書아

외국이 여자를 영접한 것은 기록하지 않는데, 여기서는 왜 기록하였는가?

【注】据伯姬歸于宋이라하여 不書逆人이라

"伯姬가 宋나라로 시집갔다."라고 하여 영접한 사람을 기록하지 않은 것에 의거한 것이다.

【疏】注'据伯'至'逆人' ○ 解云：在成九年春.

注의 〔据伯〕에서 〔逆人〕까지

○ 解云：이 내용은 成公 9년 봄 經文에 있다.

【傳】譏라

비판한 것이다.

【注】譏는 猶譴也라

'譏'는 '譴(꾸짖다)'과 같다.

【傳】何譏爾아 譏始不親迎也라

왜 비판하였는가? 처음으로 親迎하지 않은 것을 비판한 것이다.

【注】禮所以必親迎者는 所以示男先女也[1]라 於廟者는 告本也[2]라 夏后氏逆於庭하고 殷人逆於堂하며 周人逆於戶라

1) 禮所以必親迎者 所以示男先女也 : ≪禮記≫ 〈昏義〉에 "부친이 직접 자식에게 醮禮하고 親迎을 명함은 남자가 여자에게 먼저 하는 것이다.〔父親醮子而命之迎 男先於女也〕"라는 내용이 보인다. 또 ≪예기≫ 〈郊特牲〉에 "남자가 친영하여 남자가 여자에게 먼저 하는 것은 剛柔의 뜻이다.〔男子親迎 男先於女 剛柔之義也〕"라는 내용이 보인다.

2) 於廟者 告本也 : ≪白虎通義≫ 권下 〈嫁娶〉에 "딸을 시집보낼 때 禰廟에서 하는 것은, 선인의 유체를 중히 여겨 감히 스스로 마음대로 하지 못하기 때문에 예묘에 고하는 것이다.〔遣女於禰廟者 重先人之遺體 不敢自專 故告禰也〕"라는 내용이 보인다. 禰廟는 돌아가신 부친의 신주를 모신 사당이다.

禮에서 반드시 親迎하게 한 이유는 남자가 여자에게 먼저 하는 것을 보이기 위해서이다. 祠堂에서 하는 것은 先祖에게 고하는 것이다. 夏后氏는 庭에서 맞이하였고, 殷人은 堂에서 맞이하였으며, 周人은 戶에서 맞이하였다.

【疏】注'禮所'至'先女也' ○ 解云 : 出昏義文.

○ 注의 〔禮所〕에서 〔先女也〕까지

○ 解云 : ≪禮記≫ 〈昏義〉에 나오는 글이다.

【疏】○ 注'於廟者'至'於戶' ○ 解云 : 卽書傳云"夏后氏逆於廟庭, 殷人逆於堂, 周人逆於戶"[1]者, 是也.

1) 書傳云……周人逆於戶 : ≪書傳≫은 漢나라 伏勝이 편찬한 ≪尙書大傳≫의 약칭이다. 여기에 인용된 내용은 淸나라 孫之騄이 편집한 ≪상서대전≫ 권3 〈周書 金縢傳〉에 보이는데, "≪春秋公羊傳注疏≫에서 ≪서전≫을 출처로 인용한 구절이다.〔公羊疏引書傳〕"라는 주석이 있다.

○ 注의 〔於廟者〕에서 〔於戶〕까지

○ 解云 : 곧 ≪尙書大傳≫에서 "夏后氏는 廟庭에서 맞이하였고, 殷人은 堂에서 맞이하였고, 周人은 戶에서 맞이하였다."는 것이 그것이다.

【傳】始不親迎이 昉於此乎아 前此矣라

처음으로 親迎하지 않은 것이 이때 처음 시작되었는가? 이때 이전에도 있었다.

【注】以惠公妃(배)匹不正[1)]하니 不嫌無前也라

1) 惠公妃(배)匹不正 : 앞의 隱公 원년 역주 '惠公妃匹 不正隱桓之禍生' 참조.

惠公이 부인들의 서열을 정확하게 정하지 않았으니, 이때 이전에 〈친영하지 않은 일이〉 없는지 개의치 않은 것이다.

【疏】注'以惠'至'前也' ○ 解云 : 不以正妃匹者, 是不重婚姻之禮, 故知往前宜有不親迎之事矣.

注의 〔以惠〕에서 〔前也〕까지

○ 解云 : 부인들의 서열을 정확하게 정하지 않은 것은 혼인의 예를 중시하지 않은 것이다. 그러므로 이전에 당연히 親迎하지 않은 일이 있었을 것임을 안 것이다.

【傳】前此면 則曷爲始乎此아 託始焉爾라

이때 이전에도 있었다면 왜 이때 시작되었다고 했는가? 이 일에 처음이라고 假託한 것일 뿐이다.

【注】焉爾는 猶於是也라

'焉爾'는 '於是(이 일에)'와 같다.

【傳】曷爲託始焉爾아

어째서 이 일에 처음이라고 假託한 것인가?

【注】据納幣不託始라

納幣에 대해서는 〈傳에서〉 처음이라고 가탁하지 않은 것에 의거한 것이다.

【傳】 春秋之始也라

≪春秋≫ 기록의 시작이기 때문이다.

【注】 春秋는 正夫婦之始也라 夫婦正則父子親하며 父子親則君臣和하며 君臣和則天下治라 故夫婦者는 人道之始요 王敎之端[1]이라 內逆女는 常書하고 外逆女는 但疾始하고 不常書者는 明當先自〔詳〕[2]正하여 躬自厚而薄責於人[3]이라 故略外也라

1) 夫婦者……王敎之端 : 漢나라 劉向의 ≪列女傳≫ 권4 〈楚平伯嬴〉에 "夫婦의 도리는 진실로 인륜의 시작이고 王敎의 단서이다.〔夫婦之道 固人倫之始 王敎之端〕"라는 내용이 보인다.
2) 〔詳〕 : 저본에는 '詳'이 없으나, 阮元의 〈校勘記〉에 의거하여 보충하였다.
3) 躬自厚而薄責於人 : ≪論語≫ 〈衛靈公〉에 보이는 공자의 말이다. 앞의 역주 참조.

≪春秋≫는 夫婦의 시작을 바로잡는 것이다. 부부가 바르면 부자가 친하며, 부자가 친하면 군신이 화합하며, 군신이 화합하면 천하가 다스려진다. 그러므로 부부는 人道의 시작이며 王敎의 단서이다. 內國(魯나라)이 여자를 영접한 것은 항상 기록하고, 외국이 여자를 영접한 것은 단지 그 처음을 비판하고 항상 기록하지는 않은 것은, 마땅히 먼저 자신을 바로잡아서 자신에 대한 책망을 많이 하고 남에 대한 책망을 적게 해야 함을 분명히 밝힌 것이기에, 외국의 일을 생략한 것이다.

【疏】 注'夫婦正'至'之端' ○ 解云 : 昏義鄭注云"言子受氣, 性純則孝, 孝則忠", 是也. (○)[1]注'內逆女常書'者, 卽桓三年公子翬・宣元年公子遂・成十四年叔孫僑如之屬, 是也.[2]

1) (○) : 저본에는 '○'이 있으나, 저본의 체제에 의거하여 衍文으로 처리하였다.
2) 桓三年公子翬……是也 : 桓公 3년 經文에 "公子 翬가 齊나라에 가서 여자를 영접하였다.〔公子翬如齊逆女〕"라는 내용이 있고, 宣公 원년 경문에 "公子 遂가 제나라에 가서 여자를 영접하였다.〔公子遂如齊逆女〕"라는 내용이 있으며, 成公 14년 가을 경문에 "叔孫僑如가 齊나라에 가서 여자를 영접하였다.〔叔孫僑如如齊逆女〕"라는 내용이 있다.

注의 〔夫婦正〕에서 〔之端〕까지

○ 解云 : ≪禮記≫ 〈昏義〉의 鄭玄 注에 "자식이 기운을 받음에 성품이 순수하면 효도하고 효도하면 충성함을 말한다."는 것이 그것이다. 注의 "內國(魯나라)이 여자를 맞

이한 것은 항상 기록한다."라는 것은, 바로 桓公 3년의 公子 翬, 宣公 원년의 公子 遂, 成公 14년의 叔孫僑如 등이 그것이다.

【傳】女曷爲或稱女라하고 或稱婦라하고 或稱夫人가 女在其國稱女하고

여자를 왜 혹은 '女'라 칭하고, 혹은 '婦'라 칭하고, 혹은 '夫人'이라 칭하는가? 〈시집가는〉 여자가 자기 나라에 있을 때는 '女'라 칭하고,

【注】未離父母之辭니 紀履緰來逆女가 是也라

아직 부모를 떠나지 않았을 때의 말이니, "紀나라의 履緰가 와서 여자를 영접하였다."는 것이 그것이다.

【傳】在途稱婦하며

〈시집가는〉 도중에 있을 때는 '婦'라고 칭하였으며,

【注】在途見夫服從之辭니 公子結媵陳人之婦[1]가 是也라

1) 公子結媵陳人之婦 : 莊公 19년 經文에 "公子 結이 陳人(陳侯)의 부인으로 〈出嫁하는 사람을 위해 魯나라에서 내놓은〉 媵妾을 호송하던 중 鄄에 이르러 드디어 齊侯·宋公과 會盟하였다.〔公子結媵陳人之婦于鄄 遂及齊侯宋公盟〕"라는 내용이 있다.

도중에 지아비를 보고 복종할 때의 말이니 "公子 結이 陳人(陳侯)의 부인으로 〈出嫁하는 사람을 위해 魯나라에서 내놓은〉 媵妾을 호송하였다."라는 것이 그것이다.

【疏】女曷爲或稱女者, 卽此經是也. 或稱婦者, 莊十九年"陳人之婦", 是也.

傳의 "여자를 왜 혹은 '女'라 칭하고"라는 것은 바로 이 經文이 그것이다. "혹은 '婦'라 칭하고"라는 것은 莊公 19년에 "陳人의 부인"이라고 한 것이 그것이다.

【疏】○ 注'在塗見'至'之辭' ○ 解云 : 案僖二十五年, 宣元年傳皆云"其稱婦者何. 有姑之辭也"者, 兼二義故也. 何者, 在塗稱婦者, 服從夫辭, 其至國猶稱婦者, 對姑生稱也.

○ 注의 〔在塗見〕에서 〔之辭〕까지

○ 解云 : 살펴보건대 僖公 25년과 宣公 원년 傳에 모두 "'婦'라고 칭한 것은 무엇 때

문인가? 시어머니가 살아 계실 때 쓰는 말이다."라고 한 것이 두 가지 뜻을 아우르고 있기 때문이다. 왜냐하면 도중에 '婦'라고 칭하는 것은 지아비에게 복종할 때의 말이고, 〈시집간〉 나라에 이르러 여전히 '婦'라고 칭하는 것은 시어머니에 대해서 생긴 칭호이다.

【傳】入國稱夫人이라

〈시집가는〉 나라에 들어가서는 '夫人'이라 칭한다.

【注】入國則尊하니 尊有臣子之辭라 夫人姜氏入이 是也라 紀無大夫한대 書紀履緰者는 重婚禮也라 月者는 不親迎例月하니 重錄之라 親迎은 例時라

〈시집가는〉 나라에 들어가면 존귀해지니, 존귀해져서 臣子가 생긴다는 말이다. "夫人 姜氏가 〈魯나라에〉 들어왔다."는 것이 그것이다. 紀나라에는 大夫가 없는데 '紀나라의 履緰'라고 기록한 것은 혼례를 중시해서이다. 〈9월이라고〉 달을 기록한 것은 親迎하지 않으면 원칙적으로 달을 기록하니 중히 여겨 기록한 것이다. 친영하면 원칙적으로 계절을 기록한다.

【疏】注'入國'至'入是也' ○ 解云：在莊二十四年秋, 是也.

注의 〔入國〕에서 〔入是也〕까지

○ 解云：이 내용은 莊公 24년 가을 經文에 있다.

【疏】○ 注'月者'至'例時' ○ 解云：不親迎例月者, 即此文及桓三年秋七月公子翬・宣元年正月公子遂之屬[1), 是也. 其親迎時者, 即莊二十四年"夏, 公如齊逆女", 莊二十七年冬, "莒慶來逆叔姬"之屬, 是也. 有不如此者, 別見(현)義, 即文四年"夏, 逆婦姜", 成十四年"秋, 叔孫僑如"之屬[2), 是也. 當文自有解, 不能逆說也.

1) 桓三年秋七月公子翬 宣元年正月公子遂之屬：본서 127쪽 疏 역주 1), 2) 참조.

2) 文四年夏逆婦姜 成十四年秋叔孫僑如之屬：文公 4년 經文에 "여름에 齊나라에서 婦姜을 영접하였다.〔夏 逆婦姜于齊〕"라고 하였는데, 그 疏에 "지금 여기에서 계절을 기록한 것은 大夫의 딸에게 장가들어 미천하여 宗廟를 받들 수 없었기 때문에 간략히 기록한 것이다.〔今此書時者 蓋以聚于大夫 賤不可以奉宗廟 故略之〕"라고 하였다. 또 成公 14년 가을 경문에 "叔孫僑如가 제나라에 가서 여자를 영접하였다.〔叔孫僑如如齊逆女〕"라고

하였는데, 그 疏에 "지금 여기에서 달을 기록하지 않은 것은 성공이 즉위한 지 14년 만에 비로소 元妃에게 장가들어서 후사를 잇는 의리를 중요하게 여긴 것이 아니었기 때문에 간략히 기록한 것이다.〔今此不月者 蓋以成公卽位十有四年 始娶元妃 非重繼嗣之義 故略之〕"라고 하였다.

注의 〔月者〕에서 〔例時〕까지

○ 解云 : '친영하지 않으면 원칙적으로 달을 기록한다.'는 것은 곧 이곳 經文 및 桓公 3년 가을 7월 경문의 公子 翬, 宣公 원년 정월 경문의 公子 遂 등이 그 예이다. '친영하면 계절을 기록한다.'는 것은 곧 莊公 24년 경문에 "여름에 공이 齊나라에 가서 여자를 영접하였다."라고 한 것, 莊公 27년 겨울 경문에 "莒慶이 와서 叔姬를 영접하였다."라고 한 것 등이 그 예이다. 이와 같지 않은 경우는 따로 뜻을 드러낸 것이니, 곧 文公 4년 경문에 "여름에 婦姜을 영접하였다."라고 한 것과 成公 14년 경문에 "가을에 叔孫僑如가"라고 한 것 등이 그 예이다. 해당 경문에 본래 해석이 있기에 여기서 미리 설명할 수 없었다.

冬十月에 伯姬歸于紀라

겨울 10월에 伯姬가 紀나라로 시집갔다.

【傳】 伯姬者何아 內女也라

伯姬는 누구인가? 內國(魯나라)의 딸이다.

【注】 以無所繫也라 不稱公子者는 婦人外成[1]하니 不得獨繫父母라

1) 婦人外成 : 여자가 자신의 집을 떠나 다른 사람의 집안으로 출가하는 것을 말한다. ≪白虎通義≫ 권下 〈嫁娶〉에 "부인은 밖으로 나가 이루니, 자신의 집을 떠나 다른 사람에게 시집가는 것을 嫁라고 한다.〔婦人外成 以出適人爲嫁〕"라는 내용이 보인다.

〈伯姬가 어디에〉 연결된 것이 없기에 물은 것이다. '公子(제후의 자식)'라고 칭하지 않은 것은 婦人은 〈자신의 집안〉 밖으로 나가 이루므로 오직 부모에게만 연결될 수 없기 때문이다.

【疏】'伯姬者何' ○ 解云：欲言內女，於紀言歸，欲言外女，文無所繫，故執不知問.

傳의 〔伯姬者何〕

○ 解云 : 內國의 딸이라고 말하자니 紀나라로 시집갔다고 말하였고, 外國의 딸이라고 말하자니 經文에 연결된 곳이 없기 때문에 미심쩍은 점을 가지고 물은 것이다.

【疏】○ 注'不稱公'至'父母' ○ 解云：正以莊元年傳云"群公子之舍，則已[1]卑矣"，明有得稱公子之道，故注者決之.

1) 已 : 통행본 ≪春秋公羊傳≫에는 '以'로 되어 있다.

○ 注의 〔不稱公〕에서 〔父母〕까지

○ 解云 : 바로 莊公 원년 傳에 "여러 公子의 집은 〈지위가〉 너무 낮다."라고 하였으니, 분명히 공자라고 칭할 수 있는 도리가 있기 때문에 注를 낸 사람이 해명한 것이다.

【傳】其言歸何아

'歸'라는 말은 무엇인가?

【注】据去父母國也라

부모의 나라를 떠났다는 것에 의거한 것이다.

【傳】婦人謂嫁曰歸라

부인이 시집가는 것을 '歸'라고 한다.

【注】婦人은 生以父母爲家하고 嫁以夫爲家라 故謂嫁曰歸라하니 明有二歸之道[1]라 書者는 父母恩錄之也라 禮에 男之將取에 三日不擧樂은 思嗣親也요 女之將嫁에 三夜不息燭은 思相離也[2]라 內女歸例月은 恩錄之라

1) 明有二歸之道 : 두 가지 '歸'는 이 經文의 경우처럼 시집가는 것을 의미하는 '歸'와 시집갔다가 남편의 버림을 받고 본국으로 돌아오는 '大歸'를 말한다. 莊公 27년 經文의 "겨울에 기백희가 왔다.〔冬 紀伯姬來〕"라는 구절에 대해 傳에서 "단순히 오는 것을 來라고 하고, 大歸하는 것을 來歸라고 한다.〔直來曰來 大歸曰來歸〕"라고 하였으며, 그 疏에 "大

歸는 버림받고 來歸하는 것이다.〔大歸者 廢棄來歸也〕"라고 하였다. 한편 宣公 16년 경문에 "가을에 郯伯姬가 來歸하였다.〔秋 郯伯姬來歸〕"라는 구절에 대해 그 疏에서 "죄가 있어서 來歸한 경우에 계절을 기록한다는 것은 이 경문에서 '가을'이라고 기록한 것이 그 예이다.〔有罪時者 此文書秋 是也〕"라는 내용이 보인다.

2) 男之將取……思相離也 : ≪禮記≫ 〈曾子問〉에 "孔子께서 '딸을 시집보내는 집에서 사흘 밤 동안 촛불을 끄지 않는 것은 골육의 친족과 서로 이별함을 생각해서이고, 며느리를 취하는 집에서 사흘 동안 음악을 연주하지 않는 것은 어버이의 뒤를 이음을 생각해서이다.'라고 하였다.〔孔子曰 嫁女之家 三夜不息燭 思相離也 取婦之家 三日不擧樂 思嗣親也〕"라는 내용이 있다.

婦人은 태어나서는 부모를 집으로 삼고, 시집가서는 남편을 집으로 삼으므로 시집가는 것을 '歸'라고 하니, 두 가지 '歸'의 도가 있음을 밝힌 것이다. 이를 기록하는 것은 부모를 위해 은정을 드러내 기록하는 것이다. 禮에 의하면, 남자가 부인을 취하려 할 때 사흘 동안 음악을 연주하지 않는 것은 어버이의 뒤를 이음을 생각해서이고, 여자가 시집가려 할 때 사흘 동안 촛불을 끄지 않는 것은 골육의 친족과 서로 이별함을 생각해서이다. 內國의 딸이 시집갈 때 원칙적으로 달을 기록하는 것은 은정을 드러내 기록하는 것이다.

【疏】 注'婦人生'至'爲家' ○ 解云 : 謂始生時.

注의 〔婦人生〕에서 〔爲家〕까지

○ 解云 : 처음 태어났을 때를 이른다.

【疏】 ○ 注'明有二歸之道'也 ○ 解云 : 卽此"伯姬歸于紀", 宣十六年"秋, 郯伯姬來歸"之屬, 是也.

○ 注의 〔明有二歸之道〕

○ 解云 : 바로 이곳 경문에 "伯姬가 紀나라로 시집갔다."라고 한 것과 宣公 16년 경문에 "가을에 郯伯姬가 來歸하였다."라고 한 것 등이 그 예이다.

【疏】 ○ 注'禮男之'至'女〔之〕[1]將嫁' ○ 解云 : 皆出禮記曾子問.

1) 〔之〕 : 저본에는 '之'가 없으나, 注 원문에 의거하여 보충하였다.

○ 注의 〔禮男之〕에서 〔女之將嫁〕까지

○ 解云 : 모두 ≪禮記≫ 〈曾子問〉에서 나왔다.

【疏】 ○ 注'內女歸'至'錄之' ○ 解云 : 卽此文"冬十月", 隱七年"三月叔姬歸于紀", 成九年"二月, 伯姬歸于宋"之屬, 是也.

○ 注의 〔內女歸〕에서 〔錄之〕까지

○ 解云 : 곧 이곳 경문에 "겨울 10월"이라고 한 것, 隱公 7년 경문에 "3월에 叔姬가 紀나라로 시집갔다."라고 한 것, 成公 9년 경문에 "2월에 伯姬가 宋나라로 시집갔다." 라고 한 것 등이 그 예이다.

紀子伯[1]莒子盟于密하다

1) 子伯 : 紀나라의 大夫 履緰의 자이다.

紀나라의 子伯과 莒子가 密 지방에서 會盟하였다.

【傳】 **紀子伯者何**아 **無聞焉爾**라

紀나라의 子伯은 누구인가? 알려진 것이 없다.

【注】 言無聞者는 春秋有改周受命之制하니 孔子畏時遠害라 又知秦將燔詩書하여 其說口授相傳하니 至漢公羊氏及弟子胡毋生等하여 乃始記於竹帛[1]이라 故有所失也라 ○ 紀子伯이 左氏에 作子帛[2]이라

1) 至漢公羊氏及弟子胡毋生等 乃始記於竹帛 : 戴宏의 ≪解疑論≫ 序에 "子夏(卜商)는 公羊高에게 전해주고, 高는 그의 아들 平에게 전해주고, 平은 그의 아들 地에게 전해주고, 地는 그의 아들 敢에게 전해주고, 敢은 그의 아들 壽에게 전해주었다. 漢 景帝 때에 이르러 壽가 마침내 齊 지방 사람인 胡毋子都와 함께 〈구두로 전해오던〉 그 학설을 竹帛에 기록하였다.〔子夏傳與公羊高 高傳與其子平 平傳與其子地 地傳與其子敢 敢傳與其子壽 至漢景帝時 壽乃與齊人胡毋子都著於竹帛〕"라는 내용이 보인다.

2) 紀子伯……作子帛 : 앞에 '○'이 있는 것으로 볼 때 何休의 注는 아니고 제삼자의 말을 첨부한 것으로 보인다.

'알려진 것이 없다.'라고 말한 것은, ≪春秋≫에는 周나라를 바꿔 새로 天命을 받는

제도가 있기 때문에 孔子가 시국의 난관을 두려워하고 박해를 멀리하려고 했다. 또 秦나라가 장차 詩書를 불태울 것이라는 것을 알아서 그 說을 입으로 전수해 서로 전하게 하니, 漢나라 公羊氏와 그 제자 胡毋生 등에게 이르러서 마침내 처음으로 竹帛에 기록하게 되었다. 그 때문에 알 수 없게 된 부분이 있다.

○ '紀子伯'의 〈子伯〉이 ≪春秋左氏傳≫에는 '子帛'으로 되어 있다.

【疏】'紀子伯者何' ○ 解云：欲言紀君, 經不稱侯, 欲言大夫, 復敍人君之上, 故執不知問.

傳의 〔紀子伯者何〕

○ 解云：紀나라의 군주라고 말하자니 經文에 侯라고 말하지 않았고, 大夫라고 말하자니 또 군주(莒나라)의 앞에 서술되어 있기 때문에, 미심쩍은 점을 가지고 물은 것이다.

十有二月乙卯에 夫人子氏薨하다

12월 을묘일에 부인 子氏가 薨하였다.

【傳】夫人子氏者何아 隱公之母也라

부인 子氏는 누구인가? 隱公의 모친이다.

【注】以不書葬이라

장사지낸 것을 기록하지 않았기 때문이다.

【疏】'夫人子氏者何' ○ 解云：欲言魯之夫人, 終無葬處, 弟子未識, 故執不知問.

傳의 〔夫人子氏者何〕

○ 解云：魯나라의 부인이라고 말하자니 끝내 장사를 지냈다고 한 부분이 없어서 제자가 〈그가 누구인지〉 알지 못했기 때문에 미심쩍은 점을 가지고 물은 것이다.

【疏】○ 注'以不書葬' ○ 解云：今隱公欲表己讓, 故宜屈卑其母, 不成夫人之禮. 是以見其不書葬, 知其是隱公母也.

○ 注의〔以不書葬〕

○ 解云 : 지금 隱公이 자신〈의 자리〉를 〈桓公에게〉 물려주려 함을 드러내고자 했기에 당연히 그의 모친의 위상을 굽히고 낮추어 夫人의 예를 이루지 못했던 것이다. 이 때문에 장사지낸 것을 기록하지 않은 것을 보고 이 사람이 은공의 모친임을 안 것이다.

【傳】何以不書葬가

왜 장사지낸 일을 기록하지 않았는가?

【注】据姒氏書葬이라

〈定公의 부인〉 姒氏가 〈죽었을 때〉 장사지낸 일을 기록한 것에 의거한 것이다.

【疏】注'据姒氏書葬' ○ 解云 : 卽定十五年九月"辛巳, 葬定姒", 是也. 彼定姒之子哀公者, 未踰年之君也, 其母亦得書葬. 今隱公雖欲讓桓, 不作成君, 應比未踰年之君. 今其母不書葬, 故据而難之.

注의〔据姒氏書葬〕

○ 解云 : 곧 定公 15년 9월 경문에 "신사일에 〈정공의 부인인〉 姒氏를 장사지냈다." 라고 한 것이 그것이다. 저곳 定公의 부인 姒氏의 아들 哀公은 즉위하여 아직 해를 넘기지 않은 군주인데, 그의 모친에 대해 또한 장사지낸 것을 기록할 수 있었다. 지금 隱公이 비록 桓公에게 〈군주의 자리를〉 물려주고자 하여 온전한 군주가 되지는 못했지만, 응당 즉위하여 아직 해를 넘기지 않은 군주와 견줄 만하다. 그런데 지금 그의 모친에 대해 장사지낸 것을 기록하지 않았기 때문에 이에 의거하여 의문을 제기한 것이다.

【傳】成公意也라 何成乎公之意아

隱公의 뜻을 이뤄준 것이다. 왜 은공의 뜻을 이뤄줬는가?

【注】据已去卽位[1]라

1) 已去卽位 : 隱公 원년 傳에 "은공에 대해서는 왜 즉위를 말하지 않았는가? 은공의 뜻을 이뤄주기 위해서이다.〔公何以不言卽位 成公意也〕"라는 내용이 보인다.

이미 '卽位'를 삭제한 것에 의거한 것이다.

【傳】 子將不終爲君이라 **故母亦不終爲夫人也**라

자식(隱公)이 장차 끝내 군주가 되려고 하지 않았기 때문에 모친(子氏) 또한 끝내 夫人이 될 수 없는 것이다.

【注】 時隱公卑屈其母하여 **不以夫人禮葬之**하고 **以妾禮葬之**하여 **以卑下桓母**하고 **無終爲君之心**하니 **得事之宜**라 **故善而不書葬**하니 **所以起其意而成其賢**이라 **子者**는 **姓也**라 **夫人以姓配號**하니 **義與仲子同**이라 **書薨者**는 **爲隱公恩錄痛之也**라 **日者**는 **恩錄之**니 **公夫人皆同例也**라

당시에 隱公이 그의 모친을 낮추어서 夫人의 禮로 장사지내지 않고 妾의 예로 장사지내어 桓公의 모친보다 낮추었고 끝내 군주가 되려는 마음이 없었으니, 이는 적절한 조치였다. 이 때문에 훌륭하게 여겨 장사지낸 것을 기록하지 않은 것이니, 그 뜻을 드러내고 그 현명함을 이뤄주기 위한 것이다. '子'는 姓이다. 부인은 성을 호칭에 붙이니, 뜻은 仲子(환공의 모친)의 경우와 같다. '죽음〔薨〕'을 기록한 것은 은공을 위해 은정을 드러내 기록하여 애통해한 것이다. 날짜를 기록한 것은 은정을 드러내 기록한 것이니, 公과 夫人의 경우도 모두 같은 형식이다.

【疏】 注'子者'至'子同' ○ 解云 : 上文仲子之下而注云[1]"仲字, 子姓, 婦人以姓配字, 不忘本, (國)〔因〕[2]示不適同姓". 今此稱姓者, 亦是示不適同姓之義, 故云義與仲子同. 其不稱字之義乃自異, 故注云"以姓配號", 號卽夫人, 是也.

1) 上文仲子之下而注云 : 隱公 원년 가을 7월 經文의 傳에 "仲子란 누구인가? 桓公의 어머니이다.〔仲子者何 桓之母也〕"라는 구절 아래에 붙은 注를 말한다.
2) (國)〔因〕: 저본에는 '國'으로 되어 있으나, 阮元의 〈校勘記〉에 의거하여 '因'으로 바로잡았다.

注의 〔子者〕에서 〔子同〕까지

○ 解云 : 앞의 經文 '仲子' 아래에 있는 注에서 "仲은 字이고, 子는 姓이다. 부인이

姓을 字에 붙이는 것은 본국을 잊지 않는다는 것을 나타내는 것이고, 아울러 同姓에게 시집가지 않았다는 것을 보여주는 것이다."라고 하였는데, 지금 여기에서 姓을 칭한 것 또한 동성에게 시집가지 않았다는 뜻을 보여준 것이다. 그러므로 "뜻이 仲子의 경우와 같다."라고 한 것이다. 〈경문에〉 字를 칭하지 않은 뜻은 곧 나름대로 다르므로 注에서 "姓을 호칭에 붙인다."라고 하였으니, 호칭은 바로 〈경문의〉 '夫人'이 그것이다.

鄭人伐衛하다

鄭人이 衛나라를 공격하였다.

【注】 書者는 與入向同이라 侵・伐・圍・入은 例皆時라

〈이 기사를〉 기록한 것은 "向國에 들어갔다.〔入向〕"는 경우와 같다. '侵'・'伐'・'圍'・'入'은 원칙적으로 모두 계절을 기록한다.

【疏】 注'書者與入向同' ○ 解云：卽上注云"凡書兵者, 正不得也. 外內深淺皆擧之者, 因重兵害衆", 是也.

注의 〔書者與入向同〕

○ 解云：곧 앞의 注에 "일반적으로 전쟁에 관한 기록은 正道에 합치하지 않는다. 內戰이든 外戰이든 깊이 들어갔든 얕게 들어갔든 모두 들어 기록한 것은, 전쟁이 많은 사람을 해치는 것을 엄중하게 여기기 때문이다."라고 한 것이 그것이다.

【疏】 ○ 注'侵伐圍入例皆(書)[1)]時' ○ 解云：其侵伐書時者, 卽僖二十八年"春, 晉侯侵曹, 晉侯伐衛"之屬, 是也. 入例時者, 已說於上, 而注言此者, 正以文承日月之下[2)], 故須解之.

1) (書)：저본에는 '書'가 있으나, 阮元의 〈校勘記〉에 의거하여 衍文으로 처리하였다.
2) 正以文承日月之下：注에서 인용한 "向國에 들어갔다."는 것의 經文이 "여름 5월에 莒人(莒나라 군대)이 向國에 들어갔다.〔夏五月 莒人入向〕"라고 하여 계절과 달이 모두 기록되어 있기 때문이라는 말이다.

○ 注의 〔侵伐圍入例皆時〕

○ 解云 : '侵'과 '伐'에 계절을 기록한 것은 곧 僖公 28년에 "봄에 晉侯가 曹나라를 침범하고, 진후가 衛나라를 공격하였다."라고 한 것 등이 그 예이다. '入'은 원칙적으로 계절을 기록한다는 것은 이미 위에서 설명하였는데, 이 注에서 이렇게 말한 것은 바로 經文이 계절과 달의 아래에 이어졌기 때문에 풀이할 필요가 있어서이다.

【隱公 3년(B.C. 720)】

三年이라 春王二月이라

3년이다. 봄 周나라 왕 2월이다.

【注】 二月三月皆有王者는 二月은 殷之正月也요 三月은 夏之正月也라 王者存二王之後하여 使統其正朔하며 服其服色하며 行其禮樂하니 所以尊先聖通三統[1]이라 師法[2]之義와 恭讓之禮를 於是에 可得而觀之라

1) 二月……所以尊先聖通三統 : 二王은 ≪春秋公羊傳≫에 일반적으로 夏와 殷 두 왕조를 가리킨다. 正朔은 年始와 月初라는 뜻으로, 易姓革命한 제왕이 새로 반포한 曆法을 가리킨다. 三統은 夏·商·周 三代의 正朔을 말하는데, 夏나라는 寅月(현재의 1월)을 정월로 삼아 人統이 되고, 殷나라는 丑月(현재의 12월)을 정월로 삼아 地統이 되고, 周나라는 子月(현재의 11월)을 정월로 삼아 天統이 된다. 현재의 음력은 하나라의 정월을 사용한다. 주나라의 정월인 자월을 기준으로 보면 은나라의 정월인 축월은 2월이 되고, 하나라의 정월인 인월은 3월이 된다. 한편, ≪春秋繁露≫ 〈三代改制質文〉에 "아래로 二王의 후손을 大國으로 보존하여, 그 복색을 입게 하고 그 예악을 행하게 하며 빈객의 신분으로 朝見하게 한다.……이것은 五端을 밝히고 삼통을 관통하게 하는 것이다.〔下存二王之後以大國 使服其服 行其禮樂 稱客而朝……所以昭五端通三統也〕"라는 내용이 보인다. 五端은 五帝가 각각 숭상한 복색을 말한다.

2) 師法 : 先師, 곧 孔子가 전수한 법이란 뜻이다.

2월과 3월에 모두 '王'이 있는 것은, 2월은 殷나라의 정월이고, 3월은 夏나라의 정월이기 때문이다. 王者는 二王의 후손을 보존하여 그들의 正朔을 처음으로 삼게 하고 그들의 服色을 입게 하며 그들의 禮樂을 행하게 하니, 先聖을 높이고 三統을 관통하게

하기 위한 것이다. 師法의 원칙과 겸양하는 禮를 여기에서 볼 수 있다.

【疏】 注'二月'至'王者' ○ 解云：二月有王, 卽此是. 三月有王者, 卽定元年"王三月"之屬, 是也.

注의 〔二月〕에서 〔王者〕까지

○ 解云 : 2월에 '王'이 있다는 것은 곧 이곳 經文이 그 예이다. 3월에 '王'이 있다는 것은 곧 定公 원년에 "周나라 왕의 3월에〔王三月〕"라고 한 것 등이 그 예이다.

【疏】 ○ 注'使統其正朔' ○ 解云：統者, 始也. 謂各使以其當代之正朔爲始也.

○ 注의 〔使統其正朔〕

○ 解云 : 統은 '始(처음)'의 뜻이다. 각각 그 당대의 正朔을 처음으로 삼게 하였다는 말이다.

【疏】 ○ 注'所以尊'至'觀之' ○ 解云：春秋黜杞而言通三統者[1), 黜杞爲魯也. 通三王[2)]之正者, 爲師法之義.

1) 春秋黜杞而言通三統者 : 杞나라는 夏나라의 후손이 봉해진 나라로, 그 작위가 본디 公이었다. 그런데 ≪春秋≫에서 그 작위를 伯, 혹은 子로 폄하하였으면서도 三統 속에 杞나라를 포함하였다는 말이다. '者'는 복합된 문구의 앞 구 끝에 위치할 때는 일반적으로 인과관계를 나타내는 助詞로 사용된다. 그러나 이곳에서 이 의미를 적용하기에는 무리라고 판단하여 일단 생략하였다.

2) 三王 : 夏·商·周 三代의 군주를 말한다.

○ 注의 〔所以尊〕에서 〔觀之〕까지

○ 解云 : ≪春秋≫에서 杞나라를 貶黜하였으면서도 三統을 관통하게 했다고 말했는데, 기나라를 貶黜한 것은 魯나라를 〈王者의 나라로〉 삼기 위해서였다. 三王의 正朔을 관통하게 하는 것이 師法의 원칙이다.

己巳에 日有食之하다

기사일에 日食이 있었다.

【傳】何以書아

왜 기록하였는가?

【注】諸言何以書者는 問主書라

〈傳에〉 '왜 기록하였는가?〔何以書〕'라고 말한 여러 형식은 원래 그 기사를 쓴 이유를 물은 것이다.

【疏】注'諸言'至'主書' ○ 解云：至此乃解之者, 正以有所据. 下言何以書者, 還言据彼難此之例, 故不得然解也. 卽上二年傳云"外逆女不書, 此何以書", 是也. 今此直言"何以書", 上無所据, 則是問主書, 故如此解.

注의 〔諸言〕에서 〔主書〕까지

○ 解云：여기에 이르러 이 말을 풀이한 것은 바로 〈여기에〉 근거하는 것이 있기 때문이다. 아래에 '왜 기록했는가?'라고 말하는 것은 또한〔還〕 다른 사례에 근거하여 이쪽의 것을 묻는 경우이므로 이렇게 풀이할 수 없다. 곧 앞의 隱公 2년 傳에 "외국이 여자를 영접한 것은 기록하지 않는데, 여기서는 왜 기록하였는가?"라고 한 것이 그 예이다. 지금 여기에서는 곧장 '왜 기록하였는가?'라고 말하여 위에 근거할 것이 없으니, 이는 원래 그 기사를 쓴 이유를 묻는 것이다. 그러므로 이처럼 풀이한 것이다.

【傳】記異也라

이변을 기록한 것이다.

【注】異者는 非常可怪니 先事而至者라 是後衛州吁弑其君完하고 諸侯初僭하며 魯隱係獲하고 公子翬進諂謀라

이변이란 범상치 않은 괴이쩍은 일이니, 어떤 일에 앞서 찾아오는 것이다. 이 〈일식이 있은〉 뒤에 衛나라의 州吁가 그 군주 完을 시해하였고, 제후가 처음으로 禮를 참람하게 사용했으며, 魯나라 隱公이 사로잡혔고, 公子 翬가 〈은공에게〉 아첨하여 음모를 바쳤다.

【疏】注'是後衛'至'完' ○ 解云：在四年春.

注의 〔是後衛〕에서 〔完〕까지

○ 解云 : 이 내용은 隱公 4년 봄 經文에 있다.

【疏】 ○ 注'諸侯初僭' ○ 解云 : 下五年秋"初獻六羽", 傳云"何以書. 譏. 何譏爾. 譏始僭諸公也. 始僭諸公昉於此乎. 前此矣. 前此, 則曷爲始乎此. 僭諸公猶可言也. 僭天子不可言也", 是也.

○ 注의 〔諸侯初僭〕

○ 解云 : 아래 隱公 5년 가을 經文에 "처음으로 六羽를 올렸다."라고 하고, 그 傳에 "〈처음으로 육우를 올린 것을〉 왜 기록하였는가? 비판한 것이다. 왜 비판하였는가? 처음으로 諸公의 禮를 참람하게 사용한 것을 비판한 것이다. 처음으로 제공의 예를 참람하게 사용한 것이 이때 처음 시작되었는가? 이때 이전에도 있었다. 이때 이전에도 있었다면 왜 이때 시작되었다고 했는가? 제공의 예를 참람하게 사용한 것은 그래도 말할 수 있지만 天子의 예를 참람하게 사용하는 것은 말할 수 없어서이다."라고 한 것이 그것이다.

【疏】 ○ 注'魯隱係獲'者 ○ 解云 : 卽下六年"春, 鄭人來輸平", 傳云"狐壤之戰, 隱公獲焉", 是也.

○ 注의 〔魯隱係獲〕

○ 解云 : 곧 아래 隱公 6년 경문에 "봄에 鄭나라 사람이 〈魯나라에〉 와서 화평을 무너뜨렸다.〔鄭人來輸平〕"라고 하고, 그 傳에 "狐壤의 전투에서 隱公이 사로잡혔기 때문이다."라고 한 것이 그것이다.

【疏】 ○ 注'公子'至'諂謀' ○ 解云 : 下四年"秋, 翬帥(솔)師及宋公以下伐鄭", 傳云"公子翬諂乎隱公, 謂隱公曰'百姓安子, 諸侯說(열)子, 盍終爲君矣'", 是也. 此等諸事皆是陰陽之象, 故取之日食.

○ 注의 〔公子〕에서 〔諂謀〕까지

○ 解云 : 아래 隱公 4년 經文에 "가을에 翬가 군대를 거느리고 가서 宋公과……鄭나라를 공격하였다.〔翬帥師及宋公……伐鄭〕"라고 하고, 그 傳에 "公子 翬가 은공에게 아첨하여, 은공에게 '백성들이 그대를 편안히 여기고 제후들이 그대를 좋아하는데, 어찌

마침내 군주가 되지 않을 수 있겠습니까?'라고 하였다."라고 한 것이 그것이다. 이런 여러 일들은 모두 陰陽의 象이므로 日食에서 그 조짐을 취하였다.

【傳】 日食은 **則曷爲或日**하고 **或不日**하며 **或言朔**하고 **或不言朔**가 **曰某月某日朔**에 **日有食之者**는 **食正朔也**라

일식에 대해서는 왜 혹은 날짜를 기록하기도 하고 혹은 날짜를 기록하지 않기도 하며, 혹은 초하루를 말하기도 하고 혹은 초하루를 말하지 않기도 하는 것인가? 某月 某日 초하룻날 일식이 있었다고 말하는 것은 일식이 초하룻날 일어났기 때문이다.

【注】 桓三年秋七月壬辰朔에 日有食之가 是也라 此象君行外彊內虛라 是故日月之行無遲疾하여 食不失正朔[1)]也라

1) 正朔 : 본디 정월 초하루라는 뜻이지만 여기서는 단순히 초하룻날을 말한다.

桓公 3년 經文에 "가을 7월 임진일 초하룻날에 일식이 있었다."라고 한 것이 그 예이다. 이것은 군주의 행실이 외면은 강하고 내면은 비어 있는 것을 상징한 것이다. 이 때문에 日月의 운행에 느리거나 빠른 차질이 없어 일식이 초하룻날을 놓치지 않은 것이다.

【疏】 '日食則曷爲或日'者 ○解云 : 卽此是也. 或不日者, 莊十八年"三月, 日有食之", 是也. 或言朔者, 桓三年"秋七月壬辰朔, 日有食之", 是也.

傳의 〔日食則曷爲或日〕

○解云 : 바로 이 經文이 그 예이다. '혹은 날짜를 기록하지 않기도 한다.'는 것은 莊公 18년 경문에 "3월에 일식이 있었다."라고 한 것이 그 예이다. '혹은 초하루를 말하기도 한다.'는 것은 桓公 3년 경문에 "가을 7월 임진일 초하룻날에 일식이 있었다."라고 한 것이 그 예이다.

【疏】 ○注'此象君'至'朔也' ○解云 : 外彊者, 謂外有威嚴, 其民臣望而畏之. 內虛者, 虛心以受物. 正得爲君之道, 故食不失正朔也. 祭義云"虛中以治之"[1)], 鄭注云"虛中, 言不兼念餘事", 是也.

1) 祭義云虛中以治之 : ≪禮記≫ 〈祭義〉에 "효자가 제사를 지내려 할 때 관련된 일에 대해 미리 고려하지 않아서는 안 되며, 그때에 이르러 온갖 祭物을 갖추되 온전히 준비하지 않으면 안 되니, 마음을 비우고서 그 일을 행하는 것이다.〔孝子將祭 慮事 不可以不豫 比時具物 不可以不備 虛中以治之〕"라는 내용이 보인다.

○ 注의 〔此象君〕에서 〔朔也〕까지

○ 解云 : '外彊'은 외면에 위엄이 있어서 臣民이 바라보고서 敬畏한다는 말이고, '內虛'는 마음을 비우고 외물을 받아들인다는 뜻이다. 진정으로 군주가 되는 도를 얻었기 때문에 일식이 초하룻날을 놓치지 않은 것이다. ≪禮記≫ 〈祭義〉에 "마음을 비우고서 행한다."라고 하였고, 鄭玄의 注에 "마음을 비운다는 것은 다른 일을 겸하여 생각하지 않는다는 말이다."라고 한 것이 그것이다.

【傳】 其或日하고 或不日하며 或失之前하고 或失之後라 失之前者는 朔在前也요

혹은 날짜를 말하는 경우가 있고 혹은 날짜를 말하지 않는 경우가 있으며, 혹은 앞에서 놓치기도 하고 혹은 뒤에서 놓치기도 한다. 앞에서 놓쳤다는 것은 초하루가 앞에 있다는 것이며,

【注】 謂二日食하니 己巳日有食之가 是也라 此는 象君行暴急하여 外見(현)畏라 故日行疾하고 月行遲하여 過朔乃食하니 失正朔於前也라

2일에 일식이 있었음을 말하니, '기사일에 일식이 있었다.'라고 한 것이 그것이다. 이것은 군주의 행실이 포악하고 가혹하여 〈신하가〉 겉으로 두려움을 드러낸 것을 상징한 것이다. 그러므로 해의 운행이 빠르고 달의 운행이 느려서 초하루를 넘긴 뒤에 일식이 있었으니, 앞에서 초하루를 놓친 것이다.

【傳】 失之後者는 朔在後也라

뒤에서 놓쳤다는 것은 초하루가 뒤에 있다는 것이다.

【注】 謂晦日食하니 莊公十八年三月日有食之가 是也라 此는 象君行(儒)〔懦〕[1]弱하여 見陵이라 故日行遲하고 月行疾하여 未至朔而食하니 失正朔於後也라 不言月食〔之〕[2]者는 其形不可得而覩也라 故疑言(日)〔曰〕[3]有食之라 孔子曰多聞闕疑하고 愼言其餘면 則

寡尤[4)]라하니 不傳天下異者는 從王(錄內)〔內錄〕[5)]可知也라

1) (儒)〔懦〕: 저본에는 '儒'로 되어 있으나, 阮元의 〈校勘記〉에 의거하여 '懦'로 바로잡았다.
2) 〔之〕: 저본에는 '之'가 없으나, 阮元의 〈校勘記〉에 의거하여 보충하였다.
3) (日)〔曰〕: 저본에는 '日'로 되어 있으나, 阮元의 〈校勘記〉에 의거하여 '曰'로 바로잡았다.
4) 孔子曰……則寡尤 : ≪論語≫ 〈爲政〉에 보인다.
5) (錄內)〔內錄〕: 저본에는 '錄內'로 되어 있으나, 阮元의 〈校勘記〉에 의거하여 '內錄'으로 바로잡았다.

이것은 그믐날에 일식이 있었음을 말하니, 莊公 18년 經文에 "3월에 일식이 있었다."라고 한 것이 그것이다. 이것은 군주의 행실이 나약하여 능멸당하는 것을 상징한 것이다. 그러므로 해의 운행이 느리고 달의 운행이 빨라서 초하루가 되기 전에 일식이 있었으니, 뒤에서 초하루를 놓친 것이다. '月食'이라고 말하지 않은 것은 그 형태를 볼 수 없기 때문이다. 그래서 주저하며 '食이 있었다.〔有食之〕'라고 말한 것이다. 공자께서 "많이 듣고서 의심스러운 것은 제쳐두고 그 나머지를 신중하게 말하면 허물이 적을 것이다."라고 하였다. 이곳에 '천하를 위해 이변을 기록한다.〔天下異〕'는 傳文이 없는 것은 內國(魯나라)을 王으로 여기는 관점에 따라 기록한 것임을 알 수 있다.

【疏】 注'不傳'至'可知也' ○ 解云 : 正以僖十四年"沙鹿崩", 成五年"梁山崩", 傳皆云"何以書. 記異也. 外異不書. 此何以書. 爲天下記異也", 今無此傳, 故須解之也. 彼不從王內錄者, 以其皆在晉竟內故也.

注의 〔不傳〕에서 〔可知也〕까지

○ 解云 : 바로 僖公 14년 經文에 "沙鹿이 무너졌다."라고 하고, 成公 5년 經文에 "梁山이 무너졌다."라고 한 데 대해 그 傳에서 모두 "왜 기록하였는가? 이변을 기록한 것이다. 외국의 이변은 기록하지 않는데 여기서는 왜 기록하였는가? 천하를 위해 이변을 기록한 것이다."라고 하였는데, 지금 이곳 傳에는 이 말이 없으므로 그 이유를 해석할 필요가 있었다. 저곳(희공 14년과 성공 5년)의 傳에서 內國을 王으로 간주하는 관점에 따라 기록하지 않은 것은, 그곳이 모두 晉나라 境內에 있었기 때문이다.

三月庚戌에 天王崩하다

3월 경술일에 天王이 崩하였다.

【注】 平王也라

〈周나라〉 平王이다.

【傳】 何以不書葬가

왜 장사지낸 것을 기록하지 않았는가?

【注】 据書葬桓王이라

桓王을 장사지낸 것을 기록한 것에 의거한 것이다.

【疏】 注'平王也' ○ 解云 : 知者, 以本紀當之故也.[1]

1) 知者 以本紀當之故也 : ≪史記≫ 〈周本紀〉에 "平王 49년에 魯나라 隱公이 즉위하였다. 평왕 51년에 평왕이 세상을 떠났다.〔四十九年 魯隱公卽位 五十一年 平王崩〕"라는 기록이 있다. 평왕 51년은 노나라 은공 3년이다.

注의 〔平王也〕

○ 解云 : 〈平王임을〉 안 것은 ≪史記≫ 〈周本紀〉의 기록이 여기에 해당하기 때문이다.

【疏】 ○ 注'据書葬桓王' ○ 解云 : 卽莊三年"五月, 葬桓王[1]", 是也.

1) 桓王 : 平王의 손자이다. ≪史記≫ 〈周本紀〉에 "〈평왕의〉 太子 泄父가 요절하였으므로 그 아들 林이 즉위하니, 이 사람이 바로 桓王이다. 환왕은 평왕의 손자이다.〔太子泄父蚤死 立其子林 是爲桓王 桓王 平王孫也〕"라고 하였다.

○ 注의 〔据書葬桓王〕

○ 解云 : 바로 莊公 3년 經文에 "5월에 桓王을 장사지냈다.〔五月葬桓王〕"라고 한 것이 그것이다.

【傳】天子記崩하고 **不記葬**은 **必其時也**[1)]라

1) 必其時也 : ≪禮記≫ 〈王制〉에 "天子가 崩한 지 7일에 殯하여 7개월에 장사지내고, 諸侯는 薨한 지 5일에 殯하여 5개월에 장사지내고, 大夫·士·庶人은 죽은 지 3일에 殯하여 3개월에 장사지낸다. 삼년상은 천자에서부터 〈그 이하가〉 모두 똑같다.〔天子七日而殯 七月而葬 諸侯五日而殯 五月而葬 大夫士庶人三日而殯 三月而葬 三年之喪 自天子達〕"라는 내용이 있다. 참고로 殯은 殯禮로, 시신을 관에 넣어서 매장할 때까지 殯宮에 안치하는 것을 말한다.

天子에 대해 崩한 것을 기록하고 장사지낸 것을 기록하지 않는 것은 반드시 〈장사지내는 정해진〉 기한이 있기 때문이다.

【注】至尊無所屈也[1)]라

1) 至尊無所屈也 : ≪白虎通義≫ 권下 〈喪服〉에 "제후는 親喪을 당했더라도 천자가 崩했다는 소식을 들으면 奔喪하는 것은 무엇 때문인가? 자신을 굽히고 친애해야 할 사람을 친애하는 것이니, 존귀한 사람을 존중하는 의리와 같다.〔諸侯有親喪 聞天子崩 奔喪者何 屈己親親 猶尊尊之義也〕"라는 내용이 참고가 된다.

〈천자는〉 至尊이므로 굽히는 바가 없다.

【傳】諸侯記卒記葬은 **有天子存**하여

제후에 대해 죽은 것을 기록하고 장사지낸 것을 기록하는 것은 천자가 존재하여,

【注】存은 **在**라

'存'은 '在(존재하다)'의 뜻이다.

【傳】不得必其時也라

반드시 〈장사지내는 정해진〉 기한을 지키지 못할 수가 있기 때문이다.

【注】設有王后[1)]**崩**이면 **當越紼**[2)]**而奔喪**하니 **不得必其時**라 **故恩錄之**라

1) 王后 : 徐彦은 疏에서 皇后의 뜻으로 풀이하였는데, 王과 后 곧 천자와 황후의 뜻으로

보는 설이 있으며, 또 王后를 天子의 뜻으로 보는 설도 있다.

2) 越紼 : 상엿줄을 넘어간다는 뜻으로, 원래는 親喪을 당하여 喪期가 끝나지 않은 경우라도 天地와 社稷에 대한 典禮에는 참석한다는 의미이다. 여기서는 제후가 친상을 당한 경우라도 王后의 상에는 참석한다는 의미로 쓰였다. ≪禮記≫ 〈王制〉에 "상중에는 3년 동안 〈宗廟에〉 제사하지 않고 오직 천지와 사직의 신에게만 제사하니, 상엿줄을 넘어가서 제사를 행한다.〔喪三年不祭 唯祭天地社稷 爲越紼而行事〕"라고 하였다. 또 鄭玄은 注에서 장사를 지내기 전에는 항상 상여에 당김줄을 묶어 두어서 화재에 대비했다고 하였다.

만약 王后(皇后)의 崩이 있다면 마땅히 越紼하여 奔喪해야 하므로 반드시 〈장사지내는 정해진〉 기한을 지키지 못할 수가 있다. 그러므로 은정을 드러내어 이를 기록한 것이다.

【疏】 注'設有'至'奔喪' ○ 解云 : 何氏以意言之. 不言天子崩者, 擧輕以明重故也.

注의 〔設有〕에서 〔奔喪〕까지

○ 解云 : 何休는 〈기한을 지키지 못할 수도 있다는〉 의미로써 말하였다. '천자의 崩이 있다면'이라고 말하지 않은 것은 가벼운 경우를 들어 무거운 경우를 밝혔기 때문이다.

【傳】 曷爲或言崩하고 或言薨가 天子曰崩이요

왜 혹은 '崩'이라고 말하고 혹은 '薨'이라고 말하는가? 천자〈의 죽음〉에 대해서는 '崩'이라고 하고,

【注】 大毁壞之辭라

〈崩은〉 큰 것이 무너졌다는 말이다.

【傳】 諸侯曰薨이요

諸侯〈의 죽음〉에 대해서는 '薨'이라고 하며,

【注】 小毁壞之辭라

〈薨은〉 작은 것이 무너졌다는 말이다.

【傳】大夫曰卒이요

大夫〈의 죽음〉에 대해서는 '卒'이라고 하며,

【注】卒은 猶終也라

'卒'은 '終(끝나다)'과 같다.

【傳】士曰不祿이라

士〈의 죽음〉에 대해서는 '不祿'이라고 한다.

【注】不(錄)〔祿〕은 無(錄)〔祿〕也[1)]라 皆所以別尊卑也라 葬不別者는 從恩殺(쇄)略也라 書崩者는 爲天下恩痛王者也요 記諸侯卒葬者는 王者亦當加之以恩禮라 故爲恩錄이라

1) 不(錄)〔祿〕無(錄)〔祿〕也 : 저본에는 두 곳 모두 '錄'으로 되어 있으나, 阮元의 〈校勘記〉에 의거하여 두 '錄'을 모두 '祿'으로 바로잡았다. '無祿'은 '不善' 또는 '無福'의 뜻인데, 죽음을 의미한다. 淸나라 郝懿行의 ≪爾雅義疏≫에 "'不祿'은 '不祥'이라는 말과 같으니, '祥'과 '祿'은 모두 '善'의 뜻이다. ≪廣雅≫에 '祿은 善이다.'라고 하였다. '不祿'은 곧 '不善'이니, 凶禍를 당한 것을 말한다. '祿'은 또 '福'의 뜻이니, '無祿'은 '無福'이라는 말과 같으며, 또한 死喪을 당한 것을 말한다.〔不祿猶言不祥 祥祿皆訓善 廣雅云祿善也 不祿卽不善 謂遭兇禍也 祿又福也 無祿猶言無福 亦謂遭死喪也〕"라고 하였다.

'不祿'은 '無祿'의 뜻이다. 〈이렇게 명칭을 구별하는 것은〉 모두 尊卑를 구별하기 위함이다. 장사지내는 것에 대해서는 〈명칭을〉 구별하지 않는 것은 〈죽은 뒤 시간이 지나면〉 은정이 줄어드는 것을 따라서 생략한 것이다. '崩'이라고 기록하는 것은 천하 사람을 위해 王者에게 은정을 드러내며 애통해하는 것이고, 제후에 대해 죽음과 장사지낸 것을 기록하는 것은 王者 또한 마땅히 恩禮를 더 후하게 해야 하므로 〈제후에게〉 은정을 드러내기 위해 기록하는 것이다.

夏四月辛卯에 尹氏卒하다

여름 4월 신묘일에 尹氏가 卒하였다.

【傳】 尹氏者何아 天子之大夫也라

尹氏는 누구인가? 천자의 대부이다.

【注】 以尹氏立王子朝也라 ○ 尹氏는 左氏作君氏[1)]라

1) 左氏作君氏 : 이 문구는 何休의 注는 아니고 제삼자의 말을 첨부한 것으로 보인다. 君氏는 제후의 측실 부인을 뜻하는 말인데, ≪春秋左氏傳≫에서는 隱公의 모친을 지칭하였다. ≪춘추좌씨전≫ 은공 3년에 "여름에 君氏가 卒하였으니, 聲子이다. 제후에게 赴告하지 않고, 正寢에 反哭하지 않고, 姑廟에 祔祭하지 않았기 때문에 '薨'이라 하지 않았고, 夫人이라 칭하지 않았기 때문에 장사지낸 것을 말하지 않았고, 姓을 기록하지 않았다. 그러나 은공의 어머니이기 때문에 君氏라고 칭한 것이다.〔夏君氏卒 聲子也 不赴于諸侯 不反哭于寢 不祔于姑 故不曰薨 不稱夫人 故不言葬 不書姓 爲公故曰君氏〕"라는 내용이 보인다. 그러나 葉夢得(宋)의 ≪葉氏春秋傳≫, 王樵(明)의 ≪春秋輯傳≫, 楊于庭(明)의 ≪春秋質疑≫에는 모두 ≪春秋左氏傳≫의 기록은 틀렸다고 하였다.

〈천자의 대부라고 한 것은〉 尹氏가 王子 朝를 〈周나라 천자로〉 세웠기 때문이다.
○ '尹氏'가 ≪春秋左氏傳≫에는 '君氏'로 되어 있다.

【疏】 '尹氏者何' ○ 解云 : 欲言諸侯, 不言國爵, 欲言外臣, 而書其卒, 欲言內臣, 內無尹氏, 故執不知問.

傳의 〔尹氏者何〕

○ 解云 : 제후라고 말하자니 나라와 작위를 말하지 않았고, 외국의 신하라고 말하자니 그의 죽음을 기록하였고, 內國의 신하라고 말하자니 내국에 尹氏가 없기 때문에, 미심쩍은 점을 가지고 물은 것이다.

【疏】 ○ 注'以尹氏立王子朝也'者 ○ 解云 : 在昭二十三年.

○ 注의 〔以尹氏立王子朝也〕

○ 解云 : 이 내용은 昭公 23년 經文에 있다.

【傳】 其稱尹氏何아

尹氏라고 칭한 것은 무엇 때문인가?

【注】据宰渠氏官하고 劉卷卒名이라

'宰渠'라고 하여 관직을 姓氏로 삼았고, "劉卷이 卒하였다."고 하여 이름을 〈기록한 것에〉 의거한 것이다.

【疏】注'据宰渠氏官'者 ○ 解云 : 卽桓四年"夏, 天王使宰渠伯糾[1]來聘"是.

1) 宰渠伯糾 : 宰는 관명이고 渠는 성씨이고 伯糾는 이름이다.

注의 〔据宰渠氏官〕

○ 解云 : 곧 桓公 4년 經文에 "여름에 天王이 宰渠伯糾를 파견하여 빙문하였다."는 것이 그것이다.

【疏】〔○〕[1] 注'劉卷卒名'者 ○ 解云 : 在定四年秋.

1) 〔○〕 : 저본에는 '○'이 없으나, 저본의 체제에 의거하여 보충하였다.

○ 注의 〔劉卷卒名〕

○ 解云 : 이 내용은 定公 4년 가을 經文에 있다.

【傳】貶이라 曷爲貶가

폄하한 것이다. 왜 폄하하였는가?

【注】据俱卒也라

모두 卒했다는 〈기사가 있는〉 것에 의거한 것이다.

【疏】注'据俱卒也' ○ 解云 : 据劉卷言之.

注의 〔据俱卒也〕

○ 解云 : 劉卷은 〈卒했을 때 이름을 기록한 것에〉 의거해 말한 것이다.

【傳】譏世卿이니

世卿(대를 이어 卿을 세습함)을 비판한 것이니,

【注】世卿者는 父死子繼也라 貶去名(者)〔言〕氏者는 起其世也[1)]니 若曰世世尹氏也라

1) 貶去名(者)〔言〕氏者起其世也 : 저본에는 원문이 '貶去名者氏者起其世也'로 되어 있는데, 阮元의 〈校勘記〉에 의거하면 뒤의 '者'를 '言'으로 교감하여 원문이 '貶去名者氏 言起其世也'가 된다. 한편 四部叢刊本에는 앞의 '者'가 '言'으로 되어, 원문이 '貶去名言氏者 起其世也'로 되어 있다. 문맥으로 볼 때 四部叢刊本의 원문이 옳은 것으로 판단되므로, 이에 따라 저본을 교감하고 번역하였다.

'世卿'은 아버지가 죽고 아들이 그 뒤를 잇는 것이다. 폄하하여 이름을 없애고 성씨만 말한 것은 尹氏가 대를 이어 〈경을 세습함을〉 보여준 것이니, '대를 이어가며 윤씨를 卿으로 삼았다.〔世世尹氏〕'라는 말과 같다.

【傳】世卿은 非禮也라

世卿은 禮가 아니다.

【注】禮에 公卿大夫士는 皆選賢而用之라 卿大夫는 任重職大하니 不當世라 爲其秉政久하고 恩德廣大하니 小人居之면 必奪君之威權[1)]이라 故尹氏世하여 立王子朝하고 齊崔氏世하여 弑其君光[2)]하니 君子疾其末則正其本이라 見(현)譏於卒者는 亦不可造次無故驅逐하니 必因其(遇)〔過〕[3)]卒絶之라 明君은 案見勞授償하니 則衆譽不能進無功하고 案見惡行誅하니 則衆讒不能退無罪[4)]라

1) 卿大夫……必奪君之威權 : ≪白虎通義≫ 권上 〈封公侯〉에 "대부가 지위를 세습하지 않는 것은 무엇 때문인가? 〈대부는 군주가〉 팔다리처럼 믿고 중히 여기는 신하로서 정사를 맡은 자이다. 권력을 멋대로 부리면 국가를 뒤집어엎을 수 있기 때문에……대대로 세습하지 않는다.〔大夫不世位何 股肱之臣 任事者也 爲其專權擅勢 傾覆國家……故不世世〕"라는 내용이 보인다.
2) 齊崔氏世 弑其君光 : 齊나라 崔氏는 大夫 崔杼를 말한다. 光은 제나라 莊公의 이름이다. 襄公 25년 經文에 "여름 5월 을해일에 제나라 최저가 그 군주 光을 시해하였다.〔夏五月乙亥 齊崔杼弑其君光〕"라는 내용이 있다. 최저는 대부 慶封과 함께 장공을 시해하고 景公을 세운 뒤 스스로 승상이 되었으며, 뒤에 경봉에게 죽임을 당하였다. ≪春秋左氏傳≫에 의하면, 장공이 최저의 처와 사통하자 최저가 원한을 품고 장공을 시해하였다고 한다.
3) (遇)〔過〕 : 저본에는 '遇'로 되어 있으나, 阮元의 〈校勘記〉에 의거하여 '過'로 바로잡았다.

4) 明君……則衆譏不能退無罪：≪論語≫〈衛靈公〉에 “많은 사람이 그를 미워하더라도 반드시 그에게 〈과연 미워할 만한 점이 있는지〉 살펴보고, 많은 사람이 그를 좋아하더라도 반드시 그에게 〈좋아할 만한 점이 있는지〉 살펴보아야 한다.〔衆惡之 必察焉 衆好之 必察焉〕”라는 내용이 있다. 또 ≪說苑≫〈君道〉에 “군주가 자기를 칭찬하는 말을 듣기 좋아하고 남을 참소하는 말을 싫어하지 않으며, 현능하지 않은 사람을 현능하다 여기고 선하지 않은 사람을 선하다 여기며, 충성스럽지 않은 사람을 충성스럽다 여기고 신의를 지키지 않는 사람을 신의가 있다고 여긴다.……이 때문에……충신은 비방을 받아서 죄 없이 죽고 간신은 칭찬으로 아부하여 공 없이 상을 받으니, 그런 나라는 위망을 당하게 된다.〔君好聽譽而不惡(오)讒也 以非賢爲賢 以非善爲善 以非忠爲忠 以非信爲信……是以……忠臣以誹死於無罪 邪臣以譽賞於無功 其國見於危亡〕”라는 내용이 있다.

禮에 의하면, 公·卿·大夫·士는 모두 현능한 사람을 뽑아서 등용해야 한다. 卿과 大夫는 임무가 막중하고 직임이 크니 마땅히 세습해서는 안 된다. 政事를 맡는 기간이 길고 〈베푸는〉 은덕이 광대하므로, 小人이 이 지위를 차지하면 반드시 군주의 위엄과 권세를 빼앗게 된다. 이 때문에 尹氏가 세습하여 王子 朝를 세웠고, 齊나라의 崔氏가 세습하여 그 군주 光을 시해하였으니, 君子가 그 〈일의〉 결말을 미워하여 곧 그 근본을 바로잡은 것이다.

卒했을 때에 비판을 드러내 보인 것은, 또한 잠시라도 아무 이유 없이 배척해서는 안 되므로 반드시 그 잘못을 통해서 卒했을 때 폄하하는 것이다. 현명한 군주는 功績을 자세히 살펴서 보상을 내리니 뭇사람의 칭찬이 공이 없는 자를 진출하게 할 수 없고, 惡行을 자세히 살펴서 誅罰을 행하니 뭇사람의 비방이 죄 없는 자를 물러나게 할 수 없다.

【疏】‘世卿非禮也’ ○ 解云：詩序云“古之仕者, 世祿也”, 於賢者言之也[1].

1) 詩序云……於賢者言之也：≪詩經≫〈小雅 皇皇者華〉의 〈毛詩序〉에 “옛날에 벼슬한 자들은 대대로 녹을 받았으니, 소인이 높은 지위에 있으면 참소하고 아첨하는 자들이 함께 등용되어 현자의 부류를 버리고 공신의 代를 끊게 되는 것이다.〔古之仕者世祿 小人在位 則讒諂幷進 棄賢者之類 絶功臣之世焉〕”라는 내용이 있다.

傳의 〔世卿非禮也〕

○ 解云：〈毛詩序〉에 “옛날에 벼슬한 자들은 대대로 녹을 받았다.”라고 한 것은 賢者에 대해 말한 것이다.

【疏】 ○ 注'齊崔'至'君光' ○ 解云 : 崔氏世者, 卽宣十年"齊崔氏出奔衛", 傳云"崔氏者何. 齊大夫也. 其稱崔氏何. 貶. 曷爲貶. 譏世卿. 世卿, 非禮也"者[1)]是也. 言弑其君光者, 在襄二十五年夏.

1) 傳云……非禮也者 : ≪春秋公羊傳≫에서는 '崔氏'라고 칭한 이유를 폄하하기 위한 것으로 이해하였다. 그런데 ≪春秋左氏傳≫에는 "經에 '崔氏'라고 기록하였으니 이는 〈出奔한 것이〉 그의 죄가 아니고 또 齊나라가 〈衛나라에〉 族으로 통고하고 이름으로 통고하지 않았기 때문이다.〔書曰崔氏 非其罪也 且告以族 不以名〕"라고 하여 崔杼가 도망간 것이 그의 죄 때문이 아닌 것으로 보았다. 또 ≪春秋穀梁傳≫에는 "氏는 온 家族을 데리고 도망간 것을 말할 때 쓰는 말이다.〔氏者擧族而出之之辭也〕"라고 하였다.

○ 注의 〔齊崔〕에서 〔君光〕까지

○ 解云 : '최씨가 세습했다.'는 것은 곧 宣公 10년 經文에 "齊나라 崔氏가 衛나라로 도망갔다."라고 한 것에 대해 그 傳에 "최씨는 누구인가? 제나라 대부이다. 최씨라고 칭한 것은 무엇 때문인가? 폄하한 것이다. 왜 폄하하였는가? 世卿을 비판한 것이다. 世卿은 禮가 아니다."라고 한 것이 그것이다. '그 군주 光을 시해하였다.'고 말한 것은 襄公 25년 여름 경문에 있다.

【疏】 ○ 注'君子疾其末' ○ 解云 : 卽襄二十五年與昭二十三年, 是也.[1)]

1) 襄二十五年與昭二十三年 是也 : 襄公 25년에 나오는 崔杼가 군주 光을 시해한 일과 昭公 23년에 나오는 尹氏가 王子 朝를 세운 일을 말한다.

○ 注의 〔君子疾其末〕

○ 解云 : 곧 襄公 25년과 昭公 23년의 일이 그것이다.

【疏】 ○ 注'則正其本'者 ○ 解云 : 卽此及宣十年, 是也.

○ 注의 〔則正其本〕

○ 解云 : 이곳 經文과 宣公 10년 〈傳의 내용이〉 그것이다.

【疏】 ○ 注'見譏'至'絶之' ○ 解云 : 必因過卒絶之者, 過卽"崔氏出奔衛", "尹氏立王子朝", 是也. 卒卽此文是也. 若然, "尹氏立王子朝"還言尹氏, 而"崔杼弑其君光"不復言崔氏者. 正以大夫弑君例稱其名故也.

○ 注의 〔見譏〕에서 〔絶之〕까지

○ 解云 : '반드시 그 잘못을 통해 卒했을 때 폄하한 것이다.'라는 것에서, '잘못'은 "齊나라 崔氏가 衛나라로 도망갔다.〔齊崔氏出奔衛〕"라고 한 것과 "尹氏가 王子 朝를 세웠다.〔尹氏立王子朝〕"라고 한 것이 그것이고, '卒했을 때'라는 것은 바로 이곳 經文이 그것이다. 그렇다면 "윤씨가 왕자 朝를 세웠다."라고 한 데서는 여전히 '尹氏'라고 말하였는데, "최저가 그 군주 光을 시해하였다.〔崔杼弑其君光〕"라고 한 데서는 다시 '崔氏'라고 말하지 않은 것은 〈무슨 이유인가?〉 바로 대부가 그 군주를 시해했을 때는 원칙적으로 그 이름을 칭하기 때문이다.

【疏】 ○ 注'明君'至'無功' ○ 解云 : 衆譽者, 若共工・鯀等迭相爲譽之類[1), 是也.

1) 若共工鯀等迭相爲譽之類 : 共工은 官名으로, 堯의 신하이다. 鯀은 堯와 舜의 신하이자 禹의 아버지이다. ≪書經≫ 〈堯典〉에, 요에게 신하 驩兜가 공공을 추천하자, 요가 "아, 너의 말이 옳지 않다. 조용히 있을 때는 말을 잘하나 등용하면 도를 어기고 외모만 공손하고 마음은 그렇지 않다.〔吁 靜言庸違 象恭滔天〕"라고 한 내용, 홍수가 범람하여 이를 다스릴 사람으로 모든 신하가 鯀을 추천하자, 요가 "아, 너의 말이 옳지 않다. 〈곤은〉 명령을 거역하며 사람들을 해친다.〔吁 咈哉 方命圮族〕"라고 한 내용이 보인다.

○ 注의 〔明君〕에서 〔無功〕까지

○ 解云 : '뭇사람의 칭찬'이라는 것은 共工과 鯀 등을 번갈아가며 서로 칭찬한 것과 같은 것들이 그 예이다.

【疏】 ○ 注'案見惡'至'無罪' ○ 解云 : 謂君有明德, 案見惡行誅, 則刑不濫也, 故雖衆讒亦不能退黜無罪之善人也. 舊云"言不能退無罪者, 謂不能退使無罪", 非也.

○ 注의 〔案見惡〕에서 〔無罪〕까지

○ 解云 : 군주에게 밝은 德이 있어서 악행을 자세히 살펴보고 誅伐을 행한다면 형벌이 남용되지 않으므로, 뭇사람의 비방이 또한 죄 없는 善人을 물러나게 할 수 없다는 말이다. 이전에 전해오는 말에 "〈注의〉 '不能退無罪'는 퇴출시켜 죄가 없게 할 수 없다는 말이다."라고 하였는데, 이는 틀린 것이다.

【傳】 外大夫不卒이니 此何以卒가

외국의 대부는 卒한 것을 기록하지 않는데, 여기서는 왜 卒한 것을 기록하였는가?

【注】 据原仲不卒이라

原仲이 卒한 것을 기록하지 않은 것에 의거한 것이다.

【疏】 注'据原仲不卒' ○ 解云：卽莊二十七年"秋, 公子友如陳, 葬原仲", 而經不書原仲之卒, 是也.

注의 〔据原仲不卒〕

○ 解云：곧 莊公 27년 經文에 "가을에 公子 友가 陳나라에 가서 原仲을 장사지냈다."라고 하였는데, 경문에 원중이 卒한 것을 기록하지 않은 것이 그것이다.

【傳】 天王崩에 諸侯之主也라

天王(周 平王)이 崩했을 때 〈奔喪한〉 제후를 〈인도하는 禮를〉 주관했기 때문이다.

【注】 時天王崩에 魯隱往奔喪하니 尹氏主儐贊諸侯하여 與隱交接而卒이라 恩隆於王者면 則加禮錄之라 故爲隱恩錄痛之라 日者는 恩錄之니 明當有恩禮라

당시 천왕이 崩했을 때 노나라 隱公이 가서 奔喪하였는데, 尹氏가 제후를 인도하는 예를 주관하여 은공과 교분을 맺고 나서 卒하였다. 王者에게 입은 은혜가 성대하다면 〈일반적인〉 禮보다 후하게 하여 기록하므로, 은공을 위해 은정을 보여서 기록하고 애통해한 것이다. 날짜를 기록한 것은 은정을 보이기 위해 기록한 것이니, 마땅히 恩禮가 있어야 함을 밝힌 것이다.

【疏】 注'時天'至'恩禮' ○ 解云：魯隱奔喪而不書者, 蓋以得其常故也. 若遣大夫往則書之, 卽文九年"二月, 叔孫得臣如京師. 辛丑, 葬襄王", 是也. 彼傳云"王者不書葬, 此何以書. 不及時書, 過時書", 彼注云"重錄失時", "我有往者則書", 彼注云"謂使大夫往也, 惡文公不自往, 故書葬以起大夫(之會)〔會之〕[1)]", 是也.

1) (之會)〔會之〕：저본에는 '之會'로 되어 있으나, 阮元의 〈校勘記〉에 의거하여 '會之'로 바로잡았다.

注의 〔時天〕에서 〔恩禮〕까지

○ 解云 : 魯 隱公이 奔喪했는데 기록하지 않은 것은 대체로 일반적인 禮에 따랐기 때문일 것이다. 만약 大夫를 파견해 보낸 경우라면 기록하니, 곧 文公 9년 經文에 "2월에 叔孫得臣이 京師에 갔다. 신축일에 襄王을 장사지냈다."라고 한 것이 그것이다. 저곳(문공 9년)의 傳에 "王者에 대해서는 장사지낸 것을 기록하지 않는데 여기서는 왜 기록하였는가? 喪期에 미치지 않고 장사지냈을 때 기록하고, 상기를 넘겨 장사지냈을 때 기록한다."라고 한 데 대해 그 注에서 "상기를 놓친 것을 중히 여겨 기록하였다."라고 하였고, 傳에 "우리 魯나라에서 보낸 자가 있으면 기록한다."라고 한 데 대해 그 注에서 "대부를 보냈다는 말이니 문공이 직접 가지 않은 것을 비판한 것이다. 그러므로 장사지낸 것을 기록하여 대부가 會葬했음을 드러낸 것이다."라고 한 것이 그것이다.

【疏】 ○ 注'恩隆'至'錄之' ○ 解云 : 言隱公恩隆於王者, 則加禮錄其儐贊之人也.

○ 注의 〔恩隆〕에서 〔錄之〕까지

○ 解云 : 隱公이 王者에게 받은 은혜가 성대했기에 〈일반적인〉 禮보다 후하게 하여 그 〈奔喪한 제후를〉 인도한 사람을 기록했다는 말이다.

秋에 **武氏子來求賻**하다

가을에 武氏의 아들이 와서 賻儀를 요구하였다.

【傳】 武氏子者何아 **天子之大夫也**라 **其稱武氏子何**아

武氏의 아들은 누구인가? 天子의 大夫이다. 무씨의 아들이라고 칭한 것은 무엇 때문인가?

【注】 据宰渠氏官하며 仍叔不稱氏하며 尹氏不稱子라

'宰渠'라고 하여 관직을 姓氏로 삼았고, 仍叔에 대해서는 姓氏를 칭하지 않았고, 尹氏에 대해서는 아들이라고 칭하지 않은 것에 의거한 것이다.

【疏】 '武氏子者何' ○ 解云 : 欲言王臣, 不言王使, 欲言諸侯之臣, 文無繫國, 故執不知問.

傳의 〔武氏子者何〕

○ 解云 : 왕의 신하라고 말하자니 '王使(왕이 파견하다)'라고 말하지 않았고, 제후의 신하라고 말하자니 經文에 연결된 나라가 없기 때문에, 미심쩍은 점을 가지고 물은 것이다.

【疏】 ○ 注'据宰渠氏官'者 ○ 解云 : 卽桓四年"夏, 天王使宰渠伯糾來聘", 是也.

○ 注의 〔据宰渠氏官〕

○ 解云 : 곧 桓公 4년 經文에 "여름에 天王이 宰渠伯糾를 파견하여 빙문하였다."라고 한 것이 그것이다.

【疏】 ○ 注'仍叔不稱氏' ○ 解云 : 卽桓五年"天王使仍叔之子來聘", 是也.

○ 注의 〔仍叔不稱氏〕

○ 解云 : 곧 桓公 5년 經文에 "天王이 仍叔의 아들을 파견하여 빙문하였다."라고 한 것이 그것이다.

【傳】 譏라 何譏爾아 父卒하고 子未命也라

비판한 것이다. 왜 비판하였는가? 아버지가 卒하고 아들이 아직 정식으로 임명을 받지 못했기 때문이다.

【注】 時에 雖世大夫나 緣孝子之心하면 不忍便當父位라 故順古先試一年하여 乃命於宗廟라 武氏子는 父新死하여 未命이나 而便爲大夫하여 薄父子之恩이라 故稱氏言子하여 見(현)未命以譏之라

당시에 비록 大夫〈의 지위〉를 세습하기는 했지만 〈아버지를 여읜〉 孝子의 마음을 따른다면 차마 곧장 아버지의 지위를 감당하지 못하기 때문에, 옛날에 차례로 우선 1년 동안 시험해보고서 마침내 宗廟에서 정식으로 임명을 받았다. 武氏의 아들은 아버지가 막 죽어서 아직 정식으로 임명을 받지 못했는데도 곧바로 대부가 되어서 부자의 은정에 박하였다. 그러므로 '姓氏'를 칭하고 '아들〔子〕'이라고 말하여 정식으로 임명을 받지 못했음을 드러내어 비판한 것이다.

【疏】注'時雖世大夫' ○ 解云 : 知者, 正見尹氏之屬故也.

注의 〔時雖世大夫〕

○ 解云 : 〈당시에 대부의 지위를 세습했다는 것을〉 안 것은 바로 尹氏와 같은 경우에 드러나 있기 때문이다.

【疏】 ○ 注'緣孝'至'宗廟' ○ 解云 : 知如此者, 正以此經譏父卒子未命而便爲大夫故也.

○ 注의 〔緣孝〕에서 〔宗廟〕까지

○ 解云 : 이와 같은 〈사정을〉 알 수 있는 것은 바로 이곳 經文에서 아버지가 卒하고 아들이 아직 정식으로 임명을 받지 못했는데도 곧장 대부가 되었음을 비판했기 때문이다.

【傳】 何以不稱使아

왜 '使(파견하다)'를 칭하지 않았는가?

【注】 据南季稱使라

南季의 기사에서 '使'를 칭한 것에 의거한 것이다.

【疏】 注'据南季稱使' ○ 解云 : 卽下九年"春, 天王使南季來聘", 是也.

注의 〔据南季稱使〕

○ 解云 : 곧 아래 隱公 9년 經文에 "봄에 天王이 南季를 파견하여 聘問하였다."라고 한 것이 그것이다.

【傳】 當喪未君也라

〈천자의〉 상을 당하여 〈다음 왕이 정식으로〉 군왕이 되지 않았기 때문이다.

【注】 當喪은 謂天子也라 未君者는 未三年也라 未可居君位稱使也라 故絶正其義하니 與毛伯同이라

'상을 당하였다.'는 것은 천자에 대해 말한 것이다. '군왕이 되지 않았다.'는 것은 〈상을 당한 지〉 아직 3년이 지나지 않았다는 것이다. 아직 〈정식으로〉 군왕의 지위에서 '使'

를 칭할 수 없기 때문에 격을 낮추어 그 뜻을 바로잡은 것이니, 毛伯의 경우와 같다.

【疏】 注'未君'至'伯同' ○ 解云：卽文九年"春, 毛伯來求金", 傳云"何以不稱使. 當喪未君也. 踰年矣, 何以謂之未君", "以天子三年, 然後稱王", "緣民臣之心, 不可一日無君", 故踰年卽位, "緣孝子之心, (卽)〔則〕[1]三年不忍當", 是故三年乃稱王命使大夫矣.

1) (卽)〔則〕: 저본에는 '卽'으로 되어 있으나, 文公 9년 傳에 의거하여 '則'으로 바로잡았다.

注의 〔未君〕에서 〔伯同〕까지

○ 解云 : 곧 文公 9년 經文에 "봄에 毛伯이 와서 金을 요구하였다."라고 하였는데, 그 傳에 "왜 使를 칭하지 않았는가? 〈천자의〉 상을 당하여 아직 군왕이 되지 않았기 때문이다. 〈상을 당한 지〉 1년이 지났는데 왜 '아직 군왕이 되지 않았다'고 하는가?"라고 하고, 또 "천자는 3년이 지난 연후에 王이라 칭하기 때문이다."라고 하며, "백성과 신하의 마음을 따른다면 하루도 군왕이 없어서는 안 된다."라고 하였으니, 이 때문에 1년이 지나고 즉위하는 것이며, "효자의 마음을 따른다면 3년 동안 차마 〈군왕의 지위를〉 감당할 수 없다."고 하였으니, 이 때문에 3년이 지나고 난 뒤에야 마침내 왕명이라 칭하며 大夫를 파견하는 것이다.

【傳】 武氏子來求賻를 何以書아

武氏의 아들이 와서 賻儀를 요구한 것을 왜 기록하였는가?

【注】 不但言何以書者는 嫌(以)主覆問上所(以)說二事[1]하고 不問求賻라

1) 嫌(以)主覆問上所(以)說二事 : 저본에는 '嫌以主覆問上所以說二事'로 되어 있으나, 阮元의 〈校勘記〉에 의거하여 두 '以'를 衍文으로 처리하였다.

"왜 기록하였는가?"라고만 말하지 않은 것은 위에서 설명한 두 가지 일에 대해 재차 묻는 것에 주안점을 두고, 賻儀를 요구한 일은 묻지 않은 것으로 오해할까 염려해서이다.

【疏】 注'不但'至'求賻' ○ 解云 : 上二事者, 卽父卒子未命, 當喪未君, 是也. 嫌言父卒子未命何以書, 當喪未君何以書, 故須連言之. 注主爲求賻書也者, 嫌爲上二事書故也.

注의 〔不但〕에서 〔求賻〕까지

○ 解云 : 위의 두 가지 일이란 곧 '아버지가 卒하고 아들이 아직 정식으로 임명을 받지 못했기 때문이다.'라는 것과 '〈천자의〉 상을 당하여 〈다음 왕이 정식으로〉 군왕이 되지 않았기 때문이다.'라는 것이 그것이다. '아버지가 卒하고 아들이 아직 정식으로 임명을 받지 못했기 때문임을 왜 기록했는가?' 〈그리고〉 '〈천자의〉 상을 당하여 〈다음 왕이 정식으로〉 군왕이 되지 않았기 때문임을 왜 기록했는가?'라는 말로 오해할까 염려했기 때문에 반드시 〈'武氏子來求賻'를〉 연결 지어 말한 것이다. 注에서 賻儀를 요구한 것을 기록한 것에 주안점을 둔 것은 위의 두 가지 일을 기록한 것으로 오해할까 염려했기 때문이다.

【傳】 譏라 何譏爾아 喪事無求라 求賻는 非禮也니

비판한 것이다. 왜 비판했는가? 喪事에는 賻儀를 요구하지 말아야 하기 때문이다. 賻儀를 요구하는 것은 禮가 아니니

【注】 主爲求賻書也라 禮本爲有財者制라 有則送之하고 無則致哀而已니 不當求라 求則皇皇傷孝子之心이라

〈이 기사는〉 賻儀를 요구한 것을 기록한 것에 주안점을 두었다. 禮는 본래 재물이 있는 자를 위해 제정한 것이다. 〈재물이〉 있으면 보내고 없으면 깊이 슬퍼할 뿐, 〈喪事에〉 마땅히 부의를 요구해서는 안 된다. 요구하면 황망한 孝子의 마음을 상하게 할 우려가 있다.

【疏】 注'求則皇'至'子之心' ○ 解云 : 言制禮本意, 所以喪事無求者, 恐傷孝子之心故也. 何者, 正以孝子本意無心求矣.

注의 〔求則皇〕에서 〔子之心〕까지

○ 解云 : 禮를 제정한 본래의 뜻을 말하였다. 喪事에 〈賻儀를〉 요구하지 않는 이유는 孝子의 마음을 상하게 할까 염려되기 때문이다. 왜냐하면 바로 효자의 본심에는 〈부의를〉 요구할 마음이 없기 때문이다.

【傳】 蓋通于下라

〈이 예는〉 아랫사람에게도 모두 통용된다.

【注】云爾者는 嫌天子財多不當求나 下財少可求라 故明皆不當求之라

이렇게 말한 것은, 천자는 재물이 많으므로 마땅히 〈賻儀를〉 요구해서는 안 되지만 아랫사람은 재물이 적으므로 〈부의를〉 요구할 수 있다고 오해할까 염려해서이다. 그러므로 모두 마땅히 요구해서는 안 된다는 것을 밝힌 것이다.

【疏】'蓋通于下' ○ 解云：蓋, 詁爲皆, 若似蓋云歸哉[1]之類, 或者不受於師, 故疑之.

1) 蓋云歸哉：≪詩經≫ 〈小雅 黍苗〉에 "등짐 지고 손수레 끌기도 하며, 달구지 몰고 소도 잡아끌었지. 우리의 임무 이미 완성했으니, 모두 각자 집으로 돌아가야지.〔我任我輦 我車我牛 我行旣集 蓋云歸哉〕"라는 구절이 있다.

傳의 〔蓋通于下〕

○ 解云：'蓋'는 '皆(모두)'의 의미이니, '蓋云歸哉'와 같은 것이다. 혹자는 〈이 뜻을〉 스승에게 傳受받지 못했기 때문에 의심한다.

八月庚辰에 宋公和卒하다

8월 경진일에 宋公 和가 卒하였다.

【注】不言薨者는 春秋王魯하여 死當有王文이나 聖人之爲文辭孫順하여 不可言崩이라 故貶外言卒하니 所以褒內也라 宋稱公者는 殷後也라 王者封二王後[1]하니 地方百里하고 爵稱公하며 客待之而不臣也하니 詩云 有客宿宿有客信信[2]이 是也라

1) 王者封二王後：周 武王이 夏와 殷 두 왕조의 후예를 각각 杞와 宋나라에 봉해주었다는 뜻이다.

2) 有客宿宿有客信信：≪詩經≫ 〈周頌 有客〉의 내용으로, 周나라가 夏와 殷 두 왕조의 후예를 賓客으로 대우하였다는 것을 증명하기 위해 인용한 것이다. 이 시는 宋나라에 봉해진 殷의 후예인 微子가 천자를 알현하기 위해 도성에 들어왔을 때 주나라가 그를 각별히 환대한 것을 노래한 것이다.

〈諸侯인 宋公 和의 죽음에 대해〉 '薨'이라고 말하지 않은 것은, ≪春秋≫는 魯나라를 王의 나라로 간주하기에 〈노나라 군주의〉 죽음에 대해서 마땅히 '王'을 의미하는 표현이 있어야 하지만 聖人(孔子)의 文辭가 겸손하여 '崩'이라고 말하지 못했다. 그러므로 외국 〈군주의 죽음을〉 낮추어 '卒'이라고 하였으니, 內國(魯)을 높이는 방법이다. 宋나

라에 대해 '公'이라 칭한 것은 殷나라의 후예이기 때문이다. 王者가 두 왕의 후예를 봉해주었는데, 땅은 사방 백 리이고 작위는 '公'이라 칭하였으며, 賓客으로 대우하여 신하로 삼지 않았다. ≪詩經≫에 "빈객이 하룻밤을 머물러 자고, 빈객이 이틀 밤을 머물러 자네."라고 한 것이 그것이다.

【疏】注'故貶'至'內也' ○ 解云：魯得尊名, 不與外諸侯同文, 卽是尊魯爲王之義.

注의 〔故貶〕에서 〔內也〕까지

○ 解云 : 魯나라가 존귀한 이름을 얻었기에 다른 제후와 같은 표현을 쓰지 않으니, 바로 이것이 노나라를 높여 王으로 삼았다는 뜻이다.

冬十有二月에 齊侯鄭伯盟于石門하다

겨울 12월에 齊侯와 鄭伯이 石門에서 會盟하였다.

癸未에 葬宋繆(목)公[1]하다

1) 繆公 : ≪春秋左氏傳≫에는 '穆公'으로 기록되어 있다.

계미일에 宋 繆公을 장사지냈다.

【傳】葬者曷爲或日하고 或不日가 不及時而日은 渴葬也요

장사지낸 것에 대해 왜 혹은 날짜를 기록하고 혹은 날짜를 기록하지 않는 것인가? 喪期에 미치지 않고 장사지냈는데 날짜를 기록한 것은 장사를 서둘러 지냈기 때문이고,

【注】不及時는 不及五月也라 禮에 天子七月而葬하니 同軌[1]畢至하며 諸侯五月而葬하니 同盟至하며 大夫三月而葬하니 同位至하며 士踰月하니 外姻至라 孔子曰 葬於北方하고 北首는 三代之達禮也니 之幽之故也라하다 渴은 喩急也니 乙未葬齊孝公이 是也라

1) 同軌 : 車同軌의 약칭으로 천하의 수레바퀴의 간격이 동일하다는 뜻인데, 여기서는 천자의 통치력이 미치는 모든 지역의 제후를 말한다.

'喪期에 미치지 않았다'는 것은 5개월에 미치지 않은 것이다. 禮에 의하면, 천자는 7개월 만에 장사지내니 同軌가 모두 오고, 제후는 5개월 만에 장사지내니 同盟國이 오고, 대부는 3개월 만에 장사지내니 같은 지위에 있는 관원이 오고, 士는 달을 넘겨 장사지내니 인척이 온다. 孔子가 "북방에 장사지내고 머리를 북쪽에 두는 것은 三代의 공통된 예이니, 귀신 세계로 갔기 때문이다."라고 하였다. 渴은 '急(서두르다)'의 뜻이니, "을미일에 齊 孝公을 장사지냈다."라고 한 것이 그것이다.

【疏】 注'禮天子'至'姻至' ○ 解云：皆隱元年左傳文.

注의 〔禮天子〕에서 〔姻至〕까지

○ 解云：모두 隱公 원년 ≪春秋左氏傳≫에 나오는 내용이다.

【疏】 ○ 注'孔子'至'故也' ○ 解云：檀弓下篇文云. '孔子曰'之下無'禮'字[1].

1) 孔子曰之下無禮字：阮元의 〈校勘記〉에 "疏에서 '孔子曰 아래에 「禮」자가 없다.'라고 했으니, 그렇다면 注의 글에 원래 '禮'자가 있었을 것이다.〔疏本孔子曰之下無禮字 然則注文本有禮字也〕"라는 내용이 있다.

○ 注의 〔孔子〕에서 〔故也〕까지

○ 解云：≪禮記≫ 〈檀弓 下〉편에 나오는 내용이다. '孔子曰' 아래에 '禮'자가 없다.

【疏】 ○ 注'渴喩'至'是也' ○ 解云：即僖二十七年"六月庚寅, 齊侯昭卒. 八月乙未, 葬齊孝公", 是也. 而言渴葬者, 謂更無他事, 但孜孜於葬, 故不待五月矣.

○ 注의 〔渴喩〕에서 〔是也〕까지

○ 解云：곧 僖公 27년 經文에 "6월 경인일에 齊侯 昭가 卒하였다. 8월 을미일에 齊 孝公을 장사지냈다."라고 한 것이 그것이다. 〈이곳 경문에〉 '渴葬'이라고 말한 것은 다시 다른 일 없이 단지 장사지내는 것에만 부지런히 힘썼기 때문에 5개월이 되기를 기다리지 않았다는 말이다.

【傳】 不及時而不日은 慢葬也라

喪期에 미치지 않고 장사지냈는데 날짜를 기록하지 않은 것은 장사를 소홀히 지냈기 때문이다.

【注】慢葬은 不能以禮葬也니 八月葬蔡宣公이 是也라

'慢葬'은 禮에 따라 장사지내지 못한 것이니, "8월에 蔡 宣公을 장사지냈다."라고 한 것이 그것이다.

【疏】注'慢葬'至'葬也' ○ 解云：卽下八年"夏六月己亥, 蔡侯考父卒".

注의 〔慢葬〕에서 〔葬也〕까지

○ 解云 : 곧 아래 隱公 8년 經文에 "여름 6월 기해일에 蔡侯 考父가 卒하였다."〈라고 한 것이 그것이다.〉

【疏】○ 注'八月'至'是也' ○ 解云：言但自慢薄不依禮. 故不待五月也.

○ 注의 〔八月〕에서 〔是也〕까지

○ 解云 : 단지 스스로 〈장례를〉 소홀히 하여 禮를 따르지 않았기 때문에 5개월이 되기를 기다리지 않았다고 말한 것이다.

【傳】過時而日은 隱之也요

喪期를 넘겨 장사지냈는데 날짜를 기록한 것은 그 죽음을 애통해했기 때문이고,

【注】隱은 痛也라 痛賢君不得以時葬이니 丁亥葬齊桓公이 是也라

'隱'은 '痛(애통해하다)'의 뜻이다. 賢君을 喪期에 맞추어 장사지내지 못한 것을 애통해 한 것이니, "정해일에 齊 桓公을 장사지냈다."는 것이 그것이다.

【疏】注'隱痛'至'是也' ○ 解云：卽僖十七年冬十二月"乙亥, 齊侯小白卒", 十八年"秋八月丁亥, 葬齊桓公", 是也.

注의 〔隱痛〕에서 〔是也〕까지

○ 解云 : 곧 僖公 17년 겨울 12월 經文에 "을해일에 齊侯 小白이 卒하였다."라고 한 것과 18년 경문에 "가을 8월 정해일에 齊 桓公을 장사지냈다."라고 한 것이 그것이다.

【傳】過時而不日은 謂之不能葬也요

喪期를 넘겨 장사지냈는데 날짜를 기록하지 않은 것은 그것을 '장사를 제대로 지내지 못했다.'라고 한다.

【注】解緩不能以時葬하니 夏四月에 葬衛桓公이 是也라

해이하고 태만하여 제때 장사지내지 못한 것이니, "여름 4월에 衛나라 桓公을 장사지냈다."라고 한 것이 그것이다.

【疏】注'解緩'至'是也' ○ 解云：卽下四年二月"戊申, 衛州吁弑其君完", 至五年"夏四月, 葬衛桓公", 是也.

注의 〔解緩〕에서 〔是也〕까지

○ 解云：곧 아래 隱公 4년 2월 經文에 "무신일에 衛나라 州吁가 그 군주 完을 弑害하였다."라고 한 것과, 5년 경문에 이르러 "여름 4월에 衛 桓公을 장사지냈다."라고 한 것이 그것이다.

【傳】當時而不日은 正也요

喪期에 맞추어 장사지냈는데 날짜를 기록하지 않은 것은 올바르게 장사지낸 것이다.

【注】六月에 葬陳惠公이 是也라

"6월에 陳 惠公을 장사지냈다."라고 한 것이 그것이다.

【疏】注'六月'至'是也' ○ 解云：卽定四年"二月癸巳, 陳侯吳卒", "六月, 葬陳惠公", 是也.

注의 〔六月〕에서 〔是也〕까지

○ 解云：곧 定公 4년 經文에 "2월 계사일에 陳侯 吳가 卒하였다."라고 한 것과, "6월에 陳 惠公을 장사지냈다."라고 한 것이 그것이다.

【傳】當時而日은 危不得葬也라 此當時에 何危爾아 宣公謂繆(목)公曰 以吾愛與夷면 則不若愛女요 以爲社稷宗廟主면 則與夷不若女니 盍終爲君矣아

喪期에 맞추어 장사지냈는데 날짜를 기록한 것은 위태로운 일이 있어서 장사를 제대로 지내지 못했기 때문이다. 이 당시에 무슨 위태로운 일이 있었는가? 宋 宣公이 〈임종할 때 아우〉 繆公에게 "내가 〈아들〉 與夷를 사랑하는 것으로 말하면 너를 사랑하는 것만 못하고, 社稷과 宗廟의 主人이 되는 것으로 말하면 여이가 너만 못하니, 어찌 〈네가〉 마침내 군주가 되지 않을 수 있겠느냐."라고 하였다.

【注】與夷者는 宣公之子요 繆公者는 宣公之弟라

與夷는 宣公의 아들이고, 繆公은 선공의 아우이다.

【疏】'當時'至'葬也' ○ 解云：卽此年八月"宋公和卒", 十二月"癸未, 葬宋繆公", 是也. 而注不言之者, 以下有問, 不注可知也.

傳의 〔當時〕에서 〔葬也〕까지

○ 解云：곧 이해 8월 經文에 "宋公 和가 卒하였다."라고 한 것과 12월 경문에 "계미일에 宋 繆公을 장사지냈다."라고 한 것이 그것이다. 注에서 이것을 말하지 않은 것은 바로 아래에 묻는 내용이 있어서 注를 내지 않아도 알 수 있기 때문이다.

【疏】○ '以吾'至'愛女' ○ 解云：若, 如也. 言吾愛於與夷, 則不止[1]如女而已, 言其甚也. 云以爲社稷宗廟主, 則與夷不若女者, 言不如女, 道其不賢. 云盍終爲君矣者, 何不遂爲君, 不聽其反讓.

1) 止：'至(이르다)'와 통용한다.

○ 傳의 〔以吾〕에서 〔愛女〕까지

○ 解云：'若'은 '如(같다)'의 뜻이다. '내가 〈아들〉 與夷에 대해 사랑하는 것이 너를 〈사랑하는〉 것과 같은 정도에는 이르지 못한다.'라는 말이니, 그 사랑이 깊다는 말이다. '社稷과 宗廟의 주인이 되는 것으로 말하면 여이가 너만 못하다.'라는 말은 그가 너만 못하다는 말이니, 〈여이가〉 현명하지 않다는 말이다. '어찌 〈네가〉 마침내 군주

가 되지 않을 수 있겠느냐.〔盍終爲君矣〕'라는 말은 어찌 결국 군주가 되지 않을 수 있겠느냐는 뜻으로, 그가 거부하고 사양하는 것을 받아들이지 않는다는 말이다.

【傳】宣公死하고 **繆公立**이라 **繆公逐其二子莊公馮與左師勃**하며

宣公이 죽고 繆公이 즉위하였다. 목공이 두 아들 莊公 馮과 左師 勃을 쫓아내며

【注】左師는 官이요 勃은 名也라

左師는 관직이고, 勃은 이름이다.

【傳】曰 爾爲吾子나 **生毋相見**하고 **死毋相哭**하라

말하기를 "너희는 나의 아들이지만 살아서는 서로 만나지 말고 〈내가〉 죽어도 곡하지 말라."라고 하였다.

【注】所以遠絶之라

멀리하고 인연을 끊기 위해서이다.

【傳】與夷復曰

與夷가 아뢰기를

【注】復은 報라

'復'은 '報(아뢰다)'의 뜻이다.

【傳】先君之所爲不與臣國而納國乎君者는 **以君可以爲社稷宗廟主也**라 **今君逐君之二子**하여 **而將致國乎與夷**하니 **此非先君之意也**라 **且使子而可逐**이면 **則先君其逐臣矣**리라하니 **繆公曰 先君之不爾逐**하니 **可知矣**라

"先君께서 臣(與夷)에게 나라를 주지 않고 君主께 나라를 주신 이유는 군주께서 사직과 종묘의 주인이 될 만해서입니다. 지금 군주께서 군주의 두 아들을 쫓아내고 장차 臣 與夷에게 나라를 전해주려 하시니, 이것은 선군의 뜻이 아닙니

다. 가령 아들을 쫓아내야 했다면 선군께서 臣을 쫓아내셨을 것입니다."라고 하니, 繆公이 "선군께서 너를 쫓아내지 않으셨으니 〈선군의 뜻을〉 알 수 있다.

【注】 爾는 女也라 可知者는 欲使我反國이라

'爾'는 '女(너)'의 뜻이다. '알 수 있다.'는 것은 〈선군이〉 나로 하여금 나라를 돌려주게 하려고 한 것을 〈알 수 있다는 말이다.〉

【傳】 吾立乎此는 攝也라하고

내가 이 자리에 즉위한 것은 〈잠시〉 攝政하기 위함이다."라고 하고

【注】 暫攝行君事니 不得傳與子也라 謙辭라

잠시 군주의 일을 攝行하는 것이니 〈자신의〉 아들에게 〈군주의 지위를〉 전해줄 수 없다는 말이다. 이는 謙辭이다.

【傳】 終致國乎與夷어늘 莊公馮弑與夷라

결국 與夷에게 나라를 물려주었는데, 莊公 馮이 여이를 시해하였다.

【注】 馮與督共弑殤公은 在桓二年이어늘 危之於此者는 死乃反國하니 非至賢之君이면 不能不爭也라

莊公 馮과 督(宋督)이 함께 殤公(與夷)을 시해한 것은 魯 桓公 2년의 일인데 여기에서 이 일을 위태롭다고 한 것은, 〈繆公이〉 죽고 나서 〈與夷에게〉 나라를 돌려주었으니 〈나라를 돌려받은 군주가〉 지극히 현명한 군주가 아니라면 〈군주의 자리를〉 다투지 않을 수 없기 때문이다.

【疏】 注'馮與'至'二年' ○ 解云 : 卽桓二年"春王正月戊申, 宋督弑其君與夷及其大夫孔父", 是也.

注의 〔馮與〕에서 〔二年〕까지

○ 解云 : 곧 桓公 2년 經文에 "봄 周나라 왕의 정월 무신일에 宋督이 그의 군주 與夷(殤公)를 시해하고 아울러 대부 孔父를 죽였다."라고 한 것이 그것이다.

【疏】 ○ 注'死乃'至'爭也' ○ 解云 : 至賢之君, 謂受國者. 正以與夷不賢, 故終見簒矣.

○ 注의 〔死乃〕에서 〔爭也〕까지

○ 解云 : '지극히 현명한 군주'는 '나라를 물려받은 자를 말한다. 바로 與夷가 현명하지 못했기 때문에 끝내 〈군주의 지위를〉 簒奪당하였다.

【傳】 故君子大居正이라

그러므로 군자는 正道를 따르는 것을 중시한다.

【注】 明脩法守正이 最計之要者라

법을 따르고 正道를 지키는 것이 가장 중요한 계책임을 밝힌 것이다.

【疏】 '故君子大居正' ○ 解云 : 言由是之故, 君子之人大其適子居正[1], 不勞違禮而讓庶也.

1) 居正 : 傳에서는 正道를 지킨다는 뜻이지만, 여기서는 제왕이 군주의 자리에 오른다는 뜻으로 이해하는 것이 옳을 것 같다.

傳의 〔故君子大居正〕

○ 解云 : 이런 까닭에 진정한 군자는 適子(嫡子)가 군주의 자리에 오르는 것을 중시하여 무리하게 禮를 어기고 庶子에게 〈나라를〉 양보하지 않는다는 것이다.

【傳】 宋之禍는 宣公爲之也라

宋나라의 화는 宣公이 만들었다.

【注】 言死而讓이 開爭原也라 繆公亦死而讓이나 得爲功者는 反正也라 外小惡不書나 錄渴隱者는 明諸侯卒이면 王者當加恩意하여 憂勞其國하니 所以哀死閔患也라

〈宣公이〉 죽으면서 〈繆公에게 나라를〉 양보한 것이 다툼의 근원을 연 것이라는 말이다. 繆公 또한 죽으면서 양보하였는데 功을 세웠다고 평가받는 것은 올바름으로 되돌렸기 때문이다. 외국의 작은 惡은 기록하지 않는데 〈여기에서〉 '渴(서둘러 장사지낸 것)'과 '隱(애통해한 것)'을 기록한 것은, 제후가 죽으면 王者는 마땅히 恩意를 더 후하게 하여 그 나라를 걱정해줘야 함을 밝힌 것이니, 죽은 이를 애도하고 우환을 가엾게

여기는 방법이다.

【疏】注'言死而'至'原也' ○ 解云：言後人見其死乃讓已，疑非誠心至意．是以還讓其子，終致後禍，故曰開爭原也．

注의 〔言死〕에서 〔原也〕까지

○ 解云：後人이 〈宣公이〉 죽으면서 마침내 자신의 〈자리를〉 양보한 것을 보고 진실한 마음과 지극한 뜻이 아닐 것으로 의심하였다. 그러므로 〈繆公이〉 다시 선공의 아들에게 〈자리를〉 양보하여 끝내 뒷날의 화를 불렀다는 말이다. 그러므로 "다툼의 근원을 열었다."라고 말한 것이다.

【疏】○ 注'繆公'至'反正也' ○ 解云：其繆公之功，卽桓二年馮弑君，是也.[1]

1) 其繆公之功……是也：繆公의 功은 형 宣公의 嫡子인 與夷를 그의 후임으로 앉힘으로써 예에 어긋난 일을 바로잡은 것에 국한하는 것이 옳을 것 같다. 그런데 그의 아들 馮이 殤公(與夷)을 시해한 것을 목공의 공이라고 하였으니, 얼핏 볼 때 논리에 맞지 않는다. 상공이 馮에게 시해를 당하기까지 10년 동안 재위한 일과 목공의 적자인 馮이 결국 군주로 앉게 된 일이 그의 공이었다는 뜻으로 이해할 수밖에 없을 것으로 보인다.

○ 注의 〔繆公〕에서 〔反正也〕까지

○ 解云：繆公의 功은 곧 桓公 2년에 莊公 馮이 군주(殤公)를 시해한 것이 그것이다.

【疏】○ 注'所以哀死閔患也' ○ 解云：哀死者，卽慢之屬，是也．閔患者，隱之，是也．

○ 注의 〔所以哀死閔患也〕

○ 解云：죽은 이를 애도한다는 것은 곧 '장사를 소홀히 지냈다.〔慢〕'는 것이 그것이다. 우환을 가엾게 여긴다는 것은 '애통해한다.〔隱之〕'는 것이 그것이다.

【隱公 4년(B.C. 719)】

四年이라 **春王二月**에 **莒人伐杞**하여 **取牟婁**하다

4년이다. 봄 周나라 왕 2월에 莒人이 杞나라를 공격하여 牟婁를 취하였다.

【傳】 牟婁者何아 杞之邑也라

牟婁는 무엇인가? 杞나라의 邑이다.

【注】 以上有伐杞라

위에서 '杞나라를 공격하였다.'는 말이 있기 때문이다.

【疏】 '牟婁者何' ○ 解云：外相取邑, 例所不書, 疑非凡取, 故執不知(周)〔問〕[1].

1) (周)〔問〕: 저본에는 '周'로 되어 있으나, 저본의 동일한 사례에 의거하여 '問'으로 바로잡았다.

傳의 〔牟婁者何〕

○ 解云 : 〈魯나라 이외의〉 다른 나라가 서로 邑을 취한 것은 원칙적으로 기록하지 않는데 〈여기에 기록했으므로〉 일반적인 경우와 다르게 취한 것이 아닌가 의심되었기에 미심쩍은 점을 가지고 물은 것이다.

【傳】 外取邑不書나 此何以書아

〈經文에는 魯나라 이외의〉 다른 나라가 邑을 취한 것은 기록하지 않는데, 여기서는 왜 기록하였는가?

【注】 据楚子伐宋取彭城不書라

〈成公 18년 經文에〉 "楚子와 〈鄭伯이〉 宋나라를 공격하였다."라고만 되어 있고 彭城을 취한 것을 기록하지 않은 것에 의거한 것이다.

【疏】 注'据楚'至'不書' ○ 解云：卽襄元年傳曰"魚石走之楚, 楚爲之伐宋, 取彭城, 以封魚石"者, 是也.

注의 〔据楚〕에서 〔不書〕까지

○ 解云 : 곧 襄公 원년 傳에 "〈宋나라〉 魚石이 달아나 楚나라로 가자 초나라가 그를 위해 宋나라를 공격해 彭城을 취하여 어석을 封해주었다."라고 한 것이 그것이다.

【傳】疾始取邑也라

처음으로 다른 나라의 邑을 취한 것을 비판한 것이다.

【注】外小惡不書나 以外見疾始는 著取邑以自廣大가 比於貪利差爲重이라 故先治之也라 內取邑常書나 外但疾始하고 不常書者는 義與上逆女同이라 不傳託始者는 前此有滅하여 不嫌無取邑하여 當託始明이라 故省(생)文也라 取邑例時라

외국의 작은 惡은 일반적으로 기록하지 않는데 외국의 일을 가지고 처음으로 〈다른 나라의 읍을 취한 것에 대해〉 비판함을 보여준 것은, 읍을 취하여 스스로 〈영토를〉 넓히는 것이 이익을 탐하는 것과 비교해 조금 더 중대한 것이므로 먼저 이를 다스린다는 것을 드러낸 것이다. 內國이 읍을 취한 것은 항상 기록하지만 외국에 대해서는 다만 처음 읍을 취한 것만 비판하고 항상 기록하지는 않은 것은, 그 뜻이 앞에서 여자를 영접한 〈것을 항상 기록하지는 않은〉 경우와 같다. 〈이곳〉 傳에서 '託始(처음이라고 가탁하다)'라고 말하지 않은 것은 이때 이전에도 〈다른 나라의 읍을〉 멸망시킨 일이 있어서 〈이때 이전에〉 읍을 취한 일이 없지 않았을까 의심할 필요가 없어 당연히 처음이라고 가탁할 것이 분명하므로 생략한 것이다. 읍을 취했을 때는 원칙적으로 계절〔時〕을 기록한다.

【疏】注'內取邑常書'者 ○ 解云 : 卽下十年取郜·防[1], 昭三十二年取闞[2]之屬, 是也.

1) 十年取郜防 : 隱公 10년 經文에 "6월 임술일에 은공이 宋나라 군대를 菅에서 패배시키고, 신미일에 〈송나라의〉 郜邑을 취했으며, 신사일에 防邑을 취하였다.〔六月壬戌 公敗宋師于菅 辛未取郜 辛巳取防〕"라는 내용이 있다.
2) 昭三十二年取闞 : 昭公 32년 經文에 "32년 봄 周나라 王 정월에 昭公이 乾侯에 있었다. 이때 闞을 취하였다.〔三十有二年春王正月 公在乾侯 取闞〕"라는 내용이 있다.

注의 〔內取邑常書〕

○ 解云 : 곧 아래 隱公 10년 經文에 郜邑과 防邑을 취한 일과 昭公 32년 경문에 보이는 闞邑을 취한 일 등이 그것이다.

【疏】○ 注'義與上逆女同' ○ 解云 : 卽上注云"內逆女常書, 外逆女但疾始不常書者, 明當先自正, 躬自厚而薄責於人, 故略外", 是也.

○ 注의 〔義與上逆女同〕

○ 解云 : 곧 앞의 〈隱公 2년〉 注에 "內國(魯나라)이 여자를 영접한 것은 항상 기록하고, 외국이 여자를 영접한 것은 단지 그 처음을 비판하고 항상 기록하지는 않은 것은, 마땅히 먼저 자신을 바로잡아서 자신에 대한 책망을 많이 하고 남에 대한 책망을 적게 해야 함을 분명히 밝힌 것이기에, 외국의 일을 생략한 것이다."라고 한 것이 그것이다.

【疏】 ○ 注'(傳不)〔不傳〕[1]託始者' ○ 解云 : 何故不發傳云取邑昉於此乎. 前此矣. 前此, 則曷爲始於此. 託始焉爾. 曷爲託始焉爾. 春秋之始也. 凡不託始之義有四, 一則見其經而不託始, 卽上二年彼注云"据戰伐不言託始, 納幣不託始之類", 是也. 二則其大惡不可託始, 卽五年"初獻六羽"之下, 傳云"始僭諸公昉於此乎. 前此矣. 前此, 則曷爲始於此. 僭諸公猶可言, 僭天子不可言", 彼注云"傳云爾者, 解不託始也". 三則省(생)文, 不假託始, 卽此是也. 四則無可託始, 卽桓七年"焚咸丘"之下, 注云"傳不託始者, 前此未有, 無所託也", 是也.

1) (傳不)〔不傳〕: 저본에는 '傳不'로 되어 있으나, 앞의 注 '傳不託始者'에 의거하여 바로잡았다.

○ 注의 〔不傳託始者〕

○ 解云 : 무엇 때문에 傳에서 '읍을 취한 것이 이때 처음 시작되었나? 이때 이전에도 있었다. 이때 이전에도 있었다면 왜 이때 처음 시작되었다고 하였는가? 이것에 처음이라고 假託한 것일 뿐이다. 왜 이것에 처음이라고 가탁한 것인가? ≪춘추≫ 기록의 시작이기 때문이다.'라는 말을 드러내지 않았는가?

일반적으로 처음이라고 가탁하지 않는 경우는 네 가지가 있다. 첫째, 經文에 보여도 처음이라고 가탁하지 않는 경우이다. 곧 앞의 隱公 2년 注에 "'戰'과 '伐'에 대해서는 〈傳에서〉 '처음이라고 가탁했다.'라고 말하지 않은 것에 의거한 것이다." "納幣에 대해서는 〈傳에서〉 처음이라고 가탁하지 않는 것에 의거한 것이다."라고 한 것 등이 그것이다. 둘째, 큰 악행은 처음이라고 가탁할 수 없는 경우이다. 곧 은공 5년 經文에 "처음으로 六羽를 올렸다."라고 한 곳의 아래 傳에 "처음으로 諸公의 禮를 참람하게 사용한 것이 이때 시작되었나? 이때 이전에도 있었다. 이때 이전에도 있었다면 왜 이때 시작되었다고 했는가? 제공의 예를 참람하게 사용한 것은 그래도 말할 수 있지만 天子의 예를 참람하게 사용하는 것은 말할 수 없어서이다."라고 하고, 그 注에 "傳에서 이렇게 말한 것은 '처음이라고 가탁한 것이다.'라고 말하지 못한 것을 해설한 것이다."〈라고 한 것이 그것이다.〉 셋째, 생략한 경우이다. 처음이라고 가탁할 필요가 없는 것이니 바로 이곳의 경문이 그것이다. 넷째, 처음이라고 가탁할 만한 것이 없는 경우이다. 곧 桓公 7년 經文에 "咸丘를 불태웠다."라고 한 곳의 아래 注에 "傳에서 처음이라고 가탁하지 않은 것은 이때 이전에는 〈이런 일이〉 없어서 가탁할 것이 없어서이다."라고 한 것이 그것이다.

【疏】 ○ 注'取邑例時' ○ 解云：卽下六年"冬, 宋人取長葛"之屬, 是. 然則"取牟婁"雖在月下, 不蒙上月也.

○ 注의 〔取邑例時〕

○ 解云 : 곧 아래 隱公 6년 경문에 "겨울에 宋나라 사람이 長葛을 취하였다."라고 한 것 등이 그것이다. 그렇다면 "牟婁를 취하였다."는 경문이 비록 달〔月〕의 아래에 기록되어 있지만 앞의 달과 연관이 없다.

戊申에 衛州吁弒其君完하다

무신일에 衛州吁가 그 군주 完을 시해하였다.

【傳】 曷爲以國氏아

왜 나라 이름을 성씨로 삼았는가?

【注】 据齊公子商人弒其君舍라하여 氏公子라

"齊나라 公子 商人이 그 군주 舍를 시해하였다."라고 한 데서 公子를 성씨로 삼은 것에 의거한 것이다.

【疏】 注'据齊'至'公子' ○ 解云：在文十四年秋也. 商人所以得稱公子者, 正以商人次正當立, 其罪差輕故也[1].

1) 正以商人次正當立 其罪差輕故也 : 公子 商人은 齊 桓公의 서자로, 昭公의 아들 舍를 즉위시켰다가 시해하고 자신이 즉위하여 懿公이 되었다. 환공은 정실부인에게서 아들

을 두지 못했고, 6명의 처첩에게서 낳은 公子들이 환공 사후에 치열한 권력투쟁을 벌이며 왕위에 올라 孝公(公子 昭)·昭公(公子 潘)·懿公(公子 商人)·惠公(公子 元)으로 이어졌다.

注의 〔据齊〕에서 〔公子〕까지

○ 解云 : 이 내용은 文公 14년 가을 經文에 있다. 商人이 公子라는 칭호를 얻은 이유는 바로 상인이 차례에 따라 정당하게 즉위해야 할 자라서 그 죄가 조금 가볍기 때문이다.

【傳】當國也라

〈州吁의 위치가〉 국왕과 대등했기 때문이다.

【注】與段同義라 日者는 從外赴辭니 以賊聞例라

段의 경우와 뜻이 같다. 날짜를 기록한 것은 국외에서 赴告가 왔다는 말이니, 逆賊이 있다고 알려온 例를 따른 것이다.

【疏】注'與段同義'者 ○ 解云 : 卽上元年注云"欲當國爲君[1], 故如其意, 使如國君, 氏上鄭, 所以見(현)段之凶逆", 是也.

1) 上元年注云 欲當國爲君 : 隱公 원년 注에는 '欲當國爲之君'으로 되어 있다.

注의 〔與段同義〕

○ 解云 : 곧 앞의 隱公 원년 注에 "〈段의 세력이〉 국왕과 대등하여 〈鄭나라의〉 군주가 되려고 했기 때문에 그 의도대로 국가의 군주인 것처럼 앞의 '鄭'을 氏로 삼았던 것이니, 이것은 段의 반역을 나타내기 위해서이다."라고 한 것이 그것이다.

【疏】○ 注'日者'至'聞例' ○ 解云 : 公羊之例, 合書則書, 不待赴告. 而言從外赴辭者, 謂其君被弑, 此君之臣卽以其日赴於天子諸侯, 望天子諸侯早來救已. 是以春秋悉皆書日, 故云日者, 從外赴辭也. 言以賊聞例者, 言以賊弑君, 聞於天子諸侯, 例日. 如此, 故下八年傳云"卒何以日而葬不日. 卒赴", 何氏云"赴天子也. 緣天子閔傷, 欲其知之", 義亦通乎此.

○ 注의 〔日者〕에서 〔聞例〕까지

○ 解云 : ≪春秋公羊傳≫의 격식을 보면 기록하는 것이 합당하면 기록하였고 赴告를 기다리지 않았다. '국외에서 부고가 왔다는 말이다.'라는 것은 그 군주가 시해당했음을 의미하니, 이것은 〈시해당한〉 군주의 신하가 즉시 그 날짜를 천자와 제후에게 부고하여 천자와 제후가 빨리 와서 자기 나라를 구해주기를 바란 것이다. 이 때문에 ≪春秋≫에서는 모두 날짜를 기록하였다. 그러므로 '날짜를 기록한 것은 국외에서 부고가 왔다는 말이다.'라고 한 것이다. '逆賊이 있다고 알려온 例를 따른 것이다.'라는 말은 역적이 군주를 시해했다는 것을 천자와 제후에게 알려왔을 때는 원칙적으로 날짜를 기록한다는 말이다. 이렇기 때문에 아래 隱公 8년 傳에 "왜 卒했을 때는 날짜를 기록하고, 장사지낼 때는 날짜를 기록하지 않았는가? 졸했을 때는 〈天子에게〉 부고하기 때문이다."라고 하였고, 何休의 注에 "〈제후가 졸하면〉 천자에게 부고한다. 천자는 〈臣子의 죽음을〉 가엾게 여기기 때문에 〈죽은 날짜를〉 알고자 하는 것이다."라고 하였으니, 그 뜻이 또한 이것과 통한다.

夏에 公及宋公遇于淸[1)]하다

1) 淸 : 衛나라의 지명이다. 지금의 山東 阿縣 남쪽에 있다.

여름에 隱公이 宋公(宋 殤公)과 淸에서 만났다.

【傳】 遇者何아 不期也니 一君出이라가 一君要之也라

'遇'는 무엇인가? 약속하지 않고 만난 것이니, 한 나라의 군주가 국경 밖으로 나갔다가 다른 한 나라의 군주가 요청해서 〈만난〉 것이다.

【注】 古者有遇禮라 爲朝天子若朝罷朝[1)]하여 卒相遇于塗하면 近者爲主하고 遠者爲賓하여 稱先君以相接[2)]하니 所以崇禮讓하고 絶慢易也라 當春秋時하여 出入無度하여 禍亂姦宄(궤)가 多在不虞하고 無故卒然相要하여 小人將以生心이라 故重而書之하니 所以防禍原也라 言及者는 起公要之하니 明非常遇也라 地者는 重錄之라 遇例時라

1) 爲朝天子若朝罷朝 : 隱公 7년 注에 "옛날에 제후가 〈천자에게 朝見하고〉 조현이 끝나면 聘問했던 것은 賢者를 사모하고 禮樂을 상고하여 법도를 통일하고 천자를 높였기 때문이다.〔古者諸侯朝罷朝聘 爲慕賢考禮 一法度 尊天子〕"라는 내용이 보인다. 聘問은 예를

갖추어 방문한다는 뜻이다.

2) 稱先君以相接 : 莊公 4년 傳에 "옛날에 제후들은 반드시 회합하는 일과 서로 朝見하고 聘問하는 제도가 있었는데, 말을 할 때 반드시 상대방 선대 군주의 〈훌륭한 점을〉 칭송하면서 서로 접근하였다.〔古者諸侯必有會聚之事 相朝聘之道 號辭必稱先君以相接〕"라는 내용이 보인다.

옛날에는 서로 만났을 때 〈행하는〉 예법이 있었다. 天子에게 朝見하고 만약 조현이 끝나고 聘問할 때 〈제후 간에〉 갑자기 서로 길에서 만나면 가까운 자가 主가 되고 먼 자가 賓이 되어 상대방 선대 군주의 〈훌륭한 점을〉 칭송하면서 서로 접근하였으니, 이는 양보하는 도리를 높이고 거만한 행위를 끊기 위함이었다. 춘추시대에는 출입에 법도가 없어서 禍亂과 나쁜 일이 뜻하지 않게 일어나는 경우가 많았고, 이유 없이 갑자기 서로 〈만나자고〉 요청하여 小人이 장차 다른 마음을 품으려고 하였기 때문에 엄중히 여겨 기록한 것이니, 화가 일어나는 근원을 막기 위함이었다. '及'이라고 말한 것은 隱公이 그에게 요청한 것임을 드러낸 것이니 통상적이지 않은 상황에서 만났음을 밝힌 것이다. 만난 지명을 기록한 것은 중하게 여겨 기록한 것이다. 우연히 만났을 때는 원칙적으로 계절〔時〕을 기록한다.

【疏】 '遇者何' ○ 解云 : 欲言冬見, 其文曰夏, 欲言會聚, 又不言會, 故執不知問.

傳의 〔遇者何〕

○ 解云 : 겨울에 만났다고 말하자니 경문에 '여름〔夏〕'이라고 하였고, 회합하였다고 말하자니 또 '會'라고 말하지 않았기 때문에 미심쩍은 점을 가지고 물은 것이다.

【疏】 ○ 注'言及者'至'遇也' ○ 解云 : 正以及者, 汲汲之文故也.[1] 其常遇者, 卽朝天子罷朝之時, 相遇于塗, 是也.

1) 正以及者 汲汲之文故也 : 隱公 원년 傳에 "'及'은 '汲汲'과 같은 뜻이고, '暨'는 '暨暨'와 같은 뜻이다. '及'은 내(魯나라)가 원한다는 뜻이고, 暨는 어쩔 수 없다는 뜻이다.〔及猶汲汲也 暨 猶暨暨也 及 我欲之 暨 不得已也〕"라고 한 것을 말한다.

○ 注의 〔言及者〕에서 〔遇也〕까지

○ 解云 : 바로 '及'이라는 것이 '汲汲(절박하게 원하다)'의 뜻이라고 한 〈傳의〉 내용이 있기 때문이다. '통상적인 상황에서 만나다〔常遇〕'라는 것은 곧 천자에게 조현하고 조현이 끝났을 때 서로 길에서 만나는 것이 그것이다.

【疏】 ○ 注'遇例時'者 ○ 解云：卽隱八年"春, 宋公衛侯遇于垂", 莊三十年"冬, 公及齊侯遇于魯濟[1)]", 及此之屬皆是. 而僖十四年"夏六月, 季姬及鄫子遇于防"[2)], 書月者, 彼注云"甚惡內", 是也.

1) 魯濟：濟水는 魯나라와 齊나라 경내를 거쳐 흐르는데, 노나라 쪽을 魯濟라 하고 제나라 쪽을 齊濟라고 한다.

2) 僖十四年……季姬及鄫子遇于防：季姬는 僖公의 딸인데 鄫子를 불러 자신에게 청혼하도록 시키기 위해 만난 것이다. 季姬는 鄫子에게 시집갔다.

○ 注의 〔遇例時〕

○ 解云：곧 隱公 8년 經文에 "봄에 宋公과 衛侯가 垂에서 만났다."라고 한 것과 莊公 30년 경문에 "겨울에 장공과 齊侯가 魯濟에서 만났다."라고 한 것 및 이곳 經文의 내용 등이 모두 그 예이다. 僖公 14년 경문에 "여름 6월에 季姬가 鄫子와 防에서 만났다."라고 하여 달〔月〕을 기록한 것에 대해 그 注에 "內國을 심히 비판한 것이다."라고 한 것이 그 예이다.

宋公陳侯蔡人衛人伐鄭하다

宋公·陳侯·蔡人·衛人이 鄭나라를 공격하였다.

秋에 翬帥(솔)師會宋公陳侯蔡人衛人伐鄭하다

가을에 公子 翬가 군사를 거느리고 가서 宋公·陳侯·蔡人·衛人과 연합하여 鄭나라를 공격하였다.

【傳】 翬者何아 公子翬也라

翬는 누구인가? 公子 翬이다.

【注】 以入桓稱公子라

桓公의 篇에 들어와 公子라고 칭하였기 때문이다.

【疏】'翬者何' ○ 解云：無公子, 故執不知問.

傳의 〔翬者何〕

○ 解云：〈經文에〉 '公子'라는 말이 없기 때문에 미심쩍은 점을 가지고 물은 것이다.

【疏】○ 注'以入桓稱公子' ○ 解云：卽桓三年秋, "公子翬如齊逆女", 是也.

○ 注의 〔以入桓稱公子〕

○ 解云：곧 桓公 3년 가을 經文에 "公子 翬가 齊나라에 가서 여자를 영접하였다."라고 한 것이 그것이다.

【傳】何以不稱公子아 貶이라 曷爲貶가

왜 〈여기서〉 公子라고 칭하지 않았는가? 폄하한 것이다. 왜 폄하하였는가?

【注】据叔老會鄭伯伐許不貶이라

叔老가 鄭伯과 연합하여 許를 공격했을 때는 폄하하지 않은 것에 의거한 것이다.

【疏】注'据叔'至'不貶' ○ 解云：在襄十六年夏.[1)]

1) 在襄十六年夏：襄公 16년 여름 經文에 "叔老가 鄭伯, 晉나라 荀偃, 衛나라 甯殖, 宋人과 연합하여 許나라를 공격하였다.〔叔老會鄭伯晉荀偃衛甯殖宋人伐許〕"라는 내용이 있고, 이에 대한 傳이 없다. 叔老는 魯나라 子叔齊子로, 公孫嬰齊의 아들이다.

注의 〔据叔〕에서 〔不貶〕까지

○ 解云：이 내용은 襄公 16년 여름 經文에 있다.

【傳】與弑公也라

〈隱公을〉 弑害하는 데 참여했기 때문이다.

【注】弑者는 殺也니 臣弑君之辭라 以終隱之篇貶으로 知與弑公也라

'弑'는 '殺(죽이다)'의 뜻이니, 신하가 군주를 시해했을 때 사용하는 말이다. 隱公의 篇이 끝날 때까지 폄하하였기 때문에 은공을 시해하는 데 참여한 것을 안 것이다.

【疏】注'以終隱'至'弑公' ○解云：卽此及十年"夏，翬帥(솔)師會齊人鄭人伐宋"，傳云"此公子翬也，何以不稱公子．貶．曷爲貶．隱之罪人也，故終隱之篇貶也"，是也．

注의 〔以終隱〕에서 〔弑公〕까지

○ 解云：곧 이곳 경문과 隱公 10년 경문에 "여름에 翬가 군사를 거느리고 가서 齊人・鄭人과 연합하여 宋을 공격하였다."라고 한 것에 대해 그 傳에 "이 사람은 公子 翬인데, 왜 '公子'라 칭하지 않았는가? 폄하한 것이다. 왜 폄하하였는가? 은공을 시해한 죄인이기 때문이다. 그러므로 은공의 篇이 끝날 때까지 폄하하였다."라고 한 것이 이것이다.

【傳】其與弑公奈何아 公子翬諂乎隱公하여

〈公子 翬가〉 隱公을 시해하는 데 참여한 것은 어째서인가? 공자 휘가 은공에게 아첨하여

【注】諂은 猶佞也라

'諂'은 '佞(아첨하다)'의 뜻과 같다.

【傳】謂隱公曰 百姓安子하고 諸侯說(열)子하니 盍終爲君矣아 隱曰 吾否라

은공에게 이르기를 "백성들이 그대를 편안히 여기고 제후들이 그대를 좋아하는데, 어찌 마침내 군주가 되지 않을 수 있겠습니까?"라고 하였다.

은공이 "나는 〈군주가 되지〉 않을 것이다.

【注】否는 不也라

'否'는 '不(하지 않다)'의 뜻이다.

【傳】吾使脩塗裘하니 吾將老焉이라

내가 塗裘를 수리하게 하였으니, 나는 장차 그곳에서 늙어갈 것이다."라고 하였다.

【注】塗裘者는 邑名也라 將老焉者는 將辟(피)桓居之以自終也니 故南面之君은 勢不可復(부)

爲臣이라 故云爾라 不以成公意者는 隱本爲桓守國하여 國邑皆桓之有하니 不當取以自爲也라

塗裘는 邑의 이름이다. '장차 그곳에서 늙어갈 것이다.'라는 것은 장차 桓公을 피하여 그곳에 살면서 스스로 생애를 마칠 것이라는 뜻이다. 이전에 〈한 번〉 南面한 군주는 형세상 다시 신하가 될 수 없기 때문에 이렇게 말한 것이다. 〈傳에서〉 '隱公의 뜻을 이뤄주기 위해서이다.'라는 말을 하지 않은 것은, 은공이 본래 환공을 위해 나라를 지키고 있어서 나라의 邑이 모두 환공의 소유이므로 마땅히 〈邑을〉 취해서 자신을 위한 〈것으로 삼아서는〉 안 되기 때문이다.

【疏】注'不以成'至'爲也' ○ 解云：上元年傳云"公何以不言卽位. 成公意也", 此傳何以不言營塗裘, 何以不書成公意也. 言隱非正君, 直爲他守國而已, 邑非己有, 不當擅取之, 取之非, 是以不得作成公意解也.

注의 〔不以成〕에서 〔爲也〕까지

○ 解云：앞의 隱公 원년 傳에 "은공에 대해서는 왜 즉위를 말하지 않았는가? 은공의 뜻을 이뤄주기 위해서이다."라고 하였는데, 이곳 傳에서는 왜 '塗裘를 경영한다.'라고 말하지 않고, 왜 '은공의 뜻을 이뤄주기 위해서이다.'라고 기록하지 않았는가? 은공은 정식으로 등극한 군주가 아니고 다만 다른 군주(桓公)를 위해 나라를 지키고 있을 뿐이어서 邑이 자기의 소유가 아니므로 마땅히 마음대로 취해서는 안 되며, 취하는 것이 그릇된 일이기에 '은공의 뜻을 이뤄주기 위해서이다.'라고 해석할 수 없었던 것이다.

【傳】公子翬恐若其言聞乎桓하여 於是謂桓曰 吾爲子口隱矣하니

公子 翬가 이와 같은 자신의 말이 桓公에게 알려질까 두려워하여, 이에 환공에게 이르기를 "내가 그대를 위하여 은공에게 〈한번〉 말해보았더니

【注】口猶口[1]니 語相發動也라

1) 口：저본의 '口'는 ≪說文解字≫에 의하면 '訕'자의 생략한 글자라고 하였으므로, 이에 의거하여 '속마음을 떠보다'라는 뜻으로 풀이하였다.

'口'는 '訕(말하다)'와 같으니, 말하여 서로 〈상대방의 속마음을〉 떠보는 것이다.

【疏】注'口猶'至'動也' ○ 解云：語, 讀如子語魯大(태)師[1]之語.

1) 子語魯大師：≪論語≫ 〈八佾〉에 "공자께서 노나라 太師에게 음악에 대해 말하였다.〔子語魯大師樂〕"라는 내용이 있다.

注의 〔口猶〕에서 〔動也〕까지

○ 解云：'語'는 "공자께서 魯나라 太師에게 말하였다.〔子語魯大師〕"라고 할 때의 '語'와 같은 글자로 읽는다.

【傳】隱曰 吾不反也라 桓曰 然則奈何아 曰請作難하여

은공이 '나는 〈군주의 자리를〉 돌려주지 않을 것이다.'라고 하였습니다."라고 하였다.

환공이 "그렇다면 어떻게 해야 하는가?"라고 하니, 〈公子 翬가〉 "청컨대 제가 반란을 일으켜

【注】難은 兵難也라

'難'은 '兵難(전란)'의 뜻이다.

【傳】弑隱公하리이다

은공을 죽이겠습니다."라고 하였다.

【注】諡者는 傳家所加라

〈隱公이라는〉 諡號는 傳을 지은 이가 〈뒤에〉 붙인 것이다.

【疏】注'諡者'至'所加' ○ 解云：死諡, 周道也.[1] 今始請弑已言隱公者, 公羊子從後加之. 所以至此乃注者, 嫌是傳語, 故明之.

1) 死諡 周道也：≪禮記≫ 〈檀弓 上〉에 "어릴 때는 그 이름을 부르고, 〈20세에〉 冠禮를 행한 뒤에는 그 자를 부르고, 50세 이후에는 〈그 排行인〉 伯・仲・叔・季를 부르며, 죽은 뒤에는 그 시호를 부르는 것이니, 이것은 周 王朝의 제도이다.〔幼名 冠字 五十以伯仲 死諡 周道也〕"라 하였다.

注의 〔謚者〕에서 〔所加〕까지

○ 解云 : 죽은 뒤에는 謚號를 부르는 것이 周 왕조의 제도이다. 지금 처음 시해하기를 청할 때 이미 '隱公'이라는 시호를 말한 것은 公羊子가 뒤에 붙인 것이다. 여기에 이르러서 마침내 注를 낸 것은 이것이 傳의 말이라고 오해할까 염려했기 때문에 이를 밝힌 것이다.

【傳】於鍾巫之祭焉에 **弑隱公也**라

〈隱公이〉 鍾巫에게 제사 지낼 때에 은공을 시해하였다.

【注】鍾者는 **地名也**라 **巫者**는 **事鬼神禱解**하여 **以治病請福者也**니 **男曰覡**(격)이요 **女曰巫**라 **傳道此者**는 **以起淫祀之無福**[1]이라

1) 淫祀之無福 : ≪禮記≫ 〈曲禮 上〉에 "제사할 대상이 아닌데 제사 지내는 것을 淫祀라고 하니, 음사는 복을 얻을 수 없다.〔非其所祭而祭之 名曰淫祀 淫祀無福〕"라고 하였다.

'鍾'은 지명이다. '巫'는 귀신을 섬기며 기도하고 굿을 하여 병을 치료하고 복을 청하는 자이니, 남자를 '覡'이라 하고, 여자를 '巫'라 한다. 傳에서 이것을 말한 것은 淫祀(禮에 맞지 않는 제사)는 복을 얻을 수 없다는 것을 보여준 것이다.

【疏】 注'男曰覡女曰巫'(者)[1] ○ 解云 : 楚語文也.[2]

1) (者) : 저본에는 '者'가 있으나, 閩本·監本·毛本 및 저본의 체제에 의거하여 衍文으로 처리하였다.

2) 楚語文也 : ≪國語≫ 〈楚語〉에 "이렇게 되면 神明이 그 사람의 몸에 내려오니, 남자는 覡이라 하고, 여자는 巫라 한다.〔如是則明神降之 在男曰覡 在女曰巫〕"라는 내용이 있다.

注의 〔男曰覡女曰巫〕

○ 解云 : ≪國語≫ 〈楚語〉에 나오는 내용이다.

【疏】 ○ 注'傳道'至'無福' ○ 解云 : 直言弑隱公, 義勢已盡, 而必言於鍾巫之祭焉者, 以起淫祀之無福故也.

注의 〔傳道〕에서 〔無福〕까지

○ 解云 : 단지 '은공을 시해했다.'라고만 말해도 의미가 이미 다 전달되지만, 반드시

'鍾巫에게 제사 지낼 때에'라고 말한 것은 淫祀는 복을 얻을 수 없다는 것을 보여주려 했기 때문이다.

九月에 衛人殺州吁于濮하다

9월에 衛人이 濮에서 州吁를 죽였다.

【傳】 其稱人何아

'人'이라 칭한 것은 무엇 때문인가?

【注】 据晉殺大夫里克도 俱弑君賊이로대 不稱人이라

"晉나라가 그 대부 里克를 죽였다."라고 하여 〈이극도 州吁와 마찬가지로〉 모두 군주를 시해한 역적인데 '人'이라 칭하지 않은 것에 의거한 것이다.

【疏】 注'据晉殺大夫里克' ○ 解云 : 在僖十(五)[1]年夏.

1) (五) : 저본에는 '五'가 있으나, 阮元의 〈校勘記〉에 의거하여 衍文으로 처리하였다.

注의 〔据晉殺大夫里克〕
○ 解云 : 이 내용은 僖公 10년 여름 經文에 있다.

【傳】 討賊之辭也라

〈'人'은〉 賊을 토벌했을 때 쓰는 말이다.

【注】 討者는 除也라 明國中人人得討之하니 所以廣忠孝之路라 書者는 善之也라 討賊例時라 此月者는 久之也[1]라

1) 久之也 : 衛 莊公의 庶子인 州吁가 魯 隱公 4년(B.C. 719) 2월에 그의 형 桓公(完)을 시해하고 스스로 군주가 되었는데, 7개월이 지난 9월이 되어서야 그를 토벌하였으므로 하는 말이다.

'討'는 '除(제거하다)'의 뜻이다. 國中의 사람이면 〈누구라도〉 토벌할 수 있다는 것을 밝힌 것이니, 忠과 孝〈를 행하는〉 길을 넓히기 위한 것이다. 〈이 기사를〉 기록한 것은

이 일을 좋게 여긴 것이다. 賊을 토벌하는 경우는 일반적으로 계절〔時〕을 기록한다. 이곳에 달〔月〕을 기록한 것은 〈토벌하는 시일이〉 오래 걸렸기 때문이다.

【疏】注'討賊例'至'久之也' ○ 解云 : '討賊例時'者, 莊九年"春, 齊人殺無知", 是也. 桓六年秋八月, "蔡人殺陳佗", 亦書月者, 與此同也.

注의 〔討賊例〕에서 〔久之也〕까지

○ 解云 : '적을 토벌하는 경우는 일반적으로 계절〔時〕을 기록한다.'는 것은, 莊公 9년 經文에 "봄에 齊人이 無知를 죽였다."라고 한 것이 그것이다. 桓公 6년 가을 8월 경문에 "蔡人이 陳佗를 죽였다."라고 하여 또한 달을 기록한 것은 〈토벌하는 시일이 오래 걸렸다는〉 이곳과 〈의미가〉 같다.

冬十有二月에 衛人立晉[1]하다

1) 晉 : 衛나라 宣公의 이름이다. 선공은 위나라 莊公의 아들이자 桓公의 아우이며, 바로 위 經文에 나온 州吁의 아우이다.

겨울 12월에 衛人이 晉을 세웠다.

【傳】晉者何아 公子晉也라

晉은 누구인가? 公子 晉이다.

【注】以下有衛侯晉卒[1]하고 又言立이라

1) 下有衛侯晉卒 : 桓公 12년 經文에 "병술일에 衛侯 晉이 卒하였다.〔丙戌 衛侯晉卒〕"라는 내용이 보인다.

〈晉은 누구냐고 말한 것은〉 아래에 "衛侯 晉이 卒하였다."라고 하였고, 〈여기에서〉 또 즉위했다고 말했기 때문이다.

【疏】'晉者何' ○ 解云 : 欲言次正, 而文言立, 欲言非正, 而擧衆立之, 故執不知問.

傳의 〔晉者何〕

○ 解云 : 〈형제의〉 차례에 따라 정당하게 〈즉위했다고〉 말하자니 經文에 즉위했다

는 말이 없고, 정당하게 〈즉위한 것이〉 아니라고 말하자니 〈경문에 衛나라의〉 모든 대중이 그를 세웠다고 하였기 때문에, 미심쩍은 점을 가지고 물은 것이다.

【疏】 ○ 注'以下'至'言立' ○ 解云 : 以有衛侯晉卒, 則知此文"衛人立晉"者, 是先君之子, 今始立爲之君矣. 又言立者簒文, 知非正大子, 故知公子矣. 其(衛晉侯卒)〔衛侯晉卒〕[1], 在桓十二年冬.

1) (衛晉侯卒)〔衛侯晉卒〕: 저본에는 '衛晉侯卒'로 되어 있으나, 桓公 12년의 記事에 의거하여 '衛侯晉卒'로 바로잡았다.

○ 注의 〔以下〕에서 〔言立〕까지

○ 解云 : 〈아래 經文에〉 '衛侯 晉이 卒하였다.'라는 내용이 있기 때문에, 그렇다면 이곳 경문의 "衛人이 晉을 세웠다."라는 것이 '이 사람이 先君(衛 莊公)의 아들이기에 지금 처음 세워서 그를 군주로 삼았다.'는 것임을 안 것이다. 또 '立'이라는 말은 찬탈했을 때의 표현이므로 그가 올바른 태자가 아니라는 것을 알 수 있다. 그러므로 公子임을 안 것이다. '衛侯 晉이 졸하였다'는 기사는 桓公 12년 겨울에 있다.

【傳】 立者何아 立者不宜立也라

'立'은 무엇인가? '立'은 마땅히 세우지 말았어야 한다는 말이다.

【注】 諸侯立은 不言立한대 此獨言立은 明不宜立之辭라

제후가 즉위하는 경우는 〈일반적으로〉 '立'이라고 말하지 않는데 여기서만 '立'이라고 말하고 있는 것은 마땅히 그를 세우지 말았어야 한다는 것을 밝히는 표현이다.

【疏】 '立者何' ○ 解云 : 諸侯之立, 例所不書, 今特言立, 故執不知問.

傳의 〔立者何〕

○ 解云 : 제후가 즉위할 때는 일반적으로 〈'立'이라고〉 기록하지 않는데, 지금 〈여기에서만〉 '立'이라고 하였기에, 미심쩍은 점을 가지고 물은 것이다.

【傳】 其稱人何아

'人'이라 칭한 것은 무엇 때문인가?

【注】据尹氏立王子朝也라

"尹氏가 王子 朝를 세웠다."라고 한 것에 의거한 것이다.

【疏】注'据尹'至'朝也' ○ 解云：在昭二十三年秋.

傳의 〔据尹〕에서 〔朝也〕까지

○ 解云 : 이 내용은 昭公 23년 가을 經文에 있다.

【傳】衆立之之辭也라

많은 사람이 그를 세웠을 때 쓰는 말이다.

【注】晉得衆하여 國中人人欲立之라

晉이 〈衛나라〉 대중〈의 마음을〉 얻어서 국중의 사람이면 〈누구라도〉 그를 세우고자 한 것이다.

【傳】然則孰立之아 石碏(작)立之라 石碏立之어늘 則其稱人何아

그렇다면 누가 晉을 세웠는가? 石碏이 晉을 세웠다. 석작이 晉을 세웠는데, '人'이라고 칭한 것은 무엇 때문인가?

【注】据尹氏立王子朝不稱人이라

〈昭公 23년 經文에〉 "尹氏가 王子 朝를 세웠다."고 하여 '人'을 칭하지 않은 것에 의거한 것이다.

【傳】衆之所欲立也라 衆雖欲立之나 其立之는 非也라

〈衛나라〉 대중이 〈晉을〉 세우고 싶어 했기 때문이다. 〈위나라〉 대중이 晉을 세우고 싶어 했더라도 晉을 세운 것은 잘못된 것이다.

【注】凡立君爲衆이니 衆皆欲立之면 嫌得立無惡이라 故使稱人하여 見衆言立也하여 明下無廢上之義하고 聽衆立之라도 〔爲立〕[1]篡也라 不剌嗣子失位者[2]는 時未當喪典主得權

重也라 月者는 大國簒例月하고 小國時라 立・納・入은 皆爲簒이요 卒日과 葬月은 達於春秋하니 爲大國例라 主書從受位也라

1) 〔爲立〕: 저본에는 '爲立'이 없으나, 阮元의 〈校勘記〉에 의거하여 보충하였다.
2) 不刺嗣子失位者 : 公子 晉 즉 衛나라 宣公이 그의 형 桓公을 이어 군주의 자리에 오르고 환공의 嗣子가 군주가 되지 못했기 때문에 이렇게 말한 것이다.

일반적으로 군주를 세우는 것은 대중을 위한 것이니 대중이 모두 그를 세우고 싶어 한다면 그를 세우더라도 나쁠 것이 없다고 오해할 우려가 있다. 그러므로 '人'이라 칭하여 〈그를 세운 것이〉 대중의 〈마음임을〉 보이면서도 '立'이라고 말하여 〈찬탈한 것임을 보인 것이다.〉 이는 아랫사람이 윗사람을 폐위하는 도리가 없고 대중의 〈마음을〉 따라 그를 세웠다고 하더라도, 〈그를〉 세운 것은 찬탈한 것임을 밝힌 것이다. 〈衛 桓公의〉 嗣子가 지위를 잃은 것을 諷刺하지 않은 것은 이때 〈嗣子는〉 喪中의 주인으로서 중대한 권력을 얻지 못했기 때문이다. 달〔月〕을 기록한 것은, 大國의 찬탈에 대해서는 원칙적으로 달을 기록하고, 小國의 〈찬탈에 대해서는〉 계절〔時〕을 기록한다. '立'・'納'・'入'〈이라고 기록한 것〉은 모두 찬탈한 것이고, 卒한 것에 대해 날짜를 기록하고 葬事를 지낸 것에 대해서 달을 기록하는 것은 ≪春秋≫에 두루 통용하니 大國에 대한 원칙이다. 원래 이 기사를 쓴 것은 〈晉이〉 지위를 받았다는 것 때문이다.

【疏】 注'不刺'至'權重也' ○ 解云 : 刺桓公嗣子失位者, 卽不書晉之立矣, 故襄十四年"衛侯衎出奔齊", 襄二十六年傳云"曷爲不言剽之立. 不言剽之立者, 以惡(오)衛侯也", 彼注云"欲起衛侯失衆出奔, 故不書剽立. 剽立無惡, 則衛侯惡明矣."[1] 今書晉立, 則不刺嗣子可知.

1) 襄十四年……則衛侯惡明矣 : 〈魯 襄公 14년에〉 衛 定公이 병이 들자 아들 衎을 세우게 하였는데, 惠子가 孫文子와 공모하여 衎을 내쫓고 公孫剽(殤公)를 세웠다. 공손표는 정공의 아우 子叔黑背의 아들이다. 그 뒤 노 양공 26년에 剽(殤公)가 시해되자 衎이 衛나라로 돌아와 즉위하였는데 이 사람이 衛 獻公이다.

注의 〔不刺〕에서 〔權重也〕까지

○ 解云 : '桓公의 嗣子가 지위를 잃은 것을 풍자한다.'는 것은 곧 晉이 즉위한 것을 기록하지 않는다는 것이다. 그러므로 襄公 14년 경문에 "衛侯 衎(獻公)이 齊나라로 도망갔다."라고 하였고, 양공 26년 傳에 "왜 剽(殤公)가 즉위한 것을 기록하지 않았는

가? 剽가 즉위한 것을 기록하지 않은 것은 衛侯를 미워했기 때문이다."라고 하였으며, 그 注에 "衛侯가 대중〈의 마음〉을 잃고 도망간 것을 보이고자 했기 때문에 剽가 즉위한 것을 기록하지 않았다. 剽가 즉위한 것을 나쁘게 여김이 없으니 衛侯를 나쁘게 여긴 것이 분명하다."라고 하였다. 〈이를 통해〉 지금 晉이 즉위한 것을 기록한 것이 嗣子를 풍자하지 않은 것임을 알 수 있다.

【疏】 ○ 注'月者'至'國時' ○ 解云：大國簒例月者, 卽此文"冬十二月 衛人立晉", 莊六年"夏六月, 衛侯朔入于衛", 哀六年秋七月, "齊陽生入于齊"之屬, 是也. 而莊九年夏, "齊小白入于齊"不月者, 彼注云"不月者, 移惡于魯也". 其小國時者, 卽僖二十五年"秋, 楚人圍陳, 納頓子于頓", 昭元年"秋, 莒去疾自齊入于莒"之屬, 是也.

○ 注의 〔月者〕에서 〔國時〕까지

○ 解云：'大國의 찬탈에 대해서는 일반적으로 달을 기록한다.'는 것은 곧 이곳 經文에 "겨울 12월에 衛人이 晉을 세웠다."라고 한 것, 莊公 6년 경문에 "여름 6월에 衛侯 朔이 衛나라로 들어갔다."라고 한 것, 哀公 6년 가을 7월 경문에 "齊나라 陽生이 齊나라로 들어갔다."라고 한 것 등이 그 예이다. 장공 9년 여름 경문에 "齊나라 小白이 齊나라로 들어갔다."라고 한 데서 달을 기록하지 않은 것은, 그 注에서 "달을 기록하지 않은 것은 惡을 魯나라로 옮긴 것이다."라고 하였다.

'小國의 〈찬탈에 대해서는〉 계절을 기록한다.'는 것은 곧 僖公 25년 경문에 "가을에 楚人이 陳을 포위하여 頓子를 頓나라로 들여보냈다."라고 한 것과 昭公 원년 경문에 "가을에 莒나라의 去疾이 齊나라에서 莒나라로 들어갔다."라고 한 것 등이 그 예이다.

【疏】 ○ 注'立納入皆爲簒' ○ 解云：立爲簒者, 此文"衛人立晉", 昭二十三年"尹氏立王子朝"之屬, 是也. 其納爲簒者, "納頓子于頓", 及文十四年"晉人納捷菑"之屬, 是也. 其入爲簒者, 小白, 陽生之屬, 是也.

○ 注의 〔立納入皆爲簒〕

○ 解云：'立〈이라고 기록한 것〉은 찬탈한 것이다.'라는 것은 이곳 經文에 "衛人이 晉을 세웠다."라고 한 것, 昭公 23년 경문에 "尹氏가 王子 朝를 세웠다."라고 한 것 등이 그 예이다. '納〈이라고 기록한 것〉은 찬탈한 것이다.'라는 것은 〈僖公 25년 경문에〉

"頓子를 頓나라로 들여보냈다."라고 한 것과 文公 14년 경문에 "晉人이 捷菑를 들여보냈다."라고 한 것 등이 그 예이다. '入〈이라고 기록한 것〉은 찬탈한 것이다.'라는 것은 〈장공 9년 여름 경문에〉 "齊나라 小白이 齊나라로 들어갔다.〔齊小白入于齊〕"라고 한 것, 〈哀公 6년 7월 경문에〉 "齊나라 陽生이 齊나라로 들어갔다.〔齊陽生入于齊〕"라고 한 것 등이 그 예이다.

【疏】 ○ 注'卒日'至'大國例' ○ 解云：隱八年"夏六月己亥，蔡侯考父卒"，秋"八月，葬〔蔡〕[1]宣公"之屬，是也.

1)〔蔡〕: 저본에는 '蔡'가 없으나, 阮元의 〈校勘記〉에 의거하여 보충하였다.

○ 注의 〔卒日〕에서 〔大國例〕까지

○ 解云 : 隱公 8년 經文에 "여름 6월 기해일에 蔡侯 考父가 卒하였다."라고 한 것과 〈은공 8년〉 가을 경문에 "8월에 蔡 宣公을 장사지냈다."라고 한 것 등이 이런 예이다.

【疏】 ○ 注'主書從受位也' ○ 解云：謂主惡晉之從立矣.

○ 注의 〔主書從受位也〕

○ 解云 : 원래 〈이 기사를 쓴 것은〉 晉이 즉위한 것을 나쁘게 여긴 것이라는 의미이다.

春秋公羊傳注疏 隱公卷第三(起五年 盡十一年)

何休 學

【隱公 5년(B.C. 718)】

五年이라 春에 公觀魚于棠하다

5년이다. 봄에 隱公이 棠에서 고기잡이를 구경하였다.

【傳】何以書아 譏라 何譏爾아 遠也라 公曷爲遠而觀魚아

왜 기록하였는가? 비판한 것이다. 왜 비판하였는가? 멀리까지 갔기 때문이다. 은공이 왜 멀리까지 가서 고기잡이를 구경했는가?

【注】据浚洙也라 ○ 觀魚는 左氏作矢魚[1]라

1) 矢魚 : ≪春秋左氏傳≫ 杜預의 注에 "'矢'는 '陳(벌여놓다)'의 뜻이다.〔矢 亦陳也〕"라고 하였으니, 물고기를 잡는 장비를 벌여놓고 구경을 하였다는 의미이다.

"洙水를 浚渫하였다."라는 기록에 의거한 것이다.

○ 〈經文의〉 '觀魚'는 ≪春秋左氏傳≫에 '矢魚'로 되어 있다.

【疏】注'据浚洙也' ○ 解云 : 莊九年"冬, 浚洙", 傳曰"洙者何. 水也. 浚之者何. 深之也. 曷爲深之. 畏齊也", 注云"洙在魯北, 齊所由來". 然則近國北自有洙水, 何故遠至棠地而觀魚乎. 故難之.

注의 〔据浚洙也〕

○ 解云 : 莊公 9년 經文에 "겨울에 洙水를 준설하였다."라고 하였고, 그 傳에 "洙는 무엇인가? 물 이름이다. 그곳을 준설한 것은 무엇 때문인가? 깊게 하려고 해서이다. 왜 깊게 하려고 했는가? 齊나라를 두렵게 하기 위해서이다."라고 하였다. 그 注에 "洙水는 魯나라 북쪽에 있는데 齊나라를 거쳐서 온다."라고 하였다. 그렇다면 가까이 魯

나라 북쪽에 본래 洙水가 있는데 무엇 때문에 멀리 棠 땅까지 가서 고기잡이를 구경했는가? 이 때문에 의문을 제기하였다.

【傳】登來之也니

구해서 얻을 것이 있어서였으니,

【注】登은 讀言得(來)[1]이라 得來之者는 齊人語也라 齊人名求得爲得來한대 作登來者는 其言大而急하여 由口授也라

1) (來) : 저본에는 '來'가 있으나, 阮元의 〈校勘記〉에 의거하여 衍文으로 처리하였다.

'登'은 '得(얻다)'이라는 말로 읽는다. '得來之'라는 것은 齊나라 사람의 말이다. 齊나라 사람은 '求得(구해서 얻음)'하는 것을 칭하여 '得來'라고 하는데, '登來'라고 기록한 것은 큰 소리로 빠르게 말하여 입으로 불러주었기 때문이다.

【疏】注'得來'至'語也' ○解云：齊人名求得爲得來, 而云此者, 謂齊人急語之時, 得聲如登矣.

注의 〔得來〕에서 〔語也〕까지

○解云 : 齊나라 사람은 '求得'하는 것을 칭하여 '得來'라고 하는데 이처럼 '登來'라고 기록한 것은, 제나라 사람이 말을 빠르게 할 때 '得'이라는 소리가 '登'과 같기 때문임을 말한 것이다.

【疏】○注'由口授也' ○解云：謂高語之時, 猶言得來之, 至著竹帛時乃作'登'字, 故言由口授矣.

○注의 〔由口授也〕

○解云 : 큰 소리로 말할 때는 '得來之'라고 말하는 것과 같으므로, 竹帛에 기록할 때에 이르러 마침내 '登'자로 기록했다는 말이다. 그러므로 입으로 불러주었기 때문이라고 말한 것이다.

【傳】百金之魚를 公張之라

百萬錢의 값이 나가는 물고기를 隱公이 그물을 펼쳐서 잡았다.

【注】 解言登來之意也라 百金은 猶百萬也라 古者에 以金重一斤이 若今萬錢矣라 張은 謂張罔罟障谷之屬也라

'구해서 얻을 것〔登來之〕'이라고 말한 뜻을 풀이한 것이다. '百金'은 '百萬'과 같다. 옛날에 金의 무게 1斤이 지금의 1萬錢과 같기 때문이다. '張(펼치다)'은 그물을 펼쳐서 川谷(강의 흐름)을 막는 것과 같은 것들이다.

【疏】 注'解言'至'意也' ○ 解云：正以價直(치)百金, 故言得來之.

注의 〔解言〕에서 〔意也〕까지

○ 解云：참으로 값어치가 百金이었기 때문에 '구해서 얻을 것'이라고 말하였다.

【疏】 ○ 注'障谷之屬也' ○ 解云：僖三年傳云"桓公曰'無障谷'"[1]云, 是也.

1) 三年傳云……無障谷：僖公 3년 傳에 "桓公이 말하였다. '川谷을 막지 말고, 곡식을 쌓아두지 말며, 적장자를 바꾸지 말고, 妾을 아내로 삼지 말라.〔桓公曰 無障谷 無貯粟 無易樹子 無以妾爲妻〕'"라는 내용이 보인다. 川谷을 막지 말고 곡식을 쌓아두지 말라는 것은 水路와 곡식의 이익을 독점하지 말라는 의미이다.

○ 注의 〔障谷之屬也〕

○ 解云：僖公 3년 傳에 "桓公이 말하기를 '川谷을 막지 말라.'라고 하였다."라고 한 것이 그것이다.

【傳】 登來之者는 何아

'구해서 얻을 것'이라고 한 것은 무엇 때문인가?

【注】 弟子未解其言大小緩急이라 故復問之라

제자가 그 말의 大小와 緩急을 아직 이해하지 못했기 때문에 다시 물은 것이다.

【傳】 美大之之辭也라

많은 이익을 얻은 것을 아름답고 크게 꾸민 말이다.

【注】其言大而急者는 美大多得利之辭也라 實譏張魚나 而言觀譏遠者는 恥公去南面之位하여 下與百姓爭利하여 匹夫無異라 故諱使若以遠觀爲譏也라 諸諱는 主書者從實也라 觀例時니 從行하되 賤略之라

큰 소리로 빠르게 말한 것은 많은 이익을 얻은 것을 아름답고 크게 꾸미기 위한 말이어서이다. 실제로는 그물을 펼쳐 물고기 잡은 것을 비판하면서도 '구경했다〔觀〕'라고 말하여 멀리까지 간 것을 비판한 것은, 隱公이 南面하는 자리를 떠나 아랫자리에 있는 백성들과 이익을 다툼이 匹夫와 다름없음을 부끄럽게 여겼기 때문이다. 그러므로 避諱하여 마치 멀리까지 가서 고기잡이를 구경한 일을 비판거리로 삼은 것처럼 꾸민 것이다. 모든 피휘는 기록을 주관하는 자가 실제의 일에 따라 기록한다. '觀'의 경우는 일반적으로 계절〔時〕을 기록하니, 행한 일에 따라 기록하되 비천한 일을 생략하였다.

【疏】注'觀例時' ○ 解云 : 莊二十三年"夏, 公如齊觀社", 及此, 是也[1]. 彼此非禮[2], 故言從行賤略之.

1) 莊二十三年……是也 : 莊公 23년의 經文에 "여름에 장공이 齊나라에 가서 社祭를 구경하였다.〔夏 公如齊觀社〕"라고 한 데 대해, 傳에서 "왜 기록하였는가? 비판한 것이다. 왜 비판하였는가? 諸侯가 국경을 넘어가서 社祭를 구경하는 것은 禮가 아니다.〔何以書 譏 何譏爾 諸侯越境觀社 非禮也〕"라고 하였다. 그 注에 "음란한 행실을 숨기고 社祭를 구경했다고 말한 것은……〔諱淫 言觀社者……〕"이라는 내용이 보인다. 社祭는 토지신에게 지내는 제사를 말한다.

2) 此非禮 : 隱公이 멀리까지 가서 고기잡이를 구경한 것과 물고기를 잡아 백성들과 이익을 다툰 것이 모두 禮가 아니라는 말이다.

注의 〔觀例時〕

○ 解云 : 莊公 23년 經文에 "여름에 莊公이 齊나라에 가서 社祭를 구경하였다."라고 한 것에 대해 이렇게 〈계절을〉 언급한 것이 그것이다. 이것이나 저것이나 禮가 아니기에, 행한 일에 따라 기록하되 비천한 일을 생략했다는 말이다.

【傳】棠者는 何아 濟上之邑也라

棠은 어떤 곳인가? 濟水 가에 있는 고을이다.

【注】濟者는 四瀆之別名이라 江河淮濟를 爲四瀆이라

濟水는 四瀆(네 개의 큰 강) 가운데 하나의 이름이다. 江水・河水・淮水・濟水를 四瀆이라고 한다.

【疏】 '棠者何' ○ 解云：正以棠非水名, 而於之觀魚, 故執不知問.

傳의 〔棠者何〕

○ 解云：사실 棠은 강 이름이 아닌데 그곳에서 고기잡이를 구경하였다고 했기 때문에, 미심쩍은 점을 가지고 물은 것이다.

【疏】 ○ 注'江河'至'四瀆' ○ 解云：卽釋水云"江・河・淮・濟爲四瀆. 四瀆者, 發源注海者也[1]."

1) 四瀆者 發源注海者也：中原 지역에 흐르는 모든 물은 다 四瀆으로 들어가지만 이 四瀆만은 곧장 바다로 들어간다는 뜻이다.

○ 注의 〔江河〕에서 〔四瀆〕까지

○ 解云：곧 ≪爾雅≫ 〈釋水〉에서 "江水・河水・淮水・濟水를 四瀆이라고 한다. 四瀆은 〈각기 그곳에서〉 발원하여 바다로 흘러드는 것이다."라고 한 것이다.

夏四月에 葬衛桓公하다

여름 4월에 衛나라 桓公을 장사지냈다.

【疏】 '夏四'至'桓公' ○ 解云：卽上三年傳云"過時而不日, 謂之不能葬也", 何氏云"解緩不能以時葬, '夏四月, 葬衛桓公' 是也". 然則桓公見弑在去年之春, 過期乃葬, 故以解緩言之.

經의 〔夏四〕에서 〔桓公〕까지

○ 解云：곧 앞에 나온 隱公 3년의 傳에 "喪期를 넘겨 장사지내고 날짜를 기록하지 않은 것을 일러 '장사를 제대로 지내지 못했다.'라고 한다."라고 한 곳의 何休의 注에 "해이하고 태만하여 제때 장사지내지 못했으니, '여름 4월에 衛나라 桓公을 장사지냈다.'라고 한 것이 그 예이다."라고 하였다. 그렇다면 환공이 시해당한 것은 지난해 봄인데, 상기를 넘기고 나서야 비로소 장사지냈으므로 '해이하고 태만하다.'라고 말한 것이다.

秋에 **衛師入盛**하다

가을에 衛나라 군대가 盛나라로 쳐들어갔다.

【傳】 **曷爲或言率師**하고 **或不言率師**아 **將尊師衆**이면 **稱某率師**하고

왜 어떤 때에는 '率師(군대를 거느렸다)'라고 말하고, 어떤 때에는 '率師'라고 말하지 않는가? 장수의 지위가 높고 군대의 숫자가 많으면 '某率師(아무개가 군대를 거느렸다)'라고 칭하고,

【注】 將尊者는 謂大夫也라 師衆者는 滿二千五百人以上也라 二千五百人稱師하니 無駭率師入極[1]이 是也라 禮에 天子는 六師요 方伯은 二師요 諸侯는 一師라

1) 駭率師入極 : 隱公 2년 經文에 보이는데, 經文에는 '率'이 '師'로 기록되어 있다. 無駭는 魯나라의 卿으로 姓은 展이다. 極은 작은 附庸國이다.

장수의 지위가 높다는 것은 大夫의 신분임을 말한다. 군대의 숫자가 많다는 것은 2천 5백 명 이상을 채운 것이다. 2천 5백 명을 '師'라고 칭하니, '無駭가 군대를 거느리고 極나라에 쳐들어갔다.'라고 한 것이 그 예이다. 禮에 따르면 天子는 6師를 거느리고, 方伯은 2師를 거느리며, 諸侯는 1師를 거느린다.

【疏】 注'將尊'至'夫也' ○ 解云 : 公羊之例, 大夫見(현)名氏, 故云此.

注의 〔將尊〕에서 〔夫也〕까지

○ 解云 : ≪春秋公羊傳≫의 例에 따르면 大夫는 이름과 姓氏를 드러내는데 〈여기서는 드러내지 않았으므로〉 이렇게 말한 것이다.

【疏】 ○ 注'二千'至'稱師' ○ 解云 : (大)司馬序官文[1].

1) (大)司馬序官文 : 大司馬는 ≪周禮≫ 〈夏官 司馬〉에 속한 벼슬 이름으로, 나라의 軍政을 담당하였다. 저본에는 '大'가 있으나, 여기서는 '二千五百人稱師'의 출처를 표시하는 부분이므로 ≪주례≫에 의거하여 衍文으로 처리하였다. 序官은 ≪주례≫의 〈天官 太宰〉·〈地官 司徒〉·〈春官 宗伯〉·〈夏官 司馬〉·〈秋官 司寇〉 및 〈冬官 考工記〉 등 6篇의 篇首에 六官이 통솔하는 官屬의 職掌과 인원수를 대략 列記한 부분이다.

○ 注의 〔二千〕에서 〔稱師〕까지

○ 解云 : ≪周禮≫ 〈夏官 大司馬 序官〉의 내용이다.

【疏】 ○ 注'無駭'至'是也' ○ 解云 : 在上二年夏.

○ 注의 〔無駭〕에서 〔是也〕까지

○ 解云 : 이 내용은 앞의 隱公 2년 여름 經文에 있다.

【疏】 ○ 注'天子'至'(六)〔一〕[1]師' ○ 解云 : 天子六師者, 卽"周王于邁, 六師及之", 是也. 方伯者, 九州牧也, 卽王制云"千里之外設方伯", 是也. 二師者, 卽昭五年"春王正月, 舍中軍." "舍中軍者何, 復古也"[2], 是矣. 然則魯之初封, 地方七百里, 至於僖公, 復伯禽之宇[3], 更(갱)爲州牧, 而以二軍爲復古, 是爲方伯二師. 方伯之屬而以二師爲正, 則知凡平諸侯一師明矣. 然則論語云"子曰'三軍可奪帥'"之屬, 其指王官之伯[4]乎.

1) (六)〔一〕 : 저본에는 '六'으로 되어 있으나, 疏의 범위와 문맥에 의거하여 '一'로 바로잡았다.

2) 昭五年……復古也 : 昭公 5년 조의 注에 의하면, 襄公 11년에 中軍을 더 설치해 三軍으로 만들었다가 소공 5년에 이르러 중군을 폐지하고 古禮를 회복하였다는 내용이 보인다.

3) 魯之初封……復伯禽之宇 : 周 成王이 周公을 魯나라에 봉할 때 영토가 사방 7백 리였다. ≪禮記≫ 〈明堂位〉에 "주공을 曲阜에 봉하였는데, 封地가 사방 7백 리였다.〔封周公於曲阜 地方七百里〕"라고 하였다. 실제로 노나라의 제후가 된 것은 주공의 아들 伯禽이다. 그 후 僖公은 노나라 조상을 모신 사당을 새로 짓고 정성으로 받들었는데, 희공의 이러한 공적을 백성들이 찬양한 시가 바로 ≪詩經≫ 〈魯頌 閟宮〉이다.

4) 王官之伯 : 天子가 諸侯와 會盟할 때 파견한 조정의 老臣을 말한다.

○ 注의 〔天子〕에서 〔一師〕까지

○ 解云 : '天子六師'라는 것은 바로 〈≪詩經≫ 〈大雅 棫樸〉에〉 "周나라 왕이 나아가니, 六師가 뒤를 따르도다."라고 한 것이 그것이다. '方伯'은 九州의 牧이니, ≪禮記≫ 〈王制〉에서 "도성에서 천 리 밖에 방백을 설치하였다."라고 한 것이 그것이다. '二師'는 바로 昭公 5년 經文에 "봄 周나라 왕 정월에 中軍을 폐지하였다."라고 하였고, 그 傳에 "중군을 폐지한 것은 무엇 때문인가? 古禮를 회복하기 위해서이다."라고 한 것이 그것이다. 그렇다면 魯나라가 처음 封해질 때 封地가 사방 7백 리였는데, 僖公에 이르러서

伯禽의 廟宇를 회복하고 다시 州牧이 되어 2軍으로써 고례를 회복하였으니, 이것이 '方伯二師'이다. 방백에 속하여 2師를 正禮로 삼았으니, 보통의 諸侯는 1師가 분명함을 알 수 있다. 그렇다면 ≪論語≫ 〈子罕〉에 "공자께서 말씀하기를 '三軍을 거느리는 장수는 빼앗을 수 있어도……'라고 하였다.〔子曰三軍可奪帥……〕"라고 한 것은 아마도 王官伯을 지칭한 듯하다.

【傳】將尊師少稱將하며

장수의 신분이 높고 군대의 숫자가 적으면 '將(장수)'을 칭하며,

【注】 師少者는 不滿二千五百人也니 衛孫良夫伐(廧)〔將〕咎如[1]가 是也라

1) 衛孫良夫伐(廧)〔將〕咎如 : 저본에는 '廧'으로 되어 있으나, 阮元의 〈校勘記〉에 의거하여 '將'으로 바로잡았다. 孫良夫는 衛나라 大夫이다. 將咎如는 赤狄의 別種이다. 赤狄의 잔당이 장구여로 쳐들어간 것으로 인해 위나라의 장수가 그 부족을 공격하였는데, 그때 군대의 숫자가 적었으므로 '군대를 거느리다〔率師〕'라는 말을 하지 않고 장수들의 이름만 거론한 것이다. '將咎如'가 ≪春秋左氏傳≫에는 '廧咎如'로 되어 있다.

'군대의 숫자가 적다'는 것은 2천 5백 명에 차지 않는 것이니, "衛나라 孫良夫가 將咎如를 공격하였다."라고 한 것이 그 예이다.

【疏】 注'衛孫'至'是也' ○ 解云 : 成三年"晉郤克·衛孫良夫伐將咎如", 是也. 不言郤克者, 科擧以言之.

注의 〔衛孫〕에서 〔是也〕까지

○ 解云 : 成公 3년의 經文에 "晉나라 郤克과 衛나라 孫良夫가 將咎如를 공격하였다."라고 한 것이 그 예이다. 注에서 극극을 언급하지 않은 것은 해당하는 부분만 들어서 말한 것이다.

【傳】將卑師衆稱師하며

장수의 신분이 낮고 군대의 숫자가 많으면 '師'를 칭하며,

【注】 將卑者는 謂士也라 衛師入盛이 是也라

장수의 신분이 낮다는 것은 '士'를 의미한다. "衛나라 군대가 盛나라로 쳐들어갔다." 라고 한 것이 그 예이다.

【傳】 將卑師少稱人이라

장수의 신분이 낮고 군대의 숫자가 적으면 '人(사람)'을 칭하는 것이다.

【注】 鄭人伐衛가 是也라

"鄭人이 衛나라를 공격하였다."라고 한 것이 그 예이다.

【疏】 注'鄭人伐衛是也' ○ 解云：在上二年冬也.

注의 〔鄭人伐衛是也〕

○ 解云：이 내용은 앞의 隱公 2년 겨울 經文에 있다.

【傳】 君將엔 不言率師하니 書其重者也라

군주가 군대를 거느릴 때는 '率師'라고 말하지 않으니, 그 중요한 것만 기록한 것이다.

【注】 分別之者는 責元(師)〔率(수)〕[1)]하고 因錄功惡有小大하니 救徐와 從王伐鄭이 是也라

1) (師)〔率(수)〕：저본에는 '師'로 되어 있으나, 阮元의 〈校勘記〉에 의거하여 '率'로 바로잡았다. 元率는 元師와 같다.

〈이처럼〉 분별해서 기록하는 것은 元師에게 책임을 지우고 이로 인해 功과 過에 大小가 있음을 기록하는 것이니, "徐나라를 구원하였다."라고 한 것과 "周나라 왕을 따라 鄭나라를 공격하였다."라고 한 것이 그 예이다.

【疏】 注'分別'至'小大' ○ 解云：責元帥者, 凡書兵者, 是正不得, 故責之也. 因錄功惡有小大者, 卽將尊師衆而有功小, 將卑師少而有功大, 將卑師少而無功爲惡小, 將尊師衆而無功爲惡大, 是也.

注의 〔分別〕에서 〔小大〕까지

○ 解云：'元師에게 책임을 지운다.'는 것은, 일반적으로 전쟁에 관한 기록은 正道에

합치하지 않으므로 그에게 책임을 지운다는 것이다. '이로 인해 功과 過에 大小가 있음을 기록한다.'는 것은, 바로 장수의 신분이 높고 군대의 숫자가 많은데 세운 공이 작거나, 장수의 신분이 낮고 군대의 숫자가 적은데 세운 공이 크며, 장수의 신분이 낮고 군대의 숫자가 적은데 세운 공이 없는 것은 過가 작고, 장수의 신분이 높고 군대의 숫자가 많은데 세운 공이 없는 것은 過가 큰 것이 그것이다.

【疏】 ○ 注'救徐'至'是也' ○ 解云 : 僖十五年春"公孫敖[1]率師及諸侯之大夫救徐", 桓五年"秋, 蔡人・衛人・陳人從王伐鄭", 是也. 公孫敖救徐者, 將尊師衆無功, 是其惡大也. 蔡人等從王伐鄭, 稱人而行義, 是其功大也.

1) 公孫敖 : 魯나라 公子 孟穆伯이다.

○ 注의 〔救徐〕에서 〔是也〕까지

○ 解云 : 僖公 15년 봄의 經文에 "公孫敖가 군대를 거느리고서 諸侯의 大夫와 徐나라를 구원하였다."라고 한 것과 桓公 5년의 경문에 "가을에 蔡人・衛人・陳人이 周나라 왕을 따라 鄭나라를 공격하였다."라고 한 것이 그것이다. 공손오가 서나라를 구원한 것은 장수의 신분이 높고 군대의 숫자가 많은데 세운 공이 없는 것이니, 이는 그 過가 크다. 채인 등이 주나라 왕을 따라 정나라를 공격한 것은 '人'이라고 칭하였으나 義를 행한 것이니, 이는 그 功이 크다.

九月에 考仲子[1]之宮이라

1) 仲子 : 魯나라 惠公의 右媵이자, 隱公을 이어 왕위에 오른 桓公의 어머니이다.

9월에 仲子의 宮廟를 완성하였다.

【傳】 考宮者何아 考는 猶入室也니 始祭仲子也라

宮廟를 완성했다는 것은 무슨 뜻인가? '考'는 入室(神主가 사당에 들어감)의 뜻이니 처음으로 仲子를 제사한 것이다.

【注】 考는 成也라 成仲子之宮廟而祭之라 所以居其鬼神은 猶生人入宮室이니 必有飮食之事라 不就惠公廟者는 妾母卑라 故雖爲夫人이나 猶特廟而祭之라 禮에 妾廟는 子死則

廢矣[1)]라 不言立者는 得變禮也라 加之者는 宮廟尊卑共名이나 非配號稱之辭라 故加之하여 以絶也라

1) 禮 妾廟子死則廢矣 : ≪春秋穀梁傳≫ 隱公 5년 조에 "考는 무엇인가? 考는 '成(완성하다)'의 의미이다. 완성한 것은 부인을 위한 것이다. 禮에 庶子가 군주가 되면 그 어미를 위하여 宮廟를 세우고 公子에게 그 제사를 주관하게 한다. 자식 代에서만 제사를 지내고, 孫子 代에는 그친다.〔考者何也 考者 成之也 成之爲夫人也 禮 庶子爲君 爲其母築宮使公子主其祭也 於子祭 於孫止〕"라는 내용이 있다.

'考'는 '成(완성하다)'의 뜻이다. 仲子의 宮廟를 완성하고 제사 지낸 것이다. 귀신에게 거처를 만들어주는 것은 살아 있는 사람이 宮室에 들어가는 것과 같기에, 반드시 음식을 올리는 일이 있다. 惠公의 궁묘에 들여서 제사 지내지 않은 것은, 妾母(庶母)는 신분이 낮으므로 비록 諸侯의 夫人이 되었다고 하더라도 또한 特廟(따로 세운 宮廟)를 만들어 제사 지낸다. 禮에 의하면 첩모의 궁묘는 아들이 죽으면 폐기한다. 궁묘를 '立(세웠다)'이라고 말하지 않은 것은 變禮를 얻는 것이기 때문이다. 〈'仲子之宮'이라 하여〉 '之'자를 더한 것은, 궁묘는 尊者와 卑者가 똑같이 '宮'이라는 명칭을 쓰기는 하지만, 이는 〈仲子의〉 號稱에는 걸맞은 말이 아니므로 '之'자를 더하여 사이를 떨어지게 한 것이다.

【疏】 (注)〔傳〕[1)]'考宮者何' ○ 解云 : 上無立文, 而經言考, 春秋之內, 更無考禮, 故執不知問.

1) (注)〔傳〕 : 저본에는 '注'로 되어 있으나, 阮元의 〈校勘記〉에 의거하여 '傳'으로 바로잡았다.

傳의 〔考宮者何〕

○ 解云 : 이 앞에 나온 글에 '立(세웠다)'이라는 글자가 없는데 經文에서 '考(완성했다)'라고 했고, ≪春秋≫ 내에 다시 '考'의 禮가 없기에, 미심쩍은 점을 가지고 물은 것이다.

【疏】 ○ 注'猶生'至'之事' ○ 解云 : 卽下雜記云"路寢成則考之而不釁", 鄭注云"言路寢者, 生人所居. 不釁者, 不神之也. 考之者, 設盛食以落之". 檀弓曰"晉獻文子成室, 諸大夫發焉. 張老曰'美哉倫焉, 美哉煥焉[1)], 歌於斯, 哭於斯, 聚國族於斯.' 文子曰'武也, 得歌於斯, 哭於斯, 聚國族於斯, 是全要領以從先大夫於九原[2)].' 北面再拜稽首"者, 是也.

1) 美哉倫焉 美哉煥焉 : ≪禮記≫ 〈檀弓 下〉에는 '倫'이 '輪'으로, '煥'이 '奐'으로 되어 있는데, 의미는 같다.
2) 九原 : ≪禮記≫ 〈檀弓 下〉에는 '九京'으로 되어 있는데, 의미는 같다.

○ 注의 〔猶生〕에서 〔之事〕까지

○ 解云 : 곧 ≪禮記≫ 〈雜記 下〉에 이르기를 "路寢(正寢)이 이루어지면 落成은 하되 釁(犧牲의 피를 바르는 祭儀)을 하지 않는다."라고 하였고, 鄭玄의 注에 "路寢이라는 말은 살아 있는 사람이 거처하는 곳이고, 釁을 하지 않는 것은 神으로 여기지 않는 것이다. 落城을 한다는 것은 성대한 음식을 베풀어서 落成式을 하는 것이다."라고 〈한 것이 그것이다.〉

≪예기≫ 〈檀弓 下〉에 이르기를 "晉나라 獻文子가 집을 낙성하자 진나라의 여러 大夫들이 禮를 드러내어 가서 송축하였다. 대부 張老가 송축하기를 '아름답도다, 높고 큼이여. 아름답도다, 찬란히 빛남이여. 여기에서 음악을 연주하고 제사를 지내며, 여기에서 哭을 하며, 여기에서 國賓과 親族이 모이리라.'라고 하였다. 헌문자가 말하기를 '나 趙武가 여기에서 음악을 연주하고 제사를 지내며, 여기에서 곡을 하며, 여기에서 국빈과 친족을 모은다면, 이는 내가 〈형벌을 당하지 않고〉 목숨을 잘 보전해서 九原에서 先大夫를 따르게 되는 것이다.'라고 하고, 북쪽을 바라보고 두 번 절하고서 머리를 조아렸다."라고 한 것이 그것이다.

【疏】 ○ 注'禮妾'至'廢矣' ○ 解云 : 卽喪服小記云"慈母[1]與妾母不世祭", 鄭注云"以其非正", 卽引穀梁傳云"於子祭, 于孫止",[2] 是也.

1) 慈母 : 陳澔의 ≪禮記集說≫ 권4 〈曾子問〉에 "자식이 없는 妾이 어미가 없는 妾의 자식을 기르는 것을 慈母라 한다.〔妾之無子者 養妾子之無母者 謂之慈母〕"라고 하였다.
2) 鄭注云……于孫止 : ≪禮記注疏≫ 권33 〈喪服小記〉 鄭玄 注에 보인다.

○ 注의 〔禮妾〕에서 〔廢矣〕까지

○ 解云 : 바로 ≪禮記≫ 〈喪服小記〉에 이르기를 "慈母와 妾母에 대해서는 자신의 代에만 제사를 지내고 대대로 제사를 지내지 않는다."라고 하였고, 鄭玄의 注에 "그것이 바르지 않기 때문이다."라고 하고서 곧장 ≪春秋穀梁傳≫ 隱公 5년 조의 "〈첩모에 대해〉 자식 代에만 제사를 지내고, 손자 代에는 그친다."라고 한 것을 인용한 것이 그것이다.

【疏】○ 注'不言'至'禮也' ○ 解云：欲決成六年"立武宮"[1], 定元年"立煬宮"[2], 皆言立者, 以其非禮故也.

1) 武宮：魯나라 武公의 宮廟이다.
2) 煬宮：魯나라 伯禽의 아들 煬公의 宮廟이다.

○ 注의 〔不言〕에서 〔禮也〕까지

○ 解云：〈이 注를 낸 것은〉 成公 6년 經文에 "武宮을 세웠다."라고 하고, 定公 원년 經文에 "煬宮을 세웠다."라고 하여 모두 '立(세웠다)'이라고 말한 것이 禮가 아니었기 때문이라는 점을 해명하고자 한 것이다.

【疏】○ 注'加之'至'絶也' ○ 解云：言宮廟尊卑共名者, 尊亦言宮. 故武煬是君, 仲子是妾, 是尊卑共名. 號稱者, 卽仲子, 是也. 武煬是君, 配宮言之, 正是其宜. 仲子是妾, 不宜與宮廟連文, 故加之以絶之矣.

○ 注의 〔加之〕에서 〔絶也〕까지

○ 解云：'宮廟는 尊者와 卑者가 똑같이 宮이라는 명칭을 쓰기는 하지만'이라는 것은, 존자 또한 궁묘를 '宮'이라고 말한다는 것이다. 그러므로 武公과 煬公은 '君'이고 仲子는 '妾'이니, 이것이 존자와 비자가 똑같이 '宮'이라는 명칭을 쓴다는 것이다. '號稱'은 바로 '仲子'가 이것이다. 무공과 양공은 '君'이므로 '宮'이라는 명칭에 배합하여 말하는 것이 진실로 마땅하지만, 중자는 '妾'이므로 궁묘와 글을 연결해서는 안 되기에 '之'자를 더하여 사이를 떨어지게 한 것이다.

【傳】桓未君한대 則曷爲祭仲子아

桓公이 아직 군주가 되지 않았는데, 왜 仲子를 제사 지낸 것인가?

【注】据無子不廟也라

자식이 없으면 宮廟를 세우지 않는다는 기록에 의거한 것이다.

【疏】注'据無子不廟也' ○ 解云：卽上解"於孫止", 是也. 其子死訖猶尙不祭, 其子未君之時, 不祭明矣, 故難之. 然則妾母之貴, 正由其子爲君, 卽元年傳云"母以子貴"[1] 是也. 若子未爲君之時, 義與未踰年之君[2)]相似. 莊三十二年傳云"未踰年之君也, 有子則廟", "無子不廟"[3)], 義亦通於此.

1) 元年傳云 母以子貴 : 앞의 隱公 元年 傳 참조.
2) 未踰年之君 : ≪春秋公羊傳≫ 莊公 32년 조에 "군주가 살아 있을 때에는 '世子'라고 칭하고, 군주가 세상을 떠나면 '子某(아들 아무개)'라고 칭하며, 이미 군주의 장례를 치렀으면 '子'라고 칭하고, 한 해를 넘기면 '公'이라고 칭한다.〔君存稱世子 君薨稱子某 旣葬稱子 踰年稱公〕"라는 내용이 있다.
3) 莊三十二年傳云……無子不廟 : ≪春秋公羊傳≫ 莊公 32년 조에 "〈전대의 군주가 세상을 떠난 뒤 즉위하여〉 아직 한 해를 넘기지 않은 군주는 자식이 있으면 宮廟를 세우니, 궁묘를 세우면 장례 치른 일을 기록한다. 자식이 없으면 궁묘를 세우지 않으니, 궁묘를 세우지 않으면 장례 치른 일을 기록하지 않는다.〔未踰年之君也 有子則廟 廟則書葬 無子則不廟 不廟則不書葬〕"라는 내용이 있다.

注의 〔据無子不廟也〕

○ 解云 : 곧 앞의 疏 풀이에서 "손자 代에는 그친다."라고 한 것이 그것이다. 그 아들이 죽음에 이르면 또한 妾母를 제사 지내지 않으니, 그 아들이 아직 군주가 되지 않았을 때는 첩모를 제사 지내지 않는 것이 분명하다. 이 때문에 비판한 것이다. 그렇다면 첩모가 귀하게 되는 것은 진실로 그 아들이 군주가 되었기 때문이니, 바로 隱公 元年 傳에서 "어미는 아들로 인해 귀하게 된다."라고 한 것이 그것이다. 아들이 아직 군주가 되지 않은 경우는 그 뜻이 즉위하여 아직 해를 넘기지 않은 군주와 서로 비슷하다. 莊公 32년 傳에 "즉위하여 아직 해를 넘기지 않은 군주는 자식이 있으면 宮廟를 세운다."라고 한 것과 "자식이 없으면 宮廟를 세우지 않는다."라고 한 것은 그 뜻이 또한 이것과 통한다.

【傳】 隱爲桓立이라 故爲桓祭其母也라 然則何言爾아 成公意也라

隱公이 桓公을 後嗣로 세우려고 하였기에 환공을 위해 그 어미를 제사 지낸 것이다. 그렇다면 왜 이렇게 말했는가? 은공의 뜻을 이뤄주기 위해서다.

【注】 尊桓之母하여 爲立廟는 所以彰桓當立이니 得事之宜라 故善而書之하니 所以起其意하여 成其賢也라

桓公의 어미를 높여서 宮廟를 세운 것은 桓公이 마땅히 즉위해야 함을 분명히 밝힌

것이니 적절한 조치였다. 그러므로 훌륭히 여겨 이를 기록하였으니, 隱公의 뜻을 드러내어 그 어진 행실을 이루어주기 위한 것이다.

初獻六羽[1)]라

1) 六羽 : 六佾과 같다. 음악 반주에 맞춰 춤을 추는 樂舞의 한 종류이다. 羽는 수꿩, 혹은 기러기의 깃털로 만든 춤 도구로, 文舞를 출 때 사용한다. 武舞는 방패를 사용한다.

처음으로 六羽를 올렸다.

【傳】 初者何아 始也라 六羽者何아 舞也라

'初'는 무슨 뜻인가? '始(처음)'의 뜻이다. '六羽'는 무엇인가? 춤이다.

【注】 持羽而舞라

깃털을 가지고 추는 춤이다.

【疏】 '初者何' ○ 解云 : 獻羽是常, 而反言初, 故執不知問.

傳의 〔初者何〕

○ 解云 : 깃털을 가지고 추는 춤을 올리는 것은 일상적인 것인데 도리어 '初'라고 말했기 때문에 미심쩍은 점을 가지고 물은 것이다.

【疏】 ○ '六羽者何' ○ 解云 : 諸侯仍用四, 此反言六羽, 故執不知問.

○ 傳의 〔六羽者何〕

○ 解云 : 諸侯는 곧 四羽를 사용하는데, 여기서는 도리어 '六羽'라고 말했기 때문에 미심쩍은 점을 가지고 물은 것이다.

【傳】 初獻六羽를 何以書아 譏라 何譏爾아 譏始僭諸公也라

처음으로 六羽를 올린 것을 왜 기록하였는가? 비판한 것이다. 왜 비판하였는가? 처음으로 諸公의 禮를 참람하게 사용한 것을 비판한 것이다.

【注】僭은 齊也라 下效上之辭라

'僭'은 '齊(서로 같다)'의 뜻이다. 아랫사람이 윗사람을 흉내 낸다는 말이다.

【疏】'初獻'至'以書' ○解云：不但言"何以書", 嫌覆問上文始與舞, 故復(부)擧句而問之. 不注之者, 與三年求賻同, 故省(생)文.[1)]

1) 與三年求賻同 故省(생)文：隱公 3년 經文에 "가을에 武氏의 아들이 와서 賻儀를 요구하였다.〔秋 武氏子來求賻〕"라고 하였고, 그 傳에 "喪事에 부의를 요구하지 않는다. 부의를 요구하는 것은 禮가 아니니, 아랫사람에게도 통용된다.〔喪事無求 求賻 非禮也 蓋通于下〕"라고 하였다. 상사에 부의를 요구하는 것이 예가 아니듯 아랫사람이 윗사람의 예를 흉내 내는 것은 바른 예가 아니므로, 주석을 낼 필요가 없어 생략했다는 말이다.

傳의 〔初獻〕에서 〔以書〕까지

○ 解云：단지 '何以書(무엇 때문에 기록하였는가?)'라고만 말하지 않고 〈'初獻六羽'까지 말한 것은〉 앞 문장의 '始'와 '舞'를 또 묻는 것으로 오해할 우려가 있으므로 다시 문구를 들어서 물은 것이다. 이 부분에 대해 注를 내지 않은 것은 隱公 3년의 '求賻(부의를 요구함)'의 뜻과 같으므로 생략한 것이다.

【傳】六羽之爲僭은 奈何아 天子八佾이요

'六羽'를 사용하는 것이 참람한 것은 어째서인가? 天子는 八佾이고,

【注】佾者는 列也라 八人爲列하여 八八六十四人이니 法八風[1)]이라

1) 法八風：八風은 八方의 바람으로, 동북방의 炎風, 동방의 滔風 혹은 條風, 동남방의 熏風 혹은 景風, 남방의 巨風, 서남방의 淒風 혹은 涼風, 서방의 飂風, 서북방의 厲風 혹은 麗風, 북방의 寒風을 말한다.(≪呂氏春秋≫ 〈有始〉, ≪淮南子≫ 〈墬形訓〉) 한편 漢나라 班固의 ≪白虎通義≫ 권上 〈禮樂〉에 "天子는 八佾이고 諸侯는 四佾이니, 尊卑를 구별하는 것이다. 樂은 陽이므로 陰의 數로써 八風과 六律과 四時를 본받은 것이다.〔天子八佾 諸侯四佾 所以別尊卑 樂者陽也 故以陰數 法八風六律四時也〕"라는 내용이 보인다.

'佾'은 列(줄)이다. 8인이 1列이 되어 8인이 8열로 서서 64인이니, 八風을 본뜬 것이다.

【傳】諸公六이요

諸公은 六佾이고,

【注】六人爲列하여 六六三十六人이니 法六律[1)]이라

1) 六律：고대 음악의 12律 중 陽律로, 黃鐘·太簇(태주)·姑洗(고선)·蕤賓(유빈)·夷則(이칙)·無射(무역)을 말한다. 참고로 陰律은 六呂라고 하며 大呂·夾鐘·仲呂·林鐘·南呂·應鐘 등이다.

6인이 1列이 되어 6인이 6열로 서서 36인이니, 六律을 본뜬 것이다.

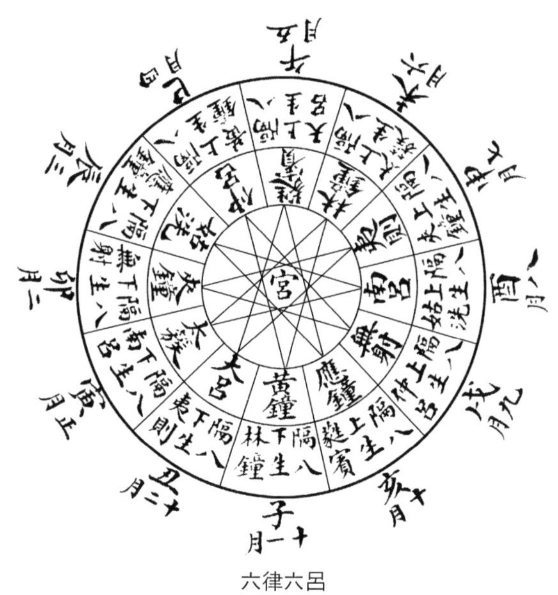

六律六呂

【傳】諸侯四라

諸侯는 四佾이다.

【注】四人爲列하여 四四十六人이니 法四時라

4人이 1列이 되어 4인이 4열로 서서 16인이니, 四時를 본뜬 것이다.

【傳】諸公者何며 **諸侯者何**아 **天子三公**을 **稱公**하고 **王者之後**를 **稱公**하며 **其餘大國**을 **稱侯**라

諸公은 누구이며 諸侯는 누구인가? 天子의 三公을 '公'이라고 칭하고 王者의 후예를 '公'이라고 칭하였으며, 그 외 大國의 군주를 '侯'라고 칭한다.

【注】大國은 謂百里也라

大國은 사방이 백 리인 나라를 말한다.

【疏】'諸公者何' ○ 解云：正以諸公有二等, 故執不知問.

傳의 〔諸公者何〕

○ 解云 : 바로 諸公은 두 등급이 있기에 미심쩍은 점을 가지고 물은 것이다.

【疏】 ○ '諸侯者何' ○ 解云 : 漫言諸侯, 明是五等總名[1]. 文次公下, 復疑偏指七命[2], 故執不知問. 所以不待答訖而連句問之者, 正以上文并解'諸公六諸侯四'故也.

1) 五等總名 : 公・侯・伯・子・男 등 다섯 등급으로 구분되는 諸侯에 대한 총칭이라는 말이다. ≪禮記≫ 〈王制〉에 "王者가 爵祿을 제정함은 公・侯・伯・子・男의 다섯 등급이다.〔王者之制祿爵 公侯伯子男五等〕"라고 하였다.

2) 七命 : 周나라 때의 관작 제도에 있어서 7등급에 해당하는 관작으로, 侯와 伯을 칭하는 말이다. 주나라 때는 관작을 아홉 등급으로 나누었는데, 上公은 9命, 天子의 三公은 8命, 侯・伯은 7命, 天子의 卿은 6命, 子・男은 5命, 天子의 大夫와 公의 卿은 4命, 侯・伯의 卿은 3命, 子・男의 卿은 2命, 公・侯・伯의 士와 子・男의 대부는 1命이었다.

○ 傳의 〔諸侯者何〕

○ 解云 : 범범하게 '諸侯'라고 말했다면 분명히 5등급의 諸侯에 대한 총칭이라 할 수 있으나, 문장의 순서가 '諸公' 아래에 있음으로 인해 七命만을 지칭한 것은 아닐까 또 의심스러웠기 때문에 미심쩍은 점을 가지고 물은 것이다. 대답이 있기를 기다리지 않고 구절을 이어서 물은 이유는 바로 앞 문장에서 "諸公은 六佾이고, 諸侯는 四佾이다."라고 나란히 풀이했기 때문이다.

【疏】 ○ 注'大國謂百里也' ○ 解云 : 公侯方百里, 王制文也.[1] 侯與公等者, 据有功者言之矣. 小國稱伯・子・男者, 正以上已有侯, 故不復言之, 其實凡平之侯, 正與伯同.

1) 公侯方百里 王制文也 : ≪禮記≫ 〈王制〉에 "天子의 田地는 사방 천 리이고, 公과 侯의 田地는 사방 백 리이며, 伯은 사방 칠십 리이고, 子와 南은 사방 오십 리이다.〔天子之田方千里 公侯田方百里 伯七十里 子男五十里〕"라고 하였다.

○ 注의 〔大國謂百里也〕

○ 解云 : 公과 侯의 田地가 사방이 백 리라는 것은 ≪禮記≫ 〈王制〉의 문장이다. 侯가 公과 동등한 것은 功을 세운 자에 근거하여 말한 것이다. 〈아래 傳에〉 "小國을 伯・子・男이라고 칭한다."라고 하여 〈공이 없는 侯를 생략한〉 것은 곧 앞에 이미 侯가 있기 때문에 다시 말하지 않았으나, 사실 평범한 侯는 곧 伯과 같다.

【傳】 小國을 稱伯子男이라

小國을 伯과 子와 男이라 칭한다.

【注】 小國은 謂伯七十里와 子男五十里라

小國은 사방 칠십 리인 伯과 사방 오십 리인 子·男을 말한다.

【疏】 注'小國'至'五十里' ○ 解云：王制文[1]. 彼注云[2]"此地殷所因夏爵三等之制也. 春秋變周之文, 從殷之質[3], 合伯子男以爲一, 則殷爵三等者, 公侯伯也, 異畿內謂之子[4]. 周武王初定天下, 更立五等之爵, 增以子·男, 而猶因殷之地, 以[5]九州之界尙狹也. 周公攝政致大平, 斥大九州之界, 制禮成武王之意. 公地方五百里, 侯四百里, 伯三百里, 子二百里, 男一百里. 諸侯亦以功黜陟之, 其不合者, 皆益之地爲百里焉. 是以周世有爵尊而國小, 爵卑而國大者, 唯天子畿內不增".

1) 王制文：앞의 주 참조.
2) 彼注云：이하에 인용된 내용은 ≪禮記注疏≫ 권11 〈王制〉의 "天子의 田地는 사방 천 리이다.〔天子之田方千里〕"에 대한 鄭玄의 注를 약간 축약한 것이다.
3) 變周之文 從殷之質：≪論語≫ 〈爲政〉에 "殷나라는 夏나라의 禮를 이어받았으니 그 加減한 것을 알 수 있으며, 周나라는 은나라의 예를 이어받았으니 그 가감한 것을 알 수 있다.〔殷因於夏禮 所損益可知也 周因於殷禮 所損益可知也〕"라는 내용이 있다. 이에 대해 朱熹의 注에 "하나라는 忠厚함을 숭상하고, 商나라는 質朴함을 숭상하고, 주나라는 文彩를 숭상하였다.〔夏尙忠 商尙質 周尙文〕"라고 하였다.
4) 異畿內謂之子：≪禮記注疏≫ 권11 〈王制〉의 疏에 "張逸이 '殷나라 작위는 公·侯·伯의 세 등급인데, ≪尙書≫에 微子와 箕子가 있는 것은 무엇 때문입니까?'라고 물었다. 鄭玄이 대답하기를 '미자와 기자는 바로 畿內에 采地를 가진 자의 작위이지, 畿外에서 백성을 다스리는 군주가 아니다. 그러므로 「子」라고 말한 것이다.'라고 하였다."라는 내용이 보인다. 장일은 정현의 제자이다.
5) 以：여기서는 '而'와 같다.

注의 〔小國〕에서 〔五十里〕까지

○ 解云：≪禮記≫ 〈王制〉의 문장이다. 그 문장에 대한 鄭玄의 注에 다음과 같은 내용이 있다. "이 田地의 크기는 殷나라가 이어받은 夏나라 관작 세 등급의 제도이다. ≪春秋≫에서 周나라의 文彩를 바꾸어 은나라의 질박함을 이어받아서 伯·子·男을

합쳐 하나로 만들었으니, 은나라의 관작 세 등급은 公·侯·伯이다. 〈子는〉 畿內에 〈采地를 가진 자를〉 '子'라고 한 것과는 다르다. 주나라 武王이 막 천하를 안정시킨 뒤에 다시 다섯 등급의 관작을 세워 子와 男을 더했지만 은나라 전지의 규모를 그대로 이어받아 九州의 경계가 여전히 좁았다. 周公이 攝政하여 태평성대를 이루고 구주의 경계를 개척해 넓혔으며 禮를 제정하여 무왕의 뜻을 이루었다. 公은 田地가 사방 5백 리이고 侯는 4백 리이며 伯은 3백 리이고 子는 2백 리이고 男은 1백 리였으며, 〈은나라 때의〉 諸侯 또한 功과 과실에 따라 〈전지를〉 늘려주거나 아예 퇴출시켰으며 〈제후의 위상에〉 합당하지 않는 자에 대해서도 모두 〈본래의 전지에다가〉 1백 리씩 더 늘려주었다. 이 때문에 주나라 시대에는 관작은 높으나 나라는 작은 경우도 있고 관작은 낮으나 나라는 큰 경우도 있었으나, 오직 천자의 畿內는 더 늘리지 않았다."

【傳】天子三公者何아 **天子之相也**라

天子의 三公은 누구인가? 천자의 재상이다.

【注】相은 助也라

'相'은 '助(돕다)'의 뜻이다.

【疏】'天子三公者何' ○ 解云：正以春秋上下, 無三公之文, 故執不知問.

傳의 〔天子三公者何〕

○ 解云 : 바로 ≪春秋≫의 앞과 뒤에 '三公'이라는 글자가 없기 때문에 미심쩍은 점을 가지고 물은 것이다.

【傳】天子之相은 **則何以三**가

天子의 재상은 무엇 때문에 세 사람이 있는가?

【注】据經但有祭公周公이라

經文에 단지 '祭公'과 '周公'만 있는 것에 의거한 것이다.

【疏】注'据經'至'周公' ○ 解云：卽桓八年"祭公來"云云[1), 僖九年"公會宰周公"[2), 是也.

經但有二公, 而傳言三公, 故難之.

1) 桓八年 祭公來云云 : ≪春秋≫ 桓公 8년 經文에 "祭公이 魯나라에 왔다. 마침내 紀나라로 가서 王后를 맞이하였다.〔祭公來 遂逆王后于紀〕"라는 내용이 있다. 채공은 周 桓公의 재상이고, 王后는 紀季姜으로 周 桓公의 후비이다.
2) 僖九年 公會宰周公 : ≪春秋≫ 僖公 9년 經文에 "여름에 희공이 宰周公·齊侯·宋子·衛侯·鄭伯·許男·曹伯과 葵丘에서 會合하였다.〔夏 公會宰周公齊侯宋子衛侯鄭伯許男曹伯于葵丘〕"라는 내용이 있다. 宰周公은 周 襄王의 재상인 宰孔을 말한다.

注의 〔据經〕에서 〔周公〕까지

○ 解云 : 바로 桓公 8년 經文에 "祭公이 와서"라고 云云한 것과 僖公 9년 경문에 "희공이 宰周公과 會合하였다."라고 한 것이 그것이다. 경문에는 단지 두 公만 있는데, 傳에서 '三公'이라고 말하였기에 의문을 제기하였다.

【傳】 自陝而東者는 周公이 主之하고 自陝而西者는 召公이 主之하며 一相은 處乎內라

陝에서 동쪽은 周公이 주관하고, 陝에서 서쪽은 召公이 주관하며, 한 명의 재상은 天子의 조정 안에 있었다.

【注】 陝者는 蓋今弘農陝縣[1]이 是也라 禮에 司馬는 主兵하고 司徒는 主教하고 司空은 主土[2]라 春秋는 撥亂世하여 以絀陟爲本[3]이라 故擧絀陟以所主者하여 言之라

1) 弘農陝縣 : 현재의 河南省 陝縣이다.
2) 禮……司空主土 : 漢나라 班固의 ≪白虎通義≫ 권上 〈封公侯〉에 "司馬는 군대에 관한 일을 주관하고, 司徒는 民衆에 관한 일을 주관하며, 司空은 토지에 관한 일을 주관한다.〔司馬主兵 司徒主人 司空主地〕"라는 내용이 보인다.
3) 春秋撥亂世 以絀陟爲本 : ≪春秋公羊傳≫ 哀公 14년 조에 "난세를 다스려 正道로 돌아가게 한 것은 ≪春秋≫보다 나은 것이 없다.〔撥亂世 反諸正 莫近諸春秋〕"라는 내용이 보인다. 또 ≪白虎通義≫ 권下 〈巡狩〉에 "傳에 이르기를 '周公이 天子의 조정에 들어가서는 三公이 되었고, 나가서는 二伯이 되어 천하를 가운데서 둘로 나누어서 黜陟을 행하였다.〔傳曰 周公入爲三公 出爲二伯 中分天下 出黜陟〕"라는 내용이 보인다. 二伯은 周나라 제도의 東伯과 西伯을 말하는데, 영토를 동쪽과 서쪽으로 나누어서 다스렸다. 絀은 黜과 통용한다.

陜은 지금의 弘農 陜縣이 이곳이다. 禮에 의하면 司馬는 군대에 관한 일을 주관하고, 司徒는 교육에 관한 일을 주관하며, 司空은 토지에 관한 일을 주관한다. ≪春秋≫는 亂世를 다스리는 것이어서 黜陟(賞罰)을 근본으로 삼기 때문에 출척에 관한 일을 주관하는 자를 거론하여 말한 것이다.

【疏】 注'司馬'至'言之' ○ 解云：上傳云"諸公者何, 天子之相. 天子之相, 則何以三"云云, 不道二王之後者何, 二王之後何以二也者[1], 正以天子三公主絀陟, 故偏取言之. 是以注者解其意.

1) 不道二王之後者何 二王之後何以二也者：二王은 ≪春秋公羊傳≫에 일반적으로 夏·殷 두 왕조를 가리키는데, 여기서는 무엇을 말하는지 추정하기 어렵다.

注의 〔司馬〕에서 〔言之〕까지

○ 解云：앞의 傳에서 "諸公은 누구인가? 天子의 재상이다. 천자의 재상은 무엇 때문에 세 사람이 있는가?"라고 云云하고서, '二王의 後裔는 누구인가? 二王의 후예는 무엇 때문에 두 명인가?'라고 말하지 않은 것은, 바로 天子의 三公이 黜陟을 주관하기 때문에 그 부분만 취해서 말한 것이다. 그래서 注를 낸 사람이 그 뜻을 풀이하였다.

【傳】 始僭諸公이 昉於此乎아 前此矣라 前此면 則曷爲始乎此아 僭諸公은 猶可言也어니와 僭天子는 不可言也라

처음으로 諸公의 禮를 참람하게 사용한 것이 이때 처음 시작되었나? 이때 이전에도 있었다. 이때 이전에도 있었다면 왜 이때 시작되었다고 했는가? 諸公의 예를 참람하게 사용한 것은 그래도 말할 수 있지만 天子의 예를 참람하게 사용한 것은 말할 수 없어서이다.

【注】 傳云爾者는 解不(訖)〔託〕[1]始也라 前에 僭八佾於惠公廟한대 大惡不可言也라 還從僭六羽하여 (議)〔譏〕[2]니 本所當託者 非但六也라 故不得復傳上也[3]라 加初者는 以爲常也라 獻者는 下奉上之辭라 不言六佾者는 言佾하면 則干舞在其中하니 明婦人無武事하여 獨奏文樂이라 羽者는 鴻羽也니 所以象文德之風化疾也라 夫樂은 本起於和順하니 和順積於中然後에 榮華發於外[4]라 是故八音者는 德之華也요 歌者는 德之言也요 舞者는 德之容

也라 故聽其音이면 可以知其德하며 察其詩면 可以達其意하며 論其數면 可以正其容하며 薦之宗廟하면 足以享鬼神하며 用之朝廷하면 足以序群臣하며 立之學宮하면 足以協萬民이라 凡人之從上教也는 皆始於音이니 音正則行正이라 故聞宮聲하면 則使人溫雅而廣大하고 聞商聲하면 則使人方正而好義하고 聞角聲하면 則使人惻隱而好仁하고 聞徵(치)聲하면 則使人整齊而好禮하고 聞羽聲하면 則使人樂養而好施라 所以感蕩血脈하고 通流精神하고 存寧正性이라 故樂은 從中出하고 禮는 從外作也라 禮樂接於身이면 望其容而民不敢慢하고 觀其色而民不敢爭[5]이라 故禮樂者는 君子之深教也니 不可須臾離也라 君子須臾離禮면 則暴慢襲之하고 須臾離樂이면 則姦邪入之라 是以로 古者에 天子諸侯는 雅樂鍾磬을 未曾離於庭하고 卿大夫는 御琴瑟을 未曾離於前하니 所以養仁義而除淫辟也라 魯詩傳曰 天子食하되 日擧樂하고 諸侯는 不釋縣하며 大夫士는 日琴瑟[6]이라하니라 王者는 治定制禮하고 功成作樂[7]하며 未制作之時에 取先王之禮樂宜於今者用之[8]라 堯曰大章이요 舜曰蕭韶요 夏曰大夏요 殷曰大護요 周曰大武니 各取其時民所樂者名之라 堯時에 民樂其道章明也하고 舜時에 民樂其脩(紀)〔紹〕[9]堯道也하고 夏時에 民樂大其三聖相承也하고 殷時에 民樂大其護己也하고 周時에 民樂其伐(討)〔紂〕[10]也라 蓋異號而同意하고 異歌而同歸라 失禮鬼神을 例日한대 此不日者는 嫌獨考宮以非禮書라 故從末言初하여 可知라

1) (訖)〔託〕: 저본에는 '訖'로 되어 있으나, 阮元의 〈校勘記〉에 의거하여 '託'으로 바로잡았다.
2) (議)〔譏〕: 저본에는 '議'로 되어 있으나, 阮元의 〈校勘記〉에 의거하여 '譏'로 바로잡았다.
3) 故不得復傳上也 : 隱公 2년 經文에 보인다. 아래 疏의 역주 참조.
4) 夫樂……榮華發於外 : 《禮記》 〈樂記〉에 "和順이 마음속에 쌓여 榮華가 외면에 드러나니, 오직 樂은 거짓으로 할 수 없는 것이다.〔和順積中而英華發外 惟樂不可以爲僞〕"라는 구절이 보인다.
5) 凡人之從上教也……觀其色而民不敢爭 : 《史記》 권24 〈樂書〉 第2와 《白虎通義》 권上 〈禮樂〉에 이와 거의 유사한 내용이 보인다.
6) 魯詩傳曰……日琴瑟 : 《魯詩傳》은 漢나라 때 魯나라의 申培(B.C. 221?~B.C. 135?)가 《魯詩》에 붙인 해설서인데, 지금은 전하지 않는다. 《노시》는 漢代에 전승된 네 종류의 《詩經》 중 하나인데, 《漢書》 권36 〈楚元王劉交傳〉에 "申公이 처음으로 《詩》에 傳을 짓고 '魯詩'라고 칭하였다.〔申公始爲詩傳 號魯詩〕"라는 기록이 보인다. 참고로 현재의 《詩經》은 毛亨이 전한 《毛詩》이며, 《모시》 이외의 책은 산일되어 일부분만 전한다. 한편 《노시전》을 출처로 하여 인용한 부분과 관련하여, 《禮記》 〈王制〉에 "天子가 밥을 먹되 날마다 盛饌을 들고 음악을 연주한다.〔天子食日擧以樂〕"라

고 하였고, ≪白虎通義≫ 권上 〈禮樂〉에 "≪詩傳≫에 이르기를 '大夫와 士는 금슬을 연주한다.〔大夫士琴瑟御〕'라고 하였다."라는 기록이 있다.

7) 王者……功成作樂 : ≪禮記≫ 〈樂記〉에 보인다.

8) 未制作之時 取先王之禮樂宜於今者用之 : ≪漢書≫ 권56 〈董仲舒傳〉에 "王者는 아직 樂을 만들지 않았을 때는 곧 先王의 樂 가운데 그 시대에 적합한 것을 사용한다.〔王者未作樂之時 迺用先王之樂宜於世者〕"라는 내용이 보인다.

9) (紀)〔紹〕 : 저본에는 '紀'로 되어 있으나, 阮元의 〈校勘記〉에 의거하여 '紹'로 바로잡았다.

10) (討)〔紂〕 : 저본에는 '討'로 되어 있으나, 阮元의 〈校勘記〉에 의거하여 '紂'로 바로잡았다.

傳에서 이렇게 말한 것은 '託始(처음이라고 假託한 것이다)'라고 말하지 못한 것을 해명한 것이다. 이때 이전에 惠公의 宮廟에서 天子의 八佾을 참람하게 사용한 적이 있었는데 큰 惡行이어서 말할 수 없었다. 그래서 도리어 六羽를 참람하게 사용한 일을 따라 비판한 것이니, 본래 託始라고 해야 할 것이 비단 육우 뿐만이 아니었다. 그러므로 傳의 앞에 나온 것처럼 託始라는 말을 다시 드러낼 수 없었던 것이다.

'初'자를 덧붙인 것은 일상적인 일이 되었기 때문이다. '獻'은 아랫사람이 윗사람에게 받들어 올린다는 말이다. '六佾'이라고 말하지 않은 것은, '佾'이라고 말하면 干舞(방패를 들고 추는 武舞)가 그 속에 본래 들어 있으므로, 婦人에게는 武事가 없어 오직 文樂을 연주한 것임을 밝힌 것이다. '羽'는 '鴻羽(기러기 깃털)'인데 文德의 教化가 신속함을 상징하는 것이다.

무릇 樂은 본래 和順(온화한 性情)에서 일어나니, 화순이 내면에 쌓인 연후에 榮華(아름다움)가 외면으로 드러난다. 이 때문에 八音은 내면의 德이 드러난 영화이고, 歌는 내면의 덕이 드러난 말〔言〕이며, 舞는 내면의 덕이 드러난 모습〔容〕이다. 그러므로 音을 들으면 그 덕을 알 수 있고, 詩〔歌〕를 살펴보면 그 뜻을 이해할 수 있으며, 춤의 數를 논하면 그 모습을 바르게 할 수 있다. 宗廟에 이를 올리면 귀신을 歆饗하게 할 만하고, 朝廷에 이를 사용하면 뭇 신하를 질서 있게 할 수 있으며, 學宮에 이를 확립하면 만백성을 화합하게 할 수 있다.

무릇 사람이 윗사람의 가르침에 따르는 것은 모두 音에서 시작하니, 音이 바르면 행동이 바르게 된다. 그러므로 宮聲을 들으면 사람을 溫雅하여 廣大하게 할 수 있고, 商聲을 들으면 사람을 方正하여 義를 좋아하게 할 수 있고, 角聲을 들으면 사람을 惻隱한 마음이 생겨 仁을 좋아하게 할 수 있고, 徵聲을 들으면 사람을 整齊하여 禮를 좋아하게 할 수 있고, 羽聲을 들으면 사람을 길러주기를 즐겨서 베풀기를 좋아하게 할 수 있다. 血脈을 격동시키고 정신을 통하게 하며 올바른 본성을 보존하고 편안하게 하는 것이다. 그러므로 樂은 내면에서부터 나오고, 禮는 외면에서 만들어지게 된다.

禮와 樂이 몸에서 만나게 되면, 그 모습을 멀리서 바라보고 백성들이 감히 업신여기지 못하며, 그 안색을 살펴보고 백성들이 감히 다투지 못한다. 그러므로 禮와 樂은 君子의 심오한 가르침이니 잠시도 떠날 수가 없다. 군자가 잠시라도 禮에서 떠난다면 사나움과 오만함이 들이닥치고, 잠시라도 樂에서 떠난다면 간사함이 침입한다. 이 때문에 옛날 天子와 諸侯는 鍾과 磬을 바르게 연주하는 것을 뜰에서 떠나게 한 적이 없으며, 卿과 大夫는 琴瑟을 연주하는 것을 앞에서 떠나게 한 적이 없었으니, 仁과 義를 기르고 사악함과 不正함을 없애는 방법이었다.

≪魯詩傳≫에 이르기를 "天子가 밥을 먹되 날마다 盛饌을 들고 음악을 연주하며, 諸侯는 縣(鍾과 磬 등 매달아 연주하는 악기)을 풀지 않으며, 大夫와 士는 날마다 琴瑟을 연주한다."라고 하였다. 王者는 다스림이 안정되면 禮를 제정하고 功이 이루어지면 樂을 만들며, 아직 禮와 樂을 제정하거나 만들지 못했을 때는 先王의 禮와 樂 중에서 그 시대에 적합한 것을 취해서 사용하였다.

堯임금의 樂을 '大章'이라 하고, 舜임금의 樂을 '蕭韶'라 하고, 夏나라의 樂을 '大夏'라 하고, 殷나라의 樂을 '大護'라 하고, 周나라의 樂을 '大武'라 하니, 각각 그 당시의 백성들이 좋아한 것을 취해 이름을 붙였다. 요임금 때에는 백성들이 그 道가 환히 밝혀진 것을 좋아하였고, 순임금 때에는 백성들이 요임금의 道를 계승한 것을 좋아하였고, 하나라 때에는 백성들이 세 聖人이 서로 이어진 것을 좋아하고 훌륭하게 여겼고, 은나라 때에는 백성들이 자신들을 보호해주는 것을 좋아하고 훌륭하게 여겼으며, 주나라 때에는 백성들이 紂王을 공격한 것을 좋아하였다. 이는 대개 樂의 명칭은 달랐으나 뜻은 같았고, 樂의 노래는 달랐으나 귀결은 같은 것이다.

귀신에 대해 禮를 잃었을 때는 일반적으로 그 날짜를 기록하는데 여기에서 날짜를 기록하지 않은 것은, 오직 宮廟를 완성한 것에 대해 예가 아니라고 기록한 것으로 오해할 우려가 있으므로 마지막에 '初'라고 말하는 방법을 따라서 알 수 있게 하였다.

【疏】 注'傳云'至'始也' ○ 解云：其託始者, 卽上二年傳云"無駭者何. 展無駭也. 何以不氏, 貶. 曷爲貶, 疾始滅也. 始滅, 昉於此乎, 前此矣. 前此(貶)〔則〕[1]曷爲始乎此, 託始焉爾. 曷爲託始焉爾. 春秋之始也", 今傳亦宜云前此則曷爲始乎此, 託始焉爾. 曷爲託始焉〔爾〕[2], 春秋之始也, 而云僭諸公猶可言, 僭天子不可言, 解不得託始意也.

1) (貶)〔則〕: 저본에는 '貶'으로 되어 있으나, 阮元의 〈校勘記〉에 의거하여 '則'으로 바로잡았다.

2) 〔爾〕: 저본에는 '爾'가 없으나, 阮元의 〈校勘記〉에 의거하여 보충하였다.

注의 〔傳云〕에서 〔始也〕까지

○ 解云 : '託始(처음이라고 假託하다)'라는 것은, 바로 앞의 隱公 2년 傳에서 "無駭는 누구인가? 殿無駭이다. 무엇 때문에 姓氏를 기록하지 않았는가? 폄하한 것이다. 왜 폄하하였나? 처음으로 다른 나라를 멸망시킨 것을 비판한 것이다. 처음으로 다른 나라를 멸망시킨 것이 이때 처음 시작되었는가? 이때 이전에도 있었다. 이때 이전에도 있었다면 왜 이때 시작되었다고 했는가? 처음이라고 假託한 것일 뿐이다. 왜 처음이라고 가탁하였는가? ≪春秋≫ 기록의 시작이기 때문이다."라고 하였으니, 지금 傳에서도 "이때 이전에도 있었다면 왜 이때 시작되었다고 했는가? 처음이라고 가탁한 것일 뿐이다. 왜 처음이라고 가탁하였는가? ≪춘추≫ 기록의 시작이기 때문이다."라고 해야 마땅하다. 그런데 傳에 "諸公이 사용하는 예를 참람하게 사용한 것은 그래도 말할 수 있지만 天子가 사용하는 예를 참람하게 사용한 것은 말할 수 없어서이다."라고 하였으니, '처음이라고 가탁한 것이다.'라고 할 수 없었던 뜻을 해명한 것이다.

【疏】 ○ 注'前僭'至'公廟' ○ 解云 : 謂自此以前, 不必要指春秋前也. 而言惠公廟者, 欲道於周公廟時不爲僭故也.

○ 注의 〔前僭〕에서 〔公廟〕까지

○ 解云 : 이때 이전의 일이었기에 ≪春秋≫ 기록 이전의 일을 지적할 필요가 없었다는 의미이다. 그리고 '惠公의 宮廟'라고 말한 것은, 周公의 宮廟에서 六羽를 행했을 때는 〈참람하게〉 사용한 것이 아님을 말하고자 했기 때문이다.

○ 注'本所'至'傳上也' ○ 解云 : 由非六之故, 是以不得復(祭)〔發〕[1]傳云上古已有六矣.

1) (祭)〔發〕: 저본에는 '祭'로 되어 있으나, 阮元의 〈校勘記〉에 의거하여 '發'로 바로잡았다.

○ 注의 〔本所〕에서 〔傳上也〕까지

○ 解云 : 六羽 뿐만이 아니었기 때문에 傳에서 '上古에 이미 六羽가 있었다.'는 것을 다시 말할 수 없었다는 것이다.

翟

【疏】○ 注'羽者'至'化疾' ○ 解云：知鴻羽者，時王之禮，且以擧則沖天，所以象文德之風化疾故也．詩云"右手秉翟"者，其兼用之乎.[1] 注'夫樂，本起於和順，和順積於中，然後榮華發於於外'者，樂記文也.

1) 詩云右手秉翟者 其兼用之乎：≪詩經≫〈邶風 簡兮〉에 "왼손에는 피리를 쥐고, 오른손에는 꿩 깃을 잡았다네.〔左手執籥 右手秉翟〕"라는 구절이 있다.

○ 注의 〔羽者〕에서 〔化疾〕까지

○ 解云：'羽'가 '鴻羽(기러기 깃털)'임을 안 것은 〈홍우를 사용하는 것이〉 當代 왕의 禮였으며, 또 이를 들어 올리면 〈그 기운이〉 하늘까지 솟구쳐 오르기에 文德의 교화가 신속함을 상징하는 것이 되기 때문이다. ≪試經≫ 〈邶風 簡兮〉에서 "오른손에는 꿩 깃을 잡았다네."라고 한 것은 아마 그것도 겸용했던 것 같다. 注에서 "무릇 樂은 본래 和順(온화한 性情)에서 일어나니, 화순이 내면에 쌓인 연후에야 榮華(아름다움)가 외면으로 드러난다."라고 한 것은 ≪禮記≫ 〈樂記〉의 글이다.

【疏】○ 注'故聞'至'(性故)〔正性〕'[1] ○ 解云：溫雅而廣大者，土之性也，方正而好義者，金之性也，惻隱而好仁者，木之性也，整齊而好禮者，火之性也，樂養而好施者，水之性也.

1) (性故)〔正性〕：저본에는 '性故'로 되어 있으나, 阮元의 〈校勘記〉에 의거하여 '正性'으로 바로잡았다.

○ 注의 〔故問〕에서 〔正性〕까지

○ 解云：溫雅하여 廣大하게 하는 것은 '土'의 속성이고, 方正하여 義를 좋아하게 하는 것은 '金'의 속성이고, 측은한 마음이 생겨 仁을 좋아하게 하는 것은 '木'의 속성이고, 整齊하여 禮를 좋아하게 하는 것은 '火'의 속성이고, 길러주기를 즐겨서 베풀기를 좋아하게 하는 것은 '水'의 속성이다.

【疏】○ 注'樂從'至'作也' ○ 解云：樂記文. 樂由中出, 和在心是也, 禮自外作, 敬在貌, 是也,[1] 此注皆出樂記.

1) 樂由中出……是也：≪禮記≫ 〈樂記〉에 "樂은 내면에서 나오고, 禮는 외면에서 만들어진다.〔樂由中出 禮自外作〕"라고 하였고, ≪禮記注疏≫ 鄭玄의 注에 "〈악이 내면에서 나온다는 것은〉 和가 마음에 있는 것이다. 〈禮가 외면에서 만들어진다는 것은〉 敬이 외모에 있는 것이다.〔和在心 敬在貌〕"라고 하였다.

○ 注의 〔樂從〕에서 〔作也〕까지

○ 解云：≪禮記≫ 〈樂記〉의 글이다. '樂이 내면에서 나온다.'는 것은 '和가 마음에 있다.'는 것이 그것이며, '禮가 외면에서 만들어진다.'는 것은 '敬이 외모에 있다.'는 것이 그것이니, 이 注는 모두 ≪예기≫ 〈악기〉에서 나왔다.

【疏】○ 注'取先王'至'用之' ○ 解云：謂同其文質也. 王者治定制禮, 功成作樂. 功成治定同時爾, 功主於王業, 治主於敎民. 故明堂位曰"周公治天下六年, 朝諸侯於明堂, 制禮作樂"[1].

1) 故明堂位曰……制禮作樂：≪禮記≫ 〈明堂位〉에 "武王이 세상을 떠나자 成王이 어렸기에, 周公이 天子를 대리하여 천하를 다스렸다. 6년 뒤에 明堂에서 諸侯들에게 조회를 받고 禮를 제정하고 樂을 만들었으며 度量衡을 나누어주자 천하가 크게 복종하였다. 7년 뒤에 성왕에게 정사를 돌려주었다.〔武王崩 成王幼弱 周公踐天子之位 以治天下 六年 朝諸侯於明堂 制禮作樂 頒度量而天下大服 七年 致政於成王〕"라고 하였다.

○ 注의 〔取先王〕에서 〔用之〕까지

○ 解云：그 '文(문채)'과 '質(본바탕)'이 같음을 말하였다. 王者는 다스림이 안정되면 禮를 제정하고, 功이 이루어지면 樂을 만든다. 공이 이루어지고 다스림이 안정되는 것은 同時에 행하는 일이니, 공은 王業을 위주로 하고 다스림은 敎民(백성을 가르침)을 위주로 한다. 그러므로 ≪禮記≫ 〈明堂位〉에 이르기를 "周公이 천하를 다스린 지 6년 뒤에 明堂에서 諸侯에게 조회를 받고 禮를 제정하고 樂을 만들었다."라고 한 것이다.

【疏】○ 注'失禮'至'可知' ○ 解云：失禮鬼神例日者, 成六年"二月辛巳, 立武宮"之屬, 是也. 言考宮與獻羽實同日, 若置日於考宮上, 則嫌獻羽不蒙之, 獨自考宮以非禮而已, 故從下事言初. 初是非禮辭, 則獻羽非禮亦可知. 然考宮得變禮, 而不置於獻羽上者, 嫌別日故也. 知初是非禮者, 正以"初稅畝"同文矣.[1]

1) 知初是非禮者 正以初稅畝同文矣 : ≪春秋公羊傳≫ 宣公 15년 經文에 "처음으로 田畝를 實測하여 세금을 징수하였다.〔初稅畝〕"라는 내용이 보인다. 그 傳에서, 公田을 공동으로 경작하게 하여 10분의 1의 세금을 부과하던 제도가 '처음으로' 백성들의 경작지를 실측해서 수확이 가장 좋은 전묘를 선택하고 그 전묘의 수에 따라 세금을 부과하는 방식으로 바뀐 것을 비판한 것으로 풀이하였다.

○ 注의 〔失禮〕에서 〔可知〕까지

○ 解云 : '귀신에 대해 禮를 잃은 경우는 일반적으로 그 날짜를 기록한다.'는 것은, 成公 6년 經文의 "2월 신사일에 武宮을 세웠다."라고 한 것 등이 그 예이다. 宮廟를 완성한 것과 六羽를 올린 것은 실제로 같은 날이다. 그런데 만약 '궁묘를 완성했다'라는 내용 앞에 날짜를 기록해두면 '육우를 올린 것'이 그 날짜와 관련이 없다고 오해할 우려가 있고, 따로 궁묘를 완성하는 것은 禮가 아니기 때문에, 아래의 일에서 '처음으로'라고 말한 것이다. '처음으로'는 '예가 아니다'라는 말이니, 그렇다면 육우를 올린 것도 예가 아님을 또한 알 수 있다. 그러나 궁묘를 완성한 것은 變禮에 해당하는데 육우를 올렸다는 내용 앞에 기록해두지 않는 것은 다른 날이라고 오해할 우려가 있기 때문이다. '처음으로'라는 말이 '예가 아니다'라는 말임을 안 것은, 바로 〈宣公 15년 經文의〉 "처음으로 田畝를 實測하여 세금을 징수하였다.〔初稅畝〕"라는 것과 같은 방식의 문장이기 때문이다.

邾婁人과 鄭人이 伐宋하다

邾婁나라 사람과 鄭나라 사람이 宋나라를 공격하였다.

【注】 邾婁小國이나 序上者는 主會也라

邾婁는 작은 나라인데 순서가 鄭나라 앞에 있는 것은 모임을 주관했기 때문이다.

【疏】 注'邾婁'至'會也' ○ 解云 : 伐宋而言主會者, 謂相共伐宋, 時邾爲首故也.

注의 〔邾婁〕에서 〔會也〕까지

○ 解云 : 宋나라를 공격하는데 '모임을 주관했다'고 말한 것은 함께 송나라를 치는데 그때 주루나라가 선봉이 되었기 때문이다.

螟하다

螟蟲의 災害가 있었다.

【傳】何以書아 記災也라

왜 기록하였는가? 재해를 기록한 것이다.

【注】災者는 有害於人物이니 隨事而至者라 先是에 隱公이 張百金之魚하니 設苛令急法하여 以禁民之所致라

'災害'는 사람과 만물에 해를 끼침이 있으니, 행한 일에 따라서 생기는 것이다. 이 재해가 생기기에 앞서 隱公이 그물을 펼쳐 百萬錢의 값이 나가는 물고기를 잡았으니, 가혹한 명령과 엄격한 법령을 만들어 백성을 금지한 것이 불러온 결과이다.

【疏】注'災者 有害於人物 隨事而至者' ○ 解云：欲對異爲先事而至故也.[1]

1) 欲對異爲先事而至故也：隱公 3년 經文의 "기사일에 日食이 있었다.〔己巳 日有食之〕"에 대한 傳에서 "왜 기록하였는가? 이변을 기록한 것이다.〔何以書 記異也〕"라고 하였고, 그 注에 "이변이란 범상치 않은 괴이쩍은 일이니, 어떤 일에 앞서 찾아오는 것이다.〔異者 非常可怪 先事而至者〕"라고 하였다.

注의 〔災者 有害於人物 隨事而至者〕

○ 解云：'이변이란 어떤 일에 앞서 찾아오는 것이다.'라고 말한 것에 대응시키고자 했기 때문에 이렇게 말한 것이다.

【疏】○ 注'先是'至'所致' ○ 解云：苛令急法者, 卽三年"春王二月己巳, 日有食之", 注云"此象君行暴急, 外見(현)畏", 是也.

○ 注의 〔先是〕에서 〔所致〕까지

○ 解云：'가혹한 명령과 엄격한 법령'은, 바로 隱公 3년 經文의 "봄 周나라 왕 2월 기사일에 日食이 있었다."라고 한 데 대한 注에서 "이것은 군주의 행실이 포악하고 가혹하여 〈신하가〉 겉으로 두려움을 드러낸 것을 상징한 것이다."라고 한 것이 그것이다.

冬十有二月辛巳에 公子彄가 卒하다

겨울 12월 신사일에 公子 彄가 卒하였다.

【注】 日者는 隱公賢君하여 宜有恩禮於大夫라 益師始見(현)法하며 無駭有罪하고 (据)[1]俠又未命也라 故獨得於此日이라

1) (据) : 저본에는 '据'가 있으나, 阮元의 〈校勘記〉에 의거하여 衍文으로 처리하였다.

죽은 날짜를 기록한 것은 隱公은 賢君이므로 마땅히 그 大夫에게 은혜로운 예우가 있어야 했기 때문이다. 益師가 〈죽은 기사에는〉 처음으로 〈세 시대의 書法이 다른 그〉 원칙을 나타내고 있으며, 無駭는 죄가 있고 俠은 또 정식으로 임명을 받지 못했으므로 〈모두 날짜를 기록하지 않았고,〉 유독 여기에만 날짜를 기록할 수 있는 것이다.

【疏】 注'日者'至'大夫' ○ 解云 : 正以所聞之世, 例不合日故也.[1]

1) 正以所聞之世 例不合日故也 : 隱公 元年 經文에 "公子 益師가 卒하였다."라고 하였고, 그 傳에 "왜 날짜를 기록하지 않았는가? 〈시대가〉 멀기 때문이다. 보아서 안 시대의 일이 書法이 다르고, 들어서 안 시대의 일이 서법이 다르고, 전해 들어 안 시대의 일이 서법이 다르다."라고 하였다. 그리고 그 注에 "보았다는 것은 昭公, 定公, 哀公 시기로 孔子 자신과 아버지 때의 일이다. 들었다는 것은 文公, 宣公, 成公, 襄公 시기로 祖父 때의 일을 말한다. 전해 들었다는 것은 隱公, 桓公, 莊公, 閔公, 僖公 시기로, 高祖와 曾祖 때의 일을 말한다."라고 하였다.

注의 〔日者〕에서 〔大夫〕까지

○ 解云 : 바로 〈보아서 안 시대의 일이 아니고〉 들어서 안 시대의 일은 일반적으로 날짜를 기록하는 것이 합당하지 않기 때문이다.

【疏】 ○ 注'益師始見(현)法' ○ 解云 : 元年十二月"公子益師卒", 是所傳聞之世, 初始欲見三世之法[1], 故不書日也.

1) 三世之法 : 시대에 따라 기록을 달리하는 법을 말한다. 三世는 孔子 자신과 부친의 시대, 祖父의 시대, 高祖와 曾祖의 시대를 말한다. 앞의 역주 참조.

○ 注의〔益師始見法〕

○ 解云 : 隱公 원년 12월 經文에 "公子 益師가 卒하였다."라고 했으니, 이는 전해 들어서 안 시대의 일이어서 처음으로 세 시대의 書法이 다름을 보이고자 했기 때문에 날짜를 기록하지 않은 것이다.

【疏】 ○ 注'無駭有罪' ○ 解云 : 卽八年"冬十有二月, 無駭卒", 傳云"何以不氏. 疾始滅也, 故終身不氏", 是也.

○ 注의〔無駭有罪〕

○ 解云 : 곧 隱公 8년 조 經文의 "겨울 12월에 無駭가 卒하였다."라고 하였고, 그 傳에 "왜 姓氏를 기록하지 않았는가? 〈다른 나라를〉 멸망시키는 일이 그로부터 시작된 것을 증오하였기 때문에 그가 죽을 때까지 姓氏를 기록하지 않은 것이다."라고 한 것이 그것이다.

【疏】 ○ 注'俠又未命也' ○ 解云 : 卽九年三月"俠卒", 傳云"俠者何, 吾大夫(云)〔之〕[1]未命者", 是也.

1) (云)〔之〕: 저본에는 '云'으로 되어 있으나, 본서의 傳과 北京大本에 의거하여 '之'로 바로잡았다.

○ 注의〔俠又未命也〕

○ 解云 : 바로 隱公 9년 3월 經文에 "俠이 卒하였다."라고 하였고, 그 傳에 "俠은 누구인가? 〈天子에게〉 아직 임명받지 못한 우리 魯나라 大夫이다."라고 한 것이 그것이다.

宋人伐鄭하여 圍長葛하다

宋나라 사람이 鄭나라를 공격하여 長葛邑을 포위하였다.

【傳】 邑不言圍한대 此其言圍는 何아

邑에 대해서는 '圍(포위했다)'라고 말하지 않는데, 여기에서 '圍'라고 말한 것은 무엇 때문인가?

【注】 据伐於餘丘에 不言圍라

〈莊公 2년 조 經文에〉 "於餘丘를 공격하였다."라고 한 곳에 '圍'라고 말하지 않은 것에 의거한 것이다.

【疏】 注'据伐'至'言圍' 〔○〕[1] 解云 : 卽莊二年"夏, 公子慶父(보)帥(솔)師伐於餘丘", 是也.

1) 〔○〕 : 저본에는 '○'이 없으나, 저본의 체제에 의거하여 보충하였다.

注의 〔据伐〕에서 〔言圍〕까지

○ 解云 : 바로 莊公 2년 조 經文의 "여름에 公子 慶父가 군대를 거느리고 가서 於餘丘를 공격하였다."라고 한 것이 그것이다.

【傳】 彊也라

강했기 때문이다.

【注】 至邑하여는 雖圍라도 當言伐이로대 惡其彊而無義也라 必欲爲得邑이라 故如其意言圍也라 所以不知鄭彊者는 公以楚師로 伐宋하여 圍緡에 不言彊也[1]라

1) 公以楚師……不言彊也 : 僖公 26년 經文에 "겨울에 楚나라 사람이 宋나라를 공격하여 緡을 포위하였다.〔冬 楚人伐宋 圍緡〕"라고 하였다. 그 傳에 "邑에 대해서는 '圍'라고 말하지 않는데, 여기에서 '圍'라고 말한 것은 무엇 때문인가? 〈초나라가 魯나라 군대를 도우러 오는〉 도중에 군대를 사용해 〈송나라를 공격한 것을〉 비판한 것이다.〔邑不言圍 此其言圍何 刺道用師也〕"라고 하였다.

邑의 경우에는 비록 포위했을지라도 마땅히 '伐(공격하다)'이라고 말해야 하지만, 〈그렇게 하지 않은 것은 宋나라가 힘이〉 강하고 의리가 없음을 비판한 것이다. 반드시 邑을 손에 넣고자 했기 때문에 그 뜻대로 '圍'라고 말한 것이다.

〈송나라가 아니라〉 鄭나라가 강한 것으로 이해할 수 없는 이유는 僖公이 楚나라 군대로 송나라를 공격하여 緡邑을 포위했을 때 傳에서 '〈송나라가〉 강하다'고 말하지 않았기 때문이다.

【隱公 6년(B.C. 717)】

六年이라 春에 鄭人이 來하여 輸平하다

6년이다. 봄에 鄭나라 사람이 〈魯나라에〉 와서 和平을 무너뜨렸다.

【傳】輸平者何아 輸平은 猶墮(휴)成也라 何言乎墮成가

'輸平(和平을 무너뜨림)'이라는 것은 무엇인가? '輸平'은 '墮成'과 같다. 왜 '墮成'이라고 말했는가?

【注】据翬[1]會諸侯하여 伐鄭後에 未道平也하여 何道墮成가

1) 翬 : 魯나라의 大夫이다.

翬가 諸侯들과 연합하여 鄭나라를 공격한 뒤에 〈經文에〉 和平을 맺었다고 말하지 않은 것에 근거하여, "왜 和平을 무너뜨렸다고 말했는가?"라고 물은 것이다.

【疏】'輸平者何' ○ 解云 : 正以言異於常例, 故執不知問.

傳의 〔輸平者何〕

○ 解云 : 바로 常例와 다르게 말했기 때문에 미심쩍은 점을 가지고 물은 것이다.

【疏】〔○〕[1]注 '据翬'至'墮成' ○ 解云 : 上四年"秋, 翬帥(솔)師會宋公陳侯蔡人衛人伐鄭", 是也.

1) 〔○〕: 저본에는 '○'이 없으나, 저본의 체제에 의거하여 보충하였다.

○ 注의 〔据翬〕에서 〔墮成〕까지

○ 解云 : 앞의 隱公 4년 經文에 "가을에 翬가 군대를 거느리고 가서 宋公·陳侯·蔡人·衛人과 연합하여 鄭나라를 공격하였다."라고 한 것이 그것이다.

【傳】敗其成也라

和平을 맺은 것을 무너뜨렸기 때문이다.

【注】翬伐鄭後에 已相與平이나 但外平不書라 故云爾하니라

翬가 鄭나라를 공격한 뒤에 이미 서로 和平을 맺었으나, 다만 〈임금의 命을 받지 않고〉 국외에서 다른 나라와 화평을 맺은 것은 기록하지 않기 때문에 이렇게 말한 것이다.

【疏】注'翬伐'至'云爾' ○ 解云：魯與鄭平, 而言外平者, 謂伐鄭之後, 時公子翬在外與鄭平, 不得公命, 是以不書, 故曰外平不書耳.

注의 〔翬伐〕에서 〔云爾〕까지

○ 解云：魯나라가 鄭나라와 和平을 맺었는데 "국외에서 和平을 맺었다."라고 말한 것은, 정나라를 공격한 뒤 그 당시에 公子 翬가 국외에서 정나라와 화평을 맺었지만 隱公의 命을 얻지 못했다. 이로 인해 기록하지 않았으므로, "국외에서 다른 나라와 화평을 맺은 것은 기록하지 않는다."라고 한 것이다.

【傳】曰吾成敗矣라하니

〈魯나라가〉 "우리의 和平이 무너졌다."라고 하였으니,

【注】吾는 魯也라

'우리'는 魯나라를 말한다.

【疏】'曰吾成敗矣' ○ 解云：稱魯人之辭, 故加曰.

傳의 〔曰吾成敗矣〕

○ 解云：魯나라 사람의 말을 칭한 것이므로 '曰'자를 붙였다.

【傳】吾與鄭人이 末有成也라

우리나라와 鄭나라 사람이 和平한 일이 없었다는 것이다.

【注】末은 無也라 此傳發者는 解鄭稱人爲共國辭라

'末'은 '無(없다)'라는 뜻이다. 이 傳에서 드러낸 것은 鄭나라에 대해 칭한 '人'이 〈정나라와 魯나라〉 두 나라에 공통으로 해당하는 말임을 풀이한 것이다.

【疏】注'此傳'至'國辭' ○ 解云：傳發此吾與鄭人末有成一段事者，非直解鄭擅獲諸侯爲有罪，而魯侯不能死難亦當絶，[1] 故令鄭稱人．言輸平，則魯侯亦合稱人矣．一個人字，兩國共有，故云稱人爲共國辭．

1) 非直解鄭擅獲諸侯爲有罪 而魯侯不能死難亦當絶：鄭나라가 諸侯를 멋대로 사로잡았다는 것은, 魯나라 隱公이 公子로 있을 때 정나라 땅인 狐壤에서 정나라와 교전하다가 포로가 되었던 일을 말한다. 바로 아래의 傳에 나오는 "호양의 전투에서 은공이 사로잡혔기 때문이다."라는 것이 이를 말한다. 또 魯侯가 국가의 환난에 목숨을 바치지 못했다는 것은, 은공이 정나라의 포로가 되었을 때 尹氏에게 뇌물을 주고 달아나 돌아온 적이 있었던 것을 말한다. 윤씨는 정나라 대부이다.(≪春秋左氏傳≫ 隱公 6년 杜預 注)

注의 〔此傳〕에서 〔國辭〕까지

○ 解云：傳에서 이렇게 "우리나라와 鄭나라 사람이 和平한 일이 없었다."라는 한 가지 일을 드러낸 것은, 정나라가 諸侯를 멋대로 포로로 잡은 일이 죄가 있는 것이 될 뿐만 아니라, 魯侯가 국가의 환난에 목숨을 바치지 못했던 일 또한 마땅히 그의 작위를 박탈해야 함을 해명한 것이다. 그러므로 정나라를 '人'이라고 칭하게 한 것이다. '和平을 무너뜨렸다.'라고 말하면 노후 또한 '人'이라고 칭하기에 합당하게 된다. 하나의 '人'자는 두 나라에 함께 해당하므로, "정나라에 대해 칭한 '人'이 두 나라에 공통으로 해당하는 말이다."라고 한 것이다.

【傳】吾與鄭人이 則曷爲末有成가

우리나라와 鄭나라 사람은 왜 和平한 일이 없었던 것인가?

【注】据無戰伐之文이라

'戰伐'했다는 글이 없는 것에 의거한 것이다.

【傳】狐壤之戰에 隱公이 獲焉이라

狐壤의 전투에서 隱公이 사로잡혔기 때문이다.

【注】時에 與鄭人으로 戰於狐壤이라가 爲鄭所獲이라

당시에 鄭나라 사람과 狐壤에서 교전하다가 〈隱公이〉 정나라에 사로잡혔다.

【傳】 然則何以不言戰가

그렇다면 무엇 때문에 '戰'이라고 말하지 않았는가?

【注】 戰者는 內敗文也라 据鞍戰君獲에 言師敗績이라

'戰'은 '內(魯나라)가 패배했다.'라는 표현이다. 鞍(齊나라 땅)의 전투에서 군주(齊侯)가 사로잡혔을 때 '師敗績(군대가 패배했다)'이라고 말한 것에 의거한 것이다.

【疏】 注'戰者內敗文也' ○ 解云：卽桓十年"齊侯・衛侯・鄭伯來戰于郎", 傳云"何以不言師敗績, 內不言戰, 言戰乃敗矣", 彼注云"春秋託王於魯, 戰者, 敵文也. 王者兵不與諸侯敵, 戰乃其已貶之文, 故不復(부)言師敗績", 是也.

注의 〔戰者內敗文也〕

○ 解云：곧 桓公 10년 經文에 "齊侯・衛侯・鄭伯이 〈군대를 거느리고〉 와서 〈魯나라와〉 郎에서 교전하였다."라고 하였는데, 그 傳에 "무엇 때문에 군대가 패배했다고 말하지 않았는가? 內(魯나라)에 대해서는 '戰'이라고 말하지 않으니, '戰'이라고 말한 것은 바로 패배한 것이다."라고 하고, 또 그 注에 이르기를 "≪春秋≫에서는 王을 魯나라에 假託하고, '戰'은 '匹敵'한다는 표현이다. 王者의 군대는 諸侯의 군대와 필적하지 않기에, '戰'은 바로 이미 貶下의 뜻을 담고 있는 말이다. 그러므로 다시 '군대가 패배했다.'라고 말하지 않은 것이다."라고 한 것이 그것이다.

【疏】 ○ 注'据鞍'至'敗績' ○ 解云：成二年"季孫行父以下帥師, 會晉郤克" 云云, "及齊侯戰于鞍, 齊師敗績", "秋, 七月, 齊侯使國佐如師" 云云,[1] 傳云"君不行使乎大夫, 此其行使乎大夫何? 佚獲也", 注云"佚獲者, 已獲而逃亡也". 然則彼獲言敗績, 則知此時魯侯被獲, 亦宜言戰, 故難之.

1) 成二年季孫行父以下……齊侯使國佐如師云云：成公 2년 經文에 "6월 癸酉日에 季孫行父・臧孫許・叔孫僑如・公孫嬰齊가 군대를 거느리고 가서 晉나라 郤克, 衛나라 孫良夫, 曹나라 公子 手와 會合하여 齊侯와 鞍에서 교전하였는데, 齊나라 군대가 패배하였다. 가을 7월에 齊侯가 國佐를 파견하여 〈諸侯의〉 軍中에 가게 하니, 〈諸侯가〉 기유일에 國佐와 袁婁에서 會盟하였다.〔六月癸酉 季孫行父臧孫許叔孫僑如公孫嬰齊帥師 會晉郤克衛孫良夫曹公子手 及齊侯戰于鞍 齊師敗績 秋七月 齊侯使國佐如師 己酉及國佐盟于袁婁〕"라

는 내용이 있다.

○ 注의 〔据鞍〕에서 〔敗績〕까지

○ 解云：成公 2년 經文에 "季孫行父 이하가 군대를 거느리고 가서 晉나라 郤克과 회합하였다." 云云하고, "齊侯와 鞍에서 교전하였는데, 齊나라 군대가 패배하였다." 하고, "가을 7월에 齊侯가 國佐를 시켜 諸侯의 軍中에 가게 하였다." 云云하였는데, 그 傳에 "〈군주가 친히 出征한 전투에서 會盟할 때〉 군주는 大夫에게 사자를 파견하지 않는데 여기에서 대부에게 使者를 파견한 것은 무엇 때문인가? 〈齊侯가〉 佚獲했기 때문이다."라고 하였다. 또 그 注에 "佚獲은 이미 포로로 사로잡혔다가 도망친 것이다."라고 하였다. 그렇다면 저 때 齊侯가 사로잡혔는데도 '敗績'이라고 말했으니, 이때 魯侯가 사로잡혔으므로 또한 마땅히 '戰'이라고 말해야 함을 안 것이다. 이 때문에 의문을 제기하였다.

【傳】諱獲也라

사로잡힌 일을 숨긴 것이다.

【注】君獲에 不言師敗績이라 故以輸平으로 諱也니 與鞍戰辟(피)內敗文(是)〔異〕[1]라 戰은 例時하니 (徧)〔偏〕戰은 日하고 詐戰은 月[2]이라 不日者는 鄭詐之라 不月者는 正月也니 見(현)隱終無奉正月之意[3]라 不地者는 深諱也니 使若實輸平이라 故不地也라 稱人共國辭者는 嫌來輸平獨惡鄭하여 〔明鄭〕[4]擅獲諸侯와 魯不能死難이 皆當絶之라

1) (是)〔異〕：저본에는 '是'로 되어 있으나, 阮元의 〈校勘記〉에 의거하여 '異'로 바로잡았다.

2) (徧)〔偏〕戰日 詐戰月：저본에는 '徧'으로 되어 있으나, 阮元의 〈校勘記〉에 의거하여 '偏'으로 바로잡았다.

偏戰은 두 진영이 각각 한쪽 면을 차지하고 벌이는 전투이다. 桓公 10년 注에 "偏은 한쪽 면이다. 날짜를 결정하고 땅을 결정해서 각각 한쪽 면을 차지하여 북을 울리며 교전하고 서로 속이지 않는 것이다.〔偏 一面也 結日定地 各居一面 鳴鼓而戰 不相詐〕"라고 하였다. 詐戰은 갑작스럽게 벌이는 기습전을 말한다. 僖公 30년 注에 "詐는 卒(갑자기)의 뜻이니, 齊나라 사람의 말이다.〔詐 卒也 齊人語也〕"라고 하였다. 한편 희공 22년 傳에 "偏戰은 날짜를 기록할 뿐이다.〔偏戰者日爾〕"라고 하였고, 희공 33년 傳에 "詐戰은 날짜를 기록하지 않는다.〔詐戰不日〕"라고 하였다.

3) 見隱終無奉正月之意 : 隱公이 桓公에게 왕위를 물려주려고 했다는 말이다. 은공 11년 傳에 "은공의 經文에는 왜 '正月'이 없는가? 은공은 장차 환공에게 讓位하려고 생각했으므로 '正月'이 없는 것이다.〔隱何以無正月 隱將讓乎桓 故不有其正月也〕"라는 내용이 보인다.

4) 〔明鄭〕 : 저본에는 '明鄭'이 없으나, 阮元의 〈校勘記〉에 의거하여 보충하였다.

군주가 사로잡혔을 때는 '師敗績'이라고 말하지 않기에, '輸平(和平을 무너뜨렸다)'이라는 말로 숨긴 것이니, 鞍의 전투에서 內(魯나라)가 패배했다는 표현인 〈'戰'이란〉 글자를 숨긴 것과는 다르다. 전투에 대해서는 일반적으로 계절〔時〕을 기록하니, '偏戰'에는 날짜〔日〕를 기록하고 '詐戰'에는 달〔月〕을 기록한다. 여기에서 날짜를 기록하지 않은 것은 鄭나라가 '詐戰'을 했기 때문이다. 달을 기록하지 않은 것은 '正月'이기 때문이니, 隱公이 끝까지 '正月'을 받드는 뜻이 없음을 보인 것이다. 〈사로잡혔던〉 지방을 기록하지 않은 것은 심도 있게 피휘한 것이니, 실제로 화평을 무너뜨린 것처럼 하려 했기 때문에 그 지방을 기록하지 않은 것이다. "'人'이라고 칭한 것은 두 나라에 공통으로 해당하는 말이다."라는 것은 와서 화평을 무너뜨린 것에 대해 유독 정나라만을 비판하는 것으로 여길까 혐의쩍어, 정나라가 멋대로 諸侯를 사로잡은 것과 魯侯가 국가의 환난에 목숨을 바치지 못했던 것이 모두 마땅히 작위가 박탈되어야 한다는 것을 분명히 한 것이다.

【疏】 注'君獲'至'諱也' ○ 解云 : 君獲不言師敗績, 卽僖十五年"晉侯及秦伯戰于韓, 獲晉侯", 傳云"此偏戰也, 何以不言師敗績", 注云"擧君獲爲重也", 是也. 然則此由魯公見獲, 是以不得言戰, 故以輸平諱之.

注의 〔君獲〕에서 〔諱也〕까지

○ 解云 : "군주가 사로잡혔을 때는 '師敗績'이라고 말하지 않는다."는 것은 바로 僖公 15년 經文에서 "晉侯와 秦伯이 韓에서 교전하였는데 진백이 진후를 사로잡았다."라고 하였는데, 그 傳에 "이것은 偏戰인데, 무엇 때문에 '師敗績'이라고 말하지 않았는가?"라고 하고, 그 注에 "군주가 사로잡힌 것을 거론함이 중요한 것이기 때문이다."라고 한 것이 그것이다. 그렇다면 여기에서는 魯公이 사로잡혔기 때문에 '戰'이라고 말할 수 없었으며, 이 때문에 '輸平(和平을 무너뜨렸다)'이라는 표현으로 숨긴 것이다.

○ 注'與鞍'至'敗文' ○ 解云 : 成二年傳云"君不行使乎大夫, 此其行使乎大夫何. 佚獲

也”, 注云“當絶賤, 使與大夫敵體以起之. 君獲不言師敗績, 等起不去師敗績者. 辟(피)內敗文也”. 然則鞍戰之時, 實齊侯被獲, 宜去敗績, 直言戰而已. 但時內大夫在焉, 辟內敗文, 故不得言戰矣. 今此輪平之經, 自由魯公見獲, 是以不得言戰. 故云與鞍戰辟內敗文異.

○ 注의 〔與鞍〕에서 〔敗文〕까지

○ 解云 : 成公 2년 傳에 “〈군주가 친히 出征한 전투에서 會盟할 때〉 군주는 大夫에게 使者를 파견하지 않는데 여기에서 대부에게 사자를 파견한 것은 무엇 때문인가? 〈齊侯가〉 佚獲했기 때문이다.”라고 하였고, 그 注에 “마땅히 그(齊侯)의 작위가 박탈되어 천해져야 하므로 〈그의 위상을〉 대부와 대등하게 드러나게 한 것이다. 군주가 사로잡혔을 때는 ‘師敗績’이라고 말하지 않지만, 대등하게 드러내기 위해 ‘師敗績’을 없애지 않았으니, 이것은 魯나라〔內〕가 패배한 것을 숨긴 문장이다.”라고 하였다. 그렇다면 鞍의 전투에서 실제로 齊侯가 사로잡혔으므로 ‘敗績’을 없애고 단지 ‘戰’이라고 말해야 마땅하다. 하지만 당시 노나라의 대부가 그곳에 있어서 노나라가 패배했다는 표현을 피휘한 문장이기에 ‘戰’이라고 말할 수 없었던 것이다. 그런데 지금 이 ‘輪平’이라고 한 經文은 魯公이 사로잡힌 것에 연유하므로 이 때문에 ‘戰’이라고 말할 수 없었다. 그러므로 “鞍의 전투에서 內(노나라)가 패배했다는 표현인 〈‘戰’이란〉 글자를 피휘한 것과는 다르다.”라고 한 것이다.

【疏】 ○ 注‘戰例時 偏戰日’ ○ 解云 : 卽桓十二年“丁未, 戰于宋”, 傳云“此偏戰也, 何以不言師敗績” 云云, 是也.

○ 注의 〔戰例時 偏戰日〕

○ 解云 : 곧 桓公 12년 經文에 “정미일에 宋나라에서 교전하였다.”라고 하였는데, 그 傳에 “이것은 偏戰인데 무엇 때문에 군대가 패배했다고 말하지 않았는가?”라고 云云한 것이 그것이다.

【疏】 ○ 注‘詐戰月’ ○ 解云 : 卽莊十年“春王正月, 公敗齊師于長勺”之屬, 是也.

○ 注의 〔詐戰月〕

○ 解云 : 곧 莊公 10년 經文에 “봄 周나라 왕 정월에 莊公이 齊나라 군대를 長勺에서 패배시켰다.”라고 한 것 등이 그 예이다.

【疏】○ 注'不地者深諱也' ○ 解云：若地, 宜言輸平于狐壤, 似若戰于之類.

○ 注의 〔不地者深諱也〕

○ 解云：만약 〈교전한〉 지방을 기록한다면 마땅히 '狐壤에서 輸平하였다.'라고 말해야 하니, 〈이와 같다면〉 마치 '～에서 교전하였다.'는 것과 같은 것처럼 되기 때문이다.

夏五月辛酉에 公會齊侯盟于艾하다

여름 5월 신유일에 隱公이 齊侯와 會合하여 艾에서 會盟하였다.

秋七月이라

가을 7월이다.

【傳】此無事한대 何以書아 春秋雖無事나 首時過則書라

이달에는 사건이 없는데 왜 기록하였는가? ≪春秋≫에서는 비록 사건이 없더라도 사계절의 첫 달이 지나면 기록하였다.

【注】首는 始也라 時는 四時也라 過는 歷也라 春은 以正月爲始하고 夏는 以四月爲始하고 秋는 以七月爲始하고 冬은 以十月爲始라 歷一時하여 無事면 則書其始月也라

'首'는 '始(시작)'의 뜻이다. '時'는 '四時(사계절)'의 뜻이다. '過'는 '歷(지나다)'의 뜻이다. 봄은 正月을 시작으로 삼고, 여름은 4월을 시작으로 삼고, 가을은 7월을 시작으로 삼고, 겨울은 10월을 시작으로 삼는다. 사계절의 한 철이 지나고 〈그사이〉 사건이 없으면 그 첫 달을 기록하였다.

【疏】'夏五月'至'則書' ○ 解云：下無相犯之處而書日者[1], 以下八年三月, "庚寅, 我入邴[2]", 傳云"其言我何. 言我者, 非獨我也, 齊亦欲之". 然則雖不復侵伐, 亦有爭邑之隙, 故書日也.

1) 下無相犯之處而書日者 : 經文에서 隱公이 齊侯와 會盟한 '날짜'를 기록한 것에 대한 설명인데, ≪春秋公羊傳≫에서는 盟約한 뒤 信義를 저버렸을 때 회맹한 날짜를 기록한 것으로 보았다. 은공 원년 疏에 "魯나라의 군주와 大夫가 다른 나라와 國外에서 회맹했을 때 그 날짜를 기록한 것은 모두 신의를 지키지 않은 것을 비판한 것이다.〔內君與大夫共他外盟之時 其書日 皆是惡其不信也〕"라는 내용이 보인다.

2) 邴 : 隱公 8년 傳에 "邴은 무엇인가? 鄭나라의 湯沐邑이다. 天子가 泰山에 일이 있을 때 諸侯들이 모두 天子를 수행하므로, 泰山 아래에 제후들은 모두 湯沐邑이 있었다.〔邴者何 鄭湯沐之邑也 天子有事于泰山 諸侯皆從 泰山之下 諸侯皆有湯沐之邑焉〕"라고 하였다. '天子가 대산에 일이 있다'는 것은 巡守와 祭天 등의 禮를 말한다. 탕목읍은 천자가 제후에게 하사한 일종의 토지로, 이곳에서 생기는 수입으로 목욕재계하고 제사 지내는 데 쓰이는 비용을 충당하였다.

經의 〔夏五月〕에서 傳의 〔則書〕까지

○ 解云 : 이하에 서로 침범한 곳이 없는데도 날짜를 기록한 것은, 아래 隱公 8년 3월의 經文에 "경인일에 우리가 邴에 들어갔다."라고 한 것과 같은 것이다. 그 傳에 "'我(우리)'라고 말한 것은 무엇 때문인가? '我'라고 말한 것은 우리 노나라 뿐만 아니라 齊나라 또한 그곳을 차지하고자 했다는 것이다."라고 하였다. 그렇다면 비록 다시 침범해서 공격하지 않았다고 하더라도 또한 邑을 다툼으로 인해 틈이 있었던 것이니, 그러므로 날짜를 기록한 것이다.

【傳】 首時過면 則何以書아

사계절의 첫 달이 지나면 무엇 때문에 기록하였는가?

【注】 据無事也라

사건이 없었다는 것에 의거한 것이다.

【傳】 春秋는 編年하니 四時具然後에 爲年이라

≪春秋≫는 연도순으로 편찬하였으니, 사계절이 모두 갖추어진 뒤에 한 해가 되기 때문이다.

【注】 明王者當奉順四時之正也라 尙書曰 欽若昊天하여 曆象日月星辰하여 敬授民時[1]라하니

是也라 有事不月者는 人道正하면 則天道定矣라

1) 民時 : 통행본 ≪尙書≫에는 '人時'로 되어 있는데, 의미는 같다. 阮元의 〈校勘記〉에 의하면, 唐나라 때 太宗 李世民의 '民'을 避諱하여 '人'으로 고친 것이라고 한다.

王者는 마땅히 사계절의 올바름을 받들고 순응해야 함을 밝힌 것이다. ≪尙書≫ 〈虞書 堯典〉에 "하늘의 규율을 공경히 따라서 日月星辰의 운행을 추산하고 관찰하여 백성의 농사철을 공경히 알려주게 하였다."라고 한 것이 그것이다. 사건이 있음에도 달을 기록하지 않는 것은 人道가 바르게 되면 天道도 안정되기 때문이다.

冬에 宋人이 取長葛하다

겨울에 宋나라 사람이 長葛邑을 취하였다.

【傳】 外取邑不書한대 此何以書아 久也라

外國이 邑을 취한 것은 기록하지 않는데 여기서는 왜 기록하였는가? 시일이 오래 걸렸기 때문이다.

【注】 古者에 師出不踰時[1)]한대 今宋이 更年取邑[2)]하여 久暴(폭)師苦衆하여 居外라 故書以疾之라 不繫鄭擧伐者는 明因上伐圍取也라

1) 古者師出不踰時 : ≪白虎通義≫ 권上 〈三軍〉에 "옛날에 군대가 출정했을 때 時(석 달)를 넘기지 않는 것은 〈군사들이 고생을〉 원망하고 고향을 그리워하기 때문이다.〔古者師出不踰時者 爲怨思也〕"라는 내용이 보인다.
2) 今宋更年取邑 : 앞의 隱公 5년 經文에 "宋나라 사람이 鄭나라를 공격하여 長葛邑을 포위하였다.〔宋人伐鄭 圍長葛〕"라는 내용이 있다.

옛날에 군대가 출정했을 때는 '時(석 달)'를 넘기지 않았는데, 지금 宋나라가 해를 넘기며 邑을 취하느라 오랫동안 군대를 露宿시키고 병사를 고생시키며 外地에 있었다. 그러므로 이를 기록하여 비판한 것이다. 〈'長葛'에〉 '鄭나라'라는 말을 연결하지 않고 '伐'이라고 거론하지 않은 것은, 앞의 隱公 5년 經文에 보이는 '정나라를 공격하여 長葛邑을 포위하였다.〔伐鄭圍長葛〕'라는 기록을 통해 취한 것임을 분명히 밝힌 것이다.

【疏】'外取'至'以書' ○ 解云：据與四年牟婁同.[1)]

1) 据與四年牟婁同：隱公 4년 經文에 "莒나라 사람이 杞나라를 공격하여 牟婁를 취하였다.〔莒人伐杞 取牟婁〕"라는 내용이 있고, 그 傳에 "魯나라 이외의 다른 나라가 邑을 취한 것은 기록하지 않는데, 여기서는 왜 기록하였는가? 처음으로 다른 나라의 邑을 취한 것을 비판한 것이다.〔外取邑不書 此何以書 疾始取邑也〕"라고 하였다.

傳의 〔外取〕에서 〔以書〕까지

○ 解云：隱公 4년 經文의 牟婁를 취한 일을 기록한 경우와 형식이 같은 것에 의거한 것이다.

【隱公 7년(B.C. 716)】

七年이라 春王三月에 叔姬歸于紀하다

7년이다. 봄 周나라 왕 3월에 叔姬가 紀나라로 시집갔다.

【注】叔姬者는 伯姬之媵也라 至是乃歸者는 待年父母國也라 婦人八歲備數하고 十五從嫡하며 二十承事君子라 媵賤書者는 後爲嫡하고 終有賢行일새라 紀侯爲齊所滅하고 紀季以酅(휴)入于齊러니 叔姬歸之하여 能處隱約하여 全竟婦道라 故重錄之라

叔姬는 伯姬를 따라 시집간 媵妾이다. 〈백희는 隱公 2년에 紀나라로 시집갔는데 숙희가〉 이때가 되어서야 시집간 것은 부모의 나라에서 시집갈 나이가 되기를 기다린 것이다. 부인은 8세가 되면 잉첩의 수에 채워지고, 15세가 되면 정실부인을 따라 시집가며, 20세가 되면 君子(남편)를 받들어 섬긴다. 잉첩은 천한데 經에 기록한 것은 〈숙희가〉 나중에 정실부인이 되고, 끝내 어진 행실이 있었기 때문이다. 紀侯가 齊나라에 멸망 당하고 紀季(紀侯의 아우)가 酅邑을 가지고 제나라에 들어가 귀순하였는데, 숙희가 기나라로 시집가서 어려운 처지를 잘 견디고 부인의 도리를 다했으므로 중히 여겨 기록한 것이다.

【疏】注'叔姬'至'國也' ○ 解云：知如此注, 見上二年冬"伯姬歸于紀". 自爾以來, 不見紀伯姬卒之文, 今叔姬又歸之, 明知是其媵矣.

注의 〔叔姬〕에서 〔國也〕까지

○ 解云 : 이 注의 내용과 같음을 알 수 있는 것은 앞의 은공 2년 겨울에 "伯姬가 紀나라로 시집갔다."라는 내용이 보이기 때문이다. 이로부터 紀나라 伯姬가 卒하였다는 글이 보이지 않는데 지금 숙희가 또 시집갔다고 하였으니, 바로 〈백희를 따라 시집간〉 잉첩임을 분명히 알 수 있다.

【疏】 ○ 注'婦人'至'君子' ○ 解云 : 書傳文[1].

1) 傳文 : 원문의 '書傳'은 ≪尙書大傳≫을 가리키나, 해당 원문과 유사한 내용은 보이지 않는다.

○ 注의 〔婦人〕에서 〔君子〕까지

○ 解云 : ≪尙書大傳≫의 내용이다.

【疏】 ○ 注'媵賤'至'賢行' ○ 解云 : 春秋之內, 例不書媵, 以其賤故. 今此書者, 以其後爲嫡, 終有賢行也. 知後爲嫡者, 正以莊二十九年冬十二月"紀叔姬卒", 三十年"八月癸亥, 葬紀叔姬", 卒葬皆書, 爲嫡明矣. 而成九年"伯姬歸于宋", 書二國媵者, 彼傳云"錄伯姬", 是也[1].

1) 成九年……是也 : 원문의 "伯姬歸于宋"은 成公 9년 經文에 보이고 별도의 傳이 없으며, "錄伯姬"는 성공 8년의 경문 "衛人來媵(衛人이 〈백희를 수행할〉 媵妾을 보내왔다)" 아래에 보인다. "書二國媵者"는 성공 9년과 10년에 晉·齊에서도 백희를 수행할 잉첩을 보낸 것을 말하는데, 이는 당시 백희가 제후들 사이에서 어질다고 소문이 났었기 때문에 백희를 우대한 것이다. 그러므로 ≪春秋≫에서 이를 좋게 여겨서 예외적으로 잉첩이 시집가는 것을 기록하였다.
세 나라(衛·晉·齊)에서 잉첩을 받은 것에 대하여, 성공 10년의 傳에서 "세 나라에서 잉첩을 보낸 것은 예에 맞지 않는다. 그렇다면 왜 기록했는가? '錄伯姬'라는 말로써 부인이 많은 잉첩을 거느리는 것이 〈그녀의〉 관대함을 보여준 것임을 말한 것이다. 〔三國來媵 非禮也 曷爲 皆以錄伯姬之辭 言之婦人以衆多爲侈也〕"라고 하였다.

○ 注의 〔媵賤〕에서 〔賢行〕까지

○ 解云 : ≪春秋≫의 기록에서 일반적으로 媵妾에 대해 기록하지 않은 것은 잉첩이 천하기 때문인데, 지금 여기에서 기록한 것은 〈叔姬가〉 나중에 정실부인이 되고 끝내 어진 행실이 있었기 때문이다. 나중에 정실부인이 되었음을 알 수 있는 것은 바로 莊

公 29년 겨울 12월에 "紀나라 숙희가 卒하였다."라고 하였고, 장공 30년에 "8월 계해일에 기나라 숙희를 장사지냈다."라고 하여 〈숙희의〉 죽음과 장사지낸 일을 모두 經에 기록하였으니 정실부인이 되었음이 분명하다. 成公 9년에 "伯姬가 宋나라로 시집갔다."라고 하고 나서 두 나라(晉·齊)가 잉첩을 보낸 일을 기록한 것은 저곳(성공 8년)의 傳에서 "백희와 관련된 일이므로 기록한 것이다."라고 한 것이 그 예이다.

【疏】 ○ 注'紀侯爲齊所滅' ○ 解云：卽莊四年夏"紀侯大去其國", 是也.

○ 注의 〔紀侯爲齊所滅〕

○ 解云 : 바로 莊公 4년 여름에 "紀侯가 영원히 그 나라를 떠났다."라고 한 것이 그 예이다.

【疏】 ○ 注'紀季'至'于齊' ○ 解云：在莊三年.

○ 注의 〔紀季〕에서 〔于齊〕까지

○ 解云 : 이 내용은 莊公 3년 經文에 있다.

【疏】 ○ 注'叔姬'至'錄之' ○ 解云：莊十二年"春王三月, 紀叔姬歸于酅", 傳云"其言歸于酅何. 隱之也. 何隱爾. 其國亡矣, 徒歸于叔爾也", 是也.

○ 注의 〔叔姬〕에서 〔錄之〕까지

○ 解云 : 장공 12년 經文에 "봄 周나라 왕 3월에 紀나라 叔姬가 酅邑에 갔다."라고 한 것에 대하여, 그 傳에서 "酅邑에 갔다고 말한 것은 무엇 때문인가? 숨긴 것이다. 왜 숨긴 것인가? 紀나라가 망했으니, 다만 紀叔(紀侯의 아우)에게 돌아간 것일 뿐이다."라고 한 것이 그것이다.

滕侯卒하다

滕侯가 卒하였다.

【傳】 何以不名가

왜 이름을 기록하지 않았는가?

【注】 据蔡侯考父卒名이라

蔡侯 考父가 죽었을 때 이름을 기록한 일에 의거한 것이다.

【疏】 注'据蔡'至'卒名' ○ 解云：在下八年夏.

注의 〔据蔡〕에서 〔卒名〕까지

○ 解云：이 내용은 아래 은공 8년 여름 經文에 있다.

【傳】 微國也라

미약한 나라이기 때문이다.

【注】 小國故略不名이라

작은 나라이기 때문에 생략하고 이름을 기록하지 않았다.

【傳】 微國則其稱侯何아

미약한 나라인데 '侯'라 칭한 것은 무엇 때문인가?

【注】 据大國稱侯小國稱伯子男이라

大國은 '侯'를 칭하고, 小國은 '伯'·'子'·'男'을 칭하는 것에 의거한 것이다.

【疏】 注'据大'至'子男' ○ 解云：上五年傳文. 案彼大國非直侯, 而注特言'大國稱侯'者, 案彼傳之成文故也.[1)]

1) 案彼大國非直侯……案彼傳之成文故也：은공 5년의 經文 "初獻六羽"에 대하여, 傳에서 "諸公은 무엇이고, 諸侯는 무엇인가? 天子의 三公을 '公'이라 하고, 王者의 후손을 '公'이라 하고, 그 나머지 大國을 '侯'라 한다. 小國을 '伯'·'子'·'男'이라 한다.〔諸公者何 諸侯者何 天子三公稱公 王者之後稱公 其餘大國稱侯 小國稱伯子男〕"라고 풀이하였다. 이를 보면 '侯'는 '公' 이외의 나라 가운데 大國의 군주에게 주어지는 칭호이므로 단순히 나라의 크기에 따라 결정되는 것이 아님을 알 수 있다.

注의 〔据大〕에서 〔子男〕까지

○ 解云：이 내용은 앞의 은공 5년 傳文에 보인다. 살펴보건대 저 大國은 반드시

'侯'만 있는 것은 아닌데 注에서는 '大國稱侯'라고 짚어서〔特〕 말하였으니, 그 이유는 살펴보건대 저곳의 전문이 기존에 이미 있는 글이기 때문이다.

【傳】 不嫌也라

〈나라가 크고 작은 것을〉 개의치 않았기 때문이다.

【注】 滕侯卒不名하고 下常稱子로대 不嫌稱侯爲大國이라

이곳에 '滕侯卒'이라 하여 이름을 쓰지 않았고 이후로도 항상 '子'라고 칭하고 있으니, 〈이것은 나라의 大小를〉 구별하지 않고 '侯'라 칭하여 大國으로 여긴 것이다.

【疏】 注'下常稱子' ○ 解云 : 桓二年"滕子來朝", 因玆已下常稱子矣.

注의 〔下常稱子〕

○ 解云 : 桓公 2년에 "滕子가 와서 朝見하였다."라고 하였으니, 이를 통해 보면 이후로는 항상 '滕子'라 칭하였다.

【傳】 春秋貴賤不嫌同號하며

≪春秋≫에서는 귀천을 구별하지 않고 동일한 호칭을 사용하며,

【注】 貴賤不嫌者는 通同號稱也라 若齊亦稱侯하고 滕亦稱侯요 微者亦稱人하고 貶亦稱人은 皆有起文하니 貴賤不嫌同號가 是也라

귀천을 구별하지 않는다는 것은 〈귀천에 상관없이〉 모두 동일한 호칭을 사용한다는 것이다. 齊나라도 '侯'라 칭하고 滕나라도 '侯'라 칭하며, 미천한 자도 '人'이라 칭하고 폄하할 때도 '人'이라 칭하는 것은 모두 〈귀천을〉 나타내는 표현이 〈따로〉 있기 때문이니, 귀천을 구별하지 않고 동일한 호칭을 사용한다는 것이 그것이다.

【疏】 注'齊亦稱侯' ○ 解云 : 不云晉者, 晉爵未大故.

注의 〔齊亦稱侯〕

○ 解云 : '晉'을 언급하지 않은 것은 〈당시에는〉 晉나라의 작위가 높지 않았기 때문이다.

【疏】 ○ 注'微者亦稱人' ○ 解云：隱元年"九月, 及宋人盟于宿"之屬, 是也.

○ 注의 〔微者亦稱人〕

○ 解云 : 은공 원년에 "9월에 宋人과 宿에서 會盟하였다."라고 한 것 등이 그 예이다.

【疏】 ○ 注'皆有起文' ○ 解云：滕侯卒不名, 下恒稱子, 起其微也. 齊侯恒在宋公之上, 起其大也. 宋人盟于宿不書日, 亦起微也. 鄭人來輸平稱人者, 共國辭, 起其貶之. 故曰皆有起文也.

○ 注의 〔皆有起文〕

○ 解云 : 滕侯가 卒하였을 때 이름을 기록하지 않고 이후로도 항상 '滕子'라고 칭한 것은 작은 나라임을 나타낸 것이고, 齊侯를 항상 宋公보다 윗자리에 놓은 것은 큰 나라임을 나타낸 것이다. 〈隱公 원년에 은공이〉 宋人과 宿에서 회맹할 때 날짜를 쓰지 않은 것은 또한 그의 미천함을 나타낸 것이고, 〈은공 6년에〉 "鄭나라 사람이 와서 화평을 무너뜨렸다.〔鄭人來輸平〕"라 하여 '人'이라 칭한 것은 〈정나라와 魯나라에〉 공통으로 해당하는 말로서 폄하하는 뜻을 나타낸 것이다. 그러므로 "모두 〈귀천을〉 나타내는 표현이 〈따로〉 있기 때문이다.〔皆有起文〕"라고 한 것이다.

【疏】 ○ 注'貴賤'至'是也' ○ 解云：不論貴賤不嫌者, 通其同號稱. 由是之故, 春秋同其號也.

○ 注의 〔貴賤〕에서 〔是也〕까지

○ 解云 : 귀천을 막론하고 구별하지 않는다는 것은 모두 동일한 호칭을 사용한다는 것이다. 이런 까닭에 ≪春秋≫에는 호칭을 동일하게 썼다.

【傳】 美惡不嫌同辭라

좋은 일이나 나쁜 일이나 구별하지 않고 동일한 말을 사용한다.

【注】 若繼體君亦稱卽位하고 繼弑君亦稱卽位는 皆有起文이니 美惡不嫌同辭가 是也라 滕은 微國이니 所傳聞之世[1]未可卒이어늘 所以稱侯而卒者는 春秋王魯하여 託隱公以爲始受命王하니 滕子先朝隱公을 春秋褒之以禮하고 嗣子得以其禮祭라 故稱侯見(현)其義라

1) 所傳聞之世 : 본서 〈春秋公羊傳注疏序〉에 보이는 '三世' 가운데 '전해 들어 안 시대〔所傳

聞之世]'에 해당한다. 三世란 孔子가 ≪春秋≫를 지을 때 '보아서 안 시대[所見之世]'·'들어서 안 시대[所聞之世]'·'전해 들어서 안 시대[所傳聞之世]'를 모두 기록하였기 때문에 ≪춘추≫의 범위가 魯 隱公부터 哀公까지로 설정되었다는 논리이다.

이를테면 〈嫡子로서 前代의〉 뒤를 이은 군주에게도 '卽位'라 칭하고, 〈전대의 군주를〉 시해하고 뒤를 이은 군주에게도 '卽位'라 칭하는 것은 모두 〈귀천을〉 나타내는 표현이 〈따로〉 있기 때문이다. 그래서 좋은 일이나 나쁜 일이나 구별하지 않고 동일한 말을 사용한다는 것이 바로 그 예이다.

滕나라는 미약한 나라이다. '所傳聞'의 시대의 기록에서는 〈등나라 군주에 대해〉 '卒'이라고 하지 않았는데, 〈여기에서는〉 '侯'를 칭하고 '卒'이라 쓴 까닭은 다음과 같다. ≪春秋≫에서는 魯나라를 王者로 여겨서 隱公을 가탁하여 처음 천명을 받은 왕으로 여기니, 滕子가 앞서 은공을 조현한 일을 ≪춘추≫에서는 그에 맞는 禮로써 칭찬하였고, 그의 뒤를 이은 군주가 예에 맞게 제사 지낼 수 있었으므로 '侯'라고 칭하여 의리를 드러낸 것이다.

【疏】 注'若繼'至'卽位' ○ 解云：文·成之屬, 是也.

注의 [若繼]에서 [卽位]까지

○ 解云：魯 文公과 成公 등이 그 예이다.

【疏】 ○ 注'繼弑'[至][1]'卽位' ○ 解云：桓·宣, 是也.

1) [至]：저본에는 '至'가 없으나, 본서의 체제에 의거하여 보충하였다.

○ 注의 [繼弑]에서 [卽位]까지

○ 解云：魯 桓公과 宣公이 그 예이다.

【疏】 ○ 注'皆有起文' ○ 解云：前君之薨書地者, 起其後卽位者是繼體之君也. 若前君薨不地者, 起其後卽位者非是繼體之君也.

○ 注의 [皆有起文]

○ 解云：前代 군주가 薨하면 地名을 기록하는 것은 뒤를 이어 즉위한 사람이 바로 〈적자로서 전대 군주의〉 뒤를 이은 군주임을 나타내는 것이다. 전대 군주가 薨하였는데 지명을 기록하지 않는 경우는 뒤를 이어 즉위한 사람이 바로 〈적자로서 전대 군주

의〉 뒤를 이은 군주가 아님을 나타내는 것이다.

【疏】 ○ 注'美惡'至'是也' ○ 解云：謂美惡不嫌者, 通其同辭. 由是之故, 春秋同其辭矣.

○ 注의 〔美惡〕에서 〔是也〕까지

○ 解云：'좋은 일이나 나쁜 일이나 구별하지 않는다.〔美惡不嫌〕'는 것은 모두 동일한 말을 사용하는 것을 이른다. 이러한 까닭에 ≪春秋≫에는 말을 동일하게 썼다.

【疏】 ○ 注'滕子'至'其義' ○ 解云：在十一年, 卽此君之子也.[1] 滕子薛侯俱朝隱公, 滕幷褒其父而薛否者, 薛侯父卒在春秋之前, 故無褒之文.

1) 在十一年 卽此君之子也：隱公 11년에 "滕侯와 薛侯가 〈魯나라에〉 와서 조현하였다.〔滕侯薛侯來朝〕"라는 내용이 보인다.

○ 注의 〔滕子〕에서 〔其義〕까지

○ 解云：隱公 11년에 보이는 〈'滕子'가〉 바로 이곳에서 〈죽었다고 말한〉 군주의 아들이다. 滕子와 薛侯가 함께 은공을 조현하였는데 등나라에 대해서는 그의 아버지까지 함께 칭찬하였으나 설나라에 대해서는 그렇게 하지 않은 것은, 〈薛侯의 父君이〉 卒한 사건이 ≪춘추≫ 기록 이전에 있었기 때문에 칭찬한 내용이 없는 것이다.

夏에 **城中丘**하다

여름에 中丘에 성을 쌓았다.

【傳】 **中丘者何**아 **內之邑也**라 **城中丘何以書**아

中丘는 어디인가? 魯나라 국경 안에 있는 邑이다. 중구에 성을 쌓은 일을 무엇 때문에 기록하였는가?

【注】 上(問)〔言〕[1]中丘者何는 指問邑也라 (故)〔欲〕[2]因言何以書면 嫌但問書中丘라 故復(부)言城中丘何以書也라

1) (問)〔言〕：저본에는 '問'으로 되어 있으나, 阮元의 〈校勘記〉에 의거하여 '言'으로 바로잡았다.

2) (故)〔欲〕: 저본에는 '故'로 되어 있으나, 阮元의 〈校勘記〉에 의거하여 '欲'으로 바로잡았다.

위에서 '中丘者何'라고 말한 것은 邑을 가리키며 물은 것이다. 그대로 이어서 '何以書'라고 말하자니 中丘를 쓴 까닭만 묻는 것으로 이해할까 염려되었으므로 다시 '城中丘何以書'라고 말한 것이다.

【疏】'中丘者何' ○ 解云 : 楚丘同[1], 皆直云城, 文無別, 故執不知問.

1) 楚丘同 : 僖公 2년 經에 "楚丘에 성을 쌓았다.〔城楚丘〕"라는 기록이 보인다.

傳의 〔中丘者何〕

○ 解云 : 楚丘에도 동일한 내용이 있는데, 모두 '城'이라 말하여 문장에 구별이 없기 때문에 미심쩍은 점을 가지고 물은 것이다.

【傳】以重書也라

그 공사가 크므로 기록한 것이다.

【注】以功重이라 故書也라 當稍稍補完之요 至令大崩弛壞敗하여 然後發衆城之면 猥苦百姓하고 空虛國家라 故言城하여 明其功重하여 與始作城無異라 城邑例時라

공사가 크기 때문에 기록한 것이다. 응당 조금씩 보완해야 하지, 크게 무너져 파괴되는 지경에 이른 뒤에야 많은 사람을 동원하여 城을 쌓으면 백성을 함부로 괴롭히고 국가를 텅 비게 만든다. 그러므로 '城(성을 쌓는다)'을 말하여 그 공사가 커서 처음으로 성을 쌓는 것과 다름없다는 것을 밝힌 것이다. 邑에 성을 쌓는 일은 일반적으로 계절을 기록한다.

【疏】注'城邑例時' ○ 解云 : 卽下九年"夏, 城郎", 襄十三年"冬, 城防"之屬, 是也.[1]

1) 卽下九年……是也 : 隱公 9년은 工事가 시기에 알맞지 않았기 때문에 기록한 것이고, 襄公 13년은 공사가 시기에 적절했기 때문에 기록한 것이니, ≪春秋≫의 筆法을 일정한 기준으로 정의할 수 없음을 알 수 있다.

注의 〔城邑例時〕

○ 解云 : 곧 아래 隱公 9년에 "여름에 郎에 성을 쌓았다."라고 한 것과, 襄公 13년에

"겨울에 防에 성을 쌓았다."라고 한 것 등이 그 예이다.

齊侯使其弟年來聘하다

齊侯가 그의 아우 夷仲年을 파견하여 聘問하였다.

【傳】 其稱弟何아

〈'公子'라고 칭하지 않고〉 '弟'라고 칭한 것은 무슨 까닭인가?

【注】 据諸侯之子稱公子라

諸侯의 아들을 '公子'라고 칭하는 것에 의거한 것이다.

【傳】 母弟稱弟하고 母兄稱兄이라

同母弟를 '弟'라 칭하고, 同母兄을 '兄'이라 칭하기 때문이다.

【注】 母弟는 同母弟요 母兄은 同母兄이라 不言同母言母弟者는 若謂不如爲如矣니 齊人語也[1]라 (公)〔分〕[2]別同母者는 春秋變周之文하여 從殷之質이니 質家親親하여 明當親厚異於群公子也라 聘者는 問也니 來聘書者는 皆喜內見聘事也라 古者諸侯朝罷朝聘은 爲慕賢(孝)〔考〕[3]禮하여 一法度하고 尊天子일새라 不言聘公者는 禮에 聘受之於大(태)廟하며 孝子謙하여 不敢以己當之하니 歸美於先君이요 且重賓也라

1) 若謂不如爲如矣 齊人語也 : 隱公 원년 經文에 "鄭伯이 鄢에서 共叔段을 이겼다.〔鄭伯克段于鄢〕"라고 한 것에 대하여, 杜預의 注에서 "왜 鄭伯의 악행을 강조했는가? 그의 어머니가 〈공숙단을〉 세우려고 했는데 정백이 그를 죽였기 때문이니, 〈왕위를〉 주지 않는 것만 못할 뿐이었다.〔曷爲大鄭伯之惡 母欲立之 己殺之 如勿與而已矣〕"라고 하였다. 이에 대하여 孔穎達은 疏에서 "'如'는 바로 '不如'이니 齊나라 지방 사람의 말이다.〔如卽不如 齊人語也〕"라고 하였다.(≪春秋左傳正義≫ 隱公 참조)

2) (公)〔分〕 : 저본에는 '公'으로 되어 있으나, 阮元의 〈校勘記〉에 의거하여 '分'으로 바로잡았다.

3) (孝)〔考〕 : 저본에는 '孝'로 되어 있으나, 阮元의 〈校勘記〉에 의거하여 '考'로 바로잡았다.

'母弟'는 同母弟(한 어머니에게서 난 아우)이고, '母兄'은 同母兄(한 어머니에게서 난 형)이다. '同母'라고 하지 않고 '母弟'라고 한 것은 〈隱公 원년에서〉 '不如'를 '如'라고 말한 것과 같으니 齊나라 사람의 말이다.

同母 여부를 분별한 것은 ≪春秋≫에서 周나라의 화려함〔文〕을 바꾸어 殷나라의 질박함〔質〕을 따랐기 때문이니, 질박함을 중시하는 집안에서는 친족을 친애하여 응당 〈同母 관계의 公子끼리〉 친애하고 후대하는 것이 뭇 公子와 다름을 밝힌 것이다. 聘은 안부를 물음이니, '來聘'이라고 쓴 것들은 모두 魯나라가 그 방문을 받은 일을 기뻐한 것이다. 옛날에 제후가 〈천자에게 조현하고〉 조현이 끝나면 빙문했던 것은 賢者를 사모하고 禮樂을 상고하여 법도를 통일하고 천자를 높였기 때문이다. 〈'聘'이라 하고〉 '聘公(공을 빙문했다)'이라 하지 않은 것은, 예법에 빙문은 太廟에서 받는 것이며 孝子는 겸양하여 감히 자신이 그것을 감당하지 못하니, 이는 그 명예를 先君에게 돌리기 위함이고 또 빈객을 존중하기 때문이다.

【疏】'母兄稱兄' ○ 解云 : 昭二十年"秋, 盜殺衛侯之兄輒", 是也.

傳의 〔母兄稱兄〕

○ 解云 : 昭公 20년에 "가을에 도적이 衛侯의 형 輒을 살해하였다."라고 한 것이 그 예이다.

秋에 公伐邾婁하다

가을에 隱公이 邾婁를 공격하였다.

冬에 天王使凡伯來聘하다

겨울에 天王이 凡伯을 파견하여 빙문하였다.

【注】書者는 喜之也라 古者諸侯有較德殊風異行이면 天子聘問之하니 當北面稱臣하고 受之於大廟는 所以尊王命하며 歸美於先君하여 不敢以己當之라

〈빙문한 일을 經에〉 쓴 것은 기뻐한 것이다. 옛날에 제후가 현저한 덕행·뛰어난

풍모 · 남다른 행실이 있으면 천자가 그를 빙문하였으니, 〈천자가 보낸 使者가 오면 제후는〉 北面하여 臣이라 칭하고 태묘에서 빙문을 받는 것은 王命을 높이며 先君에게 그 명예를 돌려 감히 자신은 그것을 감당하지 못하기 때문이다.

戎伐凡伯于楚丘以歸하다

戎이 楚丘에서 凡伯을 공격하여 데리고 돌아갔다.

【傳】 凡伯者何아

凡伯은 누구인가?

【注】 上言聘하고 **此言伐**하여 **嫌其異**라 **故執不知問**이라

위에서는 '聘'이라 하고, 여기서는 '伐'이라고 하여 그 말이 다르다고 오해할 우려가 있기 때문에 미심쩍은 점을 가지고 물은 것이다.

【疏】 注'上言聘 此言伐' ○ 解云 : 謂聘伐辭異, 嫌其非一人也.

注의 〔上言聘 此言伐〕

○ 解云 : '聘'과 '伐'은 말이 달라서, 〈두 차례 언급한 '凡伯'이〉 동일한 사람이 아니라고 오해할 우려가 있음을 이른다.

【傳】 天子之大夫也라 **此聘也**어늘 **其言伐之何**아

天子의 大夫이다. 이것은 범백이 빙문하고 〈돌아가는 중이었는데〉 그를 '伐'했다고 말한 것은 무엇 때문인가?

【注】 据出聘與郊 · 柳異하여 **不得言伐也**라 **問伐加之者**는 **辟(피)問輕重兩擧之**[1]라

1) 問伐加之者 辟(피)問輕重兩擧之 : 뜻이 분명치 않다. 추정하건대, 똑같은 공격이라도 천자의 사신으로 제후를 빙문한 大夫를 공격하는 것은 천자를 공격하는 것이나 다름없어 사안이 중대하고, 천자의 관할 지역을 공격하는 것은 그에 비해 상대적으로 사안이 경미한데, 經文의 '伐'자의 의미에 대해 인칭 대명사인 '之'를 붙임으로써 일반적인 공격의 의미를 묻는 것으로 오해할 여지를 없앴다는 뜻이 아닐까 한다.

외국에 나가 빙문하는 〈天子의 大夫는〉 郊·柳〈와 같은 천자의 읍〉과 다르므로 '伐'이라고 말할 수 없는 것에 의거한 것이다. '伐'에 대해 물으면서 '之'자를 붙인 것은 경미한 것과 중대한 것 양쪽을 모두 들어 물은 것이라는 혐의를 피하기 위해서이다.

【疏】注'据出'至'伐也' ○ 解云 : 昭二十三年"晉人圍郊", 傳云"郊者何. 天子之邑也. 曷爲不繫于周. 不與伐天子也". 宣元年"晉趙穿帥師侵柳", 傳云"柳者何. 天子之邑也. 曷爲不繫乎周. 不與伐天子也". 然則郊·柳皆是天子之邑, 猶可言其侵圍, 今此聘大夫不應得言伐, 故難之. 先言郊者, 文便言之, 故不次也.

注의 〔据出〕에서 〔伐也〕까지

○ 解云 : 昭公 23년에 "晉人이 郊를 포위하였다."라고 한 것에 대하여, 그 傳에서 "'郊'는 어디인가? 天子의 邑이다. 왜 周나라와 연관 짓지 않았는가? 천자를 정벌한 것을 許與하지 않은 것이다."라고 하였다. 宣公 원년에 "晉나라 趙穿이 군대를 거느리고 가서 柳를 침공하였다."라고 한 것에 대하여, 그 傳에서 "'柳'는 어디인가? 천자의 읍이다. 왜 주나라와 연관 짓지 않았는가? 천자를 정벌한 것을 허여하지 않은 것이다."라고 하였다.

그렇다면 郊·柳가 모두 천자의 읍임에도 오히려 '侵'·'圍'라고 말할 수 있는데, 지금 여기 빙문한 대부에 대해서는 '伐'을 말할 수 없다고 하였기 때문에 의문을 제기한 것이다. 郊를 먼저 말한 것은 문장의 편의상 그런 것이다. 그러므로 일정한 순차는 없다.

【疏】○ 注'問伐'至'擧之' ○ 解云 : 桓十二年"及鄭師伐宋. 丁未, 戰于宋", 傳云"戰不言伐, 此其言伐何", 彼問輕重兩擧不言之, 故此言之者, 辟(피)問輕重兩擧之.

○ 注의 〔問伐〕에서 〔擧之〕까지

○ 解云 : 桓公 12년에 "〈魯나라가〉 鄭나라 군대와 宋나라를 공격하였다. 정미일에 宋나라에서 교전하였다.〔及鄭師伐宋 丁未 戰于宋〕"라고 한 것에 대하여, 그 傳에서 "교전할 때는 '伐'이라고 말하지 않는데, 여기에서 '伐'이라 말한 것은 어째서인가?〔戰不言伐 此其言伐何〕"라고 하였으니, 거기에서는 경미한 것과 중대한 것 양쪽을 모두 들어 물은 것이기에 '之'를 말하지 않았다. 그러므로 여기에서 '之'를 말한 이유는 경미한 것과 중대한 것 양쪽을 모두 들어 물은 것이라는 혐의를 피하기 위한 것이라 할 수 있다.

【傳】執之也라 執之則其言伐之何아

체포하였기 때문이다. 체포하였는데 그를 '伐'했다고 말한 것은 무슨 까닭인가?

【注】据執季孫隱如[1)]不言伐이라

1) 季孫隱如 : ≪春秋左氏傳≫과 ≪春秋穀梁傳≫의 經文에는 모두 '季孫意如'로 되어 있다.

季孫隱如(魯나라 大夫)를 체포했을 때 '伐'이라 말하지 않은 것에 의거한 것이다.

【疏】注'据執'至'言伐' ○ 解云 : 昭十三年平丘之會"晉人執季孫隱如以歸", 是也.

注의 〔据執〕에서 〔言伐〕까지

○ 解云 : 昭公 13년 平丘의 회합에서 "晉人이 季孫隱如를 체포하여 데리고 돌아갔다."라고 한 것이 그 예이다.

【傳】大之也라

이 일을 중대하게 여긴 것이다.

【注】尊大王命하여 責當死位[1)]라 故使與國同[2)]이라

1) 責當死位 : ≪公羊義疏≫에 "凡伯은 天子의 귀한 신하로서 戎에게 체포되었는데 치욕을 참고 구차하게 목숨을 구걸하였다. 이런 까닭에 꾸짖었으니, 그 일을 중대하게 여긴 것이 나라를 정벌하는 사례와 동일하다.〔凡伯以天子貴臣爲戎所執 忍辱偸生 以故見責大之與伐國同〕"라는 내용이 보인다.(≪公羊義疏≫, 陳立 撰, 中華書局 참조)
2) 使與國同 : ≪春秋繁露≫ 〈王道篇〉에 "天子의 大夫를 체포한 것은 제후의 나라를 정벌하는 것과 죄가 같다. 그러므로 凡伯을 체포한 일을 '伐'이라고 한 것이다.〔執天子之大夫 與伐國同罪 執凡伯言伐〕"라고 하였다.

〈천자를 대신해 외국에 나간 使臣은〉 王命을 높이고 중대하게 여겨서 〈모욕을 당하며 구차하게 살기보다는〉 마땅히 그 위치에서 죽었어야 한다고 책망한 것이다. 그러므로 〈'伐'이라고 써서 천자의〉 사신을 공격한 일을 나라를 정벌한 일과 동등하게 여긴 것이다.

【傳】曷爲大之아

어째서 이 일을 중대하게 여겼는가?

【注】据王子突繫諸人이라

王子突의 경우에는 다른 사람〔人〕과 연관 지은 것에 의거한 것이다.

【疏】注'据王'至'諸人' ○ 解云 : 莊六年"春王三月, 王人子突救衛", 傳云"王人者何. 微者也. 子突者何. 貴也. 貴則其稱人何. 繫諸人也", 是也. 等是王臣, 一伸一屈, 故難之.

注의 〔据王〕에서 〔諸人〕까지

○ 解云 : 장공 6년에 "봄 周나라 왕 3월에 王人 子突이 衛나라를 구원하였다."라고 한 것에 대하여, 그 傳에서 "王人이라 쓴 까닭은 무엇인가? 신분이 낮은 자이기 때문이다. 子突이라 쓴 까닭은 무엇인가? 귀하게 대우한 것이다. 귀하게 대우하였으면서 '人'이라 칭한 것은 무엇 때문인가? 다른 사람과 연관 지어 〈일을 성사시키지 못한 책임을 덜게 한〉 것이다."라고 한 것이 그 예이다. 똑같은 天王의 신하인데 한번은 굽히고 한번은 폈기 때문에 의문을 제기한 것이다.

【傳】不與夷狄之執中國也라

夷狄이 中國(중원) 사람을 체포한 일을 인정할 수 없기 때문이다.

【注】因地不接京師라 故以中國正之라 中國者는 禮義之國也요 執者는 治文也라 君子不使無禮義制治有禮義라 故絶不言執하고 正之言伐也라 執天子大夫로대 而以中國正之者는 執中國尙不可온 況執天子之大夫乎아 所以降夷狄尊天子하여 爲順辭라

〈범백이 사로잡힌〉 지역이 京師와 인접하지 않기 때문에 '中國'이라는 명칭으로 바로잡은 것이다. '中國'은 예의를 갖춘 나라이고, '執'은 다스린다는 뜻의 글자이다. 군자는 예의가 없는 〈夷狄으로〉 하여금 예의가 있는 〈中國을〉 통치하게 해서는 안 되기 때문에, 결코 '執'이라 말하지 않고 바로잡아 '伐'이라 말한 것이다. 天子의 大夫를 체포하였는데 중국 사람이라고 바로잡은 것은, 중국 사람을 체포하는 것도 오히려 불가한데 하물며 천자의 대부를 체포하는 경우이겠느냐는 뜻이다. 이 때문에 이적을 낮추고 천자를 높여서 이치에 맞는 말이 되었다.

【傳】其地何아

그 地名을 기록한 것은 어째서인가?

【注】据執季孫隱如不地라

季孫隱如가 체포되었을 때는 지명을 기록하지 않은 일에 의거한 것이다.

【傳】大之也라

이 일을 중대하게 여긴 것이다.

【注】順上伐文하면 使若楚丘爲國者니 猶慶父(보)伐於(오)餘丘也라 不地以衛者는 天子大夫銜王命至尊하여 顧在所諸侯有出入에 所在赴其難을 當與國君等也라 錄以歸者는 惡凡伯不死位하여 以辱王命也라

윗글의 '伐'자를 〈쓴 書例에〉 따르면 마치 楚丘가 國名인 것 같으니, 慶父가 於餘丘를 정벌한 경우와 같다. 〈초구는 위나라 읍인데 그곳을〉 '衛나라'라고 쓰지 않은 것은 天子의 大夫가 지극히 높은 왕명을 받들어 어느 지방의 제후를 방문하기 위해 출입할 때 〈위험에 처한 일이 있으면〉 그가 머무르는 곳에서는 그를 국가의 군주와 동등하게 〈대우하여 구원해줘야 하므로 굳이 國名을 쓰지 않은 것이다. 經文에〉 '以歸'라고 기록한 것은 범백이 〈모욕을 당하고서도〉 그 위치에서 죽지 않아 왕명을 욕되게 한 것을 비판한 것이다.

【疏】注'順上'至'命也' ○ 解云：莊二年"夏, 公子慶父(보)帥師伐於餘丘", 傳云"於餘丘者何. 邾婁之邑. 曷爲不繫乎邾婁. 國之也"者, 是.

注의 〔順上〕에서 〔命也〕까지

○ 解云：장공 2년에 "여름에 公子 慶父가 군대를 거느리고 가서 於餘丘를 토벌하였다."라고 한 것에 대하여, 그 傳에 이르길 "於餘丘는 어디인가? 邾婁의 邑이다. 왜 邾婁와 연관 짓지 않았는가? 〈於餘丘를〉 국가로 여긴 것이다."라고 한 것이 그 예이다.

【隱公 8년(B.C. 715)】

八年이라 春에 宋公衛侯遇于垂[1]하다

1) 宋公衛侯遇于垂 : '遇'는 우연히 만난다는 뜻이고, '垂'는 衛나라 땅이다.

8년이다. 봄에 宋公과 衛侯가 垂에서 만났다.

【注】宋公序上者는 時衛侯要宋公이라 使不虞者爲主니 明當戒愼之라 無王者는 遇在其間하니 置上則嫌爲事出하고 置下則嫌無天法可以制月하여 文不可施也라

〈經文에 지위가 낮은〉 宋公을 앞에 놓은 것은 당시 衛侯가 〈자신의 땅인 垂에서〉 송공을 맞이하였기 때문이다. 〈제후들이 국경 밖에서 서로 만날 경우에는〉 예기치 않게 만난 사람을 주인으로 삼는 법이므로 응당 이점에 대해 〈실수가 없도록〉 조심하고 신중해야 함을 밝힌 것이다. '王'자가 없는 것은 '遇'가 〈'春'과 '三月'〉 그 사이에 있으므로, '王'을 위('宋公' 앞)에 놓으면 〈왕이 회합하는〉 일 때문에 그 자리에 나온 것인가 오해할 우려가 있고, 아래('三月' 앞)에 놓으면 왜 '月'을 제어하는 하늘의 법이 없는 것인가 오해할 우려가 있으므로 사용할 수 없기 때문이다.

【疏】注'宋公'至'其間' ○ 解云 : 何氏以爲會盟則以大小爲序, 遇則以不虞爲先, 故如此解. 是以莊三十二年經云"夏, 宋公齊侯遇于梁丘", 齊在宋下, 是其一隅耳.

注의 〔宋公〕에서 〔其間〕까지

○ 解云 : 何休는 회맹을 할 때에는 나라의 대소로 〈기록하는〉 순서를 삼고, 사전에 약속 없이 만나는 경우에는 예기치 않게 만난 사람을 우선으로 삼는다고 생각했기 때문에 이처럼 풀이한 것이다. 이 때문에 莊公 32년 經文에 "여름에 宋公과 齊侯가 梁丘에서 만났다."라고 하여 齊나라가 宋나라 아래에 있으니, 이것이 그 한 예이다.

【疏】○ 注'置上'至'事出' ○ 解云 : 若言八年春王宋公衛侯遇于垂, 卽嫌桓王亦與之遇, 故言則嫌爲事出. 事, 謂遇事也. 或者嫌爲遇事之故出此王, 故云則嫌爲遇事出也.

○ 注의 〔置上〕에서 〔事出〕까지

○ 解云 : 〈經文에 '王'자를 넣어서〉 만약 '八年春王宋公衛侯遇于垂'라고 하면 곧 周 桓

王이 또 제후들과 만난 것인가 오해할 우려가 있으므로 〈注에서〉 '則嫌爲事出'이라고 한 것이다. '事'는 만나는 일이다. 어떤 사람은 만나는 일 때문에 왕이 국경을 나간 것으로 오해할 수 있기 때문에 '則嫌爲遇事出'이라 한 것이라고 하였다.

【疏】 ○ 注'置下'至'施也' ○ 解云 : 天法, 卽春是也.

○ 注의 〔置下〕에서 〔施也〕까지

○ 解云 : '天法'은 곧 '春'이다.

三月에 鄭伯使宛來歸邴(궤병)[1)]하다

1) 歸邴(궤병) : '歸'는 '饋'와 통용한다. '邴'은 ≪春秋左氏傳≫에는 '祊'으로 되어 있다.

3월에 鄭伯이 宛을 파견하여 邴을 돌려주었다.

【傳】 宛者何아 鄭之微者也라 邴者何아 鄭湯沐之邑[1)]也라 天子有事于泰山에 諸侯皆從泰山之下하니 諸侯皆有湯沐之邑焉이라

1) 湯沐之邑 : '湯沐邑'은 제후가 천자를 朝見할 때 목욕재계할 수 있도록 마련해준 봉지로, 해당 읍에서 나오는 조세로 비용을 충당하게 하였다. 한편 이와 관련하여 '朝宿邑'도 보이는데, 조숙읍은 제후가 천자를 조현할 때 숙박하도록 도성 近郊에 있는 읍으로 하사한 采地를 가리킨다.

宛은 누구인가? 鄭나라의 지위가 낮은 자이다. 邴은 어디인가? 정나라의 湯沐邑이다. 天子가 泰山에 제사를 지낼 때 제후들은 모두 태산 아래로 따라가니 〈이때 사용하는 비용을 충당할 목적으로〉 제후는 모두 탕목읍을 가지고 있다.

【注】 有事者는 巡守祭天告至[1)]之禮也라 當沐浴絜齊(결재)以致其敬이라 故謂之湯沐邑也니 所以尊待諸侯而共其費也라 禮에 四井爲邑이요 邑方二里며 東方二州四百二十國하여 凡爲邑廣四十里하고 袤四十二里니 取足舍止共槀穀而已라 歸邴書者는 甚惡鄭伯無尊事天子之心하여 專以湯沐邑歸魯하니 背叛當誅也라 錄使者는 重尊湯沐邑也라 王者所以必巡守者는 天下雖平이라도 自不親見이면 猶恐遠方獨有不得其所라 故三年一使三公絀陟(출척)하고 五年親自巡守라 巡은 猶循也요 守는 猶守也니 循行守視之辭라 亦不可國至人見爲煩擾라 故

至四嶽하니 足以知四方之政而已라 尙書曰 歲二月에 東巡守하여 至于岱宗하여 柴하며 望秩于山川하고 遂覲東后라 協時月하고 正日하며 同律度量衡이라 脩五禮하며 五玉·三帛·二生·一死贄러라 如五器는 卒乃復이라 五月에 南巡守하여 至于南嶽하여 如岱禮라 八月에 西巡狩하여 至于西嶽하여 如初라 十有一月에 朔巡守하여 至于北嶽하여 如西禮라 還至嵩如初禮라 歸하여 格于禰祖하니 用特이라하니 是也라

1) 祭天告至 : '祭天'은 하늘에 제사를 지낸다는 뜻이고, '告至'는 巡狩할 때 그 지방에 이르러 지내는 제사를 가리킨다.

'有事'는 巡狩·祭天·告至의 예이다. 〈天子를 朝見할 때는〉 목욕재계하여 공경을 다해야 하기 때문에 그 읍을 湯沐邑이라고 이르니, 제후를 존대하여 그 비용을 공급하기 위한 것이다. 예에 따르면 4井이 1邑이 되고, 1邑은 사방으로 2里이며, 동쪽으로는 2州 420國이 있어서 무릇 읍의 너비가 40리, 길이가 42리가 되니, 〈1邑은 제후가 머무를 적에〉 꼴과 곡식을 제공하기에 충분한 것이다. 經에 '歸邴'이라 쓴 것은 鄭伯이 천자를 높이고 섬기는 마음이 없어 제멋대로 정나라의 탕목읍을 노나라에 돌려준 것을 심각하게 비판한 것이니, 배반한 자는 마땅히 주벌해야 하기 때문이다.

'使'를 기록한 것은 탕목읍을 중시한 것이다. 王者가 반드시 순수를 하는 까닭은 천하가 비록 태평하더라도 자신이 직접 보지 않으면 여전히 먼 지방에서 유독 자신의 안정을 찾지 못하는 자가 있을까 염려되기 때문이다. 그러므로 3년마다 한 차례 三公을 파

巡狩四岳圖

견하여 상벌을 행하고, 5년마다 천자가 직접 순수하는 것이다. '巡'은 '循'과 같고, '守(狩)'는 '守'와 같으니, 각지를 돌아다니며 살펴본다는 말이다. 그러나 또 나라마다 찾아가 모든 사람을 본다는 것은 번거로워서 그렇게 할 수 없기 때문에 四嶽에 가는 것이니, 그것으로 사방의 정사를 알기에 충분한 것이다.

≪尙書≫ 〈舜典〉에 "〈순수하는〉 해의 2월에 동쪽으로 순수하여 岱宗(泰山)에 이르러 柴祭를 지내며 산천을 바라보고 차례를 정해 제사 지내고 마침내 동쪽 제후들을 만나보았다. 四時의 달을 맞추고 날짜를 바로잡으며 악률과 度·量·衡을 통일하였다. 五禮를 제정하며, 다섯 가지 圭玉, 세 가지 폐백, 두 가지 동물, 한 가지의 죽은 예물을 공물로 삼았다. 다섯 가지 규옥은 〈朝見의 예를〉 마치면 〈제후에게〉 돌려주었다. 5월에 남쪽으로 순수하여 南嶽(衡山)에 이르러 대종에서 행했던 예와 같이 하였다. 8월에 서쪽으로 순수하여 西嶽(華山)에 이르러 처음에 행했던 예와 같이 하였다. 11월에 북쪽으로 순수하여 北嶽(恒山)에 이르러 서악에서 행했던 예와 같이 하였다. 돌아와 嵩山에 이르러서는 처음에 행했던 예와 같이 하였다. 〈순수를 마치고〉 돌아와 아버지와 할아버지의 사당에 제사를 지냈는데, 소 한 마리를 제물로 사용하였다."라고 한 것이 그 예이다.

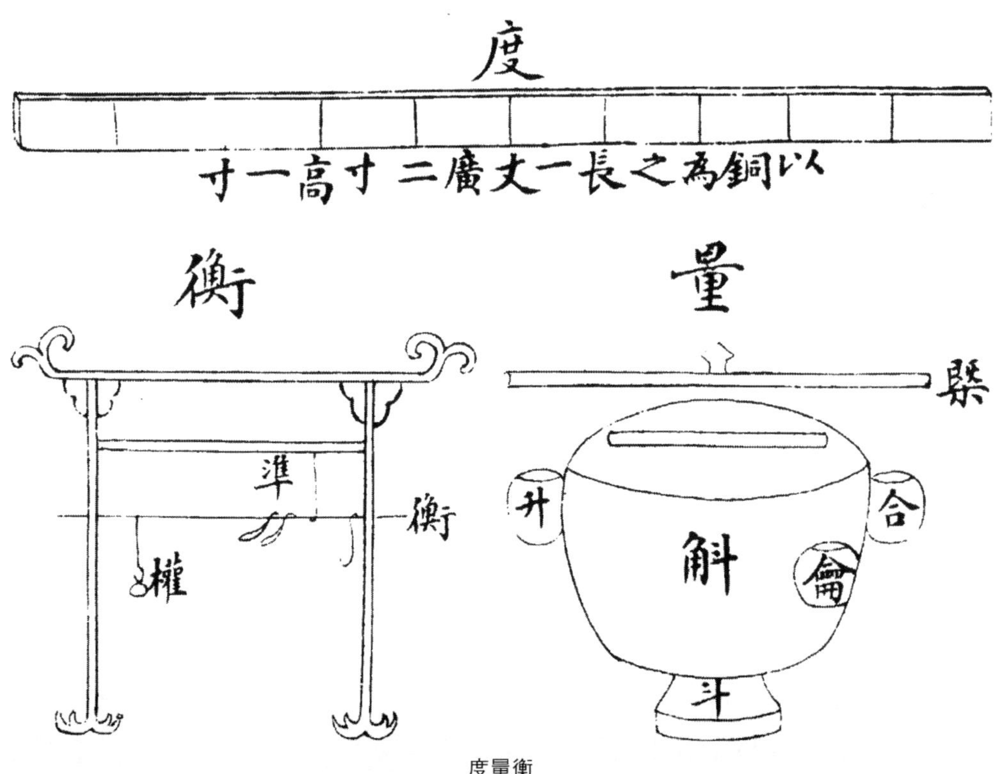

度量衡

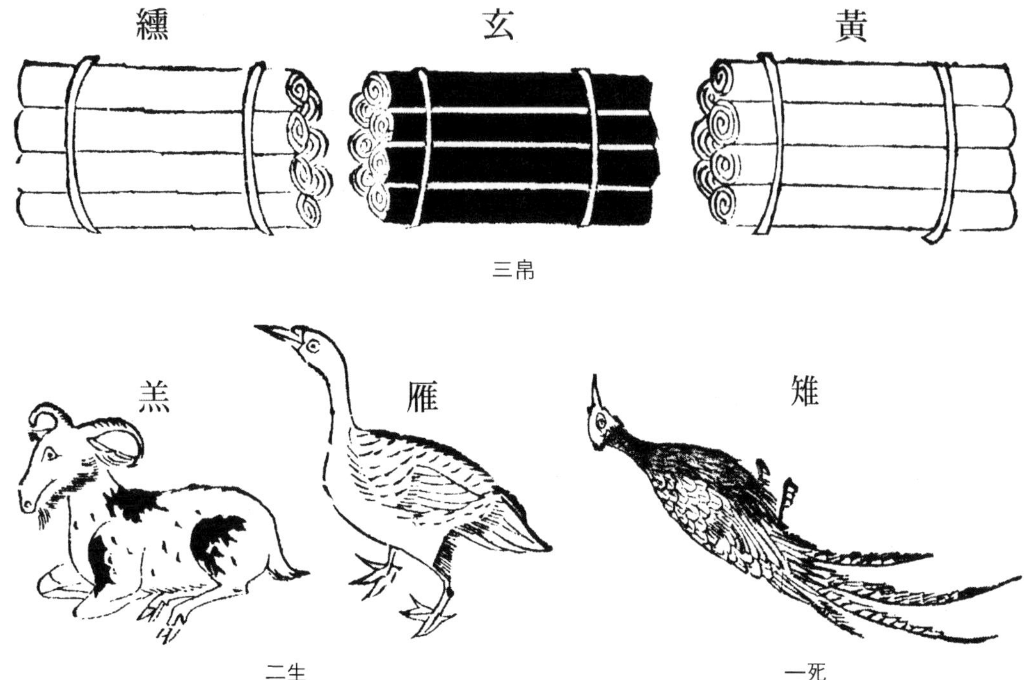

【疏】'宛者何' ○ 解云：欲言大夫，經不言氏，欲言微者，書名見(현)經．故執不知問．

傳의〔宛者何〕

○ 解云：大夫라고 말하자니 經文에 氏를 말하지 않았고, 미천한 자라고 말하자니 이름을 써서 경문에 드러냈다. 그러므로 미심쩍은 점을 가지고 물은 것이다.

【疏】○ '邴者何' ○ 解云：欲言魯物，先無取文，欲言鄭邑，於魯言歸，故執不知問．

○ 傳의〔邴者何〕

○ 解云：〈邴이〉 魯나라 소유라고 말하자니 이전에 '취했다〔取〕'는 글이 없고, 鄭나라의 邑이라고 말하자니 노나라에 '돌려주었다〔歸〕'고 말하였으므로 미심쩍은 점을 가지고 물은 것이다.

【疏】○ 注'歸邴'至'誅也' ○ 解云：正以將所傳聞之世，外小惡不書故也．

○ 注의〔歸邴〕에서〔誅也〕까지

○ 解云：이는 곧 전해 들어 안 시대의 일은 국외의 작은 악행일 경우 經에 기록하지 않는 법인데 〈鄭伯이 워낙 잘못하여 기록했기〉 때문이다.

【疏】○ 注'錄使'至'其所' ○ 解云：正決哀八年"齊人歸讙及僤(천)[1)]"之屬，不錄使故也.[2)]

1) 僤(천)：≪春秋左氏傳≫과 ≪春秋穀梁傳≫에는 '闡'으로 되어 있다.

2) 正決哀八年……不錄使故也：해당 기사에 대한 杜預의 注에 "〈經文에〉 '來'라고 말하지 않은 것은 〈齊侯가〉 돌려주라고 명하면서 지시해 보낸 使者가 없었기 때문이다.〔不言來 命歸之 無旨使也〕"라고 되어 있다. 여기서는 탕목읍을 중시하였기 때문에 鄭나라가 사자를 보냈다고 기록한 것임을 알 수 있다.

○ 注의 〔錄使〕에서 〔其所〕까지

○ 解云：바로 哀公 8년에 "齊人이 讙과 僤을 돌려주었다."라고 한 것 등에서 '使'를 기록하지 않은 이유를 해명한 것이다.

【疏】○ 注'故三'至'絀陟' ○ 解云：書傳文.[1)]

1) 書傳文：≪書經≫〈虞書 舜典〉에 유사한 내용이 보인다.

○ 注의 〔故三〕에서 〔絀陟〕까지

○ 解云：≪尙書大傳≫의 내용이다.

【疏】○ 注'五年'至'而已' ○ 解云：堯典文.[1)]

1) 堯典文：통행본 〈堯典〉에는 해당 내용이 없고, 〈舜典〉에 유사한 내용이 있다.

○ 注의 〔五年〕에서 〔而已〕까지

○ 解云：≪書經≫〈虞書 堯典〉의 내용이다.

【疏】○ 注'尙書'至'是也' ○ 解云：惟是(一字)〔也〕[1)]注者言之，以上皆堯典文也[2)]. 鄭注"歲二月者，正歲建卯之月也. 巡守者，行視所守也. 岱宗者，東嶽名也. 柴者，考績燎也. 望秩于山川者，遍以尊卑祭之. 五嶽視三公，四瀆視諸侯，其餘小者或視卿大夫，或視伯子男矣. 秩，次也. 東后，東方之諸侯也. 協正四時之月數及日名，備有失誤者. 度，丈尺. 量，斗斛. 衡，斤兩. 五禮，公侯伯子男朝聘之禮矣. 五玉，瑞節，執之曰瑞，陳列曰玉也. 三帛，所以薦玉也. 受瑞玉者，以帛薦之. 帛必三者，高陽之後用赤繒，高辛氏之後用黑繒，其餘諸侯皆用白繒，周禮改之爲繅(조)也. 二生・一死贄者，羔鴈生也，卿大夫所執，雉死，士所執也. 如者，以物相授與之. 言授贄之器有五，卿大夫上士

中士下士也. 器各異飾, 飾未聞所用也. 周禮改之飾羔鴈飾雉, 執之而已, 皆去器. 卒, 已也. 復, 歸也. 巡守禮畢, 乃反歸矣, 每歸用特牛告于文祖矣. 五月不言(於)〔初〕[3]者, 以其文相近, 八月・十一月言初者, 文相遠故也."

1) (一字)〔也〕: 저본에는 '一字'로 되어 있으나, 阮元의 〈校勘記〉에 의거하여 '也'로 바로잡았다.
2) 皆堯典文也 : 여기에 인용된 내용이 통행본 ≪書經≫에는 〈舜典〉에 들어 있다. 그러나 北京大本 ≪春秋公羊傳注疏≫ 교감주에 의하면 '舜'으로 된 本은 잘못되었고 '堯'가 옳다고 하였으니, 이는 ≪서경≫ 古文과 今文의 편제가 다른 데에서 기인한 듯하다.
3) (於)〔初〕: 저본에는 '於'로 되어 있으나, 阮元의 〈校勘記〉에 의거하여 '初'로 바로잡았다.

○ 注의 〔尙書〕에서 〔是也〕까지

○ 解云 : '是也'만 注解한 사람이 말한 것이고, 그 위의 내용은 모두 〈堯典〉의 글이다. 鄭玄의 注에서 말한 내용은 다음과 같다.

"'歲二月'은 곧 그해 建卯月(음력 2월)이다. '巡守'는 〈天子가〉 諸侯들이 지키는 곳을 순행하며 살피는 것이다. '岱宗'은 東嶽의 이름이다. '柴'는 관리의 공적을 심사하기에 앞서 섶나무를 태우면서 〈하늘에 지내는 天祭이다.〉 '望秩于山川'은 두루 그 신의 尊卑의 예에 맞게 제사 지내는 것이니, 五嶽은 三公에 견주고, 四瀆은 諸侯에 견주며, 그 나머지 작은 것들은 卿・大夫에 견주거나 伯・子・男에 견준다. '秩'은 차례를 정함이다. '東后'는 동쪽 지역의 제후이다. 四時의 月數와 日名을 맞추어 바로잡는 것은 착오가 있을까 대비하는 것이다. '度'는 길이를 헤아리는 표준이고, '量'은 부피를 헤아리는 표준이며, '衡'은 무게를 헤아리는 표준이다.

'五禮'는 公・侯・伯・子・男이 朝聘하는 예절이다. '五玉'은 〈조빙할 때 신표로 사용하는〉 옥으로 만든 符節이니, 손으로 잡는 것은 '瑞'라 하고, 진열해놓는 것은 '玉'이라 한다. '三帛'은 옥을 받들어 올릴 때 사용하는 것이다. 瑞玉을 받은 자는 그것을 비단으로 싸서 올린다. 비단을 반드시 세 가지를 사용하는 이유는 高陽氏의 후예는 붉은 비단을 사용하고, 高辛氏의 후예는 검은 비단을 사용하며, 그 나머지 제후는 모두 흰 비단을 사용하는데 ≪周禮≫에서 이러한 예를 바꾸어 옥 받침을 만들었다.

'二生'과 '一死贄'는 〈卿・大夫・士가 서로 만날 때 지참하는 예물이니,〉 살아 있는 새끼 양과 기러기는 경・대부가 지참하고 죽은 꿩은 士가 지참한다. '如'는 禮物(五器)을 서로 주고받는 것이다. 폐백으로 주는 器物에는 다섯 종류가 있음을 말하였으니,

〈그것을 사용하는 대상은〉 卿·大夫·上士·中士·下士이다. 기물에는 저마다 다른 장식을 하는데 장식은 무엇을 사용하는지 들어보지 못했다. ≪주례≫에서 이러한 禮를 바꾸어 새끼 양과 기러기 모양을 장식하거나 꿩 모양을 장식하여 그냥 지참할 뿐이고, 그 외의 기물은 모두 없앴다.

'卒'은 마친다는 뜻이고 '復'은 돌아온다는 뜻이니, 순수하는 예를 마치면 곧 돌아오는 것이다. 돌아올 때마다 소 한 마리를 제물로 사용하여 文祖에게 고한다. 5월에 처음에 행했던 예와 같이 한다고 말하지 않은 것은 〈2월에 예와 절차를 설명한〉 문장이 가까이 있기 때문이고, 8월과 11월에 처음에 행했던 예와 같이 한다고 말한 것은 〈앞서 설명한〉 문장이 멀리 있기 때문이다."

庚寅에 我入邴하다

경인일에 우리가 邴에 들어갔다.

【傳】 其言入何아

'들어갔다〔入〕'고 말한 것은 무엇 때문인가?

【注】 据上書歸(궤)하니 取邑已明하여 無事復(부)書入也라

앞의 經文에서 '歸'라고 썼으니, 邑을 취한 것이 이미 분명하여 다시 '入'이라고 쓸 필요가 없는 것에 의거한 것이다.

【傳】 難也라

난처했기 때문이다.

【注】 入者는 非已至之文이요 難辭也라 此魯受邴하여 與鄭同罪當誅라 故書入하여 欲爲魯見(현)重難辭라

'入'은 이미 도착했다는 식의 글이 아니고 난처하다는 표현이다. 이것은 魯나라가 邴을 받아서 〈제멋대로 탕목읍을 준〉 정나라와 죄가 같아 마땅히 주벌해야 하기 때문에 '入'이라고 기록하여 노나라를 위하여 매우 난처했다는 표현을 드러내려 한 것이다.

【疏】注'入者'至'之文' ○ 解云：直就而入之, 非是將歸之辭也.

注의 〔入者〕에서 〔之文〕까지

○ 解云：〈邴으로〉 다만 나아가 그곳으로 들어갔다는 것이지, 돌려주려 했다는 말이 아니다.

【傳】其日何아

〈經文에〉 그 날짜를 쓴 것은 무슨 까닭인가?

【注】据取邑不日이라

邑을 취한 기사에는 〈일반적으로〉 날짜를 쓰지 않는 것에 의거한 것이다.

【疏】注'据取邑不日' ○ 解云：卽隱四年"春王二月, 莒人伐杞, 取牟婁"之屬也.

注의 〔据取邑不日〕

○ 解云：바로 隱公 4년에 "봄 周나라 왕 2월에 莒人이 杞나라를 공격하여 牟婁를 취하였다."라고 한 것 등이다.

【傳】難也라

〈이 또한〉 난처했기 때문이다.

【注】以歸後乃日也라 言時重難하여 不可卽入하고 至此日乃入이라

〈鄭나라가 邑을〉 준 뒤에야 날짜를 말했기 때문이다. 당시에는 매우 난처하여 곧바로 들어가지 못하고, 이날(庚寅日)이 되어서야 비로소 들어간 것을 말한 것이다.

【傳】其言我何아

'우리〔我〕'라고 말한 것은 어째서인가?

【注】据吳伐我라하여 以(日)〔吳〕[1]伐故言我라

1) (日)〔吳〕：저본에는 '日'로 되어 있으나, 阮元의 〈校勘記〉에 의거하여 '吳'로 바로잡았다.

〈哀公 8년에는〉 '吳나라가 우리를 공격하였다.〔吳伐我〕'라고 하여 오나라가 공격해왔기 때문에 '우리〔我〕'라고 말했다는 것에 의거한 것이다.

【疏】 注'据吳'至'言我' ○ 解云 : 在哀八年春.

注의 〔据吳〕에서 〔言我〕까지

○ 解云 : 이 내용은 哀公 8년 봄 經文에 있다.

【傳】 言我者는 非獨我也요

'我'라고 말한 것은 우리나라뿐만이 아니라

【注】 自入邑不得言我요 有他人在其中이라야 乃得言我라 故能起其非獨我라

자기만 邑에 들어가는 경우는 '우리〔我〕'라고 말할 수 없고, 타인이 그 안에 있어야 〈타인과 상대하여〉 비로소 '我'라고 말할 수 있다. 그러므로 〈우리라고 말하는 것에 의해서〉 우리나라만이 아님을 드러낼 수 있는 것이다.

【傳】 齊亦欲之라

齊나라도 〈邴에〉 들어가고 싶어 했기 때문이다.

【注】 時齊與鄭魯比聘會者는 亦欲得之[1]라 故以非獨我로 起齊惡이라 齊惡起면 則魯蒙欲邑이라도 見(현)於惡愈矣리라

1) 時齊與鄭魯比聘會者 亦欲得之 : 鄭나라 소유였던 邴은 정나라와 거리가 멀고 齊나라와 가깝기 때문에 제나라가 얻고자 하였는데, 정나라는 오히려 魯나라 소유인 許田이 본인들과 가까워서 이를 얻고자 하였다. 그러므로 정나라가 邴을 제나라에 주지 않고 노나라에 준 것이다.

당시 齊나라가 鄭나라·魯나라와 여러 차례 聘問하고 會同하였던 것은 그 또한 〈邴邑을〉 얻고자 해서였다. 그러므로 '非獨我'라는 말을 통해 제나라의 잘못을 드러낸 것이다. 제나라의 잘못이 드러나면 노나라가 邑을 차지하려 한 죄를 지었다고 해도 그 잘못이 드러나는 것이 그래도 제나라보다는 좀 나을 것이다.

【疏】注'時齊'至'得之' ○ 解云：卽上三年冬"齊侯鄭伯盟于石門", 六年夏"公會齊侯盟于艾", 七年夏"齊侯使其弟年來聘", 九年"冬, 公會齊侯于邴", 十年"春王二月, 公會齊侯鄭伯于中丘"之屬, 是也.

注의 〔時齊〕에서 〔得之〕까지

○ 解云 : 〈齊나라가 여러 차례 빙문하고 회동한 것은〉 바로 앞의 隱公 3년 겨울에 '齊侯와 鄭伯이 石門에서 회맹하였다."라고 한 것과, 6년 여름에 "은공이 齊侯와 만나 艾에서 회맹하였다."라고 한 것과, 7년 여름에 "齊侯가 그의 아우 夷仲年을 파견하여 빙문하였다."라고 한 것과, 9년에 "겨울에 은공이 제후와 邴에서 만났다."라고 한 것과, 10년에 "봄 周나라 왕 2월에 은공이 齊侯·鄭伯과 中丘에서 회합하였다."라고 한 것 등이 그것이다.

夏六月己亥에 蔡侯考父(보)卒하다

여름 6월 기해일에 蔡侯 考父가 卒하였다.

辛亥에 宿男卒하다

신해일에 宿男이 卒하였다.

【注】宿本小國이니 不當卒이어늘 所以卒而日之者는 春秋王魯하여 以隱公爲始受命王이어늘 宿男先與隱公交接이라 故卒褒之也라 不名不書葬者는 與微者盟엔 功薄이라도 當褒之로대 爲小國이라 故從小國例라

宿나라는 본래 소국이니 '卒'로 표기해서는 안 되는데 '卒'이라 하고 그 날짜까지 쓴 것은, ≪春秋≫에서 魯나라를 王者로 여겨 은공을 처음 天命을 받은 왕으로 여기는데 宿男이 隱公과 먼저 접촉하였으므로 '卒'이라 기록해서 칭찬한 것이다.

〈經에 宿男의〉 이름과 장사지낸 일을 쓰지 않은 것은 신분이 낮은 자와 회맹하는 경우에는 功이 작더라도 응당 칭찬하여 〈그가 죽은 것을 '卒'이라 기록하지만, 결국은〉 소국이기 때문에 소국을 기록하는 例를 따른 것이다.

【疏】注'宿男'至'交接' ○ 解云：卽上隱公元年秋"九月, 及宋人盟于宿", 是也.

注의 〔宿男〕에서 〔交接〕까지

○ 解云 : 바로 앞의 은공 원년 가을의 經文에 "9월에 宋人과 宿에서 회맹하였다."라고 한 것이 그 예이다.

【疏】○ 注'爲小'至'國例' ○ 解云：卽上七年春"滕侯卒", 不書其葬, 傳云"何以不名. 微國也"者, 是.

○ 注의 〔爲小〕에서 〔國例〕까지

○ 解云 : 바로 앞의 7년 봄의 經文에 "滕侯가 卒하였다."라 하여 장사지낸 일을 쓰지 않은 것에 대하여 그 傳에서 "왜 이름을 쓰지 않았는가? 미약한 나라이기 때문이다."라고 한 것이 그 예이다.

秋七月庚午에 宋公齊侯衛侯盟于瓦屋하다

가을 7월 경오일에 宋公・齊侯・衛侯가 瓦屋에서 회맹하였다.

八月에 葬蔡宣公하다

8월에 蔡 宣公을 장사지냈다.

【傳】卒何以名而葬不名고 卒從正이요

왜 卒했을 때는 이름을 쓰고, 장사지낼 때는 이름을 쓰지 않았는가? 제후가 졸하면 〈君臣간의〉 正義를 따라 〈이름을 쓰고,〉

【注】卒當赴告天子하니 君前臣名이라 故從君臣之正義言也라

제후가 졸하면 응당 天子에게 부고하니, 군주 앞에서 신하는 이름을 칭하기 때문에 군신간의 正義를 따른다고 말한 것이다.

【傳】而葬從主人[1]이라

1) 從主人 : '主人'은 喪主가 되는 나라이니, 여기서는 蔡나라 臣子들을 가리킨다.

장사지낼 때는 主人(喪主)을 따라 〈이름을 쓰지 않는 것이다.〉

【注】 至葬者하여는 有常月可知하여 不赴告天子라 故自從蔡臣子辭稱公이라

장사를 지내는 일에 이르러서는 〈따로 알리지 않더라도 예법에 따라〉 정해진 달수가 있어서 알 수 있으므로 천자에게 부고하지 않는다. 그러므로 蔡나라 臣子들이 〈노나라에 알려온〉 말에 따라 '公'이라 칭한 것이다.

【傳】 卒何以日而葬不日고 卒赴요

왜 卒했을 때는 날짜를 쓰고, 장사지낼 때는 날짜를 쓰지 않았는가? 졸했을 때는 〈天子에게〉 부고하고,

【注】 赴天子也라 緣天子閔傷하여 欲其知之요 又臣子疾痛하면 不能不具以告라

〈제후가 졸하면〉 천자에게 부고한다. 천자는 〈臣子의 죽음을〉 가엾게 여기기 때문에 〈죽은 날짜를〉 알고자 하는 것이고, 또 신자는 병을 앓고 있으면 情狀을 갖추어 알리지 않을 수 없는 것이다.

【傳】 而葬不告라

장사지낼 때는 알리지 않기 때문이다.

【注】 不告天子也라 發傳於葬者는 從正也라

〈제후를 장사지낼 때는〉 천자에게 알리지 않는다. 장사지낸 일을 傳에 기록한 것은 올바른 法을 따른 것이다.

【疏】 注'發傳'至'正也' ○ 解云 : 言從正者, 謂卒日葬不日者, 是卒葬之正法. 三年經云"癸未, 葬宋繆(목)公", 而書日, 卽失其正也. 其衛桓公葬不發傳者, 桓公者初則見弑于州吁, 終有簡慢之失, 侵小國之(略)〔畧〕[1]. 故發傳於此.

1) (略)〔畧〕 : 저본에는 '略'으로 되어 있으나, 阮元의 〈校勘記〉에 의거하여 '畧'로 바로잡았다.

注의 〔發傳〕에서 〔正也〕까지

○ 解云 : '從正'이라고 말한 것은 卒했을 때는 날짜를 쓰고 장사지냈을 때는 날짜를 쓰지 않는 것이 바로 졸한 것과 장사지낸 일을 기록하는 올바른 법임을 말한 것이다. 〈이와 반대의 경우는〉 隱公 3년의 經文에 "계미일에 宋 繆公을 장사지냈다."고 하면서 날짜를 기록하였으니 바로 올바른 법을 잃은 것이다. 衛 桓公을 장사지낸 일을 傳에 기록하지 않은 것은 환공이란 인물이 우선 그의 아우 州吁에게 시해를 당했고 더 나아가 정사에 태만하고 소홀하며 小國을 침략한 잘못이 있었기 때문이다. 그러므로 〈올바른 법을 따른〉 이곳에서는 장사지낸 일을 傳에 기록한 것이다.

九月辛卯에 公及莒人盟于包來하다

9월 신묘일에 隱公과 莒人이 包來에서 會盟하였다.

【傳】 公曷爲與微者盟가

은공은 왜 미약한 자와 회맹하였는가?

【注】 据與齊高傒盟諱之라 ○ 包來는 左氏에 作浮來라

齊나라 高傒와 회맹하였을 때 〈'公'을〉 숨겼던 일에 의거한 것이다.

○ '包來'는 ≪春秋左氏傳≫에 '浮來'로 되어 있다.

【疏】 注'据與'至'諱之' ○ 解云 : 莊二十二年"秋及齊高傒盟于防", 傳云"齊高傒者何. 貴大夫也. 曷爲就吾微者而盟. 公也. 公則曷爲不言公. 諱與大夫盟也", 是也.

注의 〔据與〕에서 〔諱之〕까지

○ 解云 : 莊公 22년 "가을 〈7월 병신일에 장공이〉 齊나라 高傒와 防에서 회맹하였다."라고 하였는데, 그 傳에 "제나라 고혜는 누구인가? 〈제나라의〉 존귀한 대부이다. 왜 그가 우리나라의 신분이 낮은 사람과 회맹하였는가? 실제로는 魯 莊公이었다. 그가 장공이었다면 왜 '公'이라 말하지 않았는가? 대부와 회맹한 일을 숨긴 것이다."라고 한 것이 그것이다.

【傳】稱人則從하여 不疑也라

〈사실 莒子인데〉 '人'이라고 칭하면 〈그가 隨從했다는 것이〉 의심의 여지가 없는 것이 되기 때문이다.

【注】從者는 隨從也라 實莒子也라 言莒子면 則嫌公行微不肖니 諸侯不肯隨從公盟이어늘 而公反隨從之라 故使稱人하니 則隨從公不疑矣라 隱爲桓立이로대 狐壤之戰不能死難하고 又受湯沐邑호대 卒無廉恥하여 令翬有緣諂하여 爲桓所疑라 故著其不肖가 僅能使微者隨從之耳라 蓋痛錄隱所以失之하되 又見獲受邑을 皆諱不明하여 因與上相起也라

從은 隨從의 뜻이다. 사실은 莒子인데, '莒子'라고 말하면 은공이 미약하고 不肖하다고 오해할까 우려해서이다. 제후는 공식적인 회맹 자리에서 수종 받는 것을 바라지 않아야 하는데 은공은 도리어 그를 수종하게 하였다. 그러므로 거자를 '人'이라고 칭하면 〈거자가 은공을〉 수종했다는 것이 의심의 여지가 없는 것이 된다.

은공이 桓公을 위해 왕위에 올랐는데 狐壤의 전투에서 〈鄭나라의 포로가 되었을 때〉 국가의 환난에 죽지 못했고, 또 〈정나라의〉 탕목읍(邴)을 받으면서도 끝내 부끄러워함이 없어서 翬(魯나라 公子)로 하여금 이를 빌미로 아첨하게 하여 환공에게 의심을 받았다. 그러므로 그 불초함이 겨우 미약한 자에게 자기를 수종하게 했을 뿐임을 드러낸 것이다. 대개 은공의 잘못한 점을 심각하게 기록하면서도 〈한편으로는〉 또 사로잡혔던 일과 탕목읍을 받은 일을 모두 숨기고 드러내지 않아서 분명하지 않기 때문에 이곳과 위의 〈해당 부분이〉 서로 맞물려 확실해지게 한 것이다.

【疏】注'言莒'至'桓立' ○ 解云 : 行微者, 其行卑微. 不肖者, 鄭注昏禮記云"不肖者, 不似", 是也.

注의 〔言莒〕에서 〔桓立〕까지

○ 解云 : '行微'는 그 행실이 미천함이다. '不肖'는 鄭玄의 ≪昏禮記≫ 注에 "'不肖'는 '不似'의 뜻이다."라고 한 것이 그것이다.

【疏】○ 注'狐壤'至'廉恥' ○ 解云 : 在上六年春.

○ 注의 〔狐壤〕에서 〔廉恥〕까지

○ 解云 : 이 내용은 앞의 隱公 6년 봄 경문에 있다.

【疏】 ○ 注'令翬'至'失之' ○ 解云 : 皆以其行微不肖, 卒無廉恥故也.

○ 注의 〔令翬〕에서 〔失之〕까지

○ 解云 : 모두 그 행실이 보잘것없고 불초하여 끝내 염치가 없기 때문이다.

【疏】 ○ 注'又見'至'起也' ○ 解云 : 見獲諱不明者, 卽言輸平, 是也. 受邑諱不明者, 卽庚寅, 我入邴, 是也. 何者. 書日入者, 見其重難, 言我者, 見(현)其非獨我故也. 言因與上相起者, 此經著其不肖, 起其事實甚惡矣.

○ 注의 〔又見〕에서 〔起也〕까지

○ 解云 : 사로잡힌 것을 숨기고 드러내지 않은 것은 바로 '和平을 무너뜨렸다.〔輸平〕'고 말한 것이 그것이고, 邴을 받은 것을 숨기고 드러내지 않은 것은 바로 '경인일에 우리가 邴으로 들어갔다.〔庚寅 我入邴〕'라고 한 것이 그것이다. 무슨 의미인가? 날짜와 들어갔다는 글자를 쓴 것은 매우 난처하게 여겼음을 나타낸 것이고, '우리〔我〕'라고 말한 것은 〈邴에 들어가고 싶어 하는 나라가〉 우리만이 아니었음을 나타내려 했기 때문이다. '여기와 위의 〈해당 부분이〉 서로 맞물려 확실해지게 했다.〔因與上相起〕'고 말한 것은 이 經文에서 은공의 불초함을 나타내어 그 일이 실로 매우 잘못된 것임을 드러낸 것이다.

螟하다

螟蟲으로 인한 피해가 있었다.

【注】 先是有狐壤之戰과 中丘之役이요 又受邴田하여 煩擾之應[1]이라

1) 先是有狐壤之戰……煩擾之應 : 예로부터 人事에 옳지 못한 일이 있을 경우 하늘이 災異를 내려 사람에게 경고한다는 인식이 있었기 때문에, 螟蟲으로 인한 피해의 원인을 隱公에게 돌린 것이다.

이보다 앞서 狐壤의 전투와 中丘의 役事(築城)가 있었고, 또 邴田을 받아들여 번잡하고 혼란했던 것에 대한 감응이었다.

【疏】 注'有狐壤之戰' ○ 解云 : 在六年.

注의 〔有狐壤之戰〕

○ 解云 : 이 내용은 隱公 6년에 있다.

【疏】 ○ 注'中丘之役' ○ 解云 : 在上七年.

○ 注의 〔中丘之役〕

○ 解云 : 이 내용은 앞의 隱公 7년에 있다.

冬十有二月에 無駭卒하다

겨울 12월에 無駭가 卒하였다.

【傳】 此展無駭也니 何以不氏아

이 사람은 展無駭인데 왜 氏를 말하지 않았는가?

【注】 (莊)〔据〕公子彄卒하고 氏公子[1)]라

1) (莊)〔据〕公子彄卒 氏公子 : 저본에는 '莊'으로 되어 있으나, 阮元의 〈校勘記〉에 의거하여 '据'로 바로잡았다. 제후의 아들을 '公子', 공자의 아들을 '公孫'이라 칭하는데, 공손의 아들을 다시 '公孫'이라 할 수 없기 때문에 할아버지의 字를 氏로 삼는다. 여기서는 公子 彄의 字가 子臧이므로 그 후손들이 '臧'을 씨로 삼았다.

公子 彄가 卒하고 〈'臧'을〉 公子의 씨로 삼은 것에 의거한 것이다.

【傳】 疾始滅也라 故終其身不氏라

처음으로 다른 나라를 멸망시킨 것을 비판한 것이다. 그러므로 그가 죽을 때까지 姓氏를 기록하지 않았다.

【注】 嫌上貶主起入爲滅이나 不爲疾始[1)]라 故復(부)爲疾始滅하고 終身貶之하니 足見(현)上貶爲疾始滅이라

1) 嫌上貶主起入爲滅 不爲疾始 : 앞서 隱公 2년의 經文에 "無駭가 군대를 거느리고 極나라에 쳐들어갔다.〔無駭帥師入極〕"라고 하였는데, 何休의 注에 "無駭는 누구인가? 展無

駭이다. 무엇 때문에 姓氏를 기록하지 않았는가? 폄하한 것이다. 왜 폄하하였는가? 처음으로 다른 나라를 멸망시킨 것을 비판한 것이다. 이것은 멸망시킨 것인데 침입이라고 말한 것은 어째서인가? 魯나라 국내의 大惡이기에 숨긴 것이다.〔無駭者何 展無駭也 何以不氏 貶 曷爲貶 疾始滅也 此滅也 其言入何 內大惡 諱也〕"라고 하였다. 展無駭는 魯나라 公子展의 손자로, 司空을 지냈다.

앞에서 〈展無駭에 대한〉 폄하가 주로 〈極나라에〉 침입한 것이 〈단순히 극나라를〉 멸망시킨 것임을 나타낸 것일 뿐, 처음으로 다른 나라를 멸망시킨 것을 비판한 것은 아닌 것으로 여겨질까 우려되었기 때문에, 여기에서 다시 〈다른 나라를〉 처음으로 멸망시킨 것을 비판하여 그가 죽을 때까지 폄하하였다고 한 것이다. 〈이렇게 하면〉 앞서의 폄하가 〈다른 나라를〉 처음으로 멸망시킨 것을 비판한 것이었음을 충분히 드러낼 수 있기 때문이다.

【疏】'此展無駭也' ○ 解云：正以上二年師展無駭, 故此弟子因難之.

傳의〔此展無駭也〕

○ 解云 : 바로 앞의 은공 2년에서는 군대를 거느린 사람을 展無駭라고 하였기 때문에 여기에서 弟子가 이로 인해 의문을 제기한 것이다.

【疏】 ○ 注'据公子彄卒' ○ 解云：在五年.

○ 注의〔据公子彄卒〕

○ 解云 : 이 내용은 隱公 5년 經文에 있다.

【隱公 9년(B.C. 714)】

九年이라 春에 天王使南季來聘[1)]하다

1) 天王使南季來聘 : 傳이 없다. ≪春秋左氏傳≫에 의하면 南季는 天子의 大夫로, '南'이 氏이고 '季'가 字라고 하였다.

9년이다. 봄에 天王이 南季를 파견하여 聘問하였다.

三月癸酉에 大雨震電하고

3월 계유일에 큰비가 내리며 우레가 울리고 번개가 쳤고,

【傳】何以書아 記異也라 何異爾아 不時也라

왜 기록하였는가? 이변을 기록한 것이다. 왜 이변인가? 계절에 맞지 않았기 때문이다.

【注】震雷電者는 陽氣也니 有聲을 名曰雷요 無聲을 名曰電이라 周之三月은 夏之正月이니 雨當(水)〔氷〕[1]雪雜下하고 雷當聞於地中하여 其雉雊[2]하며 電未可見이로대 而大雨震電은 此陽氣大失其節이니 猶隱公久居位不反於桓하여 失其宜也라 日者는 一日之中也라 凡災異一日者日이나 歷日者月하고 歷月者時하며 歷時者加自文爲異라 發於九年者는 陽數(可)以[3]極이로대 而不還國於桓之所致라

1) (水)〔氷〕: 저본에는 '水'로 되어 있으나, 阮元의 〈校勘記〉에 의거하여 '氷'으로 바로잡았다.

2) 其雉雊 : 宋나라 傅松卿이 지은 ≪夏小正解≫에서 '雉震雊(꿩이 울고 날갯짓한다.)'를 풀이하기를 "震은 우는 것이고, 雊는 날개를 치는 것이다. 정월에는 반드시 우레가 울리니, 우레가 울려도 반드시 소리가 들리는 것은 아닌데 꿩만은 반드시 듣는다. 왜 우레가 울리며 꿩이 울고 날갯짓한다고 하는가? 서로 알아 우레가 울리기 때문이다.〔震也者 鳴也 雊也者 鼓其翼也 正月必雷 雷不必聞 惟雉爲必聞之 何以謂之雷 則雉震呴 相識以雷〕"라고 하였다.

3) (可)以 : 저본에는 '可以'로 되어 있으나, 阮元의 〈校勘記〉에 의거하여 '可'는 衍文으로 처리하고, '以'는 '已'의 통용자로 풀이하였다.

우레와 번개는 陽氣이니, 천둥소리가 나는 것을 '雷', 천둥소리가 나지 않는 것을 '電'이라 한다. 周나라의 3월은 夏나라의 정월이니, 이때 비가 내리면 응당 얼음과 눈이 섞여 내리고 우레가 땅속에서 울려서 꿩은 날갯짓을 하고 번개는 보이지 않는다. 큰비가 내리며 우레가 울리고 번개가 치는 것은 바로 양기가 그 절도를 크게 잃은 것이니, 隱公이 오랫동안 군주의 자리를 차지하고 앉아 桓公에게 돌려주지 않아서 상황에 따라 적절히 처리하는 법도를 잃은 것과 같다.

'日'은 하루 동안이다. 무릇 災異가 하루 동안 발생하면 날짜를 쓰지만 하루가 넘어가면 달을 기록하고, 달이 넘어가면 계절을 기록하며, 계절이 넘어가는 경우는 〈재이가 시작된 날로부터〉 '自'자를 붙여 이상 현상으로 삼는다. 9년에 재이가 발생한 것은 陽의 수가 이미 극에 이르렀는데도 환공에게 나라를 돌려주지 않은 까닭으로 빚어진 일이다.

【疏】 注'雷當'至'中也' ○ 解云：月令二月雷乃發聲, 故知正月之時聞於地中矣. 其雉雊鷄乳, 雖起季冬之月, 此時猶然, 故得言此也. 亦有一本云'雷當聞於雉雊', 誤也.

注의 〔雷當〕에서 〔中也〕까지

○ 解云：≪禮記≫ 〈月令〉에 의하면, 2월에 우레가 울리고 번개가 친다고 하였으므로 정월에 〈우레가〉 땅속에서 울리는 것을 알 수 있다. 꿩이 날갯짓하고 닭이 알을 낳는 것은 비록 12월에 시작되지만 이때에도 그러하므로 이렇게 말할 수 있다. 또한 어떤 본에는 〈'雷當聞於地中 其雉雊'가〉 '雷當聞於雉雊'로 되어 있으나 잘못된 것이다.

【疏】 ○ 注'凡災'至'所致' ○ 解云：一日者日, 卽此文是. 歷日者月, 卽桓八年"冬, 十月, 雨雪"之屬, 是也. 歷月者時, 卽桓元年"秋, 大水"之屬, 是也. 歷時者加自文爲異者, 卽文二年"自十有二月不雨, 至于秋七月"之屬, 是也.

○ 注의 〔凡災〕에서 〔所致〕까지

○ 解云：'一日者日'은 바로 이곳의 經文에서 〈"계유일에 큰비가 내리며 우레가 울리고 번개가 쳤다."라고 한 것 등이〉 그것이다. '歷日者月'은 바로 桓公 8년에 "겨울 10월에 눈이 내렸다."라고 한 것 등이 그것이다. '歷月者時'는 바로 환공 원년에 "가을에 큰물이 졌다."라고 한 것 등이 그것이다. '歷時者加自文爲異'는 바로 文公 2년에 "작년 12월부터 비가 내리지 않아 올해 7월까지 이어졌다."라고 한 것 등이 그것이다.

庚辰大雨雪이라

庚辰日에 큰 눈이 내렸다.

【傳】何以書아 記異也라 何異爾아 俶(숙)甚也라

왜 기록하였는가? 이변을 기록한 것이다. 왜 이변인가? 처음으로 눈이 많이 내렸기 때문이다.

【注】俶은 始(怒)[1]也니 始(怒)甚은 猶大(태)甚也라 蓋師說以爲平地七尺雪者는 盛陰之氣也라 八日之間[2]에 先示隱公以不宜久居位하여 而繼以盛陰之氣大怒하니 此桓將怒而弑隱公之象이라

1) (怒) : 저본에는 '怒'가 있으나, 阮元의 〈校勘記〉에 의거하여 衍文으로 처리하였다. 아래도 같다.

2) 八日之間 : 災異 현상이 발생한 癸酉日부터 庚辰日까지의 8일 동안을 가리킨다.

俶은 처음이니, 처음으로 심했다는 것은 너무 심하다는 것과 같다. 스승의 말씀에 평지에 눈이 7자 쌓이는 것은 왕성한 陰의 기운이라 하였다. 8일 동안 우선 은공이 오래도록 군주의 지위에 있어서는 안 됨을 보이고, 왕성한 陰의 기운이 크게 노하는 것으로 이었으니, 이는 환공이 장차 노하여 은공을 시해할 조짐이다.

俠卒하다

俠이 卒하였다.

【傳】俠者何아 吾大夫之未命者也라

俠은 누구인가? 〈天子에게〉 아직 임명 받지 못한 우리 魯나라 대부이다.

【注】以無氏而卒之也라 未命所以卒之者는 賞疑從重이요 無氏者는 少略也라

〈누구냐고 물은 것은〉 氏가 없는데도 '卒'이라 기록하였기 때문이다. 〈천자에게〉 아직 임명을 받지 못했는데 '卒'이라고 쓴 것은 賞을 〈어느 기준에 맞춰야 할지〉 의심스러울 경우 후한 쪽을 따른 것이고, 氏를 쓰지 않은 것은 다소 박하게 한 것이다.

【疏】'俠者何' ○ 解云 : 欲言大夫, 經不書氏, 欲言微者, 而記其卒, 故執不知問.

傳의 〔俠者何〕

○ 解云：大夫라고 말하자니 經文에 氏를 쓰지 않았고, 미천한 자라고 말하자니 〈그 죽음을〉 '卒'이라 기록하였다. 그러므로 미심쩍은 점을 가지고 물은 것이다.

【疏】 ○ 注'以無'至'略也' ○ 解云：無氏降於大夫, 書卒隆於微者, 故知其未命耳.

○ 注의 〔以無〕에서 〔略也〕까지

○ 解云：氏를 쓰지 않아서 大夫보다 강등하였고, 卒이라 써서 미천한 자보다 높였다. 그러므로 〈천자에게〉 아직 임명받지 못했음을 알 수 있다.

夏에 **城郎**하다

여름에 郎에 성을 쌓았다.

秋七月이라

가을 7월이다.

冬에 **公會齊侯于邴**하다

겨울에 은공이 齊侯와 邴에서 회합하였다.

【注】 于邴은 左氏에 作防이라

于邴의 〈'邴'은〉 ≪春秋左氏傳≫에 '防'으로 되어 있다.

【隱公 10년(B.C. 713)】

十年이라 **春王二月**에 **公會齊侯鄭伯于中丘**하다

10년이다. 봄 周나라 왕 2월에 隱公이 齊侯・鄭伯과 中丘에서 회합하였다.

【注】月者는 隱前爲鄭所獲이러니 今始與相見이라 故危錄內[1]하여 明君子當犯而不校[2]也라

1) 錄內 : '錄內'는 魯나라 국내의 일을 자세하게 기록하는 ≪春秋≫의 작성 방법을 가리킨다. 이와 상대하여 국외의 일을 간략하게 기록하는 것은 '略外'라고 한다. 아래 "六月壬戌" 기사의 傳 참조.

2) 犯而不校 : ≪論語≫ 〈泰伯〉에서 曾子가 "능하면서 능하지 못한 이에게 물으며, 학식이 많으면서 학식이 적은 이에게 물으며, 있어도 없는 것처럼 여기고, 가득해도 빈 것처럼 여기며, 자신에게 잘못을 범하여도 따지지 않는 것을 옛적에 내 벗이 일찍이 이 일에 종사하였다.〔以能問於不能 以多問於寡 有若無 實若虛 犯而不校 昔者吾友嘗從事於斯矣〕"라고 하였는데, 先儒들은 여기에서 언급하는 '벗'을 顔淵이라 하였다.
본서에서는 아래 疏에 의거하여 '不校'의 의미를 ≪논어≫와 다르게 해석하였다.

'月'을 기록한 것은 隱公이 이전에 鄭나라에 포로로 사로잡혔었는데 지금 처음 서로 만났기 때문에 국내의 일을 위태롭게 여겨 기록하여, 군자는 자신을 침범한 상대와는 교제하지 않아야 함을 밝힌 것이다.

【疏】注'犯而不校' ○ 解云 : 謂(校)〔交〕[1]接之交, 不(謂)[2]爲報也.[3]

1) (校)〔交〕 : 저본에는 '校'로 되어 있으나, 阮元의 〈校勘記〉에 의거하여 '交'로 바로잡았다.

2) (謂) : 저본에는 '謂'가 있으나, 문맥에 의거하여 衍文으로 처리하였다.

3) 謂交接之交 不爲報也 : ≪論語≫ 〈泰伯〉의 何晏 注에는 "校는 보복이니, 침범을 당해도 보복하지 않는다는 말이다.〔校 報也 言見侵犯 不報〕"라고 하여 '校'를 '보복하다'의 의미로 풀이하였다. 그러나 이곳에서는 그 의미를 '교제하다'로 풀이하였는데, 隱公이 일찍이 鄭나라에 포로가 된 적이 있었기 때문에 정나라에 보복까지는 하지 않더라도 의리상 그들과 교제하지 않아야 함을 지적한 것이다. 그러므로 ≪春秋≫에서는 의리에 맞게 행동하지 못하고 鄭伯과 회합한 은공을 비판하기 위하여 국내의 일을 기록한 것이다.

注의 〔犯而不校〕
○ 解云 : 〈'校'는〉 交接의 '交'를 이르니, 보복한다는 의미가 아니다.

夏에 翬帥(솔)師會齊人鄭人伐宋하다

여름에 翬가 군대를 거느리고 가서 齊人·鄭人과 연합하여 宋나라를 공격하였다.

【傳】此公子翬也어늘 何以不稱公子아

여기의 翬는 公子 翬인데, 왜 '公子'라 칭하지 않았는가?

【注】据楚公子嬰齊貶이라가 後復[1)]稱公子라

1) 復 : ≪經典釋文≫에 "'復'은 扶와 又의 반절이고, 또 음이 '복'이다.〔復 扶又反 又音服〕"라고 하여 '부'와 '복' 두 음을 모두 제시하였는데, 魯 成公 때 ≪春秋≫에 기록된 楚나라 公子 嬰齊에 대한 표기를 살펴보면 그를 '人'으로 깎아내렸던 것을 나중에 '公子'로 회복시켰음을 알 수 있다. 이에 본서에서는 '복(회복하다)'의 의미로 풀이하였다.

楚나라 公子 嬰齊를 〈'楚人'으로 기록하여〉 폄하하였다가 나중에 원래대로 회복시켜 '公子'라 칭하고 있는 것에 의거한 것이다.

【疏】'此公子翬' ○ 解云 : 正以上四年師解云言公子翬[1)], 故此弟子因以難之.

1) 上四年師解云言公子翬 : 은공 4년에 "가을에 翬가 군사를 거느리고 가서 宋公·陳侯·蔡人·衛人과 연합하여 鄭나라를 공격하였다.〔秋 翬帥師會宋公陳侯蔡人衛人伐鄭〕"라고 기록한 일을 가리킨다.

經의 〔此公子翬〕

○ 解云 : 바로 앞의 隱公 4년에서는 군사를 거느린 일을 풀이하면서 '公子 翬'라고 말하였기 때문에, 여기에서 弟子가 이로 인해 의문을 제기한 것이다.

【疏】○ 注'据楚'至'公子' ○ 解云 : 成二年"公及楚人"已下"盟于蜀", 彼傳云"此楚公子嬰齊也, 其稱人何. 得壹貶焉爾", 至成六年書"楚公子嬰齊率師伐鄭", 是也.

○ 注의 〔据楚〕에서 〔公子〕까지

○ 解云 : 成公 2년 經文에 "公及楚人……盟于蜀"이라 하였는데 그 傳에 "여기의 楚人은 楚나라 公子 嬰齊인데, '人'이라 칭한 것은 어째서인가? 〈대부의 신분으로는 회맹할 수 없기 때문에〉 한 번 폄하한 것이다."라고 하였다가 성공 6년에 이르러 〈'公子'라는 칭호를 회복하여〉 "초나라 공자 영제가 군대를 거느리고 가서 鄭나라를 공격하였다."라고 한 것이 그 예이다.

【傳】貶이라 曷爲貶고 隱之罪人也니 故終隱之篇貶也라

펌하한 것이다. 왜 폄하하였는가? 隱公을 시해한 죄인이기 때문이다. 그러므로 隱公의 篇이 끝날 때까지 폄하하였다.

【注】嫌上一貶可移於他事者라 故終隱之篇貶之하여 明爲隱貶하니 所以起隱之罪人也라

앞에서 한 번 폄하한 것이 다른 사건에까지 미친 것으로 오해할까 우려하였다. 그러므로 은공의 편이 끝날 때까지 폄하하여 은공 때문에 폄하하였음을 밝혔으니, 은공을 시해한 죄인임을 드러낸 것이다.

【疏】注'嫌上'至'人也' ○ 解云：上一貶, 謂四年時也.

注의 〔嫌上〕에서 〔人也〕까지

○ 解云：앞에서 한 번 폄하했다는 것은 은공 4년 때를 이른다.

六月壬戌에 公敗宋師于菅하고 辛未에 取郜(고)하며 辛巳에 取防하다

6월 임술일에 隱公이 宋나라 군대를 菅에서 패배시키고, 신미일에는 〈송나라의〉 郜邑을 취했으며, 신사일에는 防邑을 취하였다.

【傳】取邑不日이어늘 此何以日가

읍을 취했을 때는 날짜를 쓰지 않는데, 여기서는 왜 날짜를 썼는가?

【注】据取闞(감)不日也라

闞을 취했을 때는 날짜를 쓰지 않은 것에 의거한 것이다.

【疏】注'据取闞不日也' ○ 解云：卽昭三十二年"春王正月, 取闞", 是也.

注의 〔据取闞不日也〕

○ 解云：昭公 32년에 "봄 周나라 왕 정월에 闞을 취하였다."라고 한 것이 그것이다.

【傳】一月而再取也라

한 달에 두 번이나 〈송나라의 읍을〉 취했기 때문이다.

【注】欲起一月而再取라 故日라

한 달에 두 번이나 취한 일을 드러내고자 했기 때문에 날짜를 기록한 것이다.

【傳】何言乎一月而再取아

왜 한 달에 두 번이나 〈송나라의 읍을〉 취한 일을 말하였는가?

【注】据取漷(곽)東田及沂(기)西田할새 亦一月再取兩邑이로대 不日이라

漷水 동쪽의 땅과 沂水 서쪽의 땅을 취했을 때에도 한 달에 두 번 두 읍을 취했는데 날짜를 쓰지 않은 것에 의거한 것이다.

【疏】注'据取'至'不日' ○ 解云 : 哀二年"春王二月, 季孫斯·叔孫州仇·仲孫何忌帥(솔)師伐邾婁, 取漷東田, 及沂西田", 是也.

注의 〔据取〕에서 〔不日〕까지

○ 解云 : 哀公 2년에 "봄 周나라 왕 2월에 季孫斯, 叔孫州仇, 仲孫何忌가 군대를 거느리고 가서 邾나라를 공격하여 漷水 동쪽의 땅과 沂水 서쪽의 땅을 취하였다."라고 한 것이 그것이다.

【傳】甚之也라

〈魯나라가 전쟁을 벌이는 일이〉 너무 지나쳤기 때문이다.

【注】甚魯因戰見(移)〔利〕[1]生事하여 利心數(삭)動이라

1) (移)〔利〕: 저본에는 '移'로 되어 있으나, "鄂本에는 '移'가 '利'로 되어 있다."라고 한 阮元의 〈校勘記〉에 의거하여 '利'로 바로잡았다.

魯나라가 전쟁을 통해 이익을 보고 일을 일으킴으로써 이익을 탐하는 마음이 자주 동요된 것을 지나치다고 여긴 것이다.

【傳】內大惡諱어늘 此其言甚之何아 春秋錄內而略外하니 於外大惡書하고 小惡

不書요 於內大惡諱하고 小惡書라

魯나라의 큰 악행은 감추는 법인데 이곳에서 지나쳤다고 말한 것은 어째서인가? ≪春秋≫의 체제는 주로 노나라의 일을 기록하고 다른 나라의 일은 간략하게 기록한다. 다른 나라에 대해서는 큰 악행은 기록하고 작은 악행은 기록하지 않으며, 노나라에 대해서는 큰 악행은 감추고 작은 악행은 기록한다.

【注】明取邑爲小惡이나 一月再取는 小惡中甚者耳니 故書也라 於內大惡諱하고 於外大惡書者는 明王者起當先自正하여 內無大惡然後에 乃可治諸夏大惡이니 因見(현)臣子之義는 當先爲君父諱大惡也라 內小惡書하고 外小惡不書者는 內有小惡이면 適可治諸夏大惡이라도 未可治諸夏小惡이니 明當先自正然後正人이라 小惡不諱者는 罪薄恥輕이라 敗宋師日者는 見(현)結日偏戰[1]也라 不言戰者는 託王於魯라 故不以敵辭言之하여 所以彊王義也라

1) 結日偏戰 : '結日'은 전쟁하는 주체가 서로 싸울 날을 결정하는 것이고, '偏戰'은 각기 한 지역을 점거하여 속임수를 쓰지 않고 정당하게 맞붙어 싸우는 것이다.(≪春秋公羊傳≫ 桓公 10년 "此偏戰也 何以不言師敗績"에 대한 何休 注 참조.)

邑을 취하는 것은 작은 악행이지만 한 달에 두 번이나 읍을 취하는 것은 작은 악행 중에서도 지나친 것이므로 〈숨기지 않고〉 기록하였음을 밝힌 것이다. 魯나라에 대해서는 큰 악행을 숨기고 다른 나라에 대해서는 큰 악행을 기록하는 것은, 王者가 나오면 먼저 자신을 바르게 하여 안으로 큰 악행이 없게 한 뒤에야 비로소 諸夏의 큰 악행을 다스릴 수 있음을 밝힌 것이니, 이를 통해 臣子의 도리는 마땅히 먼저 君父를 위해 큰 악행을 숨겨주어야 함을 드러낸 것이다. 국내의 작은 악행은 기록하고 국외의 작은 악행은 기록하지 않는 것은, 국내에 작은 악행이 있으면 제하의 큰 악행은 다스릴 수 있더라도 제하의 작은 악행은 다스릴 수 없으니, 마땅히 우선 자신을 바르게 한 뒤에야 남을 바로잡을 수 있음을 밝힌 것이다. 작은 악행을 숨기지 않는 것은 죄가 작으면 부끄러움도 가볍기 때문이다.

宋나라 군대를 패배시킨 날짜를 쓴 것은 싸울 날을 정하고 정당하게 맞붙어 싸운 것임을 드러낸 것이다. '戰'이라 말하지 않은 것은 노나라를 王者에 의탁했기 때문이다. 그러므로 대등한 말로 언급하지 않아서 왕자의 大義를 굳건하게 한 것이다.

秋에 **宋人衛人入鄭**하다

가을에 宋人과 衛人이 鄭나라를 침입하였다.

宋人蔡人衛人伐載[1)]어늘 **鄭伯伐取之**하다

1) 載 : ≪春秋穀梁傳≫에도 '載'로 되어 있으나, ≪春秋左氏傳≫과 ≪漢書≫〈五行志〉에는 '戴'로 되어 있다. 아래도 모두 같다.

宋人·蔡人·衛人이 연합하여 載나라를 공격하였는데, 〈재나라가 곤궁한 틈을 타〉 鄭伯이 載나라를 공격하여 취하였다.

【傳】其言伐取之何아

'공격하여 취하였다〔伐取之〕'고 말한 것은 왜인가?

【注】 据國言滅하고 邑言取요 又徐人取舒不言伐이라

나라에 대해서는 '滅'이라 하고, 邑에 대해서는 '取'라고 하며, 또 徐人이 舒나라를 취한 일을 기록할 때도 '伐'이라고 하지 않은 것에 의거한 것이다.

【疏】 注'据國言滅' ○ 解云 : 僖五年"滅弦"之屬, 是也.

注의 〔据國言滅〕

○ 解云 : 〈'國言滅'의 例는〉 僖公 5년에 "弦나라를 멸망시켰다."라고 한 것 등이 그 예이다.

【疏】 ○ 注'又徐'至'言伐' ○ 解云 : 在僖三年夏.

○ 注의 〔又徐〕에서 〔言伐〕까지

○ 解云 : 이 내용은 僖公 3년 여름에 있다.

【傳】易(이)**也**라 **其易奈何**아 **因其力也**라 **因誰之力**고 **因宋人蔡人衛人之力也**라

쉽게 취했기 때문이다. 쉬웠다는 것은 왜인가? 〈다른 나라의〉 힘을 이용하였

기 때문이다. 누구의 힘을 이용하였는가? 宋人・蔡人・衛人의 힘을 이용하였다.

【注】 載屬(촉)爲上三國所伐이어늘 鄭伯無仁心하여 因其困而滅之하여 易若取邑이라 故言取라 欲起其易하여 因上伐力이라 故同其文言伐하고 就上載言取之也라 不月者는 移惡上三國이라

載나라가 연달아 위의 세 나라에게 공격을 받았는데, 鄭伯이 어진 마음이 없어서 〈재나라가〉 곤궁한 틈을 타 멸망시켜 邑을 취하는 것처럼 쉽게 〈재나라를 멸망시켰기〉 때문에 '取'라고 하였다. 〈정나라가 재나라를〉 쉽게 취했음을 드러내고자 하여 위의 〈세 나라가 재나라를〉 공격하는 힘을 이용했다고 하였다. 그러므로 그 글자를 똑같이 '伐'이라고 말하되, 앞의 '載'를 공격한 것에 비추어 정나라에 대해서는 '取之'라고 하였다. 달을 기록하지 않은 것은 〈정나라만 죄가 있다고 여길까 혐의해서이니, 달을 기록하지 않음으로써〉 위의 세 나라에게 잘못을 떠넘긴 것이다.

【疏】 注'不月'至'三國' ○ 解云 : 正以滅國例月故也.

注의 〔不月〕에서 〔三國〕까지

○ 解云 : 이는 곧 나라를 멸망시킨 일을 기록할 때에는 원칙적으로 달을 쓰기 때문이다.

冬十月壬午에 齊人鄭人入盛하다

겨울 10월 임오일에 齊人과 鄭人이 盛나라를 침입하였다.

【注】 日者는 盛이 魯同姓이라 於隱篇再見入者는 明當憂錄之라 ○ 入盛은 左氏에 作郕이라

날짜를 기록한 것은 盛나라가 魯나라의 同姓國이기 때문이다. 隱公편에서 〈성나라를〉 침입한 기록이 두 번 보이는 것은 마땅히 우려할 일이므로 〈그 날짜를〉 기록하였음을 밝힌 것이다.

○ 入盛의 〈'盛'은〉 ≪春秋左氏傳≫에 '郕'으로 되어 있다.

【疏】 注'日者'至'錄之' ○ 解云 : 正以入例時, 傷害多則月, 今此云日, 故解也. 云再見入者, 謂五年"秋, 衛師入盛", 及此爲再入者也.

注의 〔日者〕에서 〔錄之〕까지

○ 解云 : 이는 곧 침입한 일에 대해서는 일반적으로 계절을 기록하고 피해가 많으면 달을 기록하는 법인데, 지금 여기는 날짜를 기록하였기 때문에 〈그것이 우려할 일이므로 기록했다는 것을〉 해명한 것이다. '再見入'이라고 한 것은 隱公 5년에 "가을에 衛나라 군대가 盛나라를 침입하였다."라고 한 것과 이때에 이르러 재차 침입한 것을 이른다.

【隱公 11년(B.C. 712)】

十有一年이라 春에 滕侯薛侯來朝하다

11년이다. 봄에 滕侯와 薛侯가 魯나라에 와서 朝見하였다.

【傳】 其言朝何아

'朝'라고 한 것은 왜인가?

【注】 据內言如라

魯나라에서 〈국외로〉 가는 경우 '如'라고 하는 것에 의거한 것이다.

【疏】 注'据內言如' ○ 解云 : 卽成十三年"春, 公如京師"之屬, 是也.

注의 〔据內言如〕

○ 解云 : 成公 13년에 "봄에 성공이 京師에 갔다."라고 한 것 등이 그 예이다.

【傳】 諸侯來曰朝요 大夫來曰聘이라

제후가 〈몸소〉 오는 것을 '朝'라 하고, 대부가 〈대신〉 오는 것을 '聘'이라 한다.

【注】 傳言來者는 解內外也라 春秋王魯하고 王者無朝諸侯之義라 故內適外言如하고 外適內言朝聘하니 所以別外尊內也라 不言朝公者는 禮에 朝受之於大(태)廟니 與聘同義라

傳에서 '來'라고 한 것은 국내와 국외의 〈일을 다르게 적는 이유를〉 풀이한 것이다. ≪春秋≫에서는 魯나라를 王者로 여기는데 王者는 제후를 조현하는 도리가 없다. 그러므로 국내에서 국외로 갈 때는 '如'라 하고, 국외에서 국내로 올 때는 '朝'·'聘'이라 하였으니, 이는 국외를 구별하고 국내를 존중하기 위한 것이다. '朝公(공을 조현하다)'이라고 하지 않은 것은 예법에 '朝'는 太廟에서 받기 때문이니, '聘'과 같은 뜻이다.

【疏】 注'傳言來者解內外也'(春秋至外也)[1] ○ 解云：謂內鄕外不言來, 外鄕內乃言來. 今言'諸侯來曰朝, 大夫來曰聘'者, 据外鄕內言之, 故云解內外也.

1) (春秋至外也)：저본에는 '春秋至外也'가 있으나, 阮元의 〈校勘記〉에 의거하여 衍文으로 처리하였다.

注의 〔傳言來者解內外也〕

○ 解云：국내에서 국외로 향할 때는 '來'라고 하지 않고, 국외에서 국내로 향할 때라야 '來'라고 하는 것을 이른다. 지금 '諸侯來曰朝 大夫來曰聘'이라고 한 것은 국외에서 국내로 향하는 것에 의거하여 말한 것이므로 〈注에서〉 "국내와 국외의 〈일을 다르게 적는 이유를〉 풀이한 것이다.〔解內外〕"라고 하였다.

【疏】 ○ 注'與聘同義' ○ 解云：卽上七年夏"齊侯使其弟年來聘", 注云"不言聘公者, 禮, 聘受之於大廟, 孝子謙, 不敢以己當之, 歸美於先君", 是也.

○ 注의 〔與聘同義〕

○ 解云：이는 바로 앞의 隱公 7년 여름에 "齊侯가 그의 아우 夷仲年을 파견하여 聘問하였다."라고 한 것에 대하여, 그 注에 "〈'聘'이라 하고〉 '聘公(공을 방문했다)'이라 하지 않은 것은, 예법에 빙문은 太廟에서 받는 것이며 孝子는 겸양하여 감히 자신이 그것을 감당하지 못하니, 이는 그 명예를 先君에게 돌리기 위함이다."라고 한 것이 그 예이다.

【傳】 其兼言之何아

〈滕侯·薛侯가 빙문한 것을〉 함께 말한 것은 어째서인가?

【注】 据鄧穀來朝不兼言朝라

鄧侯와 穀伯이 와서 조현할 때는 둘을 함께 '朝'라고 하지 않은 것에 의거한 것이다.

【疏】注'据鄧'至'言朝' ○ 解云：桓七年"夏, 穀伯綏來朝. 鄧侯吾離來朝", 是也.

注의 〔据鄧〕에서 〔言朝〕까지

○ 解云：桓公 7년에 "여름에 穀伯 綏가 와서 朝見하고, 鄧侯 吾離가 와서 조현하였다."라고 한 것이 그것이다.

【傳】微國也라

〈모두〉 미약한 나라이기 때문이다.

【注】略小國也라 稱侯者는 春秋託隱公以爲始受命王하니 滕薛先朝隱公이라 故褒之라 已於儀父見(현)法이어늘 復(부)出滕薛者는 儀父盟功淺하고 滕薛朝功大하며 宿與微者盟功尤小하니 起行之當各有差也라 滕序上者는 春秋變周之文하여 從殷之質이니 質家親親하여 先封同姓이라

작은 나라를 간략하게 적은 것이다. 〈작은 나라인데 伯・子・男이 아닌〉 '侯'를 칭한 것은, ≪春秋≫에서는 隱公을 가탁하여 처음 天命을 받은 왕으로 여겼는데, 滕나라와 薛나라가 먼저 은공을 조현하였으므로 그들을 칭찬한 것이다. 〈은공 원년에〉 이미 邾儀父를 통해 書法을 보였는데 滕侯와 薛侯가 다시 나오는 것은, 주의보와 회맹한 일은 功이 작고 등후・설후가 조현한 일은 공이 크며, 〈은공 원년에〉 宿나라가 신분이 낮은 자와 회맹한 일은 공이 더욱 작으니, 〈포폄을〉 행하는 데에도 응당 저마다 차이가 있다는 것을 나타낸 것이다.

〈설나라보다〉 등나라를 먼저 서술한 것은 ≪춘추≫에서 周나라의 화려함〔文〕을 바꾸어 殷나라의 질박함〔質〕을 따랐기 때문이니, 질박함을 중시하는 王家에서는 친족을 친애하여 同姓을 먼저 봉한다.

夏五月에 公會鄭伯于祁黎(기려)[1]하다

1) 夏五月 公會鄭伯于祁黎(기려)：'五月'이 ≪春秋左氏傳≫에는 누락되어 있다. '祁黎'가 ≪春秋左氏傳≫・≪春秋穀梁傳≫에는 '時來'로 되어 있다.

여름 5월에 隱公이 鄭伯과 祁黎에서 회합하였다.

秋七月壬午에 公及齊侯鄭伯入許하다

가을 7월 임오일에 은공이 齊侯·鄭伯과 함께 許나라에 쳐들어갔다.

【注】 日者는 危錄隱公也라 爲弟守國하여 不尙推(퇴)讓하고 數(삭)行不義하니 皇天降災하고 諂臣進謀로대 終不覺悟라 又復(부)構怨入許하여 危亡之釁이 外內竝生이라 故危錄之라

날짜를 기록한 것은 은공을 위태롭게 여겨 기록한 것이다. 아우(桓公)를 위하여 국정을 다스리면서 겸양하는 일을 따르지 않고 자주 불의를 행하니, 하늘이 재앙을 내리고 아첨하는 신하(公子 翬)가 음모를 바치는데도 끝내 깨닫지 못하였다. 게다가 다시 원한을 맺고 許나라에 쳐들어가서 危亡의 조짐이 안팎으로 함께 생겨났으므로 위태롭게 여겨 기록한 것이다.

【疏】 注'日者'至'降災' ○ 解云 : 上二年"夏五月, 莒人入向(상)", 彼注云"入例時, 傷害多則月". 此書日, 故決之.

注의 〔日者〕에서 〔降災〕까지

○ 解云 : 앞의 隱公 2년에 "여름 5월에 莒人이 向나라에 쳐들어갔다."라고 하였는데 그 注에 "'入'은 일반적으로 계절을 기록하고 피해가 많으면 달을 기록하는 것이다."라고 하였는데, 지금 여기는 날짜를 기록하였기 때문에 〈은공을 위태롭게 여겨 기록하였음을〉 분별한 것이다.

○ 注'諂臣進謀' ○ 解云 : 上四年傳云"百姓安子, 諸侯說(열)子", 是也.

○ 注의 〔諂臣進謀〕

○ 解云 : 앞의 은공 4년 傳에 〈公子 翬가 은공에게〉 "백성들이 그대를 편안히 여기고 제후들이 그대를 좋아하는데, 〈어찌 마침내 군주가 되지 않을 수 있겠습니까.〉"라고 한 것이 그것이다.

冬十有一月壬辰에 公薨하다

겨울 11월 임진일에 隱公이 薨하였다.

【傳】何以不書葬고

왜 〈은공을〉 장사지낸 일을 쓰지 않았는가?

【注】据莊公書葬이라

莊公이 〈薨하였을 때〉 장사지낸 일을 기록한 것에 의거한 것이다.

【疏】注'据莊公書葬' ○ 解云：卽閔元年"夏六月辛酉, 葬我君莊公", 是也.

注의〔据莊公書葬〕

○ 解云：바로 閔公 원년에 "여름 6월 신유일에 우리 군주 莊公을 장사지냈다."라고 한 것이 그것이다.

【傳】隱之也라 何隱爾아 弑也라

숨긴 것이다. 왜 숨겼는가? 시해 당했기 때문이다.

【注】爲桓公所弑라

桓公에게 시해 당했다.

【傳】弑則何以不書葬가

시해 당한 경우에는 왜 장사지낸 일을 기록하지 않는가?

【注】据桓公書葬이라

桓公이 〈시해 당하여 薨하였을 때는〉 장사지낸 일을 기록한 것에 의거한 것이다.

【疏】注'据桓公書葬' ○ 解云：桓十八年冬十二月"己丑, 葬我君桓公", 是也. 桓亦被弑而書葬, 故難之.

注의〔据桓公書葬〕

○ 解云：桓公 18년 겨울 12월에 "기축일에 우리 군주 환공을 장사지냈다."라고 한 것이 그것이다. 환공도 시해를 당했는데 장사지낸 일을 기록하였기 때문에 의문을 제

기한 것이다.

【傳】 春秋君弑賊不討면 不書葬하니 以爲無臣子也라

≪春秋≫에서는 군주가 시해 당했는데 〈신하가〉 그 역적을 토벌하지 않으면 장사지낸 일을 쓰지 않으니, 臣子가 없는 것으로 여기기 때문이다.

【注】 道春秋通例면 與文武異라

≪春秋≫의 일반적인 원칙으로 말하자면 文王·武王 때와는 다르다.

【疏】 注'道春秋'至'武異' ○ 解云：言文武之時, 周之盛德, 旣無諸侯相犯, 寧有臣子弑君父者. 是以古典無責臣子討賊之義. 春秋據亂而作, 時則有之, 因設其法, 故言與文武異.

注의 〔道春秋〕에서 〔武異〕까지

○ 解云：文王·武王 때에는 周나라의 성대한 德으로 제후들이 서로 범하는 일이 없었으니, 어찌 臣子가 君父를 시해하는 일이 있었겠느냐고 말한 것이다. 이 때문에 옛 典籍에는 臣子에게 역적을 토벌하는 도리로써 책망한 경우가 없다. ≪춘추≫는 亂世의 역사를 기반으로 지었으니, 당시에는 〈신자가 군부를 시해하는 일이〉 있어서 이로 인해 그 법을 세웠다. 그러므로 문왕·무왕 때와는 다르다고 말한 것이다.

【傳】 子沈子[1]曰 君弑로대 臣不討賊하면 非臣也요 〔子〕[2]不復讐면 非子也라 葬은 生者之事也라 春秋君弑賊不討면 不書葬은 以爲不繫乎臣子也라

1) 子沈子：≪漢書≫ 〈古今人表〉에 '沈子'가 있고, 顔師古의 注에 魯나라 사람이라고 되어 있으나, 자세한 신원은 未詳이다. 본서에는 '子沈子'를 비롯하여 '子司馬子', '子公羊子', '子女子' 등이 보이는데, 대부분 신원 미상이다.

2) 〔子〕：저본에는 '子'가 없으나, 阮元의 〈校勘記〉에 의거하여 보충하였다.

子沈子가 말했다. "군주가 시해 당했는데 신하가 그 역적을 토벌하지 않으면 신하가 아니고, 자식이 부모를 위하여 원수를 갚지 않으면 자식이 아니다. 장사지내는 일은 살아 있는 사람의 일이다. ≪춘추≫에서 군주가 시해 당했는데 역적을 토벌하지 않으면 장사지낸 일을 기록하지 않는 것은 臣子 관계가 존재하지

않는다고 여기기 때문이다."

【注】子沈子는 (後)〔已〕[1]師라 明說此意者는 明臣子不討賊當絶이니 君喪無所繫也라 沈子稱子하고 冠氏上者는 著其爲師也요 不但言子曰者는 辟(피)孔子也라 其不冠子者는 他師也라

1) (後)〔已〕: 저본에는 '後'로 되어 있으나, 阮元의 〈校勘記〉에 의거하여 '已'로 바로잡았다.

子沈子는 자신의 스승이다. 이 뜻을 분명하게 설명한 것은 臣子로서 〈君父를 시해한〉 역적을 토벌하지 않으면 응당 관계를 끊어야 한다는 것을 밝힌 것이니, 군주의 상과 아무 관계가 없기 때문이다. 沈子를 '子'로 칭하고 氏 위에 〈또 '子'를〉 붙인 것은 자기의 스승임을 드러낸 것이고, '子曰'이라고만 하지 않은 것은 孔子와 〈혼동되는 것을〉 피한 것이다. 위에 '子'를 붙이지 않은 사람은 〈자신의 스승이 아닌〉 다른 사람의 스승이다.

【疏】注'沈子'至'師也' ○ 解云 : 知子沈子爲已師者, 正以下文宣五年傳云'子公羊子'同故也.

注의 〔沈子〕에서 〔師也〕까지

○ 解云 : 子沈子가 자신의 스승임을 알 수 있는 것은 바로 아래 글 宣公 5년의 傳에 '子公羊子'라 한 것과 같기 때문이다.

【疏】○ 注'不但'至'他師也' ○ 解云 : 卽昭十(一)〔二〕[1]年傳云"子曰 我乃知之矣"之屬, 是也.

1) (一)〔二〕: 저본에는 '一'로 되어 있으나, 본서 昭公 12년 傳에 의거하여 '二'로 바로잡았다.

○ 注의 〔不但〕에서 〔他師也〕까지

○ 解云 : 바로 昭公 11년 傳에 "孔子가 말하기를 '나는 이때 무슨 일이 있었는지 알고 있다.〔子曰 我乃知之矣〕' 하였다."라고 한 것 등이 그 예이다.

【傳】公薨何以不地아

隱公이 薨하였는데 왜 장소를 기록하지 않았는가?

【注】 据莊公薨于路寢이라

〈莊公 32년 8월의 經文에〉 "莊公이 路寢에서 薨하였다."라고 기록한 것에 의거한 것이다.

【傳】 不忍言也라

차마 말하지 못한 것이다.

【注】 不忍言其僵尸之處라

隱公의 시신이 있는 곳을 차마 말하지 못한 것이다.

【疏】 注'不忍'至'之處' ○ 解云：不終天年者, 非人所欲. 故謂被殺之處爲僵尸之處. 讀如齊人强之强, 非强弱之强.

注의 〔不忍〕에서 〔之處〕까지

○ 解云：天壽를 마치지 못하는 것은 사람이 바라는 바가 아니므로 시해 당한 곳을 시신이 있는 곳이라고 말하였다. 〈'僵尸'의 僵은〉 '齊나라 사람은 뻣뻣하다.〔齊人强〕'라고 할 때의 '强'자와 같은 글자로 읽어야 하니, '强弱'의 强이 아니다.

【傳】 隱何以無正月[1]가

1) 無正月：≪春秋≫ 隱公 元年에만 '春王正月'이라 기록되어 있고, 그 뒤 은공이 시해 당하기 전까지 재위한 10년 동안은 '正月'에 대한 기록이 없다. 아래 注에서 은공 6년 정월에 鄭나라가 輸平(화평을 무너뜨리다)한 일이 있었는데 달을 기록하지 않았다고 하였으므로, 실제로 정월에 특별한 일이 없어서 기록하지 않은 것이 아니라 일부러 기록하지 않았음을 알 수 있다.

隱公의 經文에는 왜 '正月'이 없는 것인가?

【注】 据六年輸平不(易)〔月〕[1]이라

1) (易)〔月〕：저본에는 '易'으로 되어 있으나, 阮元의 〈校勘記〉에 의거하여 '月'로 바로잡았다.

隱公 6년에 輸平한 일이 있었는데 달을 기록하지 않은 것에 의거한 것이다.

【傳】隱將讓乎桓이라 故不有其正月也라

隱公이 장차 桓公에게 讓位하려고 생각하였기 때문에 正月이 있지 않은 것이다.

【注】嫌上諸成公意하여 適可見始讓이요 不能見終이라 故復(부)爲終篇去正月하여 明隱終無有國之心이어늘 但桓疑而弑之라 公薨主書者는 爲臣子恩痛之니 他國自從王者恩例錄也[1]라

1) 公薨主書者……他國自從王者恩例錄也 : ≪春秋≫에서 제후가 죽었을 때 '薨'과 '葬'을 모두 기록하는 것이 正例이지만, 똑같은 경우라도 국내와 국외의 일을 다르게 기록하여 구별하기도 한다. 여기서는 은공의 시해에 초점을 맞추어 '葬'을 기록하지 않고 '薨'만 기록한 이유를 풀이하였다.

위 여러 군데의 隱公의 뜻을 이뤄주기 위해서였다는 말들은 그저 처음에 讓位하려고 한 것만 볼 수 있을 뿐이고, 끝에 실제로 양위한 것을 보지 못한 것이 마음에 걸렸다. 그러므로 다시 은공 편이 끝날 때까지 '正月'을 삭제하여, 은공은 끝까지 나라를 소유할 마음은 없었는데 단지 환공이 의심하여 시해했다는 것을 밝힌 것이다.

'公薨'이라는 기사를 쓴 것은 臣子를 위해 〈은공의 죽음을〉 애통하게 여긴 것이다. 다른 나라의 경우는 본래 王者가 베풀어준 恩典에 따라 〈군주의 薨과 葬을〉 기록하는 것이다.

【疏】注'嫌上'至'錄也' ○解云 : 卽元年傳曰"公何以不言卽位. 成公意", "歸賵"之下, 傳云"然則何言爾. 成公意", 二年"子氏薨"之下, 傳云"何以不書葬. 成公意", 五年"考仲子之宮"下, 傳云"然則何言爾. 成公意", 非止一處, 故(言諸也以)〔以言諸也〕[1].

1) (言諸也以)〔以言諸也〕 : 저본에는 '言諸也以'로 되어 있으나, 阮元의 校勘記에 의거하여 '以言諸也'로 바로잡았다.

注의 〔嫌上〕에서 〔錄也〕까지

○ 解云 : 이는 바로 隱公 원년의 傳에 "은공은 왜 '卽位'라고 하지 않았는가? 은공의 뜻을 이뤄주기 위해서다."라고 하였고, "〈天王이 惠公과 仲子의 喪禮에 쓸〉 賵을 보냈다."라고 한 곳의 아래 傳에 "그렇다면 왜 이렇게 말했는가? 은공의 뜻을 이뤄주기 위해서다."라고 하였으며, 은공 2년에 "子氏(은공의 生母)가 薨하였다."라고 한 곳의 아래

傳에 "무엇 때문에 장사지낸 일을 쓰지 않았는가? 은공의 뜻을 이뤄주기 위해서다."라고 하였고, 은공 5년에 "仲子의 宮廟를 완성하였다."라고 한 곳의 아래 傳에 "그렇다면 왜 이렇게 말했는가? 은공의 뜻을 이뤄주기 위해서다."라고 하였다. 이 때문에 '諸'라고 말한 것이다.

附錄

1. ≪春秋公羊傳注疏 1≫ 參考書目

◇ 底本 및 주요 참고도서

- ≪春秋公羊傳注疏≫, 公羊高(周) 傳, 何休(漢) 注, 徐彦(唐) 疏, 淸 嘉慶 21년(1816) 阮元 校刻本, 中華書局, 2009.
- ≪春秋公羊傳注疏≫, 公羊高(周) 傳, 何休(漢) 注, 徐彦(唐) 疏, 淸 同治 10년(1871) 木版本, 장서각 소장본(C1-159).
- ≪春秋公羊傳注疏≫, 公羊高(周) 傳, 何休(後漢) 解詁, 徐彦(唐) 疏, 北京大學出版社, 2000.
- ≪春秋公羊經傳解詁≫, 何休 著, 四部叢刊 初編, 商務印書館, 1922.

◇ 春秋類

- ≪春秋公羊傳註疏≫, 公羊高(周) 傳, 何休(後漢) 解詁, 徐彦(唐) 疏, 汲古閣, 崇禎 7(1634), 장서각 소장본(한은 354).
- ≪春秋公羊傳譯註≫, 王維堤・唐書文 撰, 上海古籍出版社, 2014.
- ≪春秋左氏傳≫, 左丘明(周) 傳, 杜預(晉) 注, 국립중앙도서관 소장본(正祖朝 刊行本 승계 古1235-60).
- ≪春秋左傳正義≫, 阮元(淸) 校刻, 十三經注疏(淸 嘉慶刊本), 中華書局, 2009.
- ≪春秋穀梁傳注疏≫, 阮元(淸) 校刻, 十三經注疏(淸 嘉慶刊本), 中華書局, 2009.
- ≪春秋左傳正義≫, 左丘明(周) 傳, 杜預(晉) 注, 孔穎達(唐) 疏, 北京大學出版社, 2000.
- ≪春秋穀梁傳注疏≫, 穀梁赤(周) 傳, 范甯(東晉) 集解, 楊士勛(唐) 疏, 北京大學出版社, 2000.
- ≪春秋胡氏傳≫, 胡安國(南宋) 著, 錢偉疆 點校, 浙江古籍出版社, 2010.
- ≪通志堂經解：春秋部≫, 納蘭性德(淸) 輯, 江蘇廣陵古籍刻印出版社, 1996.
- ≪皇淸經解：春秋部≫, 阮元(淸) 編, 王進祥 重編, 三貴文化社, 1984.
- ≪韓國經學資料集成：春秋類≫, 大東文化研究院 編, 성균관대학교 출판부, 1998.

◇ 經部

- ≪經典釋文≫, 陸德明(唐) 撰, 文淵閣四庫全書 182, 臺灣商務印書館, 1982.
- ≪經傳釋詞≫, 王引之(淸) 撰, 江蘇古籍出版社, 2000.
- ≪三經諺解≫, 朝鮮 校正廳 諺解, 影印本, 保景文化社.
- ≪五經大全≫, 胡廣(明) 等 撰, 明 內府刊本, 影印本, 日本國立國會圖書館 所藏本.
- ≪說文解字注≫, 許愼(漢) 撰, 段玉裁(淸) 注編, 上海古籍出版社, 2011.
- ≪說文解字詁林≫, 丁福保(淸) 編纂, 雲南人民出版社, 2006.

◇ 史部

- ≪考信錄≫, 崔述(淸) 著, 世界書局, 2009.
- ≪舊唐書≫, 劉昫(五代 後晉) 撰, 中華書局, 1975.
- ≪國語≫, 左丘明(周) 撰, 文淵閣四庫全書 406, 臺灣商務印書館, 1982.
- ≪史記≫, 司馬遷(漢) 撰, 中華書局, 1974.
- ≪資治通鑑≫, 司馬光(南宋) 撰, 胡三省(元) 音註, 中華書局, 1956.
- ≪戰國策≫, 劉向(漢) 撰, 高誘(漢) 註, 文淵閣四庫全書 406~407, 臺灣商務印書館, 1982.
- ≪漢書≫, 班固(後漢) 撰, 中華書局, 2002.
- ≪後漢書≫, 范曄(南朝 宋) 撰, 中華書局, 1997.

◇ 子部

- ≪老子道德經≫, 王弼(晉) 注, 影印本, 中華書局, 1985.
- ≪白虎通義≫, 班固(後漢) 撰, 文淵閣四庫全書 850, 臺灣商務印書館, 1982.
- ≪世說新語≫, 劉義慶(宋) 撰, 文淵閣四庫全書 1035, 臺灣商務印書館, 1982.
- ≪莊子注≫, 莊周(周) 撰, 郭象(西晉) 編, 文淵閣四庫全書 1056, 臺灣商務印書館, 1982.

◇ 集部

- ≪朱子大全≫, 朱熹(南宋) 著, 中華書局, 1970.

• ≪朱子語類≫, 黎靖德(南宋) 編, 標點校勘本, 中文出版社, 1970.
• ≪朱子全書≫, 朱熹(南宋) 著, 上海古籍出版社・安徽教育出版社, 2002.
• ≪二程集≫, 程顥・程頤(北宋) 著, 王進祥(臺) 編, 漢京文化事業有限公司, 1983.

◇ 字典 및 目錄類

• ≪經籍籑詁≫, 阮元(淸) 撰, 阮氏琅嬛仙館原刻本, 影印本, 中華書局, 1982.
• ≪四庫全書總目提要≫, 紀昀(淸) 總纂, 孟蓬生(中) 外 點校, 河北人民出版社, 2000.
• ≪經學歷史≫, 皮錫瑞(淸) 著, 河洛圖書出版社, 1974.
• ≪郡經平議≫, 兪樾(淸) 撰, 春在堂全書, 世界書局, 1963.
• ≪中國歷史地圖集≫, 程光裕・徐聖謨 編, 中華文化出版事業委員會, 1957.

◇ 單行本類

〔韓國〕

• ≪譯註 春秋左氏傳≫(전8책), 정태현 譯, 전통문화연구회, 2001~2009.
• ≪譯註 東萊博議≫(전5책), 정태현・김병애 譯, 전통문화연구회, 2010~2020.
• ≪춘추공양전≫, 박성진 譯, 지식을만드는지식, 2018.
• ≪춘추곡량전≫, 박성진 譯, 지식을만드는지식, 2018.
• ≪춘추논쟁≫, 김동민 著, 인간사랑, 2014.
• ≪춘추공양학사≫(전2책), 曾亦・郭曉東 著, 김동민 譯, 예문서원, 2022.
• ≪오서오경독본 춘추좌씨전≫(전3책), 허호구 外 4인 譯註, 전통문화연구회, 2021.
• ≪춘추공양전≫, 남기현 譯, 자유문고, 2005.

〔中國〕

• ≪十三經譯註≫(전15책), 上海古籍出版社, 2004.
• ≪十三經注疏整理本≫(전26책), 北京大學出版社, 2000.
• ≪十三經注疏校勘記≫(전11책), 阮元(淸) 校勘, 劉玉才 整理, 北京大學出版社, 2014.
• ≪春秋左傳注≫(전4책), 楊伯峻 注, 中華書局, 1981.
• ≪公羊義疏≫, 陳立 撰, 中華書局, 2017.
• ≪公羊春秋九講≫, 林義正 著, 九州出版社, 2018.

• 曾亦·郭曉東 著, ≪春秋公羊學史≫(전3책), 華東師範大學出版社, 2017.

〔日本〕

• ≪春秋公羊傳何休解詁≫, 岩本憲司 譯, 汲古書院, 1993.
• ≪春秋左傳正義譯注≫(전6책), 野間文史 譯, 明德出版社, 2018~2020.
• ≪左氏會箋≫(전2책), 竹添鴻光 譯, ≪漢文大系≫ 11~12, 學古房, 1984.
• ≪春秋左氏傳≫(전4책), 鎌田正 譯, ≪新釋漢文大系≫ 30~33, 明治書院, 1971~1977.

〔臺灣〕

• ≪新譯 公羊傳≫, 雪克 注譯, 三民書局, 1998.
• ≪新譯 穀梁傳≫, 顧寶田 注譯, 三民書局, 1998.
• ≪新譯 左傳讀本≫(전2책), 傅武光 注譯, 三民書局, 2009.

〔英美〕

• *The Chinese classics : The Chun Tsew With the Tso Chuen*(전4책), James legge, Hong Kong University Press, 1960.
• *On the Authenticity and Nature of the Tso Chuan*, Bernhard Karlgren, Cheng Wen Publising Co. Taipei, 1968.
• *The Tso Chuan : Selections from China's Oldest Narrative History*, Burton Watson, Columbia University Press, 1992.

◇ 電子文獻 및 Web DB

• 한국고전종합DB(http://db.itkc.or.kr)
• 동양고전종합DB(http://db.cyberseodang.or.kr)
• 電子版 文淵閣四庫全書, 上海古籍出版社.

2. ≪春秋公羊傳注疏 1≫ 參考圖版 目錄

3. 春秋地圖 (≪春秋左氏傳≫(奎中424, 純祖年間 刊, 규장각 소장본))

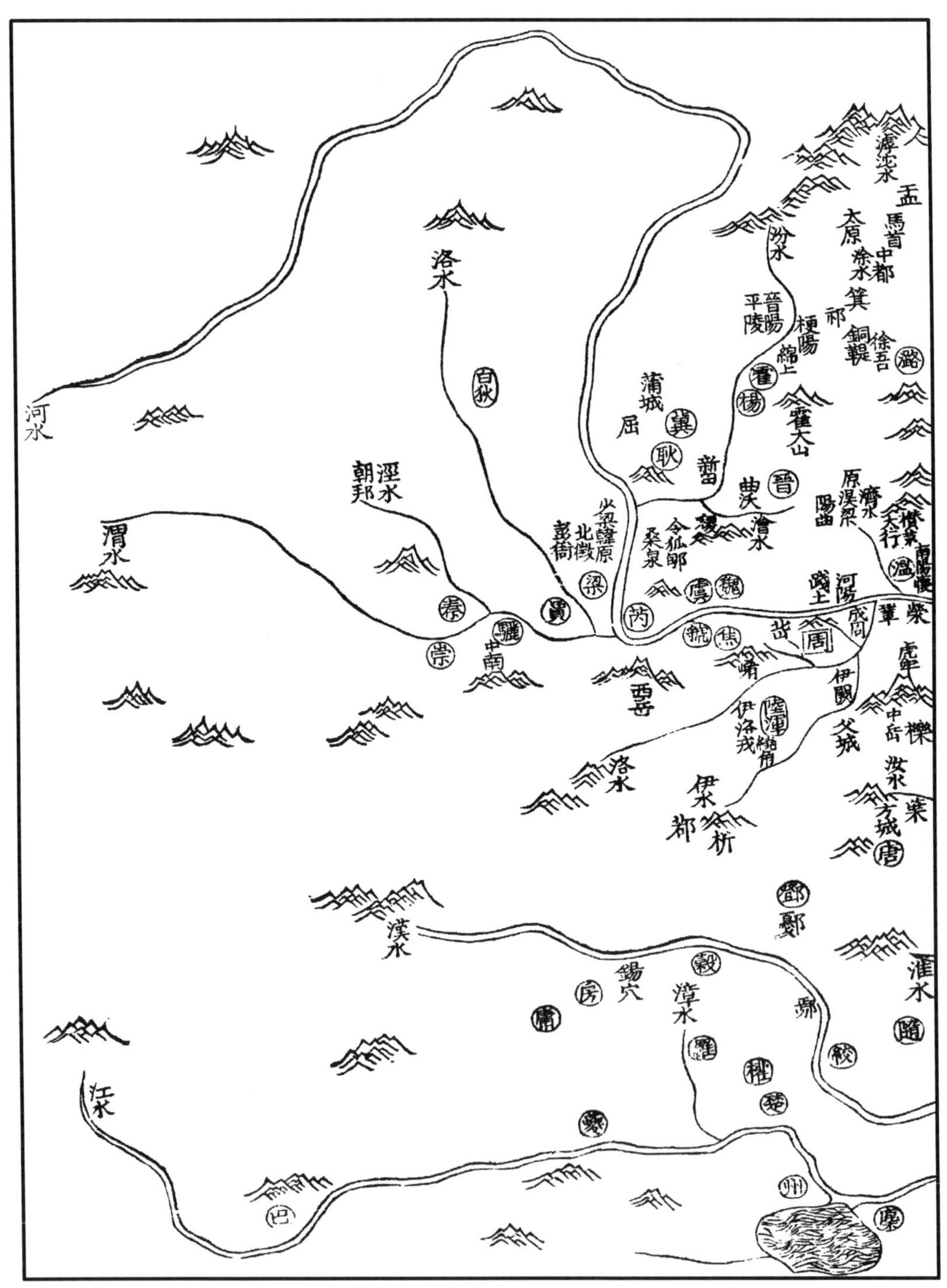

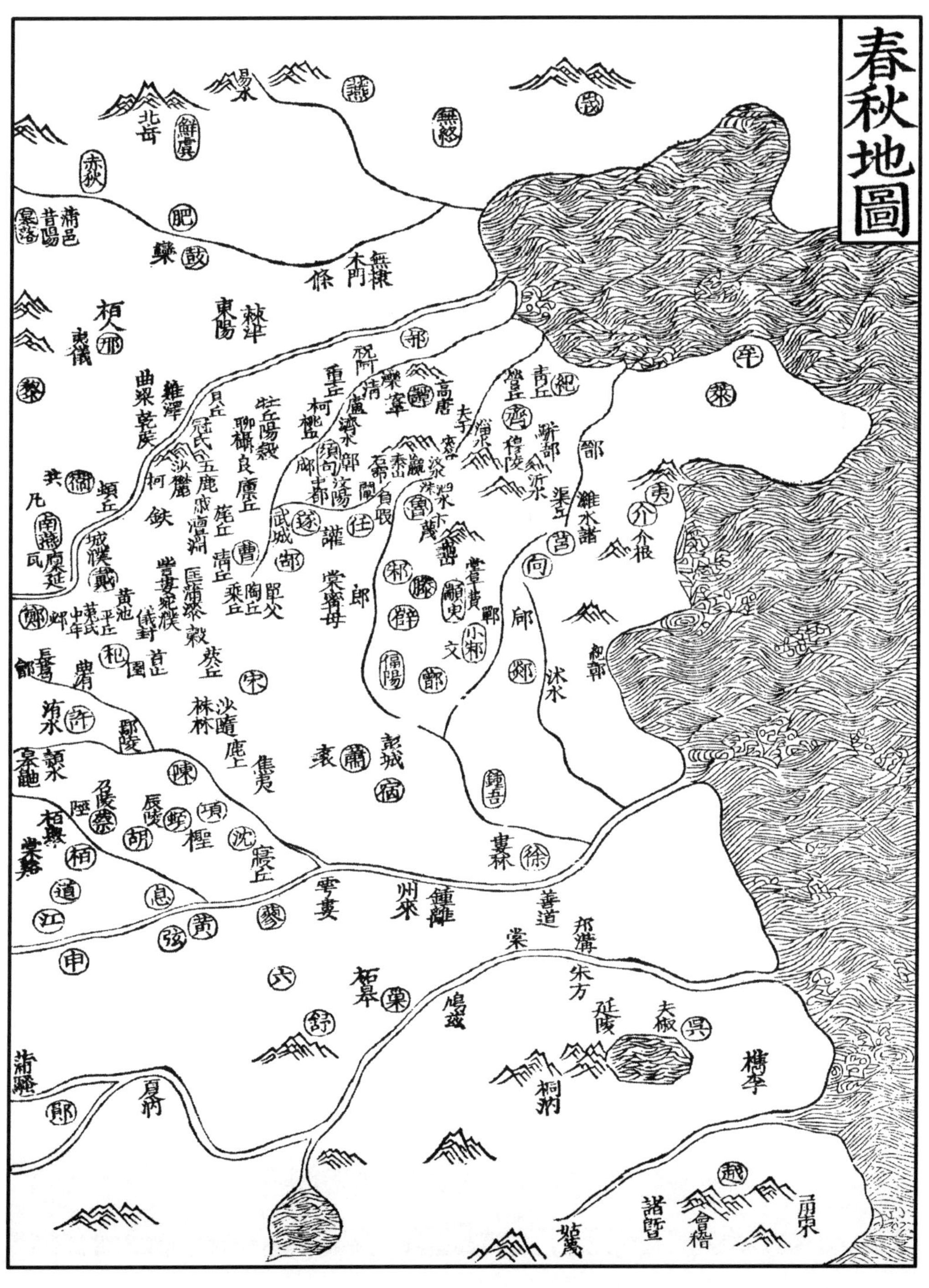
春秋地圖
易水
北岳
鮮虞
無終
赤狄
肥
鼓
條
東陽
邢
杞
齊
萊
曲梁
重丘
柯
高唐
聊
貝丘
陽穀
祝柯
濟水
魯
泰山
沂水
莒
向
介
任
曹
宋
郯
滕
薛
小邾
偪陽
鄫
沭水
陳
許
頓
胡
沈
項
寢丘
息
蔡
黃
江
弦
蓼
六
巢
舒
徐
州來
鍾離
邗溝
朱方
延陵
吳
桐汭
越
會稽
諸暨
鳩茲
橋李
彭城
蕭
宿
鍾吾
潁水
洧水
濮
楚丘
鄄
葵丘
沙隨
鹿上
郯
郕
邾

4. 春秋列國圖

※ QR코드를 스캔하면 더 선명한 지도를 볼 수 있습니다.

(《唐土歷代州郡沿革地圖》, 1789)에서 轉載)

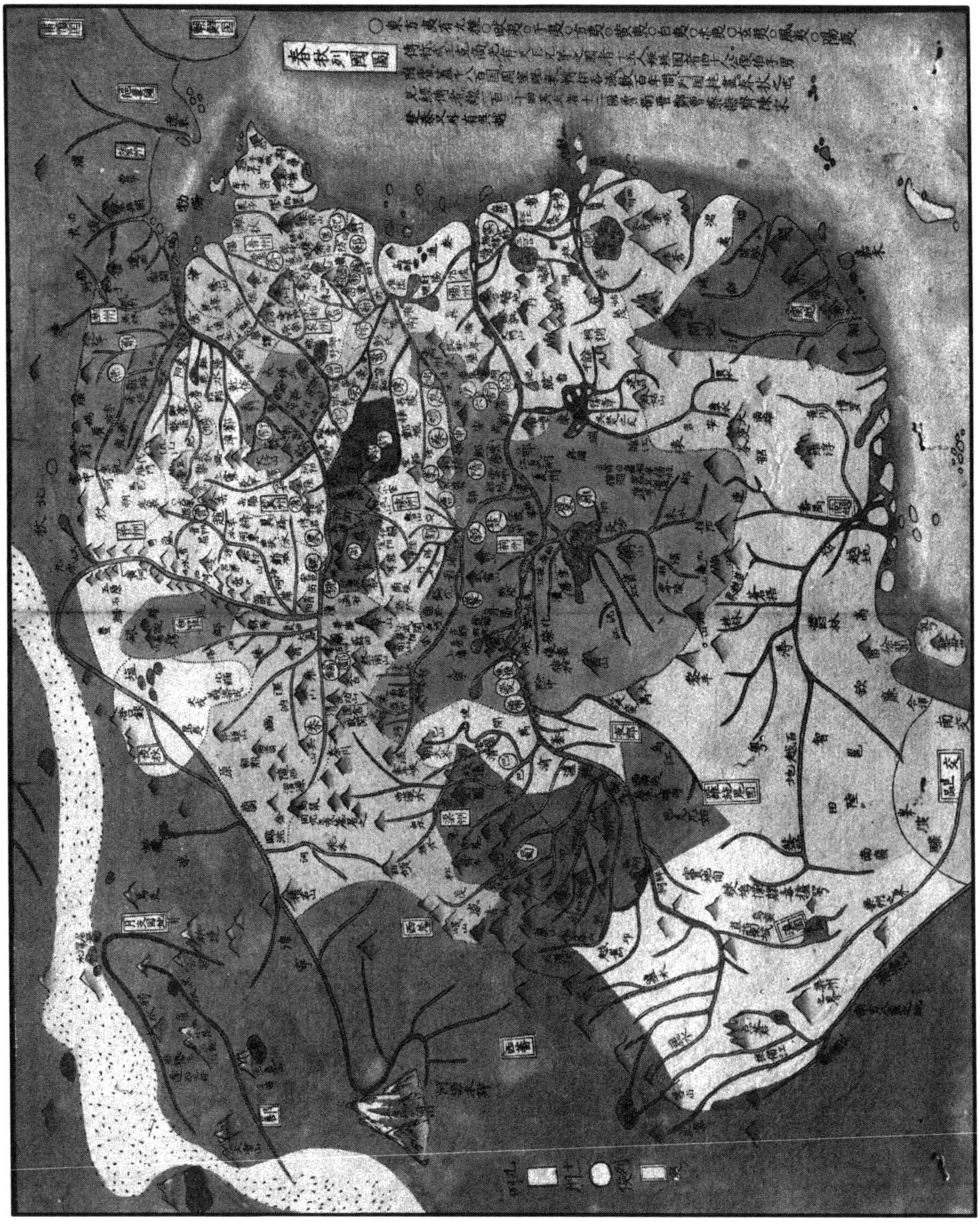

5. ≪春秋公羊傳注疏≫ 總目次

責任飜譯

宋基采

전남 고흥 출생
향리 龍岡齋에서 梧泉 朴壽烈 선생에게 한문 수학
蓬山 安鍾宣·海蓑 朴奎鉉 선생 師事
民族文化推進會 부설 국역연수원 수료
民族文化推進會 상임연구부 졸업
民族文化推進會 전문위원, 국역실장, 편찬실장, 교무처장 역임
成均館大學校 고전번역협동과정 겸임교수
韓國古典飜譯院 명예교수(現)
2015년 국민훈장석류장 수훈

譯書 및 著書

譯書 ≪唐宋八大家文抄 曾鞏≫, ≪唐宋八大家文抄 柳宗元 1·2≫, ≪寒岡集≫, ≪農山世獻≫, ≪荀子集解 1~7≫
共譯 ≪朝鮮王朝實錄≫(孝宗, 中宗, 正祖, 仁祖, 宣祖), ≪寒水齋集≫, ≪宋子大全≫, ≪惺所覆瓿藁≫, ≪象村集≫, ≪茶山詩文集≫, ≪農巖集≫ 등 多數
編著 ≪古文選讀≫

共同飜譯

李聖敏

成均館大學校 한문학과 박사 졸업
成均館大學校 동아시아학술원 BK21 연구교수
韓國古典飜譯院 번역위원
傳統文化硏究會, 成均館大學校 강사
成均館大學校 大東文化硏究院 수석연구원(現)

論文 및 譯書

論文 〈汾西 朴瀰 文學 硏究〉(博士學位論文), 〈崔岦 散文 硏究〉(碩士學位論文), 〈汾西 朴瀰의 書畵애호와 그 기록〉 등 多數

譯書 ≪嘉梧藁略 1≫, ≪楓皐集 1·5≫, ≪巘齋集 3·4≫, ≪月沙集 9≫

共譯 ≪耳溪集≫, ≪東遊帖≫, ≪論語注疏 1≫, ≪響山集 4≫, ≪石見樓詩鈔≫ 등 多數

郭成龍

成均館大學校 漢文學科 博士課程 수료

傳統文化國譯硏究員 溫知堂 장기과정 수료

韓國古典飜譯院 附設 古典飜譯教育院 연수과정 졸업

傳統文化硏究會 東洋古典飜譯硏究所 선임연구원(現)

論文 및 譯書

論文 〈광해군代 春秋논쟁과 李恒福의 ≪魯史零言≫〉(碩士學位論文)

共譯 ≪五書五經讀本 春秋左氏傳 上·中·下≫, ≪조선의 양명학≫

十三經注疏
譯註 春秋公羊傳注疏 1　　37,000원

2023년 10월 20일 초판 인쇄
2023년 10월 31일 초판 발행

傳 公羊壽　解詁 何休　疏 徐彦

企劃編輯　東洋古典飜譯編輯委員會
飜譯研究管理　南賢熙
責任飜譯　宋基采
共同飜譯　李聖敏 郭成龍
潤　　文　南賢熙 郭成龍
校　　訂　郭成龍
編輯出版　白俊哲
裝　　幀　김진디자인

發 行 人　郭成文
發 行 處　社團法人 傳統文化研究會
서울시 종로구 삼일대로 428 낙원빌딩 411호
전화 : (02)762-8401　전송 : (02)747-0083
전자우편 : juntong@juntong.or.kr
누리집 : www.juntong.or.kr
사이버書堂 : cyberseodang.or.kr
온라인서점 : book.cyberseodang.or.kr
등록 : 1989. 7. 3. 제1-936호

인쇄처 : 한국법령정보주식회사(02-462-3860)
총　판 : 한국출판협동조합(070-7119-1750)

ISBN 979-11-5794-565-8 94140
978-89-91720-93-0(세트)

※ 이 책은 2023년도 교육부 고전문헌 국역지원사업 지원비에 의해 출판되었음.

전통문화연구회 도서목록

범례 : 周易正義 1~4〔全15〕- 전체 15책 계획, 현재 1~4책만 간행된 경우

新編 基礎漢文教材

新編 四字小學·推句	고전교육연구실 編譯	11,000원
新編 啓蒙篇·童蒙先習	고전교육연구실 編譯	11,000원
新編 明心寶鑑	李祉坤·元周用 譯註	15,000원
新編 擊蒙要訣	咸賢贊 譯註	12,000원
新編 註解千字文	李忠九 譯註	13,000원
新編 原文으로 읽는 故事成語	元周用 編譯	15,000원
新編 唐音註解選	權卿相 譯註	22,000원

漢文讀解捷徑시리즈

漢文독해 기본패턴	고전교육연구실 著	15,000원
四書독해첩경	고전교육연구실 著	20,000원
한문독해첩경 - 文學篇	朴相水·李和春 외 著	15,000원
한문독해첩경 - 史學篇	朴相水·李和春 외 著	15,000원
한문독해첩경 - 哲學篇	朴相水·李和春 외 著	15,000원

五書五經讀本

論語集註 上·下	鄭太鉉 譯註	合 50,000원
孟子集註 上·下	田炳秀·金東柱 譯註	合 60,000원
大學·中庸集註	李光虎·田炳秀 譯註	15,000원
小學集註 上·下	李忠九 外 譯註	合 50,000원
詩經集傳 上·中·下	朴小東 譯註	合 90,000원
書經集傳 上·中·下	金東柱 譯註	合 90,000원
周易傳義 元·亨·利·貞	崔英辰 外 譯註	合 120,000원
詳說 古文眞寶大全後集 上·下	李相夏 外 譯註	合 64,000원
春秋左氏傳 上·中·下	許鎬九 外 譯註	合 109,000원
禮記 上·中·下	成百曉 外 譯註	合 90,000원

東洋古典國譯叢書

大學·中庸集註 - 개정증보판	成百曉 譯註	10,000원
論語集註 - 개정증보판	成百曉 譯註	27,000원
孟子集註 - 개정증보판	成百曉 譯註	30,000원
詩經集傳 上·下	成百曉 譯註	合 70,000원
書經集傳 上·下	成百曉 譯註	合 70,000원
周易傳義 上·下	成百曉 譯註	合 80,000원
小學集註	成百曉 譯註	30,000원
古文眞寶 後集	成百曉 譯註	32,000원

東洋古典譯註叢書

〈經部〉

〔十三經注疏〕

周易正義 1~4	成百曉·申相厚 譯註	合 139,000원
尙書正義 1~7	金東柱 譯註	合 228,000원
毛詩正義 1~7〔全15〕	朴小東 外 譯註	合 227,000원
禮記正義 1~2, 中庸·大學	李光虎 外 譯註	合 77,000원
論語注疏 1~3	鄭太鉉·李聖敏 譯註	合 107,000원
孟子注疏 1~3〔全5〕	崔彩基·梁基正 譯註	合 90,000원
孝經注疏	鄭太鉉·姜珉廷 譯註	30,000원
周禮注疏 1~3〔全15〕	金容天·朴禮慶 譯註	合 95,000원
春秋左傳正義 1〔全18〕	許鎬九 外 譯註	27,000원

春秋左氏傳 1~8	鄭太鉉 譯註	合 244,000원
禮記集說大全 1~4〔全10〕	辛承云 外 譯註	合 128,000원
東萊博議 1~5	鄭太鉉·金炳愛 譯註	合 153,000원
韓詩外傳 1~2	許敬震 外 譯註	合 62,000원
說文解字注 1~3〔全20〕	李忠九 外 譯註	合 109,000원

〈史部〉

思政殿訓義 資治通鑑綱目 1~22〔全39〕	辛承云 外 譯註	合 671,000원
通鑑節要 1~9	成百曉 譯註	合 275,000원
唐陸宣公奏議 1~2	沈慶昊·金愚政 譯註	合 80,000원
貞觀政要集論 1~4	李忠九 外 譯註	合 102,000원
列女傳補注 1~2	崔秉準·孔勤植 譯註	合 68,000원
歷代君鑑 1~4	洪起殷·全百燦 譯註	合 135,000원

〈子部〉

孔子家語 1~2	許敬震 外 譯註	合 71,000원
管子 1~3〔全4〕	李錫明·金帝蘭 譯註	合 91,000원
近思錄集解 1~3	成百曉 譯註	合 96,000원
老子道德經注	金是天 譯註	30,000원
大學衍義 1~5〔全7〕	辛承云 外 譯註	合 144,000원
墨子閒詁 1~6〔全7〕	李相夏 外 譯註	合 212,000원
說苑 1~2	許鎬九 譯註	合 50,000원
世說新語補 1~5	金鎭玉 外 譯註	合 171,000원
荀子集解 1~7	宋基采 譯註	合 224,000원
心經附註	成百曉 譯註	35,000원
顔氏家訓 1~2	鄭在書·盧暻熙 譯註	合 47,000원
揚子法言 1〔全2〕	朴勝珠 譯註	24,000원

列子鬳齋口義 崔秉準·孔勤植·權憲俊 共譯 34,000원
二程全書 1~5〔全10〕 崔錫起·姜導顯 譯註 合 168,000원
莊子 1~4 安炳周·田好根 共譯 合 113,000원
政經·牧民心鑑 洪起殷·全百燦 譯註 27,000원
韓非子集解 1~5 許鎬九 外 譯註 合 174,000원

〔武經七書直解〕

孫武子直解·吳子直解 成百曉·李蘭洙 譯註 35,000원
六韜直解·三略直解 成百曉·李鍾德 譯註 26,000원
尉繚子直解·李衛公問對直解 成百曉·李蘭洙 譯註 26,000원
司馬法直解 成百曉·李蘭洙 譯註 26,000원

〈集部〉

古文眞寶 前集 成百曉 譯註 30,000원
唐詩三百首 1~3 宋載卲 外 譯註 各 25,000원~36,000원

唐宋八大家文抄
韓愈 1~3 鄭太鉉 譯註 合 78,000원
柳宗元 1~2 宋基采 譯註 合 44,000원
歐陽脩 1~7 李相夏 譯註 合 203,000원
蘇洵 李章佑 外 譯註 25,000원
蘇軾 1~5 成百曉 譯註 合 110,000원
蘇轍 1~3 金東柱 譯註 合 64,000원
王安石 1~2 申用浩·許鎬九 共譯 合 45,000원
曾鞏 宋基采 譯註 25,000원

明清八大家文鈔
歸有光·方苞 李相夏 外 譯註 35,000원
劉大櫆·姚鼐 李相夏 外 譯註 35,000원
梅曾亮·曾國藩 李相夏 外 譯註 38,000원

東洋古典新譯

당시선 송재소·최경렬·김영죽 편역 22,000원
손자병법 성백효 역주 14,000원
장자 안병주·전호근·김형석 역주 13,000원
고문진보 후집 신용호 번역 28,000원
노자도덕경 김시천 역주 15,000원
고문진보 전집 上·下 신용호 번역 合 44,000원
신식 비문척독 박상수 번역 25,000원

동양문화총서

동양사상 해설과 원전 정규훈 外 저 22,000원
화합의 길 《중용》 읽기 금장태 저 20,000원
호설과 시장 신용호 저 20,000원

문화문고

경전으로 본 세계종교 그리스도교 이정배 편저 10,000원
〃 도교 이강수 편역 10,000원
〃 천도교 윤석산 외 편저 10,000원
〃 힌두교 길희성 편역 10,000원
〃 유교 이기동 편저 10,000원
〃 불교 김용표 편저 10,000원
〃 이슬람 김영경 편역 10,000원
논어·대학·중용 조수익·박승주 공역 10,000원
맹자 조수익·박승주 공역 10,000원
소학 박승주·조수익 공역 10,000원
십구사략 1~2 정광호 저 合 24,000원
무경칠서 손자병법·오자병법 성백효 역 10,000원
〃 육도·삼략 성백효 역 10,000원
〃 사마법·울료자·이위공문대 성백효 역 10,000원
당시선 송재소·최경렬·김영죽 편역 10,000원
한문문법 이상진 저 10,000원
한자한문전통교재 조수익·이성민 공역 10,000원
士小節 선비 집안의 작은 예절 이동희 편역 12,000원
儒學이란 무엇인가 이동희 저 10,000원
동아시아의 유교와 전통문화 이동희 저 13,000원
현대인, 동양고전에서 길을 찾다 이동희 저 10,000원
100자에 담긴 한자문화 이야기 김경수 저 12,000원
우리 설화 1~2 김동주 편역 合 20,000원
대한민국 국무총리 이재원 저 10,000원
백운거사 이규보의 문학인생 신용호 저 14,000원

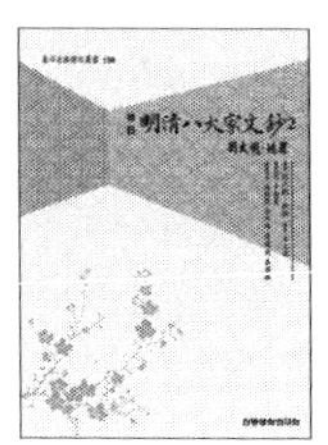